부당노동행위제도와 원하청관계

- 한국 · 미국 · 일본 제도비교 -

김영문 · 이상윤 · 이정

法 文 社

머 리 말

과학기술의 발달로 세계시장이 거의 하나로 묶인 상황에서 경쟁은 전쟁과 같이 치열하다. 유로존의 경제위기 상황과 중국의 시장위축은 수출에 의존하는 한국 경제에 직격탄을 날린다. 일자리를 유지하고 창출해야 하는 기업들도 이러한 격랑에서 자유롭지 못하다. 누구든 생존을 위해서 변화하는 상황에 유연하게 대처해야 할 필요성도 매우 높다. 노동시장의 참여주체로서 기업도 경쟁에서 살아남기 위해서는 인력활용을 유연하게 할 필요가 있다. 이러한 이유에서 전통적인 노동법의 형상인 직접적인 고용방식에서 노동력을 공급하는 자로부터 노동력을 제공받아 이용자가 이를 활용하는 노무공급형태도 매우 다양한 방식으로 급속하게 확장되는 추세에 있다. 사내하도급 내지 외부 노동력 이용도 그러한 형태에 속한다. 그러나 현행 노동법은 이를 담아낼 그릇이 되지 못하고 있다. 따라서 여기에 노동법의 전체적 흠결(Gesamtlücke)이 존재한다. 이러한 흠결을 보충하기 위해서는 입법자의 개입이 정당한 길이지만, 입법자의 결단이 없는 한 재판을 거부할 수 없는 법원의 입장에서는 어떤 형태로든 현행 노동법이 안고 있는 이 흠결을 불가피하게 치유하고 보충하는 수밖에 없다고 생각한다. 그러나 이 전체 흠결은 보다 정교한 방법론의 통제 하에 엄격한 기준으로 보충되어야 한다고 본다. 따라서 사내하도급 근로자의 보호 필요성을 염두에 두면서도 노동력 이용자와 노동력 공급자의 3각관계가 건전한 방법으로 유지되고 3당사자의 이해관계와 기본권이 조화롭게 균형을 이루도록 해야 한다고 본다. 특정 당사자의 보호보다는 각 당사자의 이해관계의 조절과 공정한 질서체계의 구축이 더 중요하다고 본다. 특히 근로관계가 근로자와 사용자의 2자관계로부터 다면관계로 전개되는 상황에서 참가당사자간 공정한 질서를 세우는 것은 부당노동(시장)행위를 규제하는 의미를 갖는 것이고, 이 부당노동행위의 규제는 노동시장의 행동자로서 노사가 공동으로 공정하게 지켜야 하는 노동시장의 테두리(Rahmenbedingungen)에 해당하는 것이다. 외부노동력 이용 시 부당노동행위에 대해서는 입법이 없는 상황에서 정교한 기준을 정립하여 판례원칙을 세운다면 이것이 입법을 위한 하나의 초석이 될 것이다. 이를 위해서는 실제 현실에서 전개되는 이 고용형태 다양화의 형상을 받아들이면서 관계당사자의 이해관계를 조화롭게 조절하는 것이 필요하다.

이 책은 이러한 관점에서 한국의 부당노동행위제도가 노동시장의 공정한 질서체계로서의 역할과 기능을 할 수 있도록 비교법적인 고찰을 한 것이다. 보편적 가치를 얻도록 보다 많은 국가를 살펴보아야 하지만, 부당노동행위제도는 미국과 일본, 한국에서 제도로서 정착된 것이므로 비교는 이들 국가에 국한하였다.

물론 많은 점에서 시각차이가 있겠지만, 부당노동행위제도가 노동시장에서의 공정한 질서체계로서 기능하는 데 이 책이 일조를 했으면 한다. 독자 여러분의 많은 비판을 기다린다.

2012. 7.

필자들

차 례

제1편 한국의 부당노동행위제도

김 영 문(전북대학교 법학전문대학원 교수)

제2편 미국의 부당노동행위구제제도

이 상 윤(연세대학교 법학전문대학원 교수)

제3편 일본의 부당노동행위제도

이 정(한국외국어대학교 법학전문대학원 교수)

제1편

한국의 부당노동행위제도

- 특히 외부노동력 이용 관계에서 제3자의 부당노동행위를 중점으로 -

제1장 부당노동행위제도의 의의

Ⅰ. 부당노동행위제도의 목적

현행 노동조합법 제81조 이하는 5가지 유형을 사용자의 부당노동행위로 규정하고 이를 금지하고 있다. 이와 같은 부당노동행위 구제제도는 사용자가 근로자와 노동조합의 근로3권을 침해하는 행위를 금지함으로써 헌법상의 근로3권을 국가적 차원에서 적극적으로 보장하기 위한 제도임과 동시에 '공정한 룰'에 의한 노사관계 질서를 형성 · 정립하기 위한 제도이다.

사용자는 근로자들이 집단적으로 행동하여 단결체를 만들어 단체교섭을 요구하고 이것이 결렬되면 집단행동으로 나오는 것을 꺼려한다는 것은 예나 지금이나 변함이 없다. 그렇기 때문에 사용자들은 근로자들의 집단적 활동과 노동조합 세력의 활동이나 강화를 방해하려고 한다. 그러한 사용자들의 근로3권 침해행위에 대해서는 노동조합 스스로 방어해야 할 것이지만, 현실에서는 그렇지 못하기 때문에 객관적 가치질서로서 근로3권 침해행위를 방어해야 할 적극적인 책무를 부담하는 국가는 노동조합법상의 부당노동행위 구제제도에 의하여 근로3권을 보호해야 한다. 이러한 목적에서 현행법상의 부당노동행위 구제제도가 노동조합법에 정착된 것이다.

* 본고의 글은 필자의 외부노동력 이용과 노동법, 법문사, 2010; 사내하도급 근로자들의 원청기업에 대한 단체교섭 가부, 노동법학 제36호, 2010.12; 사내하도급 근로자와 원청기업의 노동력 제공관계, 월간 노동법률 2010년 9월 특집호; 외부 인력활용과 법률적 과제, 사내하도급, 어떻게 볼 것인가?(경총 정책토론회), 2010.10.18 등의 내용을 재구성한 것임을 밝혀 둔다. 대부분의 내용은 이들 문헌의 내용을 전제로 한 것이고, 최근 대법원 판결에 대해서는 새로운 내용을 추가하고 필자의 견해를 밝혔다. 이들 문헌을 전제한 곳은 가능한 한 표기를 하도록 하였으나 누락된 것은 전적으로 필자의 책임이므로 다음 기회에 그 전거를 밝히도록 한다.

물론 부당노동행위제도의 구체적인 목적이 무엇인가에 관해서는 견해의 대립이 있다. 각각의 견해에 따라서 부당노동행위제도의 전체적인 형상, 각 개별규정의 해석, 입법적 보완의 방향 등이 달라질 것이다. 먼저 부당노동행위 구제제도의 목적이 헌법의 단결권의 보장을 구체화한 제도라고 보는 견해, 노동조합법상의 부당노동행위는 원활한 단체교섭을 방해하는 사용자의 행위유형이라고 하고, 동 구제제도는 헌법에 기초한 노동조합법이 원활한 단체교섭을 위하여 별도로 정책적으로 설정한 제도라고 보는 견해, 부당노동행위 구제제도는 단결권 등의 보장 그 것 자체를 목적으로 하는 것이 아니라, 그 보장에 의하여 확립되어야 할 공정한 노사관계 질서의 확보를 목적으로 하는 것으로서 이 공정질서에 대한 위반행위를 시정하는 절차라고 보는 견해가 있다.

부당노동행위의 유형을 보면 단결권이나 단체교섭권에 국한되지 않고 넓게 근로3권을 보호하기 위한 제도라고 보여진다. 따라서 부당노동행위의 목적을 단결권 보호나 단체교섭권을 보호하기 위한 제도라고 좁게 해석할 것은 아니다. 사견으로는 헌법상 보장된 근로3권에 대해서 기본권 보호의무를 부담하는 입법자가 이를 국가입법정책목표로 하여 이를 구체화한 것이 부당노동행위제도라고 본다. 따라서 부당노동행위제도는 헌법상의 근로3권을 수권규범으로 하여 입법적으로 하위법인 노동조합법에 의하여 포괄적이고 구체적으로 보호하기 위한 제도라고 볼 수 있다. 공정한 노사관계 질서의 확보를 목적으로 하는 것이라고 보는 입장도 일면에서는 타당하다. 왜냐하면 근로3권을 협약자율의 규범체계라고 보는 한, 단체협약이라는 자율적 규범이 만들어지기 위해서는 노사가 힘의 균형상태에서 공정한 게임룰을 준수해야 한다는 것이 전제조건이 될 것이다. 말하자면 부당노동행위제도는 집단적 교섭과 협약자율을 위한 공정한 게임룰을 의미할 것이고, 이 룰의 유지를 위해서 구제명령을 내리는 것이라고 해야 할 것이다. 이러한 협약자율과 이를 위한 테두리 조건으로서 공정질서 담보를 위한 부당노동행위제도를 공정한 노동시장 질서체계로 보는 것은 노동법과 노동시장의 주역들이 공정노동질서의 틀 내에서 임금 등의 가격 거래를 해야 한다는 것을 의미하기 때문에 공정질서의무는 사용자뿐만 아니라, 근로자 측도 이를 부담해야 한다는 결과가 나온다. 말하자면 부당노동행위제도가 노동시장의 집단거래시 공정질서체계를 의미한다면 근로자 측도 공정질서의무를 부담하며, 이를 위반한 경우 사용자의 부당노동행위처럼 일정한 책임을 부담하여야 한다는 것을 의미한다. 말하자면 노동조합측의 부당노동행위의 성립을 인정[1]해야 한다는 것을 의미한다. 교섭구조를 근로자의 기본권 행사 차원이 아닌, 노사 당사자의 교섭력의 균형과 그에 기한 교섭의 구조를 보는 영미법의 전통에 있다면 공정질서는 사용자나 노동조합 모두 이를 준수하여야 하기 때문에 사용자의 부당노동행위 뿐만 아니라, 노동조합의 부당노동행위도 인정하여야 할 것이다. 그러나 단체협약을 위한 교섭구조는 헌법 제33조에 따라 근로자의 근로3권이라는 기본권행사의 구조라고 이해한다면 노동조합의 부당노동행위를 헌법적 규범구조로부터는 도출하기가 어렵다.[2] 다만, 복수노조가 허용되는 현 시점에서 교섭대표 노조가 소수노조의 단체교섭권을 침해할 소지도 있기 때문에 노동조합의 근로3권 보호와 공정질서의 수립과 관철이라는 목적에서 보면 이제는 노동조합의 부당노동행위를 인정할 시기에 와 있다고 볼 수 있다.

Ⅱ. 부당노동행위의 특색

부당노동행위제도는 침해된 근로3권을 복구하는 구제제도로서의 의미를 갖고 있다. 따라서 근로3권 보장질서의 침해가 있었는지의 여부는 민법의 불법행위법의 위법성 판단과 동일시될 수는 없다. 불법행위법은 위법한 가해행위에 의하여 발생한 손해를 사후적으로 어떻게 보전할 것인가 하는 점이 중심이다. 그러나 부당노동행위제도는 사용자의 부당노동행위에 의해서 파괴된 근로3권 보장질서, 즉 단체협약의 체결을 위한 협약자율 질서를 회복하여 다시 단체협약 체결과 단결활동을 가능할 것인가 하는 점이 중심이다. 따라서 부당노동행위가 있었는지의 여부는 불법행위처럼 행위자에게 고의와 과실이 있었는가에 대한 주관적 판단보다는 사용자가 근로3권 보장질서를 위반하고 있는가에 대한 객관적 판단이 중심이 되어야 한다.[3]

부당노동행위제도는 침해된 근로3권 보장질서, 즉 협약자율을 회복하는 것이

1) 이러한 주장으로는 이승길, 복수노조시대의 부당노동행위제도의 재검토 - 노동조합의 부당노동행위의 신설을 중심으로 -, 노동법논총 제20집, 한국비교노동법학회, 2011, 338면 이하 참조.

2) 노동조합의 부당노동행위는 공정노동시장 질서의 관점에서 입법으로 해결해야 할 것이다.

3) 김형배, 노동법, 20판, 박영사, 2011, 1033면.

목적이다. 따라서 발생된 손해의 전보를 목적으로 하는 민사적 구제와 달리 사용자의 협약자율 침해행위를 중지시키고 근로3권 행사를 원활하게 하는 것이 주목적이다. 따라서 부당노동행위에 대한 구제방법은 근로3권 보장질서 침해행위를 신속하게 배제하고 노동조합의 활동을 정상적으로 회복하여 단체협약을 체결하게 하는 것이 중요하므로 일반 법원보다는 행정위원회로서 노동위원회 방식이 적합하다. 다만, 부당노동행위 구제제도가 노동위원회라는 행정위원회에 의존함으로써 신속성을 지나치게 강조한 나머지 행정편의주의와 행정기관의 노사관계에 대한 개입이 우려되는 측면도 존재한다.[4)]

부당노동행위제도를 두고 있는 미국이나 일본과 비교할 때 우리나라의 부당노동행위제도의 특색은 앞에서 언급한 바와 같이 헌법의 근로3권 보장을 입법으로 제도화한 것과 교섭력의 균형을 이루기 위한 제도 사이의 차이점과 노동조합의 부당노동행위를 인정하는가의 차이점 이외에 다음과 같은 차이가 있다.

미국은 부당노동행위에 대해서는 우리나라의 노동위원회와 유사한 전국노동관계위원회가(NLRB) 직권으로 부당노동행위에 대해 소추하고 구제할 권한이 있다. 그러나 우리나라는 당사자 신청주의에 입각하여 구제를 원하는 자의 신청이 있어야 구제절차가 시작되고, 신청한 사항에 대해서만 심사와 구제명령을 할 수 있다. 그런 점에서 직권 조사가 배제되어 우리나라의 노동위원회 제도는 미국에 비하여 소극적으로 운영된다.

미국은 조정과 중재를 담당하는 기관을 별도로 두어 연방조정위원회가 이를 담당하도록 한다. 그러나 우리나라는 노동위원회가 조정과 중재를 동시에 할 수 있도록 하여 부당노동행위 처리 시에 심판과 판정 이외에 동시에 분쟁해결 수단으로 활용할 수 있다.

원래 부당노동행위제도의 목적은 사용자에 의해 침해된 근로3권 보장질서 내지 협약자율의 복원이다. 따라서 구제는 원상회복이 원칙이다. 일본은 부당노동행위 구제수단으로서 원상회복만을 규정한다. 그러나 원상회복만으로는 근로3권 보장질서의 회복과 구제명령의 실효성을 확보할 수 없기 때문에 우리나라는 처벌주의를 병과하고 있다.

---

4) 김형배, 노동법, 20판, 1033면 이하 참조.

미국과 일본의 부당노동행위제도는 부당징계와 해고 및 차별 개선의 문제와 연계되지 않는다. 그러나 우리나라의 노동위원회는 부당노동행위 사건 이외에 이들 사건도 관할한다. 따라서 노동위원회에 부당해고 구제신청을 하면서 동시에 부당노동행위 구제신청을 하는 경우가 많이 발생한다. 이는 부당노동행위에 대한 구제신청이 남발되면서 그 구제율이 낮아지는 원인이 되기도 한다.[5)]

Ⅲ. 부당노동행위제도의 연혁

우리나라의 부당노동행위제도는 1953년도에 노동조합법을 제정하면서 도입되었다. 이 당시 부당노동행위제도는 미국의 '태프트 하틀리법' 제도[6)]를 모델로 하였지만, 당시의 노동조합법이나 노동쟁의조정법은 근로자 측의 부당노동행위를 규정하지 않았다. 미국의 부당노동행위제도는 노동시장에서 노동력의 자유로운 거래를 위한 공정질서를 확보하는 것이 목적이었기 때문에 사용자 측의 부당노동행위는 물론 노동조합의 부당노동행위도 규율한다. 1953년도 우리나라 노동조합법과 노동쟁의조정법은 사용자 측의 부당노동행위로서 ⅰ) 근로자가 노조를 조직하거나 이에 가입하여 노조직무를 수행하는 권리에 간섭 기타 영향을 주는 행위, ⅱ) 어느 노조의 일원이 됨을 저지 또는 장려할 목적으로 근로조건에 차별을 두거나 또는 노조에 참가한 이유로써 해고 기타 근로자에게 불이익을 주는 행위, iii) 사용자가 근로자가 정당한 쟁의행위를 하거나 관계관청 또는 노동위원회에 대하여 증거를 제출하거나 하려는 이유로 해고 기타 노동자에게 불이익을 주는 행위를 규정하고 있었다. 따라서 우리나라는 근로자 측의 부당노동행위를 규정하지 않았기 때

5) 하갑래, 같은 책, 526면 참조.

6) 미국 태프트하틀리법 제8조 a 및 b)는 사용자 측의 부당노동행위와 근로자 측의 부당노동행위를 다음과 같이 규정한다. 사용자 측의 부당노동행위로서 i) 근로자의 권리행사(동법 제7조의 규정에 따른 권리행사로서 노조를 결성 · 가입하고 그것을 원조하는 권리, 스스로 선출한 대표자를 통한 단체교섭권, 단체교섭과 상호부조를 위한 기타 단체행동을 할 권리)에 개입하거나 방해하거나 강제하는 행위, ii) 노조결성 · 운영에 직접 개입하는 행위, iii) 노조에 재정상의 원조를 하는 행위(다만, 근로자가 근무시간 중에 임금손실 없이 사용자와 협의하는 것은 가능), iv) 채용, 고용계속 기타 고용조건에 관한 차별대우로 조합원이 될 것을 장려하거나 또는 방해하는 행위, v) 조합원이 아님을 이유로 하여 차별대우를 하는 행위, vi) 근로자 대표와의 교섭을 거부하는 행위, vii) 노동관련법에 의하여 제소하거나 증언하는 것을 이유로 하여 근로자를 해고하거나 기타의 차별대우를 하는 행위, viii) 노사가 명시 또는 묵시의 계약이나 협약을 체결하여, 사용자가 다른 사용자의 제품 취급 · 사용 · 판매 · 수송 기타의 취급을 중지하거나 보류하는 행위를 규정하고 있다.

문에 미국의 부당노동행위제도를 온전하게 계수한 것이 아니라, 절반만을 계수하여 노동시장에서의 집단적 노동력 거래의 공정한 질서관념이 계수된 것이 아니며, 노사 양측의 부당노동행위 자체에 대해서 처벌주의를 채택하였었다.[7)]

1963년도 노동조합법 개정법은 산재된 부당노동행위제도를 통합하였다. 현행 부당노동행위제도는 이 당시의 입법을 토대로 한 것으로서 당시 법률은 부당노동행위의 유형을 5가지로 구분하였다. 즉, ⅰ) 근로자가 노조에 가입 또는 가입하려고 하였거나 노조를 조직하려고 하였거나 기타 노조 업무를 위한 정당한 행위를 한 것을 이유로 그 근로자를 해고하거나 그 근로자에게 불이익을 주는 행위, ⅱ) 근로자가 어느 노조에 가입하지 아니할 것 또는 탈퇴할 것을 고용조건으로 하거나 특정한 노조 조합원이 될 것을 고용조건으로 하는 행위, 다만 노조가 당해 사업장에 종사하는 근로자의 3분의 2 이상을 대표하고 있을 때에는 근로자가 그 노조조합원이 될 것을 고용조건으로 하는 단체협약체결은 예외로 함, ⅲ) 노조대표자 또는 노조로부터 위임을 받은 자와의 단체협약체결 기타의 단체교섭을 정당한 이유 없이 거부하거나 해태하는 행위, ⅳ) 근로자가 노조를 조직 또는 운영하는 것을 지배하거나 이에 개입하는 행위와 노조의 운영비를 원조하는 행위, 다만, 근로자가 근로시간 중에 사용자와 협의 또는 교섭하는 것을 사용자가 허용함은 무방하며, 또한 근로자의 후생자금 또는 경제상의 불행 기타의 재액방지와 구제 등을 위한 기금기부와 최소한의 규모의 노조사무소 제공은 예외로 함, ⅴ) 근로자가 정당한 단체행동에 참가한 것을 이유로 하거나 노동위원회에 대하여 사용자가 이 조의 규정에 위반한 것을 신고하거나 그에 관한 증언을 하거나 기타 행정관청에 증거를 제출한 것을 이유로 그 근로자를 해고하거나 그 근로자에게 불이익을 주는 행위를 부당노동행위로 규정하였다. 그러나 여전히 미국 제도와는 달리 근로자 측의 부당노동행위는 규정하지 않았으며, 사용자 측의 부당노동행위만을 규정하였다.

1980년도의 개정 노동조합법은 유니온샵 협정제도를 폐지하였으나, 1987년도

7) 처벌주의와 구제주의와 관련하여 1963년 개정 노동조합법은 부당노동행위 자체에 대한 처벌규정을 삭제하고, 노동위원회를 통한 행정구제절차를 두면서 구제명령을 이행하지 않는 경우에 한하여 벌칙을 가할 수 있도록 하여 처벌주의에서 구제주의로 전환하였다. 그러나 1986년도의 개정 노동조합법은 구제명령의 이행여부와 관계없이 부당노동행위 자체에 대해서 처벌주의로 전환하여 처벌주의와 구제주의를 병행하고, 다만 반의사불벌죄를 도입하였다. 1997년도의 개정 노동조합법은 처벌주의와 구제주의를 병행하는 기본틀은 유지하면서 반의사불벌죄를 폐지하고, 중앙노동위원회의 구제명령에 대한 법원의 긴급이행명령제도를 도입하였다. 하갑래, 집단적 노동관계법, 524면 참조.

개정 노동조합법은 유니온샵 협정제도를 인정하면서 근로자가 당해 노동조합에서 제명된 것을 이유로 사용자는 신분상의 불이익한 행위를 할 수 없도록 하여 제명된 근로자를 보호하였다.

1997년 3월의 제정 노동조합법은 노조전임자에 대한 사용자의 급여지원을 부당노동행위로 규정하였지만, 일정기간 동안 그 시행을 유예하였다.

2006년 12월 개정 노동조합법은 유니온샵 협정이 인정되는 경우 불이익금지대상을 확대하여 노동조합으로부터 제명 이외에 '노동조합을 탈퇴하여 새로 노동조합을 조직하거나 다른 노동조합에 가입한 것'을 이유로 근로자에게 불이익한 행위를 하는 것도 부당노동행위로 규정하였다.

2010년 1월의 개정 노동조합법은 노조전임자에 대한 급여지급을 금지하고 노조전임자에 대한 급여지급을 부당노동행위로 규정하였고, 새로 도입된 '근로시간 면제제도'에 따라 활동하는 것을 지배 · 개입 및 경비원조의 부당노동행위가 안 된다는 것을 명시하였다.

이러한 부당노동행위제도의 연혁에서 보는 바와 같이 우리나라의 부당노동행위제도는 미국의 그것과 상이함을 알 수 있다. 미국은 근로3권을 헌법에 명문으로 규정하고 있지 않기 때문에 집단적 노사관계의 기본모형은 노동시장에서의 노동력의 자유로운 거래를 위한 공정질서로서 노사 교섭력의 균형확보가 중요하다. 그러나 우리나라는 헌법 제33조에서 명문으로 근로3권을 규정하고 있기 때문에 기본권 보호를 위하여 입법상의 책무가 있는 국가는 노동조합법에 부당노동행위제도를 구현하지 않으면 안 된다. 따라서 우리나라의 부당노동행위제도는 근로3권이라는 헌법적 가치질서의 실현 차원에서 노동조합법에 규정하게 되었다. 그러므로 노동조합법은 근로자들의 근로3권 보호를 위해서 사용자 측의 부당노동행위를 국가적 입법 책무로서 규정한 것이다. 사용자 측에게는 근로3권에 상응하는 헌법적 보호 장치가 명문으로 규정되어 있지 않기 때문에 근로자 측의 부당노동행위는 적어도 헌법적 규율위임명령에 의해서 노동조합법에 규정될 자격이 없는 것으로 인식되었다.

이후의 노동조합법은 주로 부당노동행위에 대한 처벌과 구제 및 그 실효성 확보에 관한 입법의 개정이 있었으나, 노동조합 부당노동행위의 불인정에 대한 기본태도는 현행법에까지 그대로 유지되고 있다. 그러나 사용자에게도 헌법에 명시되지 않았지만 헌법적 가치가 있는 기본권으로서의 경영권이 인정된다는 점, 따라서 근로자의 근로3권과 사용자의 경영권이 양극을 이루었을 때 어느 누구의 기본권도 배타적 지위를 향유할 수 없다는 기본권법리상[8] 노사관계에는 공정한 질서가 필요하다는 관점의 변화, 사업장 단위에서 복수노조를 허용한 상태에서 교섭대표노동조합이 소수 노동조합의 단체교섭권을 침해할 소지가 다분하다는 점 등을 고려한다면 노사관계의 공정질서의 관점에서 노동조합의 부당노동행위도 검토를 할 때가 되었다.

Ⅳ. 부당노동행위제도와 헌법 제33조와의 관계

부당노동행위제도를 어떻게 이해할 것인가, 부당노동행위제도의 목적이 무엇인가를 물을 때 항상 제기되는 문제는 부당노동행위제도와 근로3권을 규정한 헌법 제33조의 관계이다. 부당노동행위제도를 헌법에서 보장한 근로3권 보장질서의 침해에 대한 구제제도라고 이해하면 부당노동행위제도는 헌법 제33조의 가치질서를 하위입법으로 구체화한 것이라는 인식을 토대로 하므로 하위입법인 노동조합법으로 근로3권을 형성재량한 것으로 이해할 수 있다. 따라서 헌법 제33조가 독자적으로 적용되는 것, 즉 헌법 제33조가 근로3권을 침해하는 사용자의 부당노동행위에 대해 직접적으로 적용되기는 어렵고, 헌법 제33조는 노동조합법에서 정한 내용과 방법으로 적용된다고 해야 할 것이다. 따라서 헌법 제33조가 사용자의 부당노동행위에 대해서 직접 적용되기는 어렵다고 해야 할 것이다. 예를 들면 노조 가입 또는 노조의 조직을 이유로 한 또는 정당한 단체행동에 참가한 것을 이유로 한 사용자의 해고행위는 비록 그것이 근로3권을 침해하였다고 해서 헌법 제33조에 의해서 무효가 되는 것이 아니라, 노동조합법 제81조에 의하여 무효가 된다. 따라서 남는 문제는 노동조합법에서 규정하고 있지 않은 사용자의 근로3권 침해행위에 대해서 헌법 제33조가 직접 적용되는가 하는 점이다.

8) 두 기본권이 충돌하여 결단을 내려야 하는 경우, 국가가 개인의 기본권을 침해하는 경우 기본권의 본질적 내용을 침해할 수 없고, 비례성의 원칙이 존중되어야 하기 때문에 노동시장에서 활동하는 자의 일방적인 승리를 보장하는 이론이나 입법은 더 이상 가능하지 않다. 그렇기 때문에 노동법의 관심사는 이제 누구의 권리를 보장할 것인가의 문제로부터 어떻게 공정한 질서 하에서 노동력에 대한 거래가 이루어져야 할 것인가에 대해서 관심을 가져야 할 때이다.

물론 헌법 제33조의 근로3권 보장의 가치질서 전체가 부당노동행위제도로 모두 다 구현되는 것은 아니다. 따라서 노동조합법에 규정된 부당노동행위 이외의 근로3권 침해행위가 있는 경우는 헌법 제33조의 대 사인간에 대한 직접 적용설과 간접적 사인효력설의 문제가 여전히 논란이 될 것이다. 그러나 독일 기본법 제9조 제2항과 같이 헌법 자체 규정이 명문으로 '단결의 자유를 제한하거나 저지하려 하는 약정은 무효'라고 하는 경우 헌법 제33조는 직접 적용될 것이지만, 그러한 직접 적용규정을 갖고 있지 않은 우리나라에서는 헌법 제33조가 직접 적용된다고 할 수는 없다. 오히려 헌법 제33조 제1항의 근로3권 규정은 노동조합법을 통하여, 노동관계법 밖에서는 신의칙이나 권리남용 등의 일반규정을 통하여 간접적으로 적용된다고 해야 할 것이다.[9] 다만, 사용자의 근로3권 침해행위가 있는 경우 신의칙이나 권리남용과 같은 민법의 일반규정은 실무상으로 적용될 여지가 적다. 왜냐하면 현행 부당노동행위제도 중 '지배 · 개입의 부당노동행위' 유형에 관한 규정은 부당노동행위에 대한 포괄규정이자 일반규정의 의미를 갖는다.[10] 따라서 부당노동행위제도가 근로3권 보장질서를 위해서 인정되는 한, 현행법이 포괄적으로 그리고 일반적으로 부당노동행위를 규율하고 있기 때문에 헌법 제33조의 간접적용을 위한 매개물로서 민법의 신의칙이나 권리남용 규정은 적용될 여지가 없다고 해야 할 것이다.[11]

V. 외국제도와의 비교

대개 노동조합 조직이 산업별로 조직된 국가에서는 지배개입이나 단체교섭거부와 같이 사용자가 노동조합에 대한 근로3권을 침해하는 경우가 많지 않다. 산별노동조합이 단체교섭의 상대방인 사용자에게 압력을 가하거나 대응압력을 가하여

9) 김형배, 노동법, 2011, 135면 이하 참조.

10) 김형배, 노동법, 2011, 106면은 '지배 · 개입은 불이익취급과 단체교섭 거부를 제외한 근로3권 보장활동에 대한 일체의 간섭 · 방해행위로서 가장 포괄적이고 광범위한 반조합행위' 또는 '지배 · 개입은 구체적인 불이익취급이 없거나 단체교섭의 거부행위가 없더라도 노동조합의 자주성을 침해할 수 있는 개연성이 있다면 인정될 수 있는 포괄적인 구성요건'이라고 보면서, 불이익취급이나 단체교섭거부에 해당하는 행위도 동시에 지배 · 개입에 해당할 수 있다고 본다.

11) 부당노동행위제도를 노동시장의 노동력 거래의 공정한 질서 보장 제도라고 본다면 현행 부당노동행위제도와 헌법 제33조의 관계는 어떻게 파악해야 할 것인가 하는 문제는 여전히 규명되어야 할 문제이다.

단체협약을 체결할 수 있는 사회적 힘이 강하기 때문에 단체교섭관련 부당노동행위가 적다. 산별노동조합으로 조직되어 있어서 사용자가 노동조합 조직 · 활동에 대한 지배개입의 여지도 적다. 따라서 근로3권 보호를 위한 별도의 부당노동행위제도가 마련되어 있지 않고, 사용자의 근로3권의 침해에 대해서는 – 그 사례도 적지만 – 협약 자율의 기능능력과 단결체의 개념표지를 중심으로 하여 판례법에 의하여 규율되고 있다. 무엇보다 이들 국가에서는 단결체의 개념표지인 상대방으로부터의 독립성을 판례법으로부터 인정하지만, 실제로 상대방인 사용자가 이 독립성을 침해하는 경우는 실제로는 거의 없고, 강학상 어용노조(황색노조: gelbe Gewerkschaft)의 문제로서만 언급되고 있을 뿐이다.

물론 일부 국가에서는 근로3권, 특히 단결체의 독립성을 침해하는 사용자의 개별행위를 법률로 금지한다.[12] 그러나 미국과 일본, 우리나라는 근로3권의 실현을 위하여 포괄적인 부당노동행위제도를 법률로 규정하고 있다. 우리나라의 부당노동행위제도는 일본을 거쳐 미국의 Wagner법상의 제도를 계수한 것이다.

그러나 이와 같이 3개 국가가 부당노동행위제도를 갖고 있다고 하더라도 각각의 경우에 따라 본질적으로 상이한 점이 있다. 첫째, 우리나라의 부당노동행위제도는 노동조합의 부당노동행위도 인정하는 미국과는 달리 사용자의 부당노동행위만을 규정하고 있다. 미국의 집단적 노사관계법이 헌법보다는 실정법률에 의해서 노사관계 당사자의 집단적 교섭을 위한 질서를 만들려는 목적을 띄고 있기 때문에 이 교섭질서의 침해는 노사 모두에 의해서 가능하다는 인식을 전제로 노동조합의 부당노동행위를 인정한다. 그러나 우리 헌법 제33조는 근로자에게 근로3권을 보장하고 있으므로 그와 같은 노동시장에서 노동력 거래의 공정한 질서화의 차원에서의 노동조합의 부당노동행위를 인정하기가 쉽지 않다. 둘째, 부당노동행위의 구제는 원칙적으로 근로3권 침해를 원점으로 되돌리는 원상회복이 목적이지, 그로 인한 손해의 전보 등이 목적이 아니다. 그러나 원상회복만으로는, 보통은 노동조합이 기업별로 조직되어 있어 사용자의 지배개입이 쉬운 우리나라에서는 원상회복 이외의 제재조치가 필요하다. 말하자면 원상회복주의만을 택하는 일본과 달리

12) 예를 들어 프랑스에서는 사용자의 영향 하에서 단결체를 조직하거나 지원하는 행위는 형벌의 위하(Art. L 481-3)로써 금지된다.(Art. 412-2 C. T.) 이태리에서는 그러한 어용노조(sindicato di comodo)를 조직하거나 지원하는 행위는 근로자지위법 제17조에 따라 금지된다.

우리나라는 원상회복에 의해서 부당노동행위에 따른 피해를 효과적으로 구제하면서도, 동시에 처벌주의를 병과하여 실효성있게 부당노동행위를 예방하고 있다. 셋째, 부당노동행위에 대한 구제기관으로서 노동위원회의 권한이 제한되어 있다. 미국은 부당노동행위를 연방노동관계위원회(NLRB)가 전담처리하는데, 이 위원회는 대통령직속기구로서 수사와 소추권 및 구제절차를 직권으로 시작하고 진행할 권한을 갖는다. 그러나 우리나라 노동위원회는 부당노동행위를 하는 사용자를 형사소추하거나 직권으로 구제절차를 시작할 권한이 없다. 또한 당사자 신청주의에 의하여 당사자들이 구제명령을 신청한 경우에만 구제절차가 개시되며, 심사와 구제명령도 당사자가 신청한 것에 대해서만 가능하다. 넷째, 우리나라는 노동위원회가 미국이나 일본과 달리 부당노동행위만을 관할하는 것이 아니라, 부당해고 · 징계사건 등도 관할한다. 따라서 부당노동행위의 피해를 입었다고 생각하는 노동조합의 조합원은 부당해고 · 징계에 대하여 노동위원회에 구제신청을 하면서 동시에 부당노동행위에 대한 구제신청도 함께 한다. 그렇게 됨으로써 일련의 사건이 혼재된 상황에 따라 처리하여야 함으로써 진정 구제되어야 할 부당노동행위에 대한 구제율도 낮아지게 된다.[13)]

표 1 한 · 미 · 일 부당노동행위제도 비교

구분 \ 국별	한 국	일 본	미 국
노동위원회제도	· 지노위 및 중노위	· 지노위 및 중노위	· NLRB(연방노동관계위원회)에 사무총장(소추 및 집행기능)과 본위원회(판정기능)가 있음 · 사무총장 산하 지방사무소가 있으며 본위원회에 행정판사가 있음
신청권자	· 당해 근로자 또는 노동조합	· 규정 없음(사안별로 판단)	· 누구든지 신청가능
신청기간	· 3월(초심)→10일(재심)→15일(행법)	· 1년(초심)→15일(재심)→30일(사용자 소제기) 또는 3월(근로자 소제기)	· 6월(지방사무소)→(행정판사)→20일(본위원회)→연방항소법원에 제소 기간제한 없음

13) 이상은 임종률, 노동법, 2010, 257면 이하 참조.

구분 \ 국별	한 국	일 본	미 국
처리절차	· 지노위→중노위→행법→고법→대법원(5단계)	· 지노위→(중노위)→행법→고법→대법원(4~5단계) ※중노위재심절차 없이 행정소송 가능	· 지방사무소→행정판사→본위원회→연방대법원(5단계) –사건 조사 후 이유 없으면 각하, 이유 있으면 화해권고, 화해 불성립시 본위원회에 정식절차 청구 (소추) –본위원회 소속의 행정판사가 심문회의 주재, 구제명령 또는 각하 결정 –위 결정에 대해 당사자가 20일 이내 이의제기시 본위원회가 재심사후 최종명령 –최종명령 불복시 연방항소법원에 소제기
조사	· 심사관이 증거자료 등 조사	· 한국과 유사	· 일선 검사가 30일 이내 조사완료하고 취하나 화해 등 처리 방향 결정
구제명령 이전조치 사항	· 별도 규정된 바 없음	· 당사자 신청이나 위원장이 필요가 있다고 인정할 때 심사 중이라도 공익위원의 결정으로 심사의 실효성 확보를 위한 필요한 조치를 당사자에게 권고할 수 있음	· NLRB가 신속한 사건처리가 필요하다고 인정할 경우에는 구제절차 진행중에 연방지방법원에 잠정적인 금지 명령을 구하는 신청 가능 · 노동조합의 부당노동행위에 대해서는 구제절차 진행중이라도 지방이 연방지방법원에 잠정적인 금지명령을 구하는 신청가능
긴급이행 명령	· 사용자가 중노위 부당노동행위 구제 명령에 불복하여 행정소송을 제기한 경우 당사자의 요청에 의해 중노위가 법원에 긴급이행명령 신청 · 위반시 과태료 부과 (500만원 이하)	· 우리제도와 유사한 긴급명령제도 있음 · 위반시 과태료 부과(10만엔 이하)	· 행정판사의 결정을 잠정 집행하는 절차규정은 없음 · NLRB의 명령에 대한 잠정적 금지 명령을 법원에 구함(잠정적 효력)
확정된 구제 명령 위반시 제재	· 형사처벌 –3년 이하 징역 또는 3천만원이하 벌금	· 노동위 확정된 구제명령 위반시 과태료 부과 –10만엔 이하 · 법원의 확정판결 위반시 형사처벌 –1년 이하 금고 또는 10만엔 이하 벌금	· NLRB의 집행력 부여 소송제도(확정적 효력) –NLRB의 최종명령은 집행력이 없으므로 연방항소법원에 집행력부여신청 –법원에서 인정되면 최종명령은 강제력이 부여되며, 위반시 법원모독죄로 처벌
부당노동 행위에 대한 처벌	· 2년 이하 징역 또는 2천만원 이하 벌금	· 처벌규정 없음	· 처벌규정 없음
노조의 부당 노동 행위 인정 여부	· 불인정	· 불인정	· 인정

* 하갑래, 같은 책, 858면 이하에서 전제함.

제2장 부당노동행위의 성립요건

Ⅰ. 총　　설

1. 부당노동행위 유형

현행 노동조합법 제81조는 다음과 같은 5가지 유형의 부당노동행위를 규정하고 있다. ⅰ) 근로자가 노동조합에 가입하거나 기타 정당한 조합활동을 한 것을 이유로 불이익을 주는 부당노동행위, ⅱ) 근로자가 노동조합에 가입하지 않거나 또는 노동조합으로부터 탈퇴할 것을 고용조건으로 하는 비열계약을 체결하는 부당노동행위, ⅲ) 노동조합과의 단체협약체결 또는 단체교섭을 정당한 이유 없이 거부 또는 해태하는 부당노동행위, ⅳ) 노동조합의 조직 또는 운영에 지배 · 개입하는 부당노동행위와 노조전임자에게 급여를 지원하거나 노조의 운영비를 원조하는 부당노동행위, ⅴ) 근로자가 정당한 쟁의행위에 참가하거나 사용자의 부당노동행위를 신고한 것 등을 이유로 불이익을 주는 부당노동행위 등의 5가지 유형의 부당노동행위를 인정한다.

2. 부당노동행위 각 유형의 상호관계

이들 유형의 상호관계나 각 유형이 갖는 의미에 대해서는 논란이 있다. 부당노동행위의 보호객체나 보호대상과의 관계에서 단체교섭 거부행위와 지배개입 및 경비원조의 부당노동행위는 노동조합 자체에 대한 침해행위이고, 기타의 불이익취급(노동조합법 제81조 제1호와 5호)과 비열계약은 개개 근로자에 대한 침해행위라는 점에서 서로 다르다고 볼 여지가 있다. 그러나 근로3권은 노동시장에서의 노동력 거래시 복합적이고 중층적으로 전개된다. 개개 조합원에 대한 불이익은 동시에 노동조합 조직과 운영에 대한 개입이 될 수 있고, 비열계약은 조합원 개인에 대해 침해가 됨과 동시에 노동조합의 조직에 대한 지배개입이 될 수도 있다. 따라서 각각의 부당노동행위 유형은 독자적인 규범적 의미를 갖는 유형이라기보다는 반조합적 행위 내지는 근로3권 보장에 의한 노사관계 질서에 대한 위반행위를 그 모습에 따라 유형화해 놓은 것에 불과하다는 지적도 설득력이 있어 보인다.[14] 말하자면 각 부당노동행위의 유형은 근로3권 보장의 큰 틀 안에서 상호 유기적으로 연계되면서 총체적으로는 근로3권을 보호하는 각각의 요건보다는 근로3권 보장질서의 한 요소로서 이해하는 것이다. 따라서 부당노동행위가 조합원을 대상으로 한 것인가, 노동조합을 대상으로 한 것인가 하는 것은 의미가 없고, 당해 행위가 노동조합과 조합원의 근로3권을 침해하는 것인가가 중요하게 될 것이다.

각각의 부당노동행위 유형의 상호관계에 대해서도 입장의 차이가 있다. 제1설은 우리나라 노동조합법의 부당노동행위 규정이 미국과는 달리 통칙규정을 두고 있지 않기 때문에 지배 · 개입의 부당노동행위 규정은 포괄규정의 의미를 가져야 한다는 것이다.[15] 제2설은 부당노동행위 유형을 규정한 노동조합법 제81조 각호는 단순한 병렬적 또는 열거적 규정이고, 다만 제4호의 지배 · 개입의 부당노동행위는 다른 유형과는 달리 개념상 다의적으로 해석해야 한다는 것이다.[16] 제3설은 지배개입의 부당노동행위 규정을 포괄규정으로 보든 병렬규정이되 그 내용이 다의적이라고 보든 위의 두 입장은 부당노동행위의 구제범위를 넓게 잡고자 하는 것이므로 큰 차이는 없다고 보고, 각 유형을 형식적으로 준별하지 않고 상호보완적으로 적용하면서 사안의 내용에 적합하게 부당노동행위를 인정하여 이에 대한 구제를 하는 것이 실무상 중요하다는 것이다.[17]

그러나 지배개입의 부당노동행위 규정이 포괄적인가, 병렬적인가 하는 논쟁은 그것이 규범적으로 어떠한 의미를 갖는가 하는 것부터 따져 보아야 할 것이다. 포괄규정이라고 볼 때의 규범적 의미와 병렬적이되 다의적이라고 볼 때의 규범적 의

14) 김형배, 같은 책, 노동법, 1042면 이하.
15) 심태식, 노동법 개론, 219면 참조.
16) 林信雄, 勞働法, 273면(김형배, 노동법, 2011, 1042면에서 재인용).
17) 김형배, 노동법, 2011, 1042면 참조.

미를 각각 살펴보아야 할 것이다. 각각의 입장이 규범적으로 차이가 없다면 위와 같은 논쟁은 강학상의 논쟁에 지나지 않는다고 할 것이다. 그런데 '지배·개입은 불이익취급과 단체교섭 거부를 제외한 근로3권 보장활동에 대한 일체의 간섭·방해행위로서 가장 포괄적이고 광범위한 반조합행위' 또는 '지배·개입은 구체적인 불이익취급이 없거나 단체교섭의 거부행위가 없더라도 노동조합의 자주성을 침해할 수 있는 개연성이 있다면 인정될 수 있는 포괄적인 구성요건'이라고 보면서, 불이익취급이나 단체교섭거부에 해당하는 행위도 동시에 지배·개입에 해당할 수 있다고 본다.[18] 불이익취급도 노동조합의 조직과 운영에 대한 지배와 개입이며, 단체교섭 거부도 노동조합의 운영과 활동에 대한 지배와 개입으로 볼 수 있다. 따라서 지배와 개입은 부당노동행위 개념의 상위개념이면서 포괄적 개념이다. 그러나 동시에 노동조합법이 명문으로 규정한, 지배와 개입 이외의 부당노동행위는 지배와 개입의 특수한 형태를 규정한 것이므로 이 유형의 부당노동행위가 있었는지를 먼저 검토하고 그렇지 않은 경우에 지배와 개입의 부당노동행위가 인정되는지를 검토해야 한다는 의미에서 지배와 개입은 부당노동행위의 포괄규정이면서 동시에 그 기능은 잔여사안포섭규정 내지 요건(Auffangtatbestand)이라고 할 수 있다.

그러나 더욱 눈여겨보아야 할 것은 각 호의 부당노동행위간의 상호관계이다. 무엇보다 단체교섭권 보장질서 침해(제3호)의 부당노동행위와 단결권 보장질서 침해(제4호)의 지배·개입의 부당노동행위 유형의 관계이다. 이것이 문제가 되는 대표적 사례가 사내하도급 기업 근로자로 조직된 노동조합의 단결체 조직과 단결활동에 대해서 원청기업이 반조합적 활동을 한 경우와 이 사내하도급 근로자의 노동조합이 원청기업에 대해서 단체교섭을 요구하였으나 원청기업이 이를 거부한 경우이다. 원청기업이 사내하도급 기업의 지배·개입의 부당노동행위를 하고 구제명령을 받아야 할 사용자가 된다면 논리적으로 원청기업은 단체교섭의 사용자가 되어 사내하도급 노동조합의 단체교섭을 거부하면 부당노동행위가 성립한다고 해야 할 것이다. 따라서 궁극적으로는 원청기업이 부당노동행위의 사용자가 되는가 하는 문제로 귀착한다. 말하자면 부당노동행위제도의 구조상 사용자개념은 통일되어 있고, 그 사용자개념을 부당노동행위의 각 유형에 관계없이 동일하게 적용하

18) 김형배, 노동법, 2011, 1042면 참조.

여야 하고, 원청기업이 지배 · 개입의 부당노동행위의 주체가 된다면 단체교섭 거부의 부당노동행위의 주체가 된다는 논리이다. 나아가 근로3권은 통일적이고 유기적인 권리이고 집단법상 사용자개념도 통일적으로 파악해야 하므로, 지배 · 개입 부당노동행위의 주체가 된다면 동시에 단체교섭 거부 부당노동행위의 주체도 된다는 것이다. 따라서 궁극적으로는 집단법상 사용자개념의 통일성 문제와 함께 근로3권도 통일적인 권리인가 하는 문제로도 귀착하게 된다. 단체교섭권은 근로자의 단결권을 전제로 하여 발생한다는 의미에서 단결권과 단체교섭권은 분리하여 생각할 수 없다고 하면, 사내하도급 근로자의 단결체에 대해서 지배 · 개입을 해서는 안 되는 실질적인 사용자로서의 원청기업은 사내하도급 근로자의 단체교섭권도 침해해서는 안 된다고 할 것이다. 그러나 근로3권이 상호 아무런 관련성이 없어서 단결권은 단체교섭권 내지 단체행동권의 행사를 위한 전제조건으로서 인정되는 것이 아니며, 단체교섭권은 굳이 단결의 목적을 위하여 행사되는 것이 아니라, 단결의 목적과는 상관없이 다른 목적의 달성을 위하여 행사될 수 있는 권리라고 본다면[19] 말하자면 근로3권이 상호 관련이 없는, 따라서 독립된 별개의 기본권이라고 본다면 법률관계의 전개양상, 고용형태의 다양화에 따라 근로3권 각각의 기본권이 서로 독립하여 작용할 수 있는 것이 되어 원청기업이 사내하도급 근로자의 단결조직과 단결활동에 대해 지배 · 개입의 부당노동행위를 하여도 반드시 단체교섭에 응하여야 할 사용자라고 보지 않을 여지도 생긴다.

그러나 근로3권이 상호연관성이 있다고 하여도 이것이 헌법 제33조의 문언과 구조를 볼 때 − 단결권, 단체교섭권, 단체행동권이 병렬적으로 규정되어 있다는 점을 고려할 때 − 각 권리의 기본권으로서의 독자성을 부정하는 논거로 삼을 수는 없다. 말하자면 근로3권은 기능적으로 보면 서로 긴밀한 유기적 연관성을 갖고 있기는 하지만, 단결권, 단체교섭권, 단체행동권을 각각 명기해서 병렬적으로 규정하고 있는 현행 헌법상 이들 권리는 개개의 기본권으로서의 독자성을 가져야 한다고 보아야 한다. 이들 독자적인 세 기본권을 통일적이고 일체적인 통합개념으로서 '근로3권'의 세 가지 기능이라고 보는 것은 헌법 제33조 제1항 및 제2항에서 세 개의 권리를 명시적으로 규정하고, 제3항에서 주요 방위산업체에 종사하는 근로자의

19) 예를 들어 김유성, 노동법 II, 28면 참조.

단체행동권을 별도의 제한 내지 금지 대상으로 규율하고 있는 우리 헌법의 태도와 맞지 않다.[20] 헌법재판소도 하위법률 규정이 근로3권을 침해했는지를 다투는 일련의 사건들에서도 이 하위법 규정이 근로3권을 총체적으로, 한 묶음의 기본권을 침해했는지를 검토하는 것이 아니라, 단결권 · 단체교섭권 · 단체행동권을 각각의 독립된 기본권으로 보아 당해 하위법 규정이 이들 개개의 기본권을 침해했는지를 검토하고 있다.[21] 또한 동시에 단결권과 단체교섭권이 분리되는 경우로서 복수노조제도 하에서 배타적 교섭권을 인정하는 경우, 실업자의 가입을 허용한 지역노조[22]나 청년유니언과 같이 단결권을 인정할 수 있으나 구체적인 단체교섭의 상대방을 찾을 수 없는 경우,[23] 노동조합법상의 근로자가 아니면서 헌법상의 근로자에 해당하여 단결권은 있지만, 단체교섭권이 없는 연예인 노조의 경우를 보면 단결권과 단체교섭권이 항상 개념쌍으로 붙어 다녀야 하는 것은 아님을 알 수 있다.

위에서 말한 바와 같이 근로3권은 기능적으로 상호 유기적인 관련성을 갖는, 통일적인 한 묶음의 권리라 하더라도 각각 개별적 3개의 기본권으로 구성되어 있다고 볼 때, 이것이 부당노동행위제도에 대해서 갖는 의미는 다음과 같다. 즉, 단결권 침해의 부당노동행위에 대해서는 단결권 보호의 취지와 목적을 고려하면서 사용자의 기본권을 헌법적으로 조화시키는 가운데 사용자의 행위를 파악하여야 하고, 단체교섭권 침해의 부당노동행위에 대해서는 각각 단체교섭권 보장의 취지와 목적을 고려하면서 사용자의 기본권을 헌법적으로 조화시키는 가운데 사용자의 부당노동행위를 파악해야 한다는 것이다. 말하자면 단결권 침해의 부당노동행위와 단체교섭권 침해의 부당노동행위는 각각 그 주체, 대상, 방법 등과 관련하여

20) 이상은 김영문, 사내하도급 근로자들의 원청기업에 대한 단체교섭 가부, 노동법학 제36호(2010), 168면 이하에서 전제함.

21) 단결권 침해 여부: 유니온샵 규정(헌재 2005.11.24, 2002헌바95); 단체교섭권의 침해 여부: 단체협약체결권 위임 규정의 위헌성(헌재 1998.2.27, 94헌바13); 단체행동권의 침해 여부: 공익사업에 대한 강제중재 허용 규정의 위헌성(헌재 1996.12.26, 90헌바19) 등.

22) 기업별 형태의 노조에서는 실업중인 근로자가 노조에 가입하여 단결권을 행사할 수 있다고 하여도 기업의 종업원이 아닌 실업자에게 단체교섭과 딘체협약은 별 의미가 없다. 김형배, 노동법 제19판, 734면 이하 참조.

23) 서울행법 2012.2.9, 선고 2011구합20932은 노조법 제2조 제1호 및 제4호 라목 본문에서 말하는 '근로자'는 특정한 사용자에게 고용되어 현실적으로 취업하고자 하는 자 뿐만 아니라, 일시적으로 실업상태에 있는 자나 구직 중인 자도 노동3권을 보장할 필요성이 있는 한 그 범위에 포함된다고 하고, 동법 제2조 제4호 라목 본문의 '근로자가 아닌 자'는 근로의 의사 또는 능력을 가지지 않은 사람(자영업자, 자영농민, 학생 등)로서 청년유니언은 '근로자가 아닌 자'로 해석되어서는 안 된다고 본다. 따라서 청년유니언도 단결체를 구성할 단결권 주체로 보고 있다.

단결권과 단체교섭권이라는 각각의 개별적 기본권 보장의 의미내용과 목적과 취지 등을 고려하여 개별적으로 상이하게 판단될 수 있다는 것이다. 그렇게 보면 노동조합법 제81조 본문이 '사용자'라는 용어를 통일적으로, 단일어로 사용하고 있다하더라도, 이는 기능적으로는 통일적인 사용자를 지칭하더라도 부당노동행위제도의 취지상 각각의 개별적 기본권을 보호하고자 하는 동조 각호마다 상이한 범주의 사용자개념이 사용될 수 있다는 것을 뜻한다. 말하자면 단결권 침해의 부당노동행위 주체로서의 사용자와 단체교섭권 침해의 부당노동행위 주체로서의 사용자는 두 개별적 기본권 범주의 용량에 따라 언제나 동일한 사용자가 아니라, 각각의 경우마다 달리 파악될 수 있다는 것이다.

물론 노동력을 제공하는 근로자와 노동력을 이용하는 사용자의 2자관계를 기본으로 하는 법률관계에서는 대개의 경우 두 개별적 기본권의 의미내용 범주가 동일하여 단결권 침해의 부당노동행위와 단체교섭권 침해의 부당노동행위의 주체가 동일하여 별문제가 없을 것으로 본다. 그러나 노동력 이용자와 노동력 공급자 내지 매개자, 노동력 제공자가 별개로 존재하는 간접고용이나 외부노동력 활용의 경우는 단결권 침해의 부당노동행위나 단체교섭권 침해의 부당노동행위에서는 그 주체들이 다를 수 있으며, 간접고용에서의 단결권 보장과 단체교섭권 보장은 각각 그 의미가 다를 수 있다. 왜냐하면 간접고용에서는 기본권 주체로서 제3자가 등장하기 때문이다. 그리하여 노동력을 이용하는 자의 입장에서는 노동력을 제공하는 사내하청 근로자와 사내하청업체 사이의 단결활동에 대해서 개입할 여지도 없고 개입해서도 안 된다. 파견법 제22조 제1항 후문이 "사용사업주는 파견근로자의 정당한 노동조합의 활동 등을 이유로 근로자파견계약을 해지하여서는 아니 된다"고 규정한 것도 노동력을 이용하는 사용사업주는 노동력을 제공하는 근로자의 단결활동 내지 단결권 보호를 위해서 근로자파견계약의 해지를 금지하는 것으로 풀이된다. 그런 점에서 노동력을 이용하는 원청기업은 사내하청 근로자들의 단결활동에 대해서 관대해야 하고 이를 용인해야 하며, 원청기업과의 관계에서 단결권의 내용은 넓게 파악될 수 있을 것이다. 말하자면 사내하청 근로자들의 단결권 보장과 그 활동에 대해서 특별한 이해관계나 거래관계 내지 위험부담관계를 갖지 않는 원청기업으로서는 사내하청 근로자들의 사내하청기업주에 대한 단결활동에 대해서 '남의 일'이므로 이에 대해 개입해서는 안 된다. 그런 점에서 현대중공업 사건에서 대법원이 사내하청 근로자의 단결권 보장을 위해 원청기업의 지배 · 개입의 부당노동행위를 인정한 것은 일응 수긍되는 점이 없지 않다.

그러나 사내하청 근로자로 구성된 노동조합이 원청기업을 상대로 단체교섭을 요구할 수 있는지, 따라서 원청기업이 단체교섭을 거부하면 부당노동행위 책임을 부담하는지의 문제는 사내하청 근로자들의 단결권 보장과는 문제의 차원이 다르다. 이 단결권 보장은 어느 면에서는 근로자의 단결활동에 대한 사용자의 수인 내지 용인의무, 또는 적극적 단결활동에 대한 사용자의 협력의무 내지 수인의무를 의미하므로 사용자는 근로자의 단결활동에 대해서 방임이나 근로자들의 단결권 행사에 대해 협조를 하면 그것으로 족하다는 의미에서 단결권은 대사용자관계에서 자유권적 의미[24]를 지니고 있다고 할 것이다. 또한 사내하청 근로자의 단결권은 원래부터 사내하청기업을 대향하고 있는 것이고, 원청기업은 제3자로서의 관련성만을 가질 뿐이다. 그러므로 제3자로서 원청기업은 사내하청 근로자의 단결활동에 대해서 수인과 용인, 방임의 범주에 머물러야 하고, 그 이상의 행위를 하는 한 제3자로서 단결권 침해의 부당노동행위가 성립될 수 있다.[25] 그러나 원래는 사내하청기업에 고용된 근로자들로 구성된 노동조합의 단체교섭의 상대방은 사내하청업체 내지 사용자단체이고, 원청기업은 이 단체교섭 구조에서 비켜서 있는 자들이다. 따라서 이 원청기업이 사내하청 노조의 단체교섭구조로 들어오기 위해서는 정당화 근거가 필요하다. 원청기업의 사내하청 근로자들의 단결권 보호가 수인의무 등의 소극적 의미를 갖고서 그 자체로서 정당화된다면, 제3자로서 원청기업이 사내하청 노조의 단체교섭 구조로 들어가기 위해서 정당성 근거가 필요한 이유는 사내하청 노조가 제3자인 원청기업에게 단체교섭을 통해 근로조건 등의 개선과 유지로 표출되는 '재화의 이동'을 수반하기 때문이다. 이것은 특정인이 제3자에게 재화의 이동을 요구하기 위해서는 정당화근거가 필요하다는 법치국가의 한 표현이기

24) 기본권의 자유권적 성격은 대국가적으로 주장될 수 있는 것이지만, 광의의 의미에서 단결권은 일종의 사용자와 근로자 사이의 자치법규 창설의 권한을 헌법으로부터 수권받은 것이기 때문에 단결권은 국가보다는 사용자를 대향(對向)하고 있는 것으로도 볼 수 있다.

25) 그런 점에서 현행 부당노동행위제도가 사용자개념을 통일적으로 사용하기 때문에 현대중공업 사건에서 대법원은 노동력을 제공하는 자와 노동력을 이용하는 자의 관계를 사용자와 근로자 관계로 구성하지 않으면 안 되었지만, 그러한 이론구성보다는 간접고용관계에서는 제3자로서의 원청기업이 단결권 침해의 부당노동행위 주체가 될 수 있는지를 검토하는 것이 단체교섭권 침해의 부당노동행위와의 관계에서도 더욱 설득력 있는 이론구성이 될 것이고, 통일적인 사용자개념의 관념으로부터 오는 부담을 줄일 수 있을 것이다.

도 하다. 앞서 본 바와 같이 원청기업의 사내하청 근로자들에 대한 단결권의 보호가 '남의 일'에 대한 수인 내지 방임을 의미하므로 원청기업은 사내하청 근로자들에게 가능한 한 넓은 의미의 단결권을 용인하여야 할 것이다. 그러나 단체교섭은 교섭당사자 사이의 '재화의 이동'을 수반하는 것이기 때문에 원래의 사내하청 기업과 그의 근로자의 단체교섭 구조에 비켜 서 있는 원청기업에게 'money'를 요구하기 위해서는 정당화의 근거가 필요한 것이다.[26]

Ⅱ. 노동조합법상의 사용자개념과 부당노동행위

1. 사용자

노동조합법 제81조는 사용자가 부당노동행위의 주체라고 규정한다. 이때의 사용자는 노동조합법 제2조 제2호에 따른 '사용자'의 정의에 해당하는 자가 될 것이다. 따라서 부당노동행위제도의 사용자는 '사업주, 사업의 경영담당자 또는 그 사업의 근로자에 관한 사항에 대하여 사업주를 위하여 행동하는 자'가 될 것이다. 이와 같은 개념범주에 들어오는 자들은 부당노동행위를 해서는 안 되는 부당노동행위 금지법규 수규자가 될 것이다.

부당노동행위 금지법규 수규자와 구별해야 할 것으로는 부당노동행위 구제명령 수규자로서 구제명령이행자와 형벌부과 대상자가 있다. 구제명령이행자는 원칙적으로 사업주이다. 사업주는 개인기업은 사업주 개인이고, 법인은 법인 자체이다. 부당노동행위제도의 형벌부과대상으로서의 사용자는 구제명령 수규자와 동일한 것은 아니다. 처벌규정을 위반한 경우 행위자는 처벌되므로 사업주 이외의 사용자 범주에 들어오는 자, 즉 '사업의 경영담당자' 또는 '그 사업의 근로자에 관한 사항에 대하여 사업주를 위하여 행동하는 자'도 형벌의 부과대상자가 된다. 법인의 대표자 또는 법인이나 개인의 대리인 · 사용인 기타의 종업원이 구제명령에 대한 위반행위를 한 경우에는 행위자도 처벌된다.[27]

그리고 근로계약관계의 당사자로서의 사용자와 부당노동행위를 하는 당사자로

---

26) 이상의 내용은 김영문, 앞의 논문, 169면부터 172면의 내용을 전제한 것이다.
27) 노동조합법 제94조. 하갑래, 같은 책, 530면 참조.

서의 사용자는 반드시 일치하지 않는다. 근로관계의 당사자로서의 사용자인지와 관계없이 근로3권을 침해할 수 있고 구제명령을 이행할 수 있는 자이면 부당노동행위의 주체가 되고 구제명령의 대상자인 사용자가 될 수 있다. 대법원 판례에 따르면 "원청회사가 개별도급계약을 통하여 사내하청업체 근로자들의 기본적인 노동조건 등에 관하여 고용사업주인 사내하청업체의 권한과 책임을 일정 부분 담당하고 있다고 볼 정도로 실질적이면서 구체적으로 지배 · 결정할 수 있는 지위에 있고 사내하청업체의 사업폐지를 유도하는 행위와 그로 인하여 노동조합의 활동을 위축시키거나 침해하는 지배 · 개입 행위를 하였다면, 원청회사는 노동조합 및 노동관계조정법 제81조 제4호에서 정한 부당노동행위의 시정을 명하는 구제명령을 이행할 주체로서의 사용자에 해당한다"고 본다.[28]

2. 사용자개념의 확대: 근로계약관계 이외의 자로서 외부 노동력을 이용하는 자의 사용자성

(1) 개 요

근로자와 직접적인 근로관계를 맺은 사용자뿐만 아니라, 간접고용이나 다면적 근로관계에 있는 자 또는 근로자의 노동력을 이용하는 제3자도 단체교섭의 주체가 될 수 있는 것처럼 부당노동행위의 주체도 근로계약 당사자 이외의 자에게로 확대될 수 있다는 것이 학설의 일반적인 입장이다. 부당노동행위제도는 근로계약을 유지하고 채무불이행시 그 결과를 회복하거나 청산하는 것이 아니라, 근로3권의 침해를 배제하고 시정하여 정상적인 노사관계를 원상회복하는 것이 목적이라는 점을 고려하면 근로계약 당사자인 사용자 이외의 자, 특히 근로자의 노동력을 이용하는 자도 근로3권을 침해하여 부당노동행위를 할 수 있는 자라고 본다. 학설상으로는 '사실상의 사용자로 영향력과 지배력을 행사하는 자',[29] '근로계약 당사자와 동등시 할 수 있는 자', '가까운 과거에 근로관계에 있었던 자나 가까운 장래에 근로관계에 있게 될 자',[30] '근로관계와 비슷한 관계에 있는 자', '위장폐업과 실질적으로 동일한 기업의 사용자' 등도 부당노동행위의 주체가 된다고 본다. 부당노동

28) 대판 2010.3.25, 2007두8881.
29) 김형배, 노동법, 제20판, 2011, 1036면 참조.
30) 김형배, 노동법 제20판, 2011, 1036면 참조.

행위를 하는 사용자는 헌법의 근로3권 보장질서를 침해하는 자로서 집단적 노사관계의 한 쪽 당사자이다. 따라서 이 사용자는 반드시 '근로계약상의 당사자 내지 이와 동등시할 수 있는 자' 보다 더 넓게 이해해야 하고, 노동조합법 제81조는 근로관계와는 별개로 근로3권 보장 목적의 관점에서 근로자들의 근로3권을 침해하는 행위에 대한 보호를 목적으로 하는 것이므로 목적론적인 관점에서도 부당노동행위제도상의 사용자개념은 근로계약상의 사용자와는 달리 파악될 수 있다는 것이다. 이렇게 보면 사용자의 개념은 근로계약체결 당사자와 이외에 이와 동등시 할 수 있는 자에게로 분열되거나, 근로계약관계가 없어도 사실상의 사용자로서 영향력과 지배력을 행사하는 자로 확대된다고 본다. 그러한 사용자개념의 분열과 확대의 예로서 다음과 같은 경우를 들고 있다.

첫째, 부당노동행위를 한 사용자는 원래는 현재의 근로관계를 맺고 있는 자이어야 하지만 가까운 근로관계에 있었다거나 가까운 장래에 근로관계에 있게 될 자도 사용자가 될 수 있다고 본다. 그리하여 해고된 근로자와 사용자 사이에는 근로관계는 없지만, 이 해고된 근로자가 조합원으로 있었던 노동조합이 해고 또는 퇴직조건에 대하여 단체교섭을 요구하는 경우 사용자는 부당노동행위로서의 해고나 단체교섭거부가 문제될 수 있기 때문에 단체교섭을 거부할 수 없다고 본다.[31] 또한 회사의 합병과정에서 흡수회사가 피흡수회사의 근로자들과 노동조합에게 부당노동행위를 한 경우에 흡수회사가 사용자가 된다는 것이다.

둘째, 근로계약상의 사용자가 아니어도 이와 유사한 지위에 있는 자는 사용자에 해당한다는 것이다. 그러한 예로서 모회사가 주식보유 · 임원파견 · 도급관계 등의 방법으로 자회사와 연결고리를 갖고서 자회사 근로자의 인사 · 급여 · 노무에 대하여 구체적으로 지배력을 행사하고 있는 경우는 모회사와 자회사가 동시에 자회사 근로자에 대하여 단체교섭상의 사용자에 해당하여 모회사가 단체교섭을 거부하면 부당노동행위가 된다는 것이다.[32]

셋째, 직접적으로 고용관계를 맺고 있는 자와는 달리 제3자가 외부노동력을 이용하는 경우 이 근로자가 노동력의 이용자에게 부당노동행위를 주장하는 경우가 문제된다. 이와 같이 외부 노동력을 이용하는 자가 그 근로자의 사용자가 되어 부

31) 김형배, 노동법, 제20판, 2011, 1036면 참조.
32) 김형배, 노동법, 제20판, 2011, 1037면 참조.

당노동행위의 주체가 되는 경우는 다음과 같은 경우들이다: ⅰ) 수급업체나 파견업체 근로자들이 노동조합에 가입하거나 노동조합을 결성할 때 도급인 또는 사용사업주가 수급인이나 파견사업주에게 노동조합활동을 하는 파견근로자나 수급인 소속 근로자를 해고하게 하거나, ⅱ) 도급인이나 사용사업주가 직접 파견근로자나 수급인 소속 근로자를 회유하거나 협박하여 노동조합을 탈퇴하게 하거나, ⅲ) 도급인이나 사용사업주가 자신의 사업장 안에서 파견근로자나 수급인 소속 근로자의 조합활동을 부당하게 인정하지 않는 경우, ⅳ) 도급인이나 사용사업주가 수급인 소속 근로자나 파견근로자의 노동조합 활동을 이유로 도급계약이나 근로자파견계약을 해제하여 이 수급인이나 파견사업주가 해산을 하게 하는 경우들이 이에 속한다.

일부 유력한 견해는 파견근로관계에서 사용사업주와 파견근로자 사이에 근로계약관계는 존재하지 않지만, 파견근로자보호 등에 관한 법률이 파견근로자의 사용과 관련하여 사용사업주를 사용자로 보고 있다는 것을 전제로 하여 파견근로자가 사용사업주에게 노무를 제공할 때 구체적인 근로조건에 대하여 사용사업주가 구체적인 지배력과 영향력을 행사하고 있기 때문에 그러한 한도에서 부당노동행위 특히 단체교섭상의 사용자 지위에 있다고 본다.[33] 그러나 이외에도 사용사업주와 파견근로자 간에는 직접적인 근로관계가 없기 때문에 원칙적으로 사용사업주를 부당노동행위의 주체로 인정할 수 없다고 보면서, 형식상으로 파견계약이 체결되더라도 파견사업주가 사업주로서의 실체를 인정받지 못하면, 사용사업주가 당해 근로자를 직접 고용한 것으로 보아 부당노동행위의 주체가 된다고 보아야 한다는 의견도 있다.[34]

그리고 파견근로관계 이외에 외부로부터 노동력을 공급받아 이용하는 자가 이 근로자들에 대해서 사용자의 지위에 있는가에 대해서는 논란의 여지가 있다. 이 경우는 노동력을 이용하는 자, 노동력을 공급하는 자, 노동력을 직접 제공하는 자로 구성되는 3면관계 내지 다면적 근로관계가 상정된다. 종전의 판례[35]는 근로자

33) 김형배, 노동법, 제20판, 2011, 1037면.

34) 그러한 의견으로는 하갑래, 앞의 책, 532면 참조.

35) 대판 1995.12.29, 95누3565("단체교섭거부의 부당노동행위를 행하는 사용자는 근로자를 지휘감독하면서 근로를 제공받고 그 대가로 임금을 지급하는 것을 목적으로 하는 명시적 · 묵시적 근로계약관계를 맺고 있는 자를 말한다"); 대판 2004.4.16, 2004두1728("위법한 근로자파견사업인 경우에도 파견근로자와의 관계

로부터 근로를 제공받고 임금을 지급하는 것을 목적으로 하는 명시적 · 묵시적 근로계약관계를 맺고 있는 자, 즉 단체협약상의 권리와 의무를 부담하는 자가 부당노동행위의 주체로서 사용자이며, 따라서 사용사업주나 도급인을 노동조합법상의 사용자로 보고 부당노동행위로 처벌할 수는 없다고 본다. 이러한 판례의 기초위에 외부노동력을 이용하는 자('user': 사용사업주, 도급인, 원청기업 등)가 사용자가 되는 경우는 최근의 대법원 판례에 따르면 2가지 경우가 있다. 첫째는 외부노동력을 공급하거나 매개하는 자가 사업주로서 독립성이 없는 경우이고, 둘째는 사업주로서의 독자성이나 독립성이 있는 경우이다. 첫째의 경우는 3면적 내지 다면적 근로관계에서 직접적인 근로관계를 맺고 있는 자가 사업주로서의 실질은 없고 단순한 노무대행기관임에도 이를 위장한 경우이다. 이에 대해 대법원은 일단 자신이 고용한 근로자를 제3자인 도급인에게 매개 내지 공급하는 원고용주의 지위가 실질적으로 사업주인가 아닌가를 먼저 판단하여 원고용주가 사업주로서의 독자성과 독립성이 없으면 노동력을 이용하는 자와 수급업체 근로자의 묵시적 근로관계를 인정하여 외부노동력을 이용하는 자의 부당노동행위 주체로서의 사용자성을 인정하고자 한다.[36] 두 번째의 경우는 노동력을 공급 내지 매개하는 원고용주가 사업주로서의 독자성과 독립성을 가진 경우로서 대개는 사내하도급에서 노동력을 제공하는 원고용주의 근로자(하청기업근로자)와 노동력을 이용하는 원도급인(원청기업) 사이에서 벌어지는 문제이다. 두 당사자 사이에 묵시적인 근로관계가 인정되지 않는 경우에도 도급인이 하도급인 근로자에 대하여 부당노동행위 주체가 될 수 있는지의 문제이다. 이에 대해 최근 대법원은 하도급 근로자를 위한 판결을 하고 있다. 즉, 부당노동행위제도의 취지로부터 노동조합법이 지배 · 개입의 부당노동행위를 규정

에서 사용자는 원칙적으로 파견사업주라 할 것이며, 사용사업주와 유사한 지위에 있는 회사는 사용자의 지위에 있다고 할 수 없으므로 부당노동행위가 성립하지 않는다")

36) 대판 1999.11.12, 97누19946("원고용주에게 고용되어 제3자의 사업장에서 제3자의 업무에 종사하는 자를 제3자의 근로자라고 할 수 있으려면 원고용주는 사업주로서의 독자성이 없거나 독립성을 결하여 제3자의 노무대행기관과 동일시할 수 있는 등 그 존재가 형식적 · 명목적인 것에 지나지 아니하고, 사실상 당해 피고용인은 제3자의 종속적인 관계에 있으며, 실질적으로 임금을 지급하는 자도 제3자이고, 또 근로제공의 상대방도 제3자이어서 당해 피고용인과 제3자간에 묵시적 근로계약관계가 성립되어 있다고 평가될 수 있어야 할 것"); 대판 2008.7.10, 2005다75088('현대미포조선사건')("형식적으로는 도급계약을 체결하고 노무를 제공받아 자신의 사업을 수행한 것과 같은 외관을 갖추더라도, 실질적으로는 업무수행의 독자성이나, 사업경영의 독립성을 갖추지 못한 채, 도급회사의 사업부서나 노무대행기관의 역할을 수행하였을 뿐이고, 오히려 도급회사가 수급회사근로자로부터 종속적관계에서 근로를 제공받고, 임금을 포함한 제반 근로조건을 정하였으므로 이들을 직접 채용한 것과 같은 묵시적 근로계약관계가 성립")

한 것은 단결권을 침해하는 행위를 배제 · 시정하여 정상적인 노사관계를 회복하기 위한 것으로서, 그 지배 · 개입의 부당노동행위를 한 사용자인지의 여부도 당해 구제신청의 내용, 그 사용자가 근로관계에 관여하고 있는 구체적 형태, 근로관계에 미치는 실질적인 영향력 내지 지배력의 유무 및 행사의 정도 등을 종합하여 결정하여야 한다고 한다. 따라서 "근로자의 기본적인 노동조건 등에 관하여 그 근로자를 고용한 사업주로서의 권한과 책임을 일정 부분 담당하고 있다고 볼 정도로 실질적이고 구체적으로 지배 · 결정할 수 있는 지위에 있는 자가, 노동조합을 조직 또는 운영하는 것을 지배하거나 이에 개입하는 등으로 법 제81조 제4호 소정의 행위를 하였다면 그 시정을 명하는 구제명령을 이행하여야 할 사용자에 해당한다"고 한다.[37] 또한 직접적인 근로관계를 맺고 있지 않은 외부노동력의 이용자를 노동위원회가 어떻게 사용자로 만들어 구제명령을 이행할 수규자로 할 수 있는지에 대해서도 대법원 판례는 부당노동행위의 예방과 제거는 노동위원회의 구제명령을 통해서 이루어지는 것이므로 구제명령을 이행할 수 있는 법률적 또는 사실적 권한이나 능력을 가지는 지위에 있는 한 그 한도 내에서는 부당노동행위의 주체로서 구제명령의 대상자인 사용자에 해당한다는 것이다.

원칙적으로 도급인과 수급인의 근로자 사이에는 근로계약관계가 존재하지 않는다. 따라서 도급인이 이 근로자를 불이익취급을 한다든가 단체교섭을 해야 할 의무는 존재하지 않는다.[38] 그러나 대법원 판례에 따르면 도급인인 원청기업이 수급인인 하청기업의 근로조건에 대하여 사실상 지시권을 행사하여 지배력 내지 영향력을 행사하는 경우, 말하자면 수급인 소속 근로자의 기본적인 노동조건 등에 관하여 그 근로자를 고용한 사업주로서의 권한과 책임을 일정 부분 담당하고 있다고 볼 정도로 실질적이고 구체적으로 지배 · 결정할 수 있는 지위에 있으면 부당노동행위의 주체가 되는 사용자의 지위에 있다는 것이다. 따라서 대법원 판례에 따를 때 중요한 것은 구체적인 사안에서 원청기업이 이 근로자들의 근로조건에 대해서 실제로 구체적으로 지배 · 결정을 하였는지의 여부이다.

넷째, 외부노동력을 공급 내지 매개하는 자가 독립성과 독자성이 있는 사업주가 아니라, 항만사업장에서와 같이 (항운)노동조합인 경우에 노동조합의 지시를 받

---

37) 대판 2010.3.25, 2007두8881.
38) 김형배, 노동법 제20판, 2011, 1039면 참조.

아 화주나 냉동창고주에게서 노무를 제공하는 경우 이들 외부노동력을 활용하는 자들이 항운노동조합의 조합원에 대해서 사용자의 지위에 있고, 따라서 조합원들의 단체교섭을 거부한 경우 부당노동행위가 성립하는지가 문제된다. 그러나 대법원은 냉동창고주와 항운노동조합 소속 하역근로자 사이에 사용종속관계가 없고 그 근로자들을 조합원으로 하는 노동조합과 단체교섭을 할 의무가 없으며 단체교섭을 거부하였다고 하여 부당노동행위가 성립하는 것은 아니라고 본다.[39] 이에 대하여 일부 유력한 학설은 일본 최고재판소에서 문제가 된 朝日放送 사건 판례[40]를 토대로 하여 항운노조의 조합원에 대하여 이들의 노동력을 이용하는 화주나 냉동창고주는 노동조합법상의 사용자의 지위에 있다고 본다. 근로관계가 없는 근로자들에 대해서도 단체협약의 체결을 통하여 근로조건의 기준을 설정할 수 있다고 보는 것이 집단적 노사관계법의 취지에 부합한다는 것이다. 따라서 (항운)노동조합으로부터 조합원들을 공급받아 노동력을 활용하고 있는 사업주는 이 조합원들의 근로조건[41]에 관하여 구체적인 지배와 영향력을 미치고 있는 한 단체교섭의 상대방이 되어 정당한 이유 없이 단체교섭을 거부하면 부당노동행위를 한 것이라고 본

39) 대법원 판례는 일관되게 항운노동조합으로부터 노동력을 공급받아 활용하는 자와 하역근로자 사이에는 근로관계가 존재하지 않고, 이를 전제로 한 퇴직금이나 임금채권 우선변제도 인정할 수 없다는 입장이다. 대판 1997.9.5, 97누3644; 대판 1996.6.11, 96누1504; 대판 1996.3.8, 94누15639; 대판 1995.12.22, 95누3565; 대판 1998.1.20, 96다56313; 대판 1980.12.9, 79다2147; 대판 1987.2.10, 86다카1949.

40) 日本 最高裁三 小判 平成 7.2.28, 民集 49卷 2號, 559頁 참조. 이 판결에 따르면 근로계약상의 사업주가 아니어도 고용주로부터 근로자의 파견을 받아 자기의 업무에 종사하게 하고 그 근로자의 기본적 근로조건에 대하여 고용주와 부분적이기는 하지만 동등시될 수 있을 정도로 현실적 · 구체적인 지배 · 결정을 하는 지위에 있는 자는 그 한도 내에서 노동조합법상의 사용자에 해당하고, 당해 사건에서 파견근로자를 현실적으로 취업시키고 있는 사용사업체는 파견근로자의 근로조건, 특히 근무시간의 배정, 노무제공의 방식, 작업환경 등에 관해서는 단체교섭을 거부할 수 없다고 본다. 이에 관해서는 김형배, 항운노동조합의 단체협약능력에 관한 연구(상), 판례월보 제299호, 1995.8, 27면, 35면 이하 참조. 그러나 파견근로관계에서 사용사업주와 파견근로자 사이에 단체교섭을 할 수 있는지도 문제이지만, 항운노동조합을 파견사업주로 전제하여 단체교섭권을 인정하는 것도 문제이다. 더욱 문제가 되는 것은 조일방송사건에서는 사용사업장에서의 노무제공 관련한 근로조건, 즉 근무시간의 배정, 노무제공의 방식, 작업환경 등에 대해서 단체교섭을 할 수 있다는 것이지, 근로조건 전반, 특히 임금 등에 대해서도 파견근로자들이 사용사업주를 상대로 단체교섭을 할 수 있다고 한 것은 아니다. 말하자면 조일방송국 측이 문제가 된 근로자들에 대해서 전반적으로 사용자의 지위에 있다고 한 것이 아니다. 일반화의 오류에 빠져서는 안 된다. 또한 파견근로관계를 전제로 한 이 판결이 사내하도급에도 그대로 적용될 수 있는지도 의문이다. 왜냐하면 사용사업주는 파견근로의 본질상 파견근로자에 대해서 지시권을 행사할 수 있기 때문에 사용자 지위가 문제될 수 있지만, 그러한 사내하도급에서는 그러한 지시권을 행사하지 않는 것이 원칙이기 때문이다.

41) 일본의 朝日放送사건은 파견근로관계를 전제로 사용사업주의 사업장에서 그의 지휘명령권 하에 들어오는 근로조건, 즉 근무시간의 배정, 노무제공의 방식, 작업환경 등에 대해서 단체교섭을 할 수 있다는 것이다. 이 판결은 근로조건 전반, 특히 임금 등에 대해서도 파견근로자들이 사용사업주를 상대로 단체교섭을 할 수 있다고 한 것은 아니다. 이 판결을 지나치게 확대해서는 안 될 것이다.

다.[42]

(2) 법률의 규정

외부노동력을 이용하는 자가 노동력을 제공하는 자에 대해서 노동조합법상의 사용자의 지위에 있는 지에 대해서는 두 가지 분야에서 특히 문제가 될 것이다.[43] 하나는 노동조합법상 단체교섭의 상대방과 같은 전체적인 법수규자로서의 사용자와 부당노동행위의 주체로서의 사용자가 문제될 것이다. 그러나 이 사용자가 누구인지에 대해 현행법은 개념정의를 내리지 않고, 사용자의 종류만을 나열하고 있을 뿐이다.

물론 근로자에 대한 개념과는 달리 사용자에 관한 개념은 근로기준법(이하 근기법)과 노동조합 및 노동관계 조정법(이하 노동조합법) 상의 정의규정이 통일되어 있다.[44] 노동조합법에서 사용자라 함은 '사업주, 사업의 경영담당자 또는 그 사업의 근로자에 관한 사항에 대하여 사업주를 위하여 행동하는 자(노동조합법 제2조 제2호)'라고 정의하고 있다. 여기서 i) 사업주라 함은 경영의 주체를 말하며 협의의 사용자를 의미한다. 개인기업의 경우 경영주 개인을 의미할 것이고 기업인 경우에는 법인 그 자체를 말한다. 일반적으로 사업주는 근로자와 근로계약을 체결한 근로계약의 한쪽 당사자가 되지만 판례에 의하면 실질적인 근로관계가 있다면 반드시 근로계약이 체결되어 있지 않더라도 실질적으로 근로자를 사용한 사업을 한 자는 사업주에 해당된다고 판시한바 있다.[45] ii) 사업경영담당자라 함은 사업주로부터 사업의 경영의 전부 또는 일부에 대하여 포괄적 위임을 받고 권한을 행사하나 책임을 부담하는 자를 말한다. 일반적으로 주식회사의 대표이사, 합명회사 및 합자회사의 업무집행사원, 유한회사의 이사 지배인 및 회사정리절차 개시 이후 관리인

42) 김형배, 노동법 제20판, 2011, 1040면 참조.

43) 근로기준법상으로는 노동력을 제공하는 자가 노동력을 이용하는 자에 대해서 직접적 근로관계를 주장하여 임금청구권 등을 행사하는 문제가 발생하게 될 것이다.

44) 물론 정의조항이 동일하게 규정하였다 하더라도 사용자의 범위가 반드시 같아야 한다고 해석할 수는 없다. 이는 근기법과 노동조합법의 입법목적과 취지 및 그 실현방식이 같지 않기 때문이다. 판례도 근기법은 '근로를 제공하는 자에 대하여 국가의 관리, 감독에 의한 직접적인 보호의 필요성이 있는가'라는 관점에서 개별적 근로관계를 규율할 목적으로 제정된 것인 반면에, 노동조합법은 '노무공급자들의 사이의 단결권 등을 보장해줄 필요성이 있는가'라는 관점에서 집단적 노사관계를 규율할 목적으로 규정하고 있다고 판시하여 두 사용자개념의 입법 목적이 다름을 인정하고 있다.(대판 2004.2.27. 2001두8568).

45) 대판 1986.8.19, 88다카657.

등이 포함된다. iii) 마지막으로 근로자에 관한 사항에 대하여 사업주를 위하여 행위 하는 자는 채용, 인사, 급여 등의 근로조건의 결정 또는 근로의 제공에 대하여 지휘명령 내지 감독을 할 수 있는 일정한 책임과 권한이 사업주에 의하여 주어진 자를 말한다. 이러한 책임과 권한의 유무는 형식적 직명에 따를 것이 아니라 구체적인 책임과 권한에 의하여 판단되어야 할 것이다.

그러나 이러한 사용자개념의 설명에도 불구하고 그것이 사내하도급, 파견, 업무하청과 같이 직접적 고용관계 이외의 다면적 근로관계인 간접고용관계에도 그대로 유용하게 사용될지는 의문이다. 물론 판례는 노동조합법상 사용자의 개념에 대하여 "사용자라 함은 근로자와의 사이에 사용종속관계가 있는 자, 즉 근로자의 사이에 그를 지휘감독하면서 그로부터 근로를 제공받고 그 대가로서 임금을 지급하는 것을 목적으로 하는 명시적이거나 묵시적인 근로계약관계를 맺고 있는 자"라고 하여 단체교섭상의 사용자를 근로계약상의 사용자로 한정하고 있다. 그러나 이러한 판례들은 다양하게 전개되는 구체적 사례들에 대해서 정확한 답을 주지 못한다. 특히 간접고용관계에 대해서 노동조합법 제2조 제2호로부터는 외부노동력 이용자가 사용자인지에 대한 판단기준을 얻을 수 없다. 같은 의미에서 동법 동규정은 외부노동력 이용자가 사내하청근로자에 대해서 부당노동행위의 주체로서 사용자의 지위에 있는지도 답을 주지 못한다. 말하자면 현행법은 노동조합법상의 사용자개념을 외부의 제3자에게로 확대하는 것에 대해서 아무런 규정을 두지 않은 것으로 이해된다. 따라서 노동조합법상의 사용자개념이 외부의 제3자에게로 확장되는지, 아니면 노동조합법상의 사용자개념은 근기법상의 사용자개념처럼 근로계약관계에 있는 자로 한정해야 하는지 여전히 논란이 일어나고 있다.

(3) 판례와 노동위원회의 결정례

앞에서도 본 바와 같이 판례의 기본태도는 노동력을 제공하는 외부의 제3자가 도급인 내지 노동력을 이용하는 자에게 단체교섭을 요구할 수 있는지에 대해 양자 사이의 근로관계의 존부를 기준으로 판단한다는 원칙을 세우고 있다. 그러나 최근의 판결들과 노동위원회의 결정례는 그러한 원칙 판결로부터 이탈하는 조짐을 보이고 있다. 이를 간단히 정리하면 다음과 같다.

– H자동차사건[46]에서는 하청업체가 사업주로서의 독립성이 존재하기 때문에

원청회사와 하청근로자 사이에 직접적 근로관계가 성립하지 않아 하청근로자와 노동조합은 구제신청의 당사자 지위가 없다는 것을,

– D식품사건[47]에서도 마찬가지의 입장을,

– D용역기사노동조합사건[48]에서는 하청업체의 사업주로서의 독립성은 문제 삼지 않고, 원청회사가 하청근로자에 대해 지휘명령권을 행사하지 않았기 때문에 하청근로자의 사용자가 될 수 없음을,

– 대한송유관사건[49]에서 대법원은 원청회사와 하청근로자 사이에 묵시적 근로관계도 성립하지 않고, 하청업체가 여전히 사업주로서 독립성을 갖고 있기 때문에 원청회사와 하청근로자 사이에는 직접적인 근로관계 성립의 여지가 없어 부당노동행위도 성립하지 않는다고 보았다.

이로써 이들 판례는 하청업체가 사업주로서 독립성이 있는 경우는 원청회사와 하청근로자 사이에 직접적인 근로관계 인정의 여지가 없기 때문에 노동조합법상의 사용자 지위도 가질 수 없다는, 말하자면 노동조합법상의 사용자성도 근로관계의 존속을 전제로 판단해야 한다는 대법원의 입장을 충실히 따르고 있다.[50] 아마도 이러한 판례의 태도는 노동력을 제공하는 항운노조의 조합원과 노동력을 이용하는 화주나 냉동창고주 사이에 단체교섭권을 둘러싸고 노동력 이용자의 단체교섭상의 사용자로서의 지위를 부정하였던 대법원의 항운노조판결의 영향이 그대로 유지된 것이 아닌가 생각된다.

---

46) 부산지노위 2005.7.19, 2005부해57, 67, 84.

47) 경기지노위 2000.10.2, 2000부노102, 2000부해379.

48) 서울지노위 2002.3.5, 2001부해1066 · 1130.

49) 대판 2004.4.16, 2004두1728.

50) 광주지법 목포지원 2001.6.22, 2000가합732 (H 회사에서 근무하는 사내하청 근로자들이 H 회사 사내하청 노동조합을 결성하자 그 다음날 조합원이 소속된 사내하청업체의 사업주와 관리자들이 노조를 해산하고 사직하라고 요구하였다. 사내하청업체들은 같은 날 각각 H 회사에 대하여 하도급계약을 해지해 달라고 요청하였고 동시에 조합원들을 모두 해고하였다. H 회사는 계약을 해지한 후 조합원들의 사업장출입을 금지하였다. 이에 대하여 사내하청노동조합은 사내하청업체와 H 회사를 상대로 부당노동행위 및 불법행위에 따른 손해배상을 청구하였다. 관할 목포지방법원은 "부당노동행위의 당사자가 되는 '사용자'란 근로계약에 의하여 근로자를 채용하는 계약상의 당사자, 즉 근로조건에 대한 결정권이 있고 단체교섭 및 단체협약의 권리 · 의무의 주체라고 전제한 뒤, 사용사업주인 H 회사는 부당노동행위의 주체가 될 수 없다"고 하였다. 또한 "H 회사의 계약해지로 사내하청 근로자들과 H 회사는 아무런 관계가 없게 되었으므로 사용사업주의 출입금지 행위가 정당하다"고 하여 노동조합이 제기한 부당노동행위 및 손해배상 요구를 인정하지 아니하였다. H 회사의 관리자가 사내하청 근로자를 상대로 조합탈퇴요구를 한 사실을 인정하면서도 H 회사가 사용자가 아니므로 그러한 행위가 부당노동행위에 해당되지 않는다고 보았다)

1) 노동조합법상 사용자개념에 관한 대법원의 항운노조 판결

대법원은 항운노조사건에서 "노동조합법 제33조 제1항(현행 노동조합법 제29조 참조) 본문은 '노동조합의 대표자 또는 노동조합으로부터 위임을 받은 자는 그 노동조합 또는 조합원을 위하여 사용자나 사용자단체와 단체협약의 체결 기타의 사항에 관하여 교섭할 권한이 있다'고 규정하고 있고, 같은 법 제39조 제3호(현행 노동조합법 제81조 제3호)는 사용자가 노동조합의 대표자 또는 노동조합으로부터 위임을 받은 자와의 단체협약체결 기타의 단체교섭을 정당한 이유 없이 거부하거나 해태하는 행위를 부당노동행위의 하나로 규정함으로써 사용자를 노동조합에 대응하는 교섭당사자로 규정하고 있는바 위 법 규정 소정의 사용자라 함은 근로자와의 사이에 사용종속관계가 있는 자, 즉 근로자와의 사이에 그를 지휘 · 감독하면서 그로부터 근로를 제공받고 그 대가로서 임금을 지급하는 것을 목적으로 하는 명시적이거나 묵시적인 근로계약관계를 맺고 있는 자"라고 결정한 바 있다.[51] 대법원은 이로써 노동력의 이용관계에서 이용자의 단체교섭상의 지위를 판단하면서 부당노동행위의 주체로서 사용자가 되기 위해서는 근로자에 대하여 명시적 또는 묵시적인 근로계약관계가 전제되어야 한다는 것, 따라서 명시적 또는 묵시적 근로계약관계가 인정되지 아니하는 한 관련 근로자에 대하여 부당노동행위가 성립할 여지가 없다는 확립된 판례(ständige Rechtsprechung)를 세운 것으로 보인다.[52] 이러한 판례가 사내하도급의 사례로 투영된다면 노동력의 이용자와 제공자 사이에 명시적, 묵시적 근로관계가 인정되기 위해서는 먼저 선결문제로서 노동력의 매개자인 하청업체가 사업주로서의 독립성이 없어야 한다는 것, 달리 말하면 하청업체가 사업주로서의 독립성이 인정되는 한 노동력의 이용자와 제공자의 직접적인 근로관계는 인정되지 않기 때문에 이와 같은 대법원 판례에 따르면 원청회사의 부당노동행위가 성립할 여지는 없다.

2) 전주지법 군산지원의 판결

동 판결[53]도 앞의 대법원의 확립된 판결을 일반원칙으로 강조한다. 그러나 구

51) 대판 1986. 12. 23, 85누856; 대판 1995.12.22, 95누3565; 대판 1997.9.5, 97누3644; 대판 1999.11.12, 97누19946 참고. 이들 판결에 대해서는 비판적으로 김형배, 항운노조 조합원과 사용자 사이의 법적 관계, 1996, 281면 이하 참조.

52) 대판 1999.11.12, 97누19946.

53) 전주지법 군산지판 2006.4.12, 2005카합411.

체적인 사건에서 법원은 "사용자(또는 사용자단체)는 단체교섭의 상대방으로서 신의에 따라 성실히 교섭하고, 정당한 이유 없이 단체교섭을 거부하거나 해태하여서는 아니 되는 바, 이때 단체교섭당사자로서의 사용자는 근로자와 근로계약을 체결한 근로계약의 당사자가 되는 것이 보통이고, 도급 또는 하청의 경우 원기업체는 하청업체의 근로자와 직접 근로계약을 체결하고 있지 아니하므로 원기업체가 단체교섭의 당사자가 될 수는 없을 것이나, 다만 하청업체의 근로자가 원기업체의 생산과정에 투입되어 원기업체의 지휘, 명령 하에 근로를 제공하고 있고, 원기업체가 하청업체의 근로자에 대하여 실질적인 사용종속관계를 가지고 영향력 또는 지배력을 행사할 수 있는 경우에는 원기업체 역시 단체교섭의 상대방이 된다고 봄이 상당하다"고 판단하고 있다. 따라서 이 판례에 따르면 하청업체의 사업주로서의 독립성을 문제삼을 필요 없이 원청기업이 하청업체의 근로자에 대하여 실질적인 사용종속관계에서 영향력 또는 지배력을 행사하면 단체교섭의 상대방이 된다는 입장이다. 그 논거로서 동 판결은 ① 원청회사가 하청업체 소속 근로자 등에 대해 인사발령한 사실, ② 하청업체 소속 근로자들에 대한 교육훈련을 원청회사의 직원이 직접 실시한 점, ③ 하청업체 소속 근로자들은 하청업체별로 나뉘지 않고 각 부서별로 혼재돼 조장의 지시에 따라 작업을 수행해온 점, ④ 자동차 시트의 생산에 필요한 공장 내 부지, 기계, 설비 등 장비를 사실상 원청회사가 제공하였다는 점 등을 종합하여 보면 원청회사는 업무도급의 형식으로 사용종속관계에 있는 하청업체 소속 근로자들을 직접 지휘, 감독하면서 실질적인 영향력을 행사하는 실질적인 사용자로서 단체교섭의 상대방이 된다고 판단하였다. 그러나 이 판결은 노동조합법상 사용자개념의 외연을 확대한 것이라기보다는 앞의 판례와 노동위원회의 결정례처럼 하청업체의 사업주로서의 독립성을 부인함으로써 원청회사와 하청근로자의 직접고용을 인정하는 방법으로 원청회사의 단체교섭상의 지위를 인정한 것으로 판단되어 노동조합법상의 사용자개념의 확대라기보다는 종전 판례의 답습으로 보인다.[54] 그러나 결과적으로는 이 판례가 종전 판례의 답습이라고 하여도

54) 전주지방법원 군산지원의 판결문에는 ① 양 당사자 사이에 다툼이 없거나 증거에 의하여 확보된 사실관계에 의하면 원청회사와 하청회사 사이에 실질적인 사용종속관계가 있다는 점, ② 이 사건의 근로자가 형식적으로 소속한 하청회사가 사실상 폐업하여 회사의 실체를 갖지 못함에도 원청회사의 단체교섭 당사자지위를 인정한 점, 그리고 ③ 군산지원이 위장도급으로 인하여 형식적 사용자인 회사의 법인격을 부인하여 직접고용을 인정한 대법원판결(2003.9.23, 2003두3420)을 인용하고 있다는 점으로부터 하경효, 앞의 책, 242면은

이제는 하급심에서도 하청회사의 사업주로서의 독립성 여부에 크게 구애받지 않고, 원청회사의 하청근로자에 대한 실질적인 지배력과 영향력을 기준으로 노동조합법상의 사용자개념을 확대하려는 방향으로 이전해가는 하나의 단초를 찾아 볼 수 있을 것이다.

3) 현대중공업 사건에 대한 대법원 판결[55)]

이 사건은 원래 원청기업이 하청 근로자의 노동조합 조직 또는 운영을 지배하거나 개입하는 행위를 하는 경우 원청기업이 부당노동행위 구제명령의 대상인 사용자에 해당하는지가 문제된 사건이다.

이에 대해 대법원은 먼저 노동조합 및 노동관계조정법(이하 '노동조합법'이라 한다) 제81조 내지 제86조의 부당노동행위제도는 헌법이 규정하는 근로3권을 구체적으로 확보하고 집단적 노사관계의 질서를 파괴하는 사용자의 행위를 예방 · 제거함으로써 근로자의 단결권 · 단체교섭권 및 단체행동권을 확보하여 노사관계의 질서를 신속하게 정상화하기 위한 제도로서, 현행법상 부당노동행위에 대한 1차적 구제는 노동위원회의 구제명령을 통해서 이루어지는 바, 구제명령을 이행할 수 있는 법률적 또는 사실적인 권한이나 능력을 가지는 지위에 있는 한 그 한도 내에서는 부당노동행위의 주체로서 구제명령의 대상인 사용자에 해당한다고 본다.

둘째, 노동조합법 제81조 제4호의 지배 · 개입의 부당노동행위제도는 단결권을 침해하는 행위를 배제 · 시정하여 정상적인 노사관계를 회복하는 것을 목적으로 하는 것이므로 그 지배 · 개입의 주체로서의 사용자인지의 여부도 당해 구제신청의 내용, 그 사용자가 근로관계에 관여하고 있는 구체적 형태, 근로관계에 미치는 실질적인 영향력 내지 지배력의 유무 및 행사의 정도 등을 종합하여 결정하여야 한다고 본다. 그리하여 근로자의 기본적인 노동조건 등에 관하여 그 근로자를 고용한 사업주로서의 권한과 책임을 일정 부분 담당하고 있다고 볼 정도로 실질적이고 구체적으로 지배 · 결정할 수 있는 자가 노동조합을 조직 또는 운영하는 것을 지배하거나 이에 개입하는 등으로 노동조합법 제81조 제4호 소정의 행위를 하였

이 판결이 원청회사와 하청회사 근로자 사이에 직접적인 고용관계를 인정한 것으로부터 원청회사의 단체교섭상의 사용자적 지위를 인정한 것이지 노동조합법상의 사용자의 범위를 대외적으로 확대한 것은 아니라고 본다.

55) 대판 2010.3.25, 2007두8881.

다면, 그 시정을 명하는 구제명령을 이행하여야 할 사용자에 해당한다고 보았다.

이러한 법리에 기초하여 대법원은 당해 사안에서 실제로 원청기업이 하청 근로자의 기본적인 근로조건 등에 대하여 실질적이고 구체적으로 지배 · 결정할 수 있는 지위에 있다는 것을 근거지우는 사실로서 원심이 인정한 다음과 같은 점을 수긍하고 있다. 즉, i) 원청기업이 공정의 원활한 수행 및 품질관리 등을 위해서 사내하청 근로자들이 해야 할 작업 내용 전반에 관하여 직접 관리하였다는 점, ii) 개별도급계약을 통하여 작업일시, 작업시간, 작업장소, 작업내용 등에 관하여 실질적 · 구체적으로 결정하는 등 원청기업이 작업시간과 작업일정을 관리 · 통제하고 있기 때문에 근로자들이 노동조합의 총회나 대의원대회 등 회의를 개최하기 위하여 필요한 노조활동 시간 보장, 노조간부의 유급 노조활동시간 보장 등에 대하여 실질적인 결정권을 행사하게 되는 지위에 있다는 점, iii) 사내하청업체는 위와 같은 작업일시, 장소, 내용 등이 개별도급계약에 의하여 확정되기 때문에 사실상 이미 확정되어 있는 업무에 어느 근로자를 종사시킬지 여부에 관해서만 결정하고 있던 것에 지나지 않았다는 점, iv) 사내하청 근로자는 원청기업이 제공한 도구 및 자재를 사용하여 원청기업의 사업장 내에서 작업함으로써 원청기업이 계획한 작업질서에 편입되고 원청기업 직영근로자와 함께 선박건조업무에 종사하고 있었다는 점, v) 작업의 진행방법, 작업시간 및 연장, 휴식, 야간근로 등에 관하여서도 위 근로자들이 실질적으로 원청기업 공정관리자(직영반장이나 팀장)의 지휘감독하에 놓여 있었던 점 등의 사실이 있기 때문에 이를 종합하면 원청기업은 사내하청 근로자들의 기본적인 노동조건 등에 관하여 고용사업주인 사내하청업체의 권한과 책임을 일정 부분 담당하고 있다고 볼 정도로 실질적이면서 구체적으로 지배 · 결정할 수 있는 사용자의 지위에 있다는 것이다. 따라서 사용자의 지위에 있는 원청기업이 지배 · 개입의 부당노동행위를 하였다면 부당노동행위 구제명령을 이행할 주체가 된다고 본다.

4) 현대자동차 사건에 대한 대법원 판결[56)]

이 사건에서는 사내협력업체가 경영상의 독립성이 없는 회사로서 원청기업이 사용자이고, 이 사용자가 원고 등의 노동조합 활동을 혐오하여 사내협력업체로 하

56) 대판 2010.7.22, 선고 2008두4367; 이 사건에 대한 재상고 사건으로 대판 2012.2.23, 2011두7076.

여금 원고를 해고하도록 한 다음 원고 등의 노무수령을 거부한 것이 부당해고 및 부당노동행위에 해당하는가를 다툰다. 이에 대해 대법원은 사내협력업체의 독립성을 부정하지 않으면서 - 따라서 묵시적 근로계약관계의 성립을 인정하지 않으면서, 사내하도급 근로자와 원청기업 사이에는 근로자파견관계가 성립하고 원청기업은 사용사업주로서 사내하도급 근로자를 2년 이상 넘게 사용하였으므로 (구) 파견근로자보호 등에 관한 법률에 따른 직접고용간주 규정에 의해 근로관계가 성립한다고 본다. 파견근로관계가 성립하기 위해서는 결정적으로 원청기업이 사내하도급 근로자들에 대해서 업무와 관련하여 지휘감독을 하여야 한다. 이와 관련하여 대법원이 지휘감독이 있었음을 인정하는 요소는 다음과 같다. i) 사내하도급 근로자들은 컨베이어벨트 좌우에 원청기업의 근로자들과 혼재하여 배치되어 원청기업 소유의 생산관련 시설 및 부품, 소모품 등을 사용하여 원청기업이 미리 작성하여 교부한 것으로 근로자들에게 부품의 식별방법과 작업방식 등을 지시하는 각종 작업지시서 등에 의하여 단순, 반복적인 업무를 수행하였다는 점, ii) 사내협력업체의 고유한 기술이나 자본이 투입된 바가 없었다는 점, iii) 원청기업은 사내협력업체 근로자들에 대한 작업배치권과 변경 결정권을 가지고 있었고, 직영근로자와 마찬가지로 사내협력업체 근로자들이 수행할 작업량과 작업 방법, 작업 순서 등을 결정하였다는 점, iv) 원청기업은 사내협력업체 근로자들을 직접 지휘하거나 또는 사내협력업체 소속 현장관리인 등을 통하여 사내협력업체 근로자들에게 구체적인 작업지시를 하였고, 이들 근로자들의 잘못된 업무수행이 발견되어 그 수정을 요하는 경우에도 동일한 작업지시가 이루어졌다는 점, v) 사내협력업체 근로자들이 수행하는 업무의 특성을 고려하면, 사내협력업체의 현장 관리인 등이 사내협력업체 근로자들에게 구체적인 지휘명령권을 행사하였더라도 이는 도급인이 결정한 사항을 전달한 것에 불과하거나, 그러한 지휘명령이 도급인에 의해 통제되어 있는 것에 불과하다는 점, vi) 원청기업은 직영근로자와 사내협력업체 근로자들에 대하여 시업과 종업 시간의 결정, 휴게시간의 부여, 연장 및 야간근로 결정, 교대제 운영 여부, 작업속도 등을 결정하였다는 점, vii) 원청기업은 정규직 근로자에게 산재, 휴직 등의 사유로 결원이 발생하는 경우 사내협력업체 근로자로 하여금 그 결원을 대체하게 하였다는 점, viii) 원청기업은 사내협력업체를 통하여 사내협력업체 근로자들에 대한 근태상황, 인원현황 등을 파악 · 관리하였다는 점 등이다. 따라서 원청기업은 근로자파견관계 및 직접고용간주 규정에 의해 직접적 근로관계가 성립되는 사내하도급 근로자들에 대해 부당해고 및 부당노동행위의 주체인 사용자라는 것이다.

그러나 대법원 판례는 이 원청기업이 협력업체의 근로자에 대해 사용자의 지위에 있다는 것은 인정하면서도 원청기업이 어떠한 부당노동행위를 하였는지에 대해서는 판단하지 않았다. 직접고용된 것으로 보아 원청기업의 사용자성 인정으로 소기의 목적을 달성한 것이므로 더 이상 부당노동행위 성립 여부를 검토할 필요가 없다는 것으로 보인다. 그러나 원청기업이 사내하도급 근로자의 노동조합 활동을 혐오하여 사내하도급기업의 폐업이나 도급계약의 해지의 위협을 하며 사내하도급 기업이 사내하도급 근로자에게 불이익 취급하거나 해고한 경우는 부당해고임과 동시에 부당노동행위가 성립할 여지가 있는 사례들이다.

그럼에도 현대자동차 사건에 대한 대법원 판결의 일반화에 대해서는 주의를 할 필요가 있다. 즉, 이 사건으로부터 대법원은 사내협력업체의 근로자에 대해서 원청기업이 항상 근로기준법상, 노동조합법상 사용자의 지위에 있다는 일반화를 시도하고 있지 않다는 점이다. 말하자면 모든 사내협력업체의 근로자가 2년이 경과하면 직접 고용관계를 갖는다는 일반적 원칙을 내세운 것이 아니다. 특히 직접고용이 간주되는 경우는 제한되어 있어서 원청기업의 근로자와 사내협력업체의 근로자가 혼재작업을 하는 경우, 따라서 원청기업이 사내협력업체의 근로자들에게 지휘명령을 하는 경우, 그리고 고용간주 규정의 적용이 되는 시점과 관련하여 2007년 7월 1일 이전에 2년간 파견근로를 한 자, 즉 2005년 7월 1일 이전에 파견근로자로 고용되어 2년을 초과하여 파견근로를 한 자에 한하여 직접 고용된 것으로 간주된다. 따라서 대법원 판결에 따라 직접 고용이 간주될 것인지는 사내하도급 근로자의 노무제공의 모습과 원청기업의 지휘명령 여부와 2005년 7월 1일 이전에 사내협력업체에 고용되어 2년간 계속 고용되었는지의 여부에 따라 달라지게 된다. 이 판결이 주는 의미는 직접 고용이 간주될 것인지는 개별사례 상황에 따라 판단되어야 한다는 것이고, 따라서 사내협력업체의 근로자라고 하여 모두 파견근로관계에 있다는 일반적 명제는 성립할 수 없다는 것이다. 그렇기 때문에 후술하는 노동위원회의 결정례에서 보는 바와 같이 각각의 사례 상황에 따라 사내협력업체 근로자와 원청기업의 관계가 파견근로관계로 인정되기도 하고, 부정되기도 하여, 결과적으로 원청기업의 사용자성이 인정되기도 하고 부정되기도 한다. 그 결과 사내협력업체 근로자에 대한 원청기업의 부당노동행위도 각각의 개별사례상황이 어떻게 되는가에 달려 있다. 부당노동행위 성립의 전제조건인 원청기업의 사용자성이 먼저 존재해야 하고, 그 다음 단계에서 부당노동행위의 성부가 다투어지는 것이다. 그러한 이유에서 원청기업의 사용자성은 부당노동행위가 다투어지기 위한 선결문제에 해당한다. 대법원 판례에서 원청기업의 부당노동행위가 크게 문제가 되지 않은 것도 이러한 선결문제의 해결이 우선적으로 문제가 되었기 때문이다. 결론적으로 원청기업의 사내협력업체 근로자에 대한 사용자성이나 부당노동행위제도상의 사용자성은 일반화하여 '원청기업은 사내협력업체 근로자의 사용자다' 또는 '원청기업은 사내협력업체 근로자의 부당노동행위제도상의 사용자다'라는 공식은 성립할 수 없고, 개별사례 상황에 따라 각각 달리 판단해야 한다는 것이 대법원 판례를 따를 때의 논리적 결과라고 할 수 있다.

5) 계속되는 노동위원회의 결정례

이와 같은 대법원의 판결에도 불구하고 후속하는 노동위원회의 결정은 동일한 위원회에서조차 각각 상이한 결정을 하고 있다. 먼저 컨베이어벨트의 자동화 흐름으로 차량을 생산하는 원청기업과 사내협력업체 근로자들의 관계에 대하여 충남지방노동위원회[57]와 부산지방노동위원회[58]는 앞의 현대차 대법원 판례와 같이 원청기업과 사내하도급 근로자들의 관계를 파견근로관계로 보고, 2년이 경과한 파견근로자들과의 직접 고용관계를 인정한다. 그러나 원청기업의 부당노동행위 의사를 단정할 수 없고, 객관적인 입증자료가 없어 사내협력업체 근로자들에 대한 징계처분이 부당노동행위에 해당하는 것은 아니라고 본다. 그러나 자동차산업의 사내협력업체의 근로자와 원청기업 사이의 유사한 사건에서 부산지방노동위원회[59]는 사내협력업체 근로자들과 원청기업 사이에는 직접적인 지휘명령관계가 존재하지 않아 파견근로관계가 성립하지 않으며, 따라서 원청기업은 이들에 대해서 사용자 지위에 있지 않다고 본다. 그러나 부당노동행위에 대해서는 앞의 노동위원회와 같은 결론을 취한다. 사내협력업체가 정당하지 않은 쟁의행위를 한 근로자들에게

57) 충남지노위 판정 2011.9.15, 충남2011부해137/부노16 병합.
58) 부산지노위 판정 2011.12.16, 부산2011부해243/부노59 병합.
59) 부산지노위 판정 2011.12.16, 부산2011부해243/부노59 병합.

정당하게 징계처분을 내렸고, 원청기업이 그 징계처분을 유도하여 부당노동행위를 하였다는 객관적인 사정이 존재하지 않는다는 것이다. 사용자성의 인정과 관련하여 동일한 자동차 생산업체 사건에서 어느 경우는 파견근로관계를 인정하여 직접적인 근로관계를 의제하면서도, 어느 경우는 이를 부정하여 직접적인 근로관계를 부정하면서도 원청기업의 부당노동행위는 모두 인정하지 않는다.

(4) 학 설

전반적으로 학설은 사용자개념의 확대를 주장한다. 그러나 그 논거는 저마다 다르다.

제1설(근로3권보장설)은 단체교섭의 당사자가 되는 사용자는 근로계약관계에 있는 당사자는 물론이고, 근로계약의 사실적 존부와는 관계없이 계속적 취업관계에 있는 근로자들에 대하여 지배적 지위에 있으면서 그들의 근로조건을 결정하는 자도 포함하며, 부당노동행위의 주체로서 사용자는 노동조합법 제81조의 규정취지에 비추어 근로자의 자주적 단결활동에 영향을 미침으로써 근로3권 보장질서를 침해할 수 있는 지위에 있는 자라고 이해하는 것이 적절하므로 사용자의 범위를 근로계약관계에 있는 사용자로 일원화하여 한정할 필요가 없다고 한다.[60] 이 학설은 근기법상의 사용자와 집단적 노사관계를 중심으로 하는 사용자는 그 기능과 법률관계를 달리하는 당사자로 파악되어야 하기 때문에 개별적 근로관계와 집단적 노사관계를 구별하여 사용자의 범위를 확정하여야 한다고 전제한다. 현대적 노사관계에서 사용자의 범위는 계약상의 사용자와 현실적으로 취업시키는 사용자로 분열할 뿐만 아니라 근로계약과는 관계없이 근로자집단의 취업조건에 대하여 영향력과 지배력을 행사하는 자로 확대되어 간다고 한다. 다만 구체적으로 집단적 노사관계를 인정할 수 있는 사용자의 판단기준은 ① 업무에 대한 지휘명령권 내지 작업의 계속성 유무, ② 해당 근로자가 기업조직의 틀 속에 편입되어 있는지 여부, ③ 해당 근로자의 노무에 대한 대가의 지급유무 등을 들고 있다.[61]

제2설(근로계약관계 유사성설)은 단체교섭상의 사용자는 고용주로 한정되지 않으며 고용주와 근접 · 유사한 지위에 있는 자에 대해서도 일정한 범위 안에서 단체

60) 김형배, 『노동법』, 신정제2판, 2006, 732, 913면.
61) 김형배, 앞의 책, 732면 이하.

교섭의 당사자로 보아야 한다고 한다.[62] 고용주와 근접한 지위에 있는 자라 함은 시간적 거리를 기준으로 판단한다. 다시 말하면 가까운 장래에 근로계약을 맺을 가능성이 있는 경우에는 비록 현재 근로관계가 없다 할지라도 단체교섭상의 사용자로 인정한다는 것이다.[63] 고용주에 유사한 지위에 있는 사용자에는 모자기업의 사례, 사외근로자(업무도급계약 또는 파견계약에 의하여 제3자의 사업에서 노무를 제공하는 근로자)의 사례 그리고 사실상의 계속취업의 사례가 여기에 해당된다고 한다. 한편 부당노동행위제도는 단결활동권의 침해와 관련하여 일정한 행위를 부당노동행위로서 배제 · 시정하면서 정상적인 노사관계를 회복할 것을 주된 목적으로 하는 것으로 근로자의 노동관계상의 제반이익에 관한 교섭을 중심으로 전개된다고 하고, 앞에서 단체교섭상의 사용자성 인정기준인 고용주와 근접 · 유사한 지위에 있는 자를 사용자로 보아야 한다고 주장한다. 특히 부당노동행위의 주체로서의 사용자 중 고용주에 근접한 자의 범위에는 회사합병과정에서 존속회사가 미리 소멸회사의 종업원 또는 그 소속 노동조합에 대하여 부당노동행위를 하는 경우 그 존속회사와 노동조합을 소멸하기 위하여 회사를 일단 해산하면서 실질적으로 동일한 사업을 계속하는 이른바 위장해산의 경우 그 실질적 동일기업은 해산기업의 사용자지위를 승계한다고 한다.[64] 제2설은 근로계약관계와의 근접성과 유사성을 사용자범위의 대외적 확대의 기준으로 판단하고 있는 것으로 생각된다. 이 견해는 사용자성판단의 출발점을 여전히 근로계약관계에 둔다는 점에서 대법원과 맥락을 같이 한다고 판단된다. 사용자의 범위를 외부적으로 확대하는데 있어서 근로계약관계가 그 기준이 되기 때문이다. 다만 근로계약관계와 사실상 동일시 할 수 있을 정도의 근접성과 유사성을 갖는 경우에는 사용자범위의 외연은 그러한 한도까지 확대된다는 점에서 대법원의 견해와 구별된다.

제3설(실질적 지배력설)은 근로관계상의 제반 이익에 대하여 실질적 영향력 내지 지배력을 가질 수 있는 지위에 있는 자를 기준으로 단체교섭의 당사자 또는 부당노동행위의 주체인 사용자성을 판단하는 것이 가장 그 제도의 목적에 부합한다고 본다.[65] 근로조건의 실효성 있는 규제를 위해서는 당해 노동관계에 대하여 실

62) 임종률, 노동법 제6판, 2006, 115면, 282면.
63) 임종률, 앞의 책, 115면, 282면.
64) 임종률, 앞의 책, 115면.
65) 김유성, 『노동법 II』, 2001, 132, 320면.

질적 지배력을 가진 상대방을 단체교섭의 상대방으로 인정할 필요가 있으며 마찬가지로 부당노동행위의 주체가 될 수 있는 것이다. 이 때 지배력 또는 영향력의 존재를 어떻게 판단할 것인가 하는 문제는 다른 구체적 기준에 의해서, 예컨대 근로계약관계와의 유사성, 법인격부인의 법리 또는 실질적 동일성의 법리 등을 활용하거나 노무도급사업이나 근로자파견사업 등에서는 실질적 지휘명령감독관계의 존재를 구체적 기준으로 사용할 수 있다고 한다. 그에 의하면 직접 고용관계를 맺고 있지 아니한 근로자를 실질적으로 자기의 지휘 하에 취업시키는 경우, 합병계약을 체결하고 가까운 장래에 분명히 근로계약상의 사용자가 될 것이 예정된 기업, 자본 · 임원구성 · 영업내용 등의 측면에서 특정기업을 완전히 지배하고 있는 기업 등은 단체교섭의무를 부담할 뿐만 아니라 부당노동행위의 주체가 될 수 있다고 한다.[66)]

제4설은 실질적 지배력 내지 영향력이라는 기준은 그 판단요소를 확정할 수 있는 기준설정이 명확하지 않다는 점을 지적하면서 노동조합법 제2조 제2호의 사용자개념의 해석으로부터 사용자의 범위를 확정하고자 한다.[67)] 즉 노동조합법 제2조 제2호의 사용자는 내부적 범위의 확정에 그치는 것이 아니라 사업 밖의 제3자(예컨대 사용사업주)가 당해 사업의 근로자(예컨대 파견근로자)에 관한 사항에 대하여(근로조건 등) 사업주를 위하여 그를 대신하여 행동하는 경우에도 외부적으로 사용자에 해당한다고 본다. 이 견해는 노동조합법상의 사용자개념과 근기법상의 사용자개념의 법률문언의 차이에 주목하여 노동조합법의 취지에 따라 사용자의 정의를 해석하는데 특징이 있다. 이 견해에 의하면 노동조합법상 사용자의 범위가 외부적으로 확대될 수 있는 전형적인 사례는 근로자파견의 경우이다. 파견근로관계는 기본적 법률관계와 사실상의 노무급부가 이루어지는 이행관계가 분리되는 특수한 법

66) 이들 학설에는 직접적 근로관계에 참가하지 않은 노동력의 이용자를 노동조합법상의 사용자 범주로 끌어들이는 것, 달리 말하면 노동조합법상의 사용자개념을 이들에게까지 확대하는 것이 공통되어 있다. 그러나 무엇을 근거로 어떤 기준에 따라 어느 범위까지 확대할 것인지는 각 학설마다 차이가 있다. 제1설과 제3설은 노동력의 이용자가 근로관계의 제반이익에 대하여 실질적으로 지배력 내지 영향력을 미칠 수 있는 지위에 있어야 한다는 점에서 공통되어 있고, 제3설은 노동력의 이용자와 제공자의 관계가 근로계약관계에 근접하거나 유사한 관계에 있어야 한다고 본다. 또한 노동력의 이용자가 실질적 지배력 내지 영향력을 가져야 한다고 하더라도 제3설은 실질적 지배력의 존부를 당사자관계의 사실적 측면에 중점을 두려고 하지만, 제1설은 급부와 업무관련하여 근로계약관계를 인정할 수 있는 정도의 실질적 지배력이 있어야 한다고 본다. 따라서 사실관계 보다는 법적인 측면에 중점을 둔다.

67) 박종희, 『비정규 · 간접고용 근로자의 노동단체권 행사에 관한 법리 연구』, 노동부정책연구보고서, 2005, 68면 이하.

률관계를 구성하며 근로자파견법은 이 점을 반영하여 구체적인 이행관계를 토대로 근기법의 수범자를 사안별로 구별하여 규정하고 있다. 따라서 사용사업주는 근기법상의 수범자로 법정되어 있는 근로조건에 대해서는 원래의 고용주인 파견사업주를 대신하여 행동하는 경우로 이해될 수 있을 것이다. 다시 말하면 사용사업주가 부담하는 근로조건에 대하여는 그를 상대방으로 하여 단체교섭을 요구할 수 있게 된다.[68)]

이들 학설은 대법원의 확정된 판례와는 달리 노동조합법상의 사용자개념을 근로계약관계의 당사자를 넘어서 노동력을 이용하는 제3자에게로까지 확대하고자 한다는 점에서 공통되어 있다. 그 이유는 근로3권 보장질서 체계로서 노동조합법상의 보호목적과 근로자 개개인의 개별적 권리보장체계로서 근기법의 보호목적은 다르기 때문에 노동조합법의 사용자성은 반드시 근로계약관계를 전제로 할 필요가 없다고 보기 때문이다.

Ⅲ. 사용자개념 확대에 대한 비판적 검토

1. 법인격 부인법리 적용의 문제

노동력을 이용하는 사용사업주나 원청기업과 노동력을 제공하는 근로자 사이를 단체교섭이나 부당노동행위법 제도의 당사자관계로 만들기 위해서는 우선 먼저 노동력을 제공하는 자의 법인격이나 실체성을 부정하는 방법이 있다. 이른바 '법인격 부인법리'로 불리는 이 이론은 법인과 거래를 한 일반채권자의 보호를 위해서 당해 법인의 실체를 부정하고 이 회사의 배후에 있는 제3자인 모회사나 지배결정권이 있는 자에게 책임과 위험을 전가하는, 상법에서 발전된 이론이다. 이러한 법인격 부인법리를 노동법에서 얼마나 타당하게 수용할 수 있을 것인가 하는 점에서는 논란의 여지가 있다. 왜냐하면 한편에서는 법인격이 부인되어야 할 노동

68) 이 밖에도 법인격부인 법리설, 사실적 사용종속관계설 등이 있으나 이들 입장은 엄밀히 보아 사용자개념을 제3자에게로 확대하는 것이 아니라, 노동력의 매개자인 하청기업의 사업주로서의 독립성을 부정하면 자동적으로 제3자인 원청기업과 노동력 제공자와 근로관계가 근거지워질 것이므로 근로계약관계의 당사자로서 부당노동행위의 주체가 되는 것이므로 노동조합법상의 사용자개념의 확대이론은 아니다. 그런 관점에서 보면 근로관계유사성이론(제2설), 실질적 동일성 이론(제3설)이 근로계약관계를 전제로 하는 한 사용자개념의 확대이론이라고 볼 수는 없을 것이다.

력공급자의 실체를 인정하면서 동시에 실질적 결정권이 있는 제3자에게로 책임을 확장하는 것이 근로자 보호에 더 충실하다는 측면과 책임의 확장 목적으로 사업주로서의 실체성이나 독립성을 갖는 노동력 공급자의 존재를 무시하는 것은 지나치게 작위적이며, 자의적이라고 할 수 있기 때문이다. 회사의 배후에 있는 제3자에게로 책임을 전가하거나 확장하기 위해서 실재하는 법인의 법인격을 부인하는 것은 해석의 한계를 일탈하였을 뿐만 아니라, 확장하기 위한 구성요건의 확립과 그 근거가 항상 문제가 되어 법적인 불안정성을 가져온다. 이러한 이유에서 상법분야의 판례와 학설에서도 예외적인 경우에 엄격한 구성요건의 통제 하에서만 인정되고 있다. 따라서 이렇게 정설적인 위치를 확보하고 있지 못하고 여전히 논란의 대상이 되는 이론을 노동법 분야에 무분별하게 수용할 수는 없다. 이미 앞에서도 지적한 바와 같이 노동법에서는 먼저 실제로 노동력의 중간매개자가 사업주로서의 독립성이 없는가를 검토하고 그 후에 노동력 이용자를 개별적 근로관계법상, 집단적 노사관계법상의 책임의 주체로 인정할 것인지를 검토하여야 하는 것이기 때문에 회사의 배후에 실질적으로 지배력과 영향력을 행사하는 제3자가 존재하는가가 문제되는 것이 아니라 노동력의 중간매개자의 사업주로서의 독립성 인정 여부를 엄격한 요건 하에 검토하는 것이 중요한 문제이다.

2. 실질적 지배력설 내지 대향관계설의 문제

실질적 지배력설은 근로조건의 결정에 대하여 실질적인 영향력 내지 지배력을 가질 수 있는 지위에 있는 자를 단체교섭 상대방으로 인정하려는 견해이다. 대향관계설은 개별적 근로관계보다는 집단적 노사관계의 측면에서, 단체교섭과 관련하여 사용자개념을 재구성한 견해이다. 그리하여 노동조합법상의 사용자는 근로자의 단결에 대항하는 사용자 측의 진영에 속하고 간접적으로라도 당해 노동관계에서 노동조합 내지 조합원의 이익에 지배력 · 영향력을 미칠 수 있는 지위에 있는 자라고 한다. 이 견해는 지배력설과 다르지 않지만 이 견해와 비교할 때 사용자가 행사하는 지배력의 범위를 개별적 근로관계(인사와 근로조건)에 한정하지 않고 집단적 노사관계법 영역으로 확장하였다는 점에서 차이가 있다.

물론 이들 견해는 형식적으로 등장하는 노동력의 중간매개자 보다는 실질적으로 지배와 결정권을 가진 노동력의 이용자를 집단법상의 책임 주체로 실질적으로 인정하려고 한다는 점에서 수긍할만한 점도 있다. 그러나 이미 앞에서 이들 견해가 지닌 문제점을 언급한 바 있다. 이들 견해는 무엇보다도 일종의 체약강제를 가져온다는 점, 파견근로계약이나 근로자공급계약의 존재를 부정한다는 점, 실질적 지배력과 영향력 존부 판단이 명확하지 못하여 책임소재를 제한 없이 확장할 우려가 있다는 점 등의 문제가 있다. 이 견해를 취하는 경우 단체교섭의 당사자나 부당노동행위의 주체 여부 판단이 매우 불명확하여 법적 불안정성을 가져 올 우려가 있다.

그러나 무엇보다도 실질적 지배력이나 영향력을 기준으로 노동력을 이용하는 제3자를 집단적 노사관계법상의 사용자 범주로 끌어오기 위해서는 정당화 사유가 있어야 한다. 왜냐하면 한편에서는 근로자들의 근로3권 보장을 위해서, 특히 단결권과 단체교섭권의 보호를 위해서 실질적인 지배력과 영향력이 있는 제3자의 포섭이 필요하지만, 다른 한편으로 제3자도 포섭에 반대할 정당한 이유와 이익이 있는 경우에는 두 상반되는 이해관계의 비교형량이 필요하기 때문이다. 기본권의 주체로서 노동력의 이용자에게도 집단법상의 사용자로 포섭되는 데 대하여 방어의 기회가 주어져야 한다. 미국 노동법이 많은 비판에도 불구하고 그린후트 원칙에 의하여 공동의 사용자가 단체교섭의 상대방이 되거나 부당노동행위의 주체가 되기 위해서는 공동의 사용자가 되어야 하며, 공동 사용자의 동의의 요건을 필요로 하는 것도 이러한 제3자가 사용자로 들어오기 위한 절차로서 당사자의 결정에 의한 방어의 기회를 주기 위한 것으로 보인다. 그러나 이와 같이 노동력의 이용자나 노동력의 공급자에게 단체교섭의 상대방이나 부당노동행위의 주체가 될 정도의 강력한 책임전가와 위험전가를 함에 있어서 당사자의 의사를 무시하고 사실관계인 '실질적 지배력'이나 '대향관계'를 기준으로 사용자로 포섭하는 것은 노동자 보호라는 이데올로기적 가치 주입을 감춘 이론이라고 볼 수밖에 없다. 그리고 제3자를 사용자로 포섭하든 사용자개념을 제3자에게로 확장하든 엄정한 기준에 의해서 끌어들여야 하는데, '실질적 지배력'이나 '대향관계'는 그 기준으로서는 애매할 뿐만 아니라, 실질적 지배의 사실관계를 사용자 지위 인정이라는 법률문제에 적용하고 있어서 문제이다. 실질적 지배력설에 대한 상세한 비판은 아래에서 다루기로 한다.

3. 근로계약관계 유사성설의 문제점

근로계약관계 유사성설은 단체교섭상의 사용자는 고용주로 한정되지 않으며 고용주와 근접 · 유사한 지위에 있는 자에 대해서도 일정한 범위 안에서 단체교섭의 당사자로 보아야 한다고 한다.[69] 근접성과 유사성은 시간적 거리를 기준으로 판단하는 것으로서 가까운 장래에 근로계약을 맺을 가능성이 있는 경우에는 비록 현재 근로관계가 없다 할지라도 단체교섭상의 사용자로 인정한다는 것이다.[70] 사외근로자(업무도급계약 또는 파견계약에 의하여 제3자의 사업에서 노무를 제공하는 근로자)의 경우 노동력의 이용자와 노동력의 제공자의 관계가 이에 해당한다고 본다. 부당노동행위의 주체도 단체교섭상의 사용자성 인정기준인 고용주와 근접 · 유사한 지위에 있는 자를 사용자로 보아야 한다고 주장한다. 이 견해는 사용자성 판단의 출발점을 여전히 근로계약관계에 둔다는 점에서 대법원과 맥락을 같이 한다고 판단된다. 사용자의 범위를 외부적으로 확대하는데 있어서 근로계약관계가 그 기준이 되기 때문이다. 다만 근로계약관계와 사실상 동일시 할 수 있을 정도의 근접성과 유사성을 갖는 경우에는 사용자범위의 외연은 그러한 한도까지 확대된다는 점에서 대법원의 견해와 구별된다.

그러나 어느 경우에 어느 기준에 의해서 근로관계와의 유사성이 인정되는지 이 견해는 분명한 입장을 밝히지 않고 있다. 아마도 이 견해는 근로계약관계와의 유사성을 들고 있기 때문에 유사성 판단의 기준으로는 근로계약관계를 설정하고, 근로계약관계 유사성의 예를 들고 있는 것들이 사외근로자, 사실상의 계속적 취업관계 등을 들고 있는 것으로 보아 근로계약관계가 법률행위나 법률의 규정에 의할 것을 요구하지 않는 것으로 보인다. 따라서 근로계약관계 성립에 필요한 법률상의 원인과는 관계없이 근로계약관계의 핵심인 사용종속관계를 유사성 판단의 기준으로 삼고 있는 것으로 보인다. 그러나 사용종속관계는 그 실질이 근로관계 제반 사항에 대한 사용자의 지휘감독과 지휘명령을 의미하는 것이기 때문에 이는 실질적 지배력이나 결정권과 다르지 않다. 그런 점에서 근로관계 유사성설은 실제는 실질적 지배력설과 크게 다르지 않기 때문에 그에 해당하는 비판도 그대로 적용된다

69) 임종률, 노동법 제6판, 2006, 115면, 282면.
70) 임종률, 앞의 책, 115면, 282면.

할 것이다. 그리고 사외근로자의 경우는 노동력의 이용자와 노동력의 제공자 사이에는 가까운 시간 내에 형식적인 의미에서 근로관계로 근접하거나 근로관계에 유사한 관계를 맺을 수는 없다. 형식적으로는 여전히 노동력의 중개 내지 매개자가 사용자이기 때문이다. 그럼에도 불구하고 이 견해가 사외근로자를 근로계약관계의 근접성, 유사성의 사례라고 보고 있는 것은 실질적으로는 노동력의 이용자가 사외근로자에 대해 사용자로서의 역할을 한다는 것, 즉 사외근로자가 원청기업 사업장에 가까운 시일 내에 편입되어 사용종속관계 하에서 노동력을 제공하게 되리라는 점을 염두에 두고서 근로계약관계 유사성을 주장하는 것으로 보아 실질적 지배력설과 크게 다르지 않다. 말하자면 이 견해의 근로계약관계 유사성은 노동력 이용자의 사업장으로 편입되어 사용종속관계로 들어가는 것을 의미하기 때문에 실질적 지배력설에 대한 비판은 이 견해에 대해서도 그대로 적용된다.

4. 근로3권 보장설의 문제점

근로계약관계 당사자로서 사용자 이외에도 근로자들에 대하여 지배적 지위에 있으면서 그들의 근로조건을 결정하는 자에게까지 노동조합법상의 사용자 지위를 확장하고자 하는 이 견해는 부당노동행위의 주체로서 사용자의 범주도 확장하고자 한다. 즉, 부당노동행위의 주체로서 사용자는 노동조합법 제81조의 규정취지에 비추어 근로자의 자주적 단결활동에 영향을 미침으로써 근로3권 보장질서를 침해할 수 있는 지위에 있는 자라고 이해하는 것이 적절하므로 사용자의 범위를 근로계약관계에 있는 사용자로 일원화하여 한정할 필요가 없다고 한다.[71] 현대적 노사관계에서 사용자의 범위는 계약상의 사용자와 현실적으로 취업시키는 사용자로 분열할 뿐만 아니라 근로계약과는 관계없이 근로자집단의 취업조건에 대하여 영향력과 지배력을 행사하는 자로 확대되어 간다고 한다. 다만 구체적으로 집단적 노사관계를 인정할 수 있는 사용자의 판단기준은 ① 업무에 대한 지휘명령권 내지 작업의 계속성 유무, ② 해당 근로자가 기업조직의 틀 속에 편입되어 있는지 여부, ③ 해당 근로자의 노무에 대한 대가의 지급유무 등을 들고 있다.[72] 이 견해는 근로

71) 김형배, 『노동법』, 신정제2판, 2006, 732, 913면.
72) 김형배, 앞의 책, 732면 이하.

자 집단의 취업조건에 대한 영향력과 지배력을 행사하는 자로 사용자개념을 확대한다는 점에서 앞의 실질적 지배력설과 다르지 않다. 그런 점에서 실질적 지배력설에 대한 비판은 이 견해에 대해서도 적용된다. 다만, 이 학설이 실질적 지배력설과 다른 점은 집단적 노사관계법상의 사용자성의 판단기준으로서 업무에 대한 지휘명령권 내지 작업의 계속성 유무, 해당 근로자가 기업조직의 틀 속에 편입되어 있는지 여부, 해당 근로자의 노무에 대한 대가의 지급유무 등을 들고 있어서 비교적 엄격한 요건 하에 제한적으로 사용자성을 판단하고자 한다는 점이 다르다. 물론 이 견해가 단체교섭 상대방의 지위를 제3자에게로 확장하고자 하는 것인지, 아니면 제3자를 사용자의 범주로 끌어들이고자 하는 것인지는 분명하지 않지만, 제3자가 사용자가 되어 노동력 제공자와 공급자 사이에 끼어들어 근로조건에 대해서 교섭을 해야 할 의무가 있기 위해서는 이를 정당화하는 이유가 있어야만 한다. 그러한 정당화의 사유로서 이 견해는 노동력 제공자의 근로3권 보장이 정당화 사유라고 보고 있지만, 기본권 주체로서 제3자의 지위도 고려해야 한다. 근로계약관계를 맺은 직접적인 당사자로서 사용자는 계약관계의 성립과 동시에 근로3권 보장질서를 준수해야 한다. 근로계약의 체결시에 자기결정권에 의해 각종의 의무나 기본권 보호의무를 자발적으로 부담하는 것으로 되지만, 제3자의 경우는 그러한 의무부담부 의사표시를 한 적도 없고, 또한 그렇게 해야 할 의무를 부담하는 것도 아니다. 미국 노동법상 집단적 노사관계에 의무부담자로서 제3자를 끌어들이기 위해서 공동사용자의 지위를 얻을 것과 동의를 얻을 것을 요건으로 하는 것도 제3자의 자기결정권을 존중하기 때문인 것으로 이해된다. 그런 점에서 제3자에게로 근로3권 보장의무를 확대하기 위해서는 일정한 요건이 필요하며 이때에는 제3자의 기본권이 존중되어야 할 것이다. 그런 점에서 일방적으로 근로3권 보장만을 내세워서는 안 되고, 제3자의 기본권을 존중하여 비례성의 원칙 하에서 제3자의 단체교섭의무나 부당노동행위 주체로서의 지위를 인정해야 할 것이다. 그렇기 때문에 모회사와 자회사 사이에 지배종속관계가 있다 하더라도 모회사(지배회사)가 자회사(종속회사)에 대하여 당연히 단체교섭의 상대방이 되는 것은 아니다. 마찬가지 이유에서 노동력의 이용자로서 원청기업이 노동력 공급자인 하청기업에 대해서 지배종속관계에 있다고 하여도 근로3권 보장을 위해서 당연히 단체교섭의 당사자나 부당노동행위의 주체가 되는 것은 아니다. 물론 모회사와 자회사, 원청기업과 하청기업이 공동으로 사용자가 되어 협약공동체를 이루는 경우에는 원청기업이나 모기업도 사용자로서 단체교섭 의무가 있고 부당노동행위의 주체가 될 수 있지만, 그렇게 되기 위해서는 지배관계나 영향력과 같은 사실관계로는 부족하고 어떤 형태로든 모기업이나 원청기업의 협약공동체 참여의사가 전제되지 않으면 안 된다. 미국 노동법에서 공동사용자와 그에 대한 동의의 요건은 이러한 참여의사를 의미하는 것이고, 단체교섭의 의무와 부당노동행위를 하지 말아야 할 의무는 이러한 참여의사를 전제로 인정되어야 하는 것이다. 기본권 주체인 원청기업이나 모회사는 이러한 참여의사를 통하여 자신의 기본권을 양보하고 근로3권 보장의무를 수용하는 것이다. 그런 점에서 참여의사는 노동력 제공자의 근로3권 보장질서와 원청기업과 모기업의 기본권을 조화롭게 하는 비례성 원칙을 충족하는 요건이라고 볼 수 있다. 그런 점에서 보면 이 견해가 내세운 집단법상의 사용자성 인정을 위한 판단기준으로서 업무에 대한 지휘명령권 내지 작업의 계속성 유무, 해당 근로자가 기업조직의 틀 속에 편입되어 있는지 여부, 해당 근로자의 노무에 대한 대가의 지급유무 등의 기준은 무엇보다도 법률적 판단기준이라기보다는 사실관계 판단의 기준으로서, 사용자가 될 자의 자발적 참여의사의 요소와는 거리가 먼 정황증거 내지 간접증거에 지나지 않는다고 할 것이다. 그리고 이들 기준들은 엄밀히 보면 근로자성 판단을 위한 기준으로서 사용자적 지위를 제3자에게로 확장하는 데는 한계가 있는 기준들이다.

동일한 사업장에서 원청회사의 근로자와 하청회사의 근로자들이 함께 일한다는 사실도 제3자가 집단법상 사용자가 되기 위한 정당화근거가 되지 못한다. 왜냐하면 사업이나 업무의 속성상 불가피하게 공동으로 일하지 않으면 안 되는 상황도 있기 때문이다. 말하자면 사업장에 편입되어 공동으로 일한다고 해서 모두 다 노동력의 이용자인 원청기업이 사용자가 되는 것이 아니라, 이 중에는 도급계약이나 업무처리계약에 의해서 공동으로 일하는 경우도 있기 때문에 공동작업은 제3자인 원청기업의 집단법상의 사용자성 인정을 위한 충분조건은 되어도 필요조건은 될 수 없다. 또한 원청회사가 노무제공장소의 사업주로서 노동력 제공자에게 안전 및 보건상의 책임을 부담하거나 사업장 내의 후생시설을 이용하게 하는 것은 그것이 파견근로자보호 등에 관한 법률처럼 법률에 의해서 근거지워진다면 이는 특정의 근로조건에 대해서 노동력의 이용자인 제3자에게 해당 법정책임을 부담하는 것이지 전체 근로조건을 교섭해야 하는 포괄적인 단체교섭의 당사자지위를 근거지우는 사실로 인정될 수 없다.

제3자로서 노동력의 이용자인 원청기업이 자신의 사업장에서 노동력을 제공하는 근로자를 위하여 근로3권을 보장해야 할 의무가 있고, 부당노동행위의 수규자가 되어야 한다면 그러한 기본권 보호의무와 노동조합법 제81조 규정상의 의무는 – 직접적인 근로계약관계의 당사자가 아니기 때문에 – 제3자의 기본권을 존중하면서, 말하자면 비례성의 원칙 하에서 제3자의 기본권을 침해하여야 하는 것이다. 이는 이해관계가 직접적으로 대립되는 근로계약관계 당사자의 기본권 충돌의 문제가 아니라, 노동력을 이용하는 제3자와 노동력을 제공하는 근로자 사이의 기본권의 충돌의 문제가 야기되므로, 근로계약 등에 의해서 자기결정권과 계약의 자유를 통해 직접적인 거래관계에 있지 않은 제3자를 단체교섭구조와 부당노동행위 책임 구조로 끌어들이는 것이기 때문에 노동력을 이용하는 자와 노동력을 제공하는 자 사이에 기본권 충돌문제와 그에 대한 해결로서 조화의 문제는 근로자와 사용자의 2자관계의 문제보다 더욱 고려되어야 하는 것이다.

그러나 지금까지 언급된 학설들은 일방적으로 사실관계에 터 잡아 실질적인 지배력이나 영향력 또는 대향관계 등을 근거로 집단법상의 사용자개념을 노동력 이용자인 제3자에게 확대하려고 시도하고 있다. 그러나 이 경우에도 기본권 충돌시 해결책으로서 실질적인 조화의 원칙에 따라서 비례성의 원칙이 적용되어야 할 것이다.[73)]

5. 노동조합법 제2조 제1호의 확대해석에 의해 노동력 이용자에게 사용자적 지위를 부여하고자 하는 견해

노동조합법 제2조 제2항의 '근로자에 관한 사항에 대하여 사업주를 위하여 행동하는 자'의 범주에 파견계약의 사용사업주를 포함시켜, 이 자에게도 단체교섭상

---

73) 대개의 헌법이론에서는 법원 판결에 대해서도 비례성의 원칙이 적용되어야 하는 지에 대해서는 언급하지 않고, 기본권 충돌시에는 실질적인 조화의 원칙에 따라 비교형량을 통해 문제를 해결해야 한다고 주장한다. 그러나 기본권 충돌시에 일방 당사자의 기본권이 정당화되기 위해서는 타방 당사자의 기본권을 존중하는 가운데 그의 기본권이 존중되어야 하기 때문에 이 경우에도 비례성의 원칙이 적용되어야 할 것이다. 대개의 경우는 입법자를 정향하여 기본권을 침해하는 입법을 하려면 비례성의 원칙을 적용하여야 하는 사례이지만, 법률의 적용과 해석에서도 법관은 기본권 충돌의 문제가 발생하면 비례성의 원칙을 적용하여 판결하는 것이 헌법합치적 해석이라고 생각된다.

의 사용자 지위를 부여하고, 부당노동행위의 주체성도 인정하자는 견해도 있다.[74] 이 견해는 사내하청이 진정 도급이 아니라, 위장도급이 되어 파견으로 보게 되면 원청회사는 사내하청근로자에게 교섭의무가 있고, 부당노동행위의 주체가 되기도 한다고 본다. 이 견해는 사업주와 특정한 법적 매개관계를 전제로 해당 사업근로자들의 근로조건에 관한 사항을 지휘명령하는 자로서 법적 관계없이 사실적 관계에서 근로자들의 근로조건을 사실상 지휘하거나 결정하는 지위에 있는 자들은 노동조합법상의 사용자 범주에서 배제하고자 한다. 노동조합법 제2조 제2호 사용자 외부적 획정 범주 안에 사용사업주가 포함되는 것으로 보고자 한다. 말하자면 사용사업주는 법적인 매개관계로서 근로자파견계약으로 파견사업주로부터 노무지휘권을 양도했기 때문에, 그 한도에서 파견근로자의 노무제공과 관련하여 직접적이고 온전한 지휘 · 감독권을 행사할 수 있는 파견사업주에 갈음하는 지위에 서게 되어, 사용사업주는 파견사업주의 파견사업에서 파견근로자의 노무제공과 관련된 사항에 대하여 파견사업주를 위하여 혹은 대행하여 행동하는 자라는 범주에 해당하는 것으로 볼 수 있다는 것이다.[75]

만일 파견사업주로부터 법적 매개관계에 의해서 노무지휘권을 양도받는다면, 피용자에 대한 지휘감독권을 사용자로부터 일시적으로 위임 등의 방법에 의해서 양도받는 건설회사의 현장소장 등도 단체교섭의 당사자가 되어야 한다는 문제가 있다. 그러나 더욱 문제가 되는 것은 실질적으로 사내하청근로자에 대해서 일정부분의 노무급부에 대해 진정으로 관심이 있는 자는 사용사업주이며 파견사업주를 위하여 사용사업주가 행동하는 것이 아니라, 실제로는 사용사업주를 위하여 파견사업주가 행동하는 것이므로, 이 견해는 노동조합법 제2조 제2호를 지나치게 자의적으로 해석하고 실제 현실에도 맞지 않는 해석을 하게 된다. 그러나 근로자파견사업의 경우 사용사업주는 파견사업주와 동등한 자격에서의 사용자적 지위를 갖는 것이 아니라, 노동력 제공이 특정의 파견기간 동안만 그의 사업장에서 행하여 진다는 점, 그리고 근로자들이 그의 사업장으로 편입되어 지휘명령 하에서 노동력

74) 박종희, 65면 이하.

75) 이 견해가 실질적 영향력설 혹은 대향관계설과 비교하여 다른 점은 사실관계에 기초하여 사용자개념을 확장하는 후자의 입장은 너무 모호하여 제한 없이 사용자개념이 확장될 우려가 있다는 점이다. 따라서 앞의 견해는 안정적인 노사관계를 위해서라도 분명한 법적 기준 위에서 사용자개념의 확장을 논하는 것이 타당하다고 본다(박종희, 65면 이하 참조).

을 제공한다는 점을 고려하여 입법정책적으로 파견근로자를 보호하기 위하여 노동력 제공 관련 근로조건에 대해서, 특정의 책임문제와 관련하여, 그리고 위험의 분배 차원에서 부가적으로 사용자적 지위를 부과하는 것이지, 포괄적이고 입체적으로 파견근로자의 근로관계 상대방으로서의 지위를 인정하는 것이 아니다. 말하자면 이 집단법 분야에서도 노동조합법 제2조 제2호가 사용자에게 근로관계 형성이라는 법형식을 강제하는 것이 아니다.

또한 이 견해는 파견법에 의하여 사용사업주와 파견근로자는 특정한 부분적 근로조건에 관해서 근로관계 성립이 법적으로 의제되는 것으로 본다. 즉, 단체교섭 내지 단체협약 체결 목적은 근로자의 근로조건 향상에 있으므로 비록 근로조건 전체가 아니라 일부라도 근로관계를 직접 형성하는 자는 당연히 집단적 규율 당사자 지위를 가지는 것으로 보아야 한다는 것이다. 그리하여 근로시간 및 휴게 등에 대해서도 파견사업주와 단체교섭 및 협약을 체결하게 하는 것은 현실적으로 근로조건 향상을 도모할 수 없게 하는 것이며 이는 실효성 없는 합의에 지나지 않게 될 것이라고 본다. 파견근로자가 사용사업주의 지시에 따라 약정된 노무제공을 어떠한 조건과 환경 속에서 이행하는지 여부는 전적으로 사용사업주에게 달려 있는 것이고, 근로조건의 실행도 근로조건의 결정과 마찬가지로 근로자의 이해관계와 심대히 연결되어 있어서, 만약 사실상 집단적 교섭을 통하여 그 실행 조건의 향상을 꾀할 수 없다면 입법자의 입법을 통한 노동3권 보장을 부분적으로 제한 내지 형해화 했다는 비판을 면할 수 없을 것이다.

그러나 이러한 비판도 파견근로자의 시각에서만 문제를 본 일방적인 주장이다. 왜냐하면 근로자파견관계는 파견근로자보호 이전에 3면관계로서 파견사업주와 사용사업주와의 근로자파견계약, 파견사업주와 파견근로자의 근로관계, 사용사업주와 파견근로자의 사용관계라는 3면관계의 틀을 유지하면서, 파견근로자의 보호를 도모하는 동시에, 임금과 근로시간 등의 노동비용과 파견사업주의 보수를 고려한 근로자파견계약도 존중되어야 하는 것이기 때문에,[76] 파견근로자 측에서

76) 파견근로자의 근로조건을 파견사업주와의 관계에서 노동의 결과를 배분하는, 말하자면 임금이나 상여금과 같이 성과배분관련 근로조건과 사용사업주와의 관계에서 근로시간, 휴게, 산업안전과 같이 노동력제공관련 근로조건으로 구분하여 후자의 경우는 사용사업주와 단체교섭을 할 수 있다는 생각도 가능할 것이지만, 근로조건은 노동비용의 관점과 근로계약의 목적대상의 관점에서는 상호 긴밀하게 연관되어 있어서 구분하기가 용이하지 않다.

사용사업주를 상대로 단체교섭을 요구한다는 것은 이러한 3면관계의 틀과 파견근로관계의 출발선이자 중심축이 되는 근로자 파견계약을 형해화한다는 문제가 있다. 근로자파견의 성과를 배분하는 근로조건, 특히 파견근로자의 임금 수준을 정하는 단체교섭에의 사용사업주 참가는 근로자파견의 3면관계를 줄여 2자관계로 구성하는 결과가 될 것이다.

6. 비례성 원칙의 관점에서 본 집단적 노사관계법상의 사용자 지위의 확장

하청기업 근로자들의 근로3권 보장을 위해서 노동력 이용자인 제3자를 집단법상의 사용자로 위치지우기 위해서는 노동력 이용자인 제3자의 기본권, 특히 직업의 자유에 속하는 영업의 자유, 자기결정권의 하위원칙으로서 계약의 자유, 소유권 등으로 구성되는, 실체성을 갖고 있는[77] 경영권의 본질적 내용을 침해해서는 안 된다(헌법 제37조 제2항). 그리고 비례성 원칙의 적용으로 제3자의 경영권이 과잉으로 제한되어서는 안 된다. 근로3권 보장을 위해서 제3자의 기본권을 제한함에 있어서는 경영권의 본질적 침해보다는 비례성 원칙의 일탈이 문제가 될 것이다.

과잉금지의 원칙이나 비례성의 원칙은 원래 기본권을 입법자가 법률로써 제한하는 경우에 적용된다. 그러나 법원도 기본권을 보호하고 관철하는 일차적인 주체이다. 즉, 모든 국가권력이 헌법의 구속을 받듯이 사법부도 헌법의 일부인 기본권의 구속을 받고, 따라서 법원은 그의 재판작용에 있어서 기본권을 존중하고 준수해야 한다.[78] 그런 점에서 법관은 노동력을 이용하는 제3자를 부당노동행위의 수규자로 만들거나 단체교섭의 상대방적 지위를 인정함에 있어서도 근로3권 보장이라는 노동조합법 제81조 규정의 목적이나 취지 등을 고려하는 해석을 해야 하지만, 동시에 제3자의 기본권으로서 경영권을 존중하고, 비례성의 고려 하에 과잉침해가 없도록 하여야 하며, 기본권의 본질적 내용을 침해하는 판결을 해서는 안 된다. 이것은 법관이 법률의 해석과 적용에 있어서 헌법에 합치하도록 해석·적용해

---

77) 경영권이 헌법 명문으로는 규정되어 있지 않지만, 직업의 자유와 소유권 및 경제자유의 보장(헌법 제119조 제1항) 규정으로부터 추상하여 실체성을 갖는 기본권으로 본다. 이에 관해서는 김형배, 노동법, 2007, 196면 이하 참조.

78) 헌재결 1997.12.24, 96헌마172, 173(병합).

야 한다는 것을 의미한다.

물론 법관의 상황과 입법자의 상황이 다르기 때문에, 이와 같이 법률의 해석과 적용에 있어서도 비례성의 원칙을 엄격하게 적용하여야 하는지에 대해서는 논란이 있을 수 있다. 그러나 법관도 기본권을 존중하는 헌법합치적 해석을 해야 할 의무가 있다면 반드시 비례성의 원칙을 적용하는 것을 부정할 수는 없고, 다만 법관의 해석에 있어서 자유재량의 여지와 해석의 한계일탈이 헌법 제103조의 법관의 독립성과 관련하여 문제가 될 것이다. 특히 변화하는 사회상황에서 법관이 대체입법자로서의 역할을 하는 경우가 많은 노동법에서는 비례성의 원칙을 적용할 필요가 많다.

헌법재판소에 의해서 인정된 비례성의 원칙은 적합성의 원칙과 필요성의 원칙, 비례성의 원칙, 3가지 세부원칙으로 구성되어 있는 바, 단계적으로 각각의 원칙을 충족하여야 합헌적인 해석이 되며, 3가지 가운데 어느 하나의 원칙에 위반되면 과잉금지의 원칙에 위반되어 헌법에 위반된다.

먼저 적합성의 원칙은 기본권제한의 수단 또는 방법이 기본권제한의 목적을 실현하는데 있어서 성질상 적합하여야 한다는 원칙을 말한다. 일반적으로는 적합성의 원칙을 충족시키는가의 여부를 심사함에 있어서는 명백히 적합하지 않은 수단이나 방법인 경우 이외에는 대부분의 적합성의 원칙을 충족한 것으로 본다. 이와 같은 점에서 보면 근로3권 보장을 위해서 제3자의 기본권에 개입하는 경우에 적합성의 원칙이 적용되어야 한다면 개입하는 수단이 명백히 적합하지 않은 수단이나 방법이어야 하는데, 그러한 경우로서는 아무런 기준이나 방법도 제시하지 않고서 제3자의 사업장에서 노동력을 제공하는 자는 제한 없이 제3자의 근로자가 되어 단체교섭을 할 수 있다고 한다든가, 제3자의 사업장에 조직되어 있는 원청기업 노동조합의 동의 없이 곧바로 하청기업의 근로자로 조직된 노동조합이 원청기업을 상대로 단체협약을 할 수 있다든가 하는 경우에 적합성을 상실하였다고 볼 수 있을 것이다. 그런 점에서 보면 앞의 학설들이 제3자가 집단법상의 사용자가 되기 위한 조건으로 내세운, 즉 실질적인 지배 · 결정, 편입 등을 조건으로 한 근로3권 보장 취지, 근로관계 유사성 등의 조건을 전제로 집단법상의 사용자개념을 확장한 것은 그 기준이 모호하기는 하지만, 제한 없는 사용자개념의 확장보다는 일정한 기준을 내세워 근로3권 보장을 위해서 제3자의 경영권을 제약하고 있다는 점에서 적합성의 요건을 충족하였다고 볼 수 있다.

그러나 필요성의 원칙에서는 사정이 다르다. 필요성의 원칙은 기본권 제한의 수단 또는 방법이 여러 개 있고, 그것들이 기본권 제한의 목적을 똑같이 실현할 수 있으면, 그 가운데서 기본권을 가장 최소로 제한하는 수단이나 방법을 선택하여야 한다는 원칙을 말한다. 물론 기본권을 제한하는 다양한 여러 개의 수단이나 방법이 존재하는 경우 어느 것이 기본권의 주체에게 최소의 피해를 가져오는가를 판단함에 있어서 선택은 입법자가 한다. 그러나 법관도 기본권을 존중하는 헌법합치적 해석을 해야 할 의무가 있다면 반드시 비례성의 원칙을 적용하는 것을 부정할 수는 없으므로 법률의 해석과 적용에 있어서 피해의 최소성과 최소침해성을 고려하는 해석을 하여야 할 것이다.

노동력을 이용하는 자와 노동력을 제공하는 자 사이의 기본권 충돌시 비례성의 원칙을 고려할 때 근로3권을 존중하면서 제3자인 노동력 이용자의 기본권 침해를 최소화하는 해석은 ⅰ) 정치하고 엄밀한 기준을 설정하여 일방적으로 제3자에게 의무를 부담하는 것을 피하면서, ⅱ) 제3자의 자발적인 참여를 유도하고, 자발적 참여의사를 남용한 경우에 대한 규제와 ⅲ) 노동력 이용자와 노동력 제공자의 원래 사용자 사이의 공동참여적 집단의 활동공유와 공동의 관심사에 대한 객관적 기준, ⅳ) 일부의 책임을 부담하고 분배할 것인지, 사용자로서 전체적이고 포괄적인 책임을 부담할 것인지 등을 고려하여 판단해야 할 것이다.

그런데 먼저 ⅰ)의 관점에서 실질적 지배력설이나 근로관계 유사성설, 근로3권 보장설 등은 그 기준이 애매할 뿐만 아니라, 기본권 충돌시 실질적인 조화의 차원에서 노동력 이용자와 노동력 제공자의 이해관계를 비교형량한 것이 아니라, 일방적으로 노동력의 이용자에게 부담을 주는 것으로서 침해의 최소성을 넘는 해석이다. ⅱ)의 관점에서 제3자의 자발적인 참여의사는 노동력 제공자가 단체교섭을 포함한 집단법상의 사용자적 지위의 인정을 요구하는 경우 노동력 이용자가 이에 대해 동의를 한다든가 하는 형태로 자기 스스로의 기본권을 포기하면서 노동력 제공자의 기본권을 존중한다는 의미에서 자기결정권을 행사하는 경우에 인정된다고 할 것이다. 이는 의료사고가 발생한다고 해도 무조건 의사에게 일방적으로 위험을 전가하는 것이 아니라, 피해자의 자발적인 동의가 있으면 면책되는 경우와 유사하다고 할 것이다. 말하자면 동의는 노동력 제공자의 단체교섭상의 지위 요구에 대해 스스로의 위험을 부담하는 행위(Handeln auf eigene Gefahr[79])이다. 미국 노동법상의 그린후트 원칙은 비례성 원칙의 각도에서 보면 바로 피해의 최소성을 미국식으로 반영한 것이라고 볼 수도 있다. 다만, 노동력 이용자의 단체교섭거부 시 부당노동행위가 종종 다투어지는 바와 같이 노동력 이용자가 공동사용자 지위 인정 요구에 대해 동의를 하지 않는 경우가 대부분이다. 그러나 이러한 문제 때문에 일방적으로 사용자적 지위를 인정할 것이 아니라, 동의에 갈음하는, 말하자면 일정한 요건 하에 동의에 갈음하는 기준을 제시하는 것이 피해의 최소성의 원칙에 합당한 것이다. 그러한 동의에 갈음하는 경우로서는 공동의 사용자성이 객관적으로 인정되고 노동력 이용자와 노동력 제공자가 공동의 이해관계가 존재함에도 불구하고 동의권을 남용한 경우를 들 수 있을 것이다. 그리고 시카네의 금지와 같이 동의권을 악의적으로 행사하는 경우, 그리고 당사자의 의사가 불명확하여 독일 민법 제183조처럼 동의권에 갈음하는 경우와 같이 법적 근거와 원칙이 존재하는 경우에 비로소 동의가 강제되어 노동력을 이용하는 user가 단체교섭이나 부당노동행위의 주체인 사용자가 되는 것이다. 만약 기업집단 내에서 근로조건의 통일적 규율이 필요한 경우에는 모자회사가 하나의 협약공동체(Tarifgemeinschaft)를 형성하여 공동교섭을 수행하는 방법이 있을 것이다. 이 경우에도 각자의 기업에 소속된 근로자에 대한 협약상의 규범수규자는 어디까지나 해당 사용자이다. 이와 같은 협약공동체의 구성은 협약당사자의 자발적 의사에 달려 있는 것이지 법률상 그와 같은 의무가 당연히 발생하는 것은 아니다. 법적 관계가 없는 원청회사와 사내하청회사의 경우도 모자회사를 준용하여 협약공동체를 형성할 수 있는 가능성이 불가능한 것은 아니지만 의무적 사항이라고 할 수 없다.

Ⅳ. 최근 대법원 판례에 대한 비판적 검토[80]

1. 들어가며

외부노동력 활용의 유형[81]은 여러 가지이고, 명칭도 다양하다. 근로자파견, 근

79) 이 개념에 관해서는 기본적으로 Stoll, Das Handeln auf eigene Gefahr, 1961 참조.

80) 이 부분은 필자가 경총 정책토론회(2010.10.18)에서 발표한 글의 내용을 전제한 것이다. 필요한 부분에서는 수정과 보완을 하였다.

로자공급, 사내하도급, 업무하청, 업무도급, 업무위탁, 출향, 아웃소싱 등이 이에 해당한다. 이러한 노무공급과 고용방식의 다양화 형태에서는 노동력을 이용하는 자와 노동력을 매개 내지 중개 또는 공급하는 자가 다르고, 노동력을 제공하는 자는 대개의 경우 노동력을 공급하는 자와 근로관계를 맺는다. 이와 같은 다면적 고용관계에서는 노동력의 실질적인 이용자와 근로계약의 형식적인 주체가 별도로 존재한다. 그런데 종종 노동력의 공급자가 노동력의 이용자에게 종속되어 있기 때문에 노동력의 이용자가 개별적 근로관계법상의 책임은 물론 단체교섭이나 부당노동행위를 하지 말아야할 의무를 부담해야 하는 주체가 되는지 논란이 되는 것은 물론, 경우에 따라서는 직접 고용관계가 성립하는지가 문제된다. 특히 노동력을 이용하는 도급기업과 노동력을 제공하는 자 사이에 직접적인 근로관계가 인정될 수 없는 상황에서 집단적 노사관계법상 도급회사가 사실상 하도급회사에 실질적인 지배력이나 영향력을 행사함으로써 부당노동행위를 할 수 있지 않은가 하는 것도 문제된다.

무엇보다 외부노동력 활용에 있어서 중요한 문제는 외부노동력 활용을 2자관계로 고착화하려는 것과 3자관계는 그대로 두되 노동력 제공자들이 노동력 이용자들에게 단체교섭을 인정하는 것이 될 것이다. 전자의 경우는 외부노동력 활용을 부정함으로써 고정비용을 증가시켜 기업의 경쟁력을 저하시킨다는 문제도 있지만, 직접적 근로관계를 인정함으로써 결과하는 후속적인 법률문제 상황도 복잡하게 된다. 예를 들어 노동력 제공자와 이용자의 직접적인 근로관계를 긍정하는 경우 노동력 매개자와의 법률관계는 어떻게 청산되어야 하는가, 종전 하도급인과의 근로관계를 원청기업이 승계하며 퇴직금의 문제는 어떻게 처리되어야 하는가, 하청기업에서 징계해고를 당한 자도 원청기업에 직접 고용되는 자로 간주할 수 있는지 등의 후속적인 법률문제가 남게 된다. 후자의 경우 노동력 이용자가 하청근로자들의 근로조건에 대해 실질적인 지배력이나 영향력을 행사하여 지배개입의 부당노동행위를 할 수 있는 사용자라면 하청근로자 노동조합과 단체교섭을 해야 할 의무를 부담하고 이를 거부하는 경우 부당노동행위가 되는지가 문제될 것이다. 또

81) 간접고용, 다면적 고용관계, 외부노동력활용, 외부인력활용 등의 유형과 용어 사용에 대해서는 김영문, 외부노동력이용과 노동법, 법문사, 2010, 8면 이하 참조. 여기서는 각각의 용어들이 같은 의미를 가진 것으로 한다.

한 도급회사 사업장 내에서 하도급기업 근로자들의 노동조합활동이나 노사분규 등을 이유로 도급회사가 하도급회사인 수급인과의 도급계약을 해지하게 되면 도급회사와의 거래가 유일한 하도급회사는 폐업을 하게 되고, 다시 신규회사를 창설하여 인력공급계약이나 공사도급계약을 맺기 위한 신규인력의 선발과정에서 노동조합활동을 한 자들을 배제한다면 도급회사의 하도급회사에 대한 계약의 해지가 결국 하도급기업 근로자에 대한 해고수단으로 악용되어 단결권 침해로서 부당노동행위가 성립될 소지가 있다.

이러한 고용형태의 다양화 가운데는 노동비용을 절감하기 위하여 유명무실한 노동력 공급자를 내세워 노동법을 잠탈하는 경우도 있고, 직접고용의 비효율성을 탈피하고 노동수요의 파동성에 즉응하여 탄력적으로 인력을 활용고자 하는 경우가 있는가 하면, 진정한 의미에서 인재를 육성 · 공급하고자 하는 경우도 있을 수 있다. 그런데 전통적인 노동법은 사용자가 노동력 제공자를 직접 고용하는 2자관계가 중심모델이었기 때문에, 이러한 새로운 고용형태를 규율하기에는 부적합한 것으로 생각된다. 따라서 이 문제영역 분야는 노동법의 흠결보충과 판례의 법형성이 강하게 요청되는데, 이 때 고용형태의 다양화를 외면하고 전통적인 노동법의 틀을 유지하는 것보다는 고용형태의 다양화를 고려하여 그에 상응하는 구체적 해결책을 제시하여야 하지 않는가 한다.

이렇게 다양하게 외부노동력을 활용하는 가장 중요한 요인은 인건비의 절감과 기업이 직접고용보다는 노동력을 유연하게 활용하고자 하는 욕망과 노동법 규제를 피하고자하는 욕구라고 해야 할 것이다. 이렇게 점증하는 간접고용 내지 외부노동력 활용에도 불구하고 – 근로자파견법과 직업안정법을 제외하고는 – 이를 규제하거나 질서화하는 규율이 존재하지 않아 많은 쟁송들이 이어져왔다. 무엇보다도 노동력을 제공하는 자(사내하도급 근로자)와 노동력을 이용하는 자(원청기업) 사이에 직접적인 근로관계, 파견관계 내지 노동조합을 위한 집단적 노사관계의 인정을 둘러싸고 법률이 없어도 재판을 거부할 수 없는 판례가 보여 준 경향은 지그재그 방식이었고, 그 결과는 당사자는 물론 법률전문가 조차도 예측할 수 없는 법적인 불안정성이었다.

그러나 최근의 대법원 판례들은 어느 형태로든 간접고용 근로자 내지 사내하도급 근로자와 원청기업 사이의 법률관계를 긍정하는 경향을 보임으로써 판례법의 확립에 의하여 결과적으로는 이를 반영하는 입법으로 진화하는 것이 아닌가 하는 것을 보여 주고 있다. 사내하도급 근로자와 원청기업이 묵시적으로 직접적인 근로관계가 있는 것으로 본 판결,[82] 불법파견에 대해서 파견근로자보호법 적용을 인정하는 대법원 전원합의체 판결,[83] 사내하도급 근로자의 노동조합에 대한 '근로조건에 대한 실질적이고 구체적인 지배 · 결정력' 기준으로써 원청기업의 부당노동행위제도 상의 지배 · 개입할 수 있는 사용자의 지위를 인정한 판결[84] 등은 이를 보여 주는 판결이라고 생각되며, 최근의 현대자동차 사내하도급에 대한 판결도 사내하도급을 (불법)파견으로 보아 직접고용으로 간주하고 있다.

이와 같이 대법원 판례에서는 주로 사내협력업체 근로자와 원청기업 사이에 직접적인 근로관계가 존재하는가(종업원 지위확인), 따라서 원청기업은 사용자로서 근로기준법과 노동조합법상의 책임을 부담하는가가(부당해고, 임금청구, 부당노동행위 등) 주로 다투어진다. 그런데 현대자동차 사건에서 대법원이 선보인 판례공식은 3단계 구조를 갖는다. 즉, 사내협력업체 근로자는 원청기업 근로자와 혼재작업을 하였는가, 그 혼재작업에서 원청기업은 지휘명령권을 행사하였는가, 이 두 가지가 충족되면 파견근로관계가 존재한다고 본다. 마지막으로는 파견근로관계가 파견법의 적용시기에서(2007년 7월 1일) 2년을 초과하면(2005년 7월 1일을 기점으로) 직접고용되는 것으로 본다. 판례의 이러한 공식은 일반화된 명제가 아니라, 개별 사례상황에 따라 각각 다른 판단을 할 수밖에 없다는 것은 앞에서 본 바와 같다.

이러한 판례의 경향으로부터 사내하도급은 모두 파견으로 보고 2년 이상 노동력을 제공한 자는 노동력 이용자에게 직접 고용된다는 기대감이 발생하고, 하청기업 근로자는 원청기업과 직접적으로 단체교섭을 할 수 있다는 기대감이 발생하여 당사자간 첨예한 분쟁이 예고되어 있다.

그러나 최근의 대법원 판례는 종전의 혼란스러웠던 판결로부터 사내하도급 관계에서는 점차 하청근로자에게 유리한 방향으로 판결을 하는 경향이다. 먼저 대법원은 2008년 7월 10일의 판결에서 노동력을 공급하는 하청기업이 노동력을 이용하는 원청기업과 도급계약을 체결하고 하청근로자들로부터 노무를 제공받아 자신

82) 대판 2008.7.10, 2005다75088.
83) 대판 2008.9.18, 2007두22320 전원합의체 판결.
84) 대판 2010.3.25, 2007두8881.

의 사업을 수행한 것과 같은 외관을 갖추었다 하더라도 실질적으로는 업무수행의 독자성이나 사업경영의 독립성을 갖추지 못한 채, 노동력을 이용하는 원청회사의 일개 사업부서로서 기능하거나 노무대행기관의 역할을 수행하였을 뿐이고, 원청기업이 하청근로자들로부터 종속적인 관계에서 근로를 제공받고, 임금을 포함한 제반 근로조건을 정한 것이므로 원청기업과 하청근로자들 사이에는 직접 원청기업이 하청근로자를 채용한 것과 같은 묵시적인 근로계약관계가 성립되었다고 본다. 이로써 대법원은 하청기업의 독자성과 독립성을 부정하고 하청근로자에 대한 사용종속관계를 긍정하여 직접적인 근로관계의 성립을 인정하였다.

2008년 9월 18일의 이른바 '예스코'사건에서 대법원 전원합의체는 2년의 파견기간을 초과하여 파견근로자를 사용한 불법파견이나, 파견법상 허용된 업무와 다른 업무에 종사하게 하여 근로자파견이 위법한 경우라 하더라도 '직접고용간주'규정이 적용되어 파견근로자와 사용사업주인 노동력이용자 사이에 직접적인 근로관계가 성립된다는 것이다. 그리하여 이 전원합의체 판결은 후술하는 현대자동차 사건에도 그대로 수용되었다.

2010년 3월 25일의 이른바 '현대중공업 사건'에서 대법원은 원청회사가 사내하청업체 소속 근로자들의 기본적인 노동조건 등에 관하여 고용사업주인 사내하청업체의 권한과 책임을 일정 부분 담당하고 있다고 볼 정도로 실질적 · 구체적으로 지배 · 결정할 수 있는 지위에 있고, 사내하청업체의 사업폐지를 유도하고 그로 인하여 사내하청업체 노동조합의 활동을 위축시키거나 침해하는 지배 · 개입행위를 하였다면, 원청회사는 부당노동행위 구제명령의 대상인 사용자에 해당한다고 보았다.

이러한 대법원의 전향적인 3개의 판결[85]은 외부노동력 활용의 대표격인 사내하도급에서 i) 수급인이 사용자로서의 실체를 갖추진 못한 경우로서 도급인과 하청근로자 사이에 직접적인 근로관계를 인정하여 도급인이 노동법 전반에서 사용자로서 책임을 부담하는 유형과 ii) 수급인이 사용자로서의 실체를 갖추었지만, 하청근로자의 근로제공에 대하여 도급인이 지휘명령을 하는 경우로서 근로자파견

85) 이를 '삼부작'이라고 표현하는 견해도 있다. 예를 들어 강성태, 사내하도급 삼부작 판결의 의의, 노동법학 제35호, 2010, 1면 이하; 권두섭, "현대미포조선 사건", (사내하청 대법원 판결 3부작 – 그 의미와 과제) 토론회, 2010.4.28, 1면 이하 등 참조.

법이 적용되어 사용기간이 2년을 경과하면 도급인과 하청근로자 사이에 기간의 정함이 없는 직접 근로관계를 인정하여 도급인이 노동법 전반에 걸쳐 사용자로서 책임을 부담하는 유형, iii) 수급인이 사용자로서의 실체를 갖추었지만, 하청근로자의 근로제공에 대해 도급인이 부분적으로 지휘명령을 하는 경우로서 하청근로자와 원청 사이의 집단적 노사관계에서 부분적으로 사용자가 되어 지배 · 개입의 부당노동행위를 할 수 있는 유형으로 구별하게 한다. 그러나 이들 대법원 판결들은 노동력 제공자 보호 성향에도 불구하고, 그리고 유사한 외부노동력 활용에도 불구하고, 그 자체에 직접적인 근로관계가 인정되는 경우도 있고, 직접적인 근로관계가 없더라도 근로자파견으로 볼 여지도 있는 사안도 존재함을 보여 주고 있다. 말하자면 외부노동력의 활용이 직접적 근로관계로 일원화될 수 없음을 보여 주는 판결들이라고 볼 수 있다.

이러한 판결들에 더하여 2010년 7월 22일의 '현대자동차'사건에서 대법원은 사내하도급을 파견으로 볼 가능성을 열어 놓아 – 앞의 제2유형에 속하는 – 점차 다양한 외부노동력 활용 형태를 파견으로 일원화할 가능성마저 보이고 있다. 이 사건은 판결의 의미가 중요하여 별도로 기술한다.

2. 현대자동차 사건에 대한 대법원 판결의 의미

이 사건에서 대법원은 이미 앞에서 말한 바와 같이 먼저 원청기업과 사내하도급 근로자의 직접적인 또는 묵시적인 근로계약관계의 성립을 부정한다. 아마도 판례법리로서 노동력을 매개하는 자(사내하청기업)가 사업주로서의 독자성이나 독립성을 유지하는 한, 직접적인 근로관계의 인정은 어려울 것이라는 지금까지의 판례를 다시 한번 확인한 것으로 보인다. 따라서 노동력을 매개하는 사내하청기업이 독자성이나 독립성을 갖고 있는 한, 노동력을 제공하는 자와 원청기업의 법률관계는 전형적인 3자관계로서의 파견관계나 도급관계로 갈 수밖에 없으며, 이 때 구별기준과 그 기준의 구체적 사안에 대한 적용 여부에 따라 결론은 달라지게 될 것이다. 이와 같은 대법원의 판결로부터 제조업 사내하청 근로자의 원청기업에 대한 파견근로관계의 인정을 토대로 직접 고용간주 요구가 크게 증가할 것이다. 무엇보다도 당해 사업장에서 2년 이상 하청근로자로서 근무한 근로자뿐만 아니라, 다른 자동차 회사를 비롯하여 철강업, 조선업, 서비스업, 전자업종 등 원청기업의 근로자와 혼재되어 컨베이어벨트를 이용한 자동흐름방식에서 노동력을 제공하는 2년 이상의 하청근로자, 2년 이상 근로한 퇴사자나 해고자 등이 직접고용간주를 근거로 정규직 근로자로서 향유하는 제반 권리를 주장하게 될 전망이다.

현대자동차 사건에 대한 대법원 판결은 하청근로자와 원청기업의 파견관계 인정의 기준으로서 원청기업의 사내하도급 근로자에 대한 지휘명령권을 기준으로 삼아 당해 구체적 사안에서 지휘명령관계가 있었음을 인정하고 당해 사안을 근로자파견관계로 결론짓고 있다. 따라서 일련의 과정을 보면 대법원 판례는 사내하도급 근로자와 원청기업의 법률관계를 판단함에 있어서 일종의 판단의 정형 내지 패턴적인 검토의 순서(Prüfungsschemata)를 보여 주고 있는 것으로 보인다. 즉, 사내하도급에 있어서는 ⅰ) 노동력을 매개하는 사내하청기업의 독자성 내지 독립성을 판단한다. 이것이 부정되면 묵시적 근로계약관계 기준에 의한 직접적인 법률관계의 인정으로, 이것이 긍정되면, 직접적인 근로계약관계는 인정될 수 없고 파견인가, 도급인가의 문제로 간다. ⅱ) 파견인지, 도급인지의 판단에 있어서는 원청기업의 지휘명령권을 기준으로 구체적 사건에서 이 기준이 충족되었는지를 판단한다. 지휘명령권의 행사가 인정되지 않으면 도급관계로, 인정되면 파견관계를 인정한다는 식의 패턴적인 판단공식이나 검토의 순서를 확립한 것으로 보인다. 또한 당해 사건에서 대법원은 사내하도급관계가 처음부터 불법파견근로관계가 아니라, 적법한 파견근로관계임을 전제로 원청기업이 2년의 기간을 초과하여 파견근로자를 사용하였으므로 직접고용간주 규정(구파견근로자보호법 제6조 제3항 본문)을 적용하여야 한다고 본다. 이는 종래 직접고용간주 규정 등의 파견근로자보호규정이 적법한 근로자파견에 대해서만 적용된다는 종전의 판례를 뒤집어 불법파견에 대해서도 적용된다는 최근 대법원 전원합의체 판결[86]을 따른 것이다. 물론 2년 기간 초과의 파견근로자를 계속적으로 사용하는 것도 불법파견이고, 따라서 당사자가 구파견법의 적용을 받는 한 전원합의체 판결에 따라 직접고용간주 규정이 적용되어 사용사업주인 원청기업과 파견근로자 사이에 직접적인 근로관계가 성립되는 결과가 발생하게 될 것이다. 그런 점에서 현대자동차 사건에서 대법원은 최근의 대법

86) 대판 2008.9.18, 2007두22320 참조.

원 판례 발전에 조응하여 불법파견에도 직접적 고용간주규정을 적용함으로써, 직접적인 근로관계를 인정하여 일응의 근로자보호를 달성한 것으로 보인다.

그러나 이러한 대법원 판결은 외부노동력 이용의 표본을 보이고 있는 대기업의 사내하도급 활용을 파견으로 봄으로써 앞으로 사내하도급을 활용하는 기업들에 대해서 적지 않은 영향을 미칠 것으로 보인다. 물론 구체적 사안마다 지휘명령권 인정이 다를 수 있고, 따라서 도급인지 파견인지도 각각 달라질 것이다. 그러나 이 판결에서 지휘명령권을 인정하게 된 구체적 사실들을 보면, i) 사내하도급 근로자들이 원청기업의 근로자들과 동일한 공정에 투입되고, ii) 원청기업의 시설, 기자재 등을 사용하면서 원청기업의 작업지시서에 따라 작업을 진행하며, iii) 원청기업이 사내하도급 근로자들에 대한 작업배치권과 변경결정권을 갖고 있으며, iv) 사내하도급 근로자와 직영근로자들에 대해 원청기업이 시업과 종업 등의 근로시간을 관리하며, v) 사내협력업체를 통하여 사내하도급 근로자들의 근태상황, 인원현황 등을 관리한 경우로서 원청기업의 사내하도급 근로자들에 대한 지휘명령권이 인정되어 파견관계가 성립된다는 것이다. 이렇게 되면 사내하도급의 형식을 취하면서 원청기업이 실질적으로 지휘명령권을 행사하는 상당수의 대기업, 특히 자동차, 건설, 조선 산업에서 직영근로자 이외에 사내하도급 근로자를 활용하는 사업장에서는 지휘명령권의 부존재가 명료하게 드러나지 않는 한 파견근로관계가 용이하게 인정되게 될 것이다. 이는 사내하도급 근로자들의 파견법상의 보호를 가져옴과 동시에 외부노동력 이용의 파견법적 규제를 강화하여 간접고용에서의 노동력제공 관계를 정서화(整序化)하는 순기능을 발휘하게 되리라 전망된다. 그리고 이 판결이 앞서 언급한 다른 대법원 판결과 함께 사내하도급의 노동력 제공관계를 파견관계로 보려 하는 한, 이는 입법을 위한 하나의 커다란 지침을 주거나 판례입법의 한 사례로 기억될 수도 있을 것이다. 이것은 파견근로자들을 위한 차별금지입법과 함께 사내하도급 근로자들의 노동시장에서의 위치를 안정화하고, 직영근로자로의 동화를 이끌어 냄으로써 정규직과 비정규직의 이중노동시장구조의 불합리를 극복하는 하나의 기제가 되리라 기대한다.

그러나 사내하도급을 파견관계로 수용하는 이 판결에 대한 기업들의 대응능력도 무시할 수 없다. 왜냐하면 기업들은 사내하도급거래관계를 통한 인건비 절감과 외부노동력의 탄력적 활용이 주는 이점들을 너무도 잘 알고 있기 때문에, 파견관계를 수용하는 방향으로 가지는 않을 것이기 때문이다. 오히려 사내하도급을 활용했던 기업들은 파견관계를 근거지우는 요소로서 지휘명령관계를 희석시키는 수준에서 도급목적의 지시권을 분화시키는 형태로 노동력제공관계를 진화시킬 것으로 예상되기 때문이다. 이러한 노동시장상황에서는 파견과 도급의 구별이 더욱 어려워질 것으로 보이며, 외부인력 활용의 양태는 더욱 복잡하게 전개되어 노동시장에서의 노동력활용의 투명성은 그만큼 더욱 더 악화될 가능성도 부인할 수 없다. 이러한 노동시장 상황에 현명하게 대처하는 방법은 판례가 노동시장정책을 수행하기보다는 입법자의 개입밖에 없으리라 생각된다.

그러나 현대자동차 사건에 대한 대법원 판결은 직접고용이 간주되던 구법 하에서의 쟁송이다. 또한 2년 이상 사내하도급 근로자로 종사한 자에 대해서만 직접고용이 간주되었었다. 현재에는 '2년 이상 파견근로자로 계속사용'의 요건은 유지되고 있지만, 2006년 말의 파견법 개정에 의해서 직접고용간주가 직접고용의무로 바뀌었다. 따라서 대법원 판결은 강력한 직접고용의제를 인정한 판결이지만, 현재 직접고용의무로 개정된 상황에서는 직접적 근로관계를 근거지우는 의미는 반감될 수밖에 없다.

그러나 대법원 판결로부터 사내하도급 근로자와 원청기업 사이에 지휘명령권을 매개로 하여 파견근로관계가 인정되기가 매우 용이해졌다. 물론 구체적 사안마다 지휘명령권 인정이 달라질 수도 있을 것이다. 그러나 대상판결은 지휘명령관계를 매우 심플하게, 5가지의 검토사항만으로도 인정하고 있다. 물론 사내하도급은 노동력제공자의 근로조건을 저하하고 노동시장을 2중화하며 사회적 격차를 야기하고 노동법 적용을 잠탈할 소지가 있다는 점에서 판례법과 입법에 의한 규제가 필요한 영역이다. 그러나 타기업 노동력의 활용에 대해서 법적인 규제를 가하는 경우에도 타기업 노동력 활용의 근본목적을 훼손하거나 타기업 노동력 활용을 봉쇄할 정도로 법적인 규제를 가해서는 안 된다. 타기업 노동력의 활용을 통한 인력활용의 유연화는 기업이 시장에서 경쟁압력과 급변하는 경영환경에 대처하고자 하는 수단이 될 수 있다. 그런 점에서 사내하도급을 통해 노동력을 이용하고자 결정을 하는 것은 기업가적 결정사항으로서 헌법적으로 보장된 경영권에 속하는 사항이기도 하다. 따라서 사내하도급을 지나치게 규제하는 것은 기업가의 기본권 침해를 가져옴과 동시에 경영효율의 측면에서 비경제적이며 비생산적이다. 그리고 경우에 따라서는 지나친 규제로 인하여 노동시장의 활성화가 제약되는 경우 결과적으로 일자리를 찾는 취업희망자에게 노동시장으로의 진입장벽이 될 수도 있다.[87] 따라서 사내하도급의 법적 규제에 있어서는 근로자를 위한 사회적 보호필요성과 기업의 유연한 인력활용의 요청 사이에서 비교형량을 하여야 한다. 원칙적으로는 외부인력 활용을 허용하면서 위장도급, 불법파견, 노동법 적용회피 등의 부정적인 양상들을 규제하는 큰 틀을 유지하여야 할 것이다. 그런 점에서 외부노동력 이용을 부정하고 원청기업과 사내하도급 근로자의 근로관계를 인정하는 방향으로 강제하는 것은 기본권의 조화로운 해석과 실현에 반하는 것이다.

3. 외부인력 활용에 대한 판례의 과제

앞에서 본 바와 같이 외부인력 활용의 형태는 – 2자관계로 수렴시키려는 입법자의 결단이 없는 한 – 다양하게 발전하고 진화할 것이라고 전망된다. 그러나 현행법은 외부인력 활용을 우선적으로는 근로자공급을 제한하는 – 노동조합에게만 근로자공급을 허용하는 – 방식으로 직업안정법의 틀을 잡고, 그 범주 내에서 외부인력이지만 노동력 제공자에게 지시권을 행사하면서 노동력을 이용하는 관계를 파견으로 구성하여 근로자파견법의 규제 하에 두려 한다. 따라서 외부인력의 활용은 직접적인 근로관계 형태로 전개되던지, 아니면 파견의 형태로 전개되던지 양자택일의 상황에 직면하게 된다. 앞에서 언급한 대법원의 판례들은 이러한 경향에 있다. 그러나 외부인력의 활용은 업무도급이나 순수한 의미에서의 하도급처럼 노동력을 이용하는 자가 노동력을 제공하는 자에게 지휘명령을 하지 않는 상태에서 이루어질 수도 있으며, 또한 도급의 요소와 노무제공의 요소가 혼재되는 경우도 있을 수 있어, 사실관계의 판단 여하에 따라 도급으로 위치지워지던지, 파견으로 위치지워지는 경우도 있을 것이다. 예컨대 대형할인매장에서 물건을 진열하는 일을 도급으로 맡긴 경우, 도급인이 수급인의 근로자에 대하여 특정한 곳에 특정한 물건을 진열할 것을 지시한 경우 이는 도급계약의 목적에 따른 지시이기도 하지만, 그 자체가 이미 노무급부이행과 관련한 지시의 성격을 동시에 갖는 것이기도 하다.[88] 말하자면 사용사업주와 같이 노동력을 이용하는 자가 노동력을 제공하는

87) 김형배, 노동법, 2009, 27면 이하 참조.

88) 이 사례를 소개한 것으로 박종희, 비정규, 간접고용 근로자의 노동단체권 행사에 관한 연구, 노동부 용역과

자에게 지시권을 행사하여 파견으로 평가되는 유형부터 노동력 이용자가 노동력 제공자에게 지시권을 행사하지 않는 순수한 도급의 유형도 존재하며, 도급작업을 노동력 이용자의 사업장에서 수행하되 수급인이 직접 또는 도급인 사업장에서 수급인이 선임한 대리인이 도급목적의 업무수행을 위해 수급인을 대리하여 지시권을 행사하거나 정보를 제공하는 경우[89]도 있으며, 도급목적의 지시권(Anwesiungsrecht)과 노무제공에 대한 지시권(Weisungsrecht)이 혼재하는 경우도 있을 수 있다. 그런데 현행 근로자파견법은 이러한 유형을 포괄적으로 규제하는 입법도 아니며, 도급과 파견의 구별에 대하여 명시적인 기준을 제시하는 것도 아니다. 따라서 다양하게 외부노동력 활용이 전개되는 사례들을 모두 근로자파견으로 수렴하려는 것은 현행법이 시도하지도 않았고, 현행법의 의도에도 맞지 않는 것이다. 외부노동력 활용을 파견으로 수렴하기 위해서는 보다 더 정치한 입법이나, 입법의 기준을 구체화하여 사안에 포섭적용해야 하는 판례의 진화가 수반되어야 하는 것이다. 현행 근로자파견법의 용량은 외부인력 활용을 다 담기에는 충분하지 못하다. 그런 점에서 근로자파견법이 근로자공급의 예외입법[90]으로서 다양한 종류의 근로자공급 내지 외부인력공급을 포섭할 수 없다면 다양한 외부인력 활용에 대한 새로운 종류의 입법이 나와야 할 것이다.

4. 사내하도급과 파견에 대한 판례의 태도

외부노동력 활용의 한 유형인 근로자파견에 대해 근로자파견법은 파견근로의 본질이 무엇인지를 말하지 않고, 파견근로자의 보호에 필요한 조치만을 규정한 것이다. 물론 근로자파견법 제2조 제1호는 '근로자파견'이 파견사업주가 근로자를 고용한 후 그 근로관계를 유지하면서 근로자파견계약의 내용에 따라 사용사업주의 지휘 · 명령을 받아 사용사업주를 위한 근로에 종사하게 하는 것을 말한다고 규정한다. 그러나 이 규정은 파견근로의 본질을 규정한 듯하면서도 그것이 어떤 형태의 법률관계를 의미하는 지를 말하지 않는다. 그렇기 때문에 근로자파견법이 파

제, 2005.9, 62면 참조.

89) 이렇게 수급인을 대리하여 도급인 사업장에서 수급인 근로자에게 지시권을 행사하는 자를 원격조종장(Kolonnenführer)라 한다.

90) 근로자파견과 근로자공급의 구별에 관해서는 김영문, 전게서, 165면 이하 참조.

견근로자의 보호를 위하여 여러 가지 규정을 두고 있으면서도, 예를 들면 파견근로자가 사용사업장에서 노무를 제공하다가 제3자에게 손해를 야기시킨 경우에 누가 사용자책임을 부담하여야 하는지, 사용사업장에서 지득한 사실에 대해 누구에게 비밀유지의무를 부담해야 하는지 등, 말하자면 근로자파견에 대한 위와 같은 법률적 정의로부터는 파견근로자의 주된 급부의무의 내용과 성질 · 불이행시의 책임문제, 파견근로자가 비밀유지의무와 경업피지의무 등의 부수적 의무를 노동력 이용자인 사용사업주에게도 부담을 하는지, 노동력 제공자가 노동력 이용자의 사업장에서 불법행위 등의 손해를 야기시킨 경우 사용자책임을 포함하여 책임주체는 누구이며 손해배상의 경감을 누구에게 청구할 수 있는지 등의 문제에 대해 근로자파견법은 아무 규정이 없다. 파견근로의 3자관계의 본질이 무엇인가에 대해 근로자파견법이 침묵한다면, 파견근로자의 계약상대방이 아닌, 사용사업주에게 가하여지는 근로자파견법상의 책임은 법률에서 정한 법정책임으로 생각할 수 있으며,[91] 파견근로의 본질로부터 나오는 제반 법률관계의 문제는 계약법적 구성에 의존하지 않을 수 없다. 그런 점에서 사용사업주와 파견근로자의 법률관계에 대하여 기본적으로는 파견근로자와 파견사업주가 제3자를 위하여 노동력을 제공하기로 하였다는 의미에서 제3자를 위한 계약이론이 적용될 수밖에 없는 것이다. 아마도 이러한 파견근로의 본질로부터 풀어나가야 할 법률문제가 던져진 경우에 대법원이 오로지 파견근로자의 보호의 관점에서 법률문제를 풀려 하는 한, 제3자를 위한 계약 법리는 적용될 여지가 없으며, 단지 법관의 독단적인 법형성의 가능성만이 활개를 치게 될 것이다. 법관이 앞의 대법원 판례에서처럼 외부노동력 활용을 파견으로 수렴하려 하는 한, 이와 같은 파견의 본질을 도외시하는 자의적인 판결이 나오게 될 것이다.

91) 근로조건을 사업장에서 노동력을 제공하는 것과 관련한 근로조건과 노동의 성과를 배분하는 것과 관련한 근로조건으로 나눌 수 있을 것이다. 전자의 것으로는 근로시간, 휴게, 휴가, 산업안전이 있고, 후자는 노동력을 제공하는 사업장이나 작업환경과는 무관하게 근로자들이 제공한 노동의 결과, 즉 사용사업주와 파견사업주 사이의 근로자파견계약에 의한 보수를 파견사업주와 파견근로자들이 분배하는 것과 관련한 것으로서 임금을 대표적인 것으로 들 수 있다. 이러한 구분에 있어서는 누가 사용자인가가 문제되는 것이 아니라, 위험과의 등거리에 있는 자로서 근로자에게 책임을 부담하는 자가 문제되는 것이다. 따라서 사용사업주가 파견근로자의 보호를 위하여 파견법 제34조에 따라 일정한 책임을 부담하는 것은 근로관계의 법률상의 원인으로서 근로계약의 당사자로서, 즉 사용자로서 책임을 부담하는 것이 아니라, 동 규정이 사용사업주를 사용자로 간주하여 법률에 의하여 책임을 부담시키려는 것이므로 이는 계약적 책임이 아니라, 법정책임이라고 해야 할 것이다.

5. 컨베이어벨트 자동화 흐름 작업과 외부인력 활용 – 혼재작업과 관련하여

현대자동차 사건에서 대법원이 사내하도급에서 노동력제공관계를 파견으로 본 주된 이유 중의 하나는 컨베이어벨트 작업방식에서 정규직과 사내협력업체 근로자들이 혼재되어 작업하는 경우에는 파견이고, 2년이 경과하면 불법파견으로서 직접고용된 것으로 간주하여야 한다는 것이다. 따라서 제조업에서 컨베이어 작업방식에 투입된 하청근로자는 모두 파견근로자로서 2년이 지난 시점부터는 파견법에 따라 직원으로 보아야 한다는 것이다. 말하자면 컨베이어벨트에서 정규직과 혼재되어 작업하는 사내하도급 근로자는 2년만 넘으면 모두 정규직근로자라는 간단명료한 공식이 일반인의 머리에 장착되어 있는 듯하다.

그러나 외국과 비교할 때 일본의 도요타 자동차나 독일의 폭스바겐 자동차 회사 등에서는 경기변동에 따라 인력수급을 유연하게 조절하기 위해서 컨베이어벨트 작업대에서 정규직, 사내하청 근로자, 파견근로자, 임시직, 계약직 등이 혼재되어 노동력을 제공한다. 그래도 우리와 같이 파견으로 보고 일정 기간이 지나더라도 정규직으로 보지 않는다. 컨베이어벨트 자동화흐름 속에서도 혼재작업을 한다고 하여 이것이 당장에 어떤 법적 형태의 노동을 한다는 근거가 될 수는 없다. 묵시적 근로계약관계가 인정되는 사례, 즉 노동력을 매개하는 자의 사업주로서의 독립성과 독자성이 없는 사례에서도 혼재작업이 있을 수 있고, 파견의 경우에도 혼재작업은 가능하며, 도급의 경우에도 혼재작업은 가능하다. 이러한 혼재작업은 컨베이어 자동화 흐름작업이라고 하여 그 의미가 달라지는 것은 아니다. 말하자면 혼재작업은 어떠한 노동을 하는가에 대한 사실과 실제의 문제에 지나지 않는다. 따라서 컨베이어벨트 자동화 흐름 속에서 혼재작업을 하여도 작업을 하는 형태가 문제가 아니라, 어떠한 법적 근거로, 어떠한 법적 기초 위에 혼재작업을 하는 가가 중요한 문제이다. 말하자면 자동화 흐름 속에서 왼쪽 바퀴를 조립하는 자와 오른쪽 바퀴를 조립하는 자는 혼재작업의 형태로 동일한 노동을 하여도 그 노동을 하게 되는 법적 근거와 법적 기초는 다를 수 있다. 따라서 중요한 문제는 컨베이어 자동화 흐름 속에서 혼재되어 동일한 노동을 하는 자에 대해서는 법적 근거와 법적 기초가 다르다 하더라도 동일한 노동을 하면 그 사람에 대해 어떠한 대우를 해야 하는가, 따라서 차별적 대우의 금지, 동일가치노동 동일임금, 남녀차별금지나 연령차별금지 등과 같이 대우를 동일하게 하라는 것이 문제가 될 뿐, '법적 지위와 신분을 동일하게 하라', '법적 근거와 법적 기초가 같아야 한다', '직영으로 하든지, 파견으로 하라'는 말은 성립되지 않는다. 말하자면 컨베이어벨트 자동화 흐름 속에서 혼재작업을 하기 때문에 원청기업과 사내협력업체 근로자의 법률관계가 파견으로 되거나 직영으로 되는 것이 아니다. 그러한 혼재 작업은 법적으로 다른 근거와 기초 위에서도 얼마든지 가능하다. 파견과 도급, 직영, 직업소개에 의해서도 혼재작업은 가능하다. 예를 들어 실험실에서 연구원과 교수가 동일한 실험을 하는 것도 가능하고, 강의실에서 교수와 강사가 공동강의를 하는 것도 가능하며, 불량품을 가려내기 위해서 컨베이어벨트 자동화 흐름의 왼쪽에는 사내협력업체 근로자가, 오른쪽에는 직영근로자가 서서 작업하는 것도 얼마든지 가능하다. 따라서 중요하게 남는 것은 이들 혼재작업을 하는 자가 누구로부터, 어떻게 지시를 받는가, 그러한 지시의 형태가 어떠한 법적 근거와 기초 위에서 행하여지는가, 작업의 본질로부터 지시가 불가피한 것인가 등, 말하자면 도대체 지휘명령이 어떻게 이루어지는가 하는 것만이 중요한 것이다. 현대자동차 사건에서 대법원 판례가 이 점을 명확하게 인식하고 재판을 하였는지 의문이다.

컨베이어벨트 자동화 흐름 작업방식은 자동화된 연속작업이다. 그런데 자동차 제조의 연속공정 중 사내하도급 근로자로 하여금 바퀴조립이나 도장업무와 같이 특정부분만을 조립 · 완성하게 할 수도 있다. 또한 컨베이어벨트를 이용하고 정규직과 혼재되어 일하더라도 도급목적의 지시권 행사도 가능하다. 일반적인 도급계약에서도 당사자의 합의에 의하여 도급업무 장소를 정하고 도급업무 수행시간을 약정할 수 있다. 그것이 컨베이어 작업인가 그렇지 않은 작업인가를 문제삼아서는 안 된다. 따라서 노동력을 이용하고자 하는 자와 사내협력업체는 도급계약에서 컨베이어 작업이라는 특성을 고려하여 작업장소와 시간을 합의로 정할 수도 있다. 따라서 컨베이어벨트에서 정규직과 함께 일하면 파견이다는 공식에 선뜻 동의하기 어렵다. 컨베이어벨트에서 정규직과 혼재되어 노동을 하더라도, 노동하는 법적 근거는 상이할 수도 있다. 사내협력업체 근로자들은 정규직이 파업하는 경우 컨베이어 작업을 계속해야 하며, 회사가 주문량이 감소하거나 판매부진으로 재고를 줄여야 하는 경우 컨베이어 가동을 줄이고 인력활용을 감소시켜야 한다면, 즉 일거리가 없을 때 그 리스크를 부담해야 하는 사용자는 컨베이어벨트 작업에 투입된 정규직과 사내협력업체 근로자들의 배합비율을 항상 염두에 두면서 작업공정을 진행해야 할 것이다. 말하자면 컨베이어벨트에서 혼재되어 작업을 하는가의 사실관계가 중요한 것이 아니라, 사용자는 위험부담자(Riskträger)로서 컨베이어벨트 작업에서 노동력 제공자들의 조합(調合), 배율을 정해야 한다는 위험부담과 위험관리가 법적으로 포착되어야 하는 것이다. 대법원 판례가 과연 이를 수행하고 있는지는 의문이다.

6. 지휘명령과 관련하여 – 도급과 파견의 구별

노동력의 중개자 내지 협력업체가 독립성이나 독자성을 갖게 되면 이용자의 외부노동력 활용의 형태가 도급인지 파견인지 문제된다. 이를 다투는 이유는 도급의 경우는 이용자의 노동력제공자에 대한 사용자성이나 근로관계 인정의 문제가 발생하지 않지만, 파견이라면 파견법상의 규제를 받아 불법파견으로 판정이 나면 동법에 규정된, 노동력 이용자의 책임과 직접고용의 부담을 안아야 하기 때문이다. 특히 순수한 민법상의 도급계약이 근로자파견법의 부담을 피하기 위한 수단으로 악용될 소지가 있기 때문에 외부인력을 활용하는 경우 노동법 적용회피를 방지함과 동시에 진정한 도급관계와 그렇지 않은 경우를 한계획정하여 법률관계를 명확히 할 필요가 있다. 그러나 도급과 파견의 결정적 구별 기준이 노동력 이용자가 노동력 제공자에 대해서 지시권을 행사할 수 있는가의 여부인데, 도급인도 지시권을 행사할 수 있다면 파견과 도급의 구별은 더욱 어려워지게 된다. 또한 도급의 목적이 일의 완성이 아니라, 업무처리나 노무도급만을 목적으로 하거나, 수급인의 근로자가 노동력 이용자인 도급인 사업장에서 노무를 제공하는 경우는 파견과 유사한 구조를 취하게 되어 양자의 구별이 용이하지 않게 된다.

그런데 앞서 이른바 '현대자동차 사건'에서 본 바와 같이 우리 대법원은 비교적 심플한 수준에서 ⅰ) 자동차의 조립 생산방식은 대부분 컨베이어를 이용하는 자동흐름방식으로서 하청근로자들은 정규직 근로자들과 혼재하여 배치, 작업지시서에 의한 단순반복 업무를 수행하며, 사내협력업체의 고유한 기술이나 자본의 투자가 없으며, 원청기업이 하청근로자에 대한 일반적인 작업배치권과 변경결정권을 가지고 작업량과 작업방법, 작업순서를 결정하며, 근태상황과 인원현황 파악도 원청기업이 행한다는 것 등을 들고 있다

이러한 도급과 파견의 구별방법을 독일과 비교하여 보자. 먼저 독일은 초창기에는 도급과 파견의 구별과 관련하여 우리 대법원처럼 심플하게 노동력 이용자를 중심으로 다섯 가지 기준을 세워 도급과 파견을 구별하고자 하였다. 먼저 1972년도에 근로자파견법을 제정하면서 파견과 도급을 구별하는 한계획정표지를 정하지 않았다. 당시 파견법의 입법자들의 생각으로는 법률로 구분표지를 정하는 것 자체가 실무에 유용하지 못하다는 것이었다. 그러나 실무에서는 도급과 파견의 구별이 중요하여 연방법원의 판결이 증가하자, 1975년도에 근로자파견 존부에 대한 반증가능한 추정규정을 제안하였다. 그리하여 파견이 인정되는 경우로서 i) 노동력 이용자의 지시권에 따르는 경우, ii) 노동력 이용자와 동일한 노동을 하는 경우, iii) 노동력 이용자의 재료와 도구로 작업을 하는 경우, iv) 파견하는 사용자가 근로자들의 작업결과에 대해 책임을 지지 않는 경우, v) 파견하는 사용자에 대해서 시간단위에 기초하여 보수가 주어지는 작업을 하는 경우에는 상용 근로자파견이 있는 경우로 추정한다는 것이다. 이 기준을 앞의 '현대자동차 사건'에 있어서 대법원 판결과 비교한다면, 노동력 이용자와 동일한 노동을 할 것(정규직 근로자와 혼재하여 노무를 제공할 것), 노동력 이용자의 재료와 도구로 작업을 할 것(사내협력업체의 고유한 기술이나 자본투자가 없을 것), 노동력 이용자의 지시권에 따를 것(작업지시서에 의한 단순 반복업무, 일반적인 작업배치권과 변경결정권을 가지고 작업량과 작업방법, 작업순서를 결정하며, 근태상황과 인원현황 파악도 원청기업이 행한다는 것) 등의 판단기준은 독일의 경우와 유사하다. 차이가 있다면 파견사업주의 위험부담과 도급금의 결정방법이 기준이 되어 수급인 측, 즉 노동력을 매개하는 자의 위험부담 여부와 근로자파견계약의 도급금의 산정이 근로자처럼 시간단위로 정하여지는 기준만이 다르다. 그런 점에서 우리 대법원이 제조업 사내하도급을 파견으로 판단한 것은 독일의 1970년대 수준이라고 할 수 있다. 그러나 독일의 이 구별기준은 근로자보호 필요성의 관점과 타인회사 근로자의 고용을 노동력 이용자의 계속적 작업으로 제한하려는 관점에서 도급계약에 기초한 근로자의 투입은 제한적인 경우에만 허용하려는 것이었다. 그리하여 근로자파견과 제3자의 노동력 이용을 정당화하는 도급과 기타 형태의 계약의 구별이 근로자보호에 있다는 것을 기본적 토대로 삼고 있

었다. 그러나 산업에서 노무제공을 목표로 하는 대기업이 출현하고, 커다란 제조업에서도 공정의 일부로 특화된 기업에게 그 동안 정규직이 맡아왔던 작업을 맡기게 되는 현상이 빈발하자, 외부노동력의 활용과 관련하여 근로자의 보호나 기업의 이익보호가 문제가 아니라, 당사자들이 예측가능하고 실제에서 활용이 가능한 구별기준을 입법자들이 만들어야 한다는 인식 하에서 앞의 심플한 5가지 기준에서 보다 세분된 구별기준을 사용하게 되었다.[92] 무엇보다 판례는 노동력의 이용자에게 업무관련 지시권의 행사가 있었는가를 기준으로 단선적으로 판단하는 것을 지양하고, 실제 현실에서 행해지는 외부 노동력 활용방식이 복잡하고, 하나의 사안에도 여러 가지 도급적 요소와 근로관계 요소들이 복합적으로 구성되어 감에 따라 법원도 한계획정을 위하여 끌어들이는 판단표지도 확대되면서 계약대상이나 계약의 수행방식, 그리고 최근에는 계약당사자로서의 적격성으로까지 확대되었다. 우리의 대법원과 같이 초기의 노무제공관련 지시권의 행사 여부에 대한 간단한 평가방법으로부터 최근의 변화에 이르기까지 가장 중요한 변화 중의 하나는 근로계약관계에서 사용자로서 행하는 지시(Weisung)와 도급인으로서 도급계약의 목적범위에서 행사하는 지시(Anweisung)를 구별하여 후자의 요소가 있는 경우는 반드시 이를 근로계약상의 지시로 이해하여 파견관계를 인정해야 하는 것은 아니라고 본 것이다. 또한 도급지시권의 인정에 의해서 각 개별사례마다 한계획정을 명확하게 해야 한다는 것과 가능하면 도급지시권의 의미를 축소하고 파견근로관계를 인정해야 한다는 것은 어디까지나 근로자보호를 위한 법정책적 판단에 지나지 않는 것으로 본다. 또한 법적 안정성의 요청으로부터 그리고 파견법의 목적론적 해석으로부터 노동력 제공자에게 유리하게 해석해야 한다는 사회적 보호필요성을 반영한 결과에 지나지 않는다고 본다.

물론 도급지시권을 무한정하게 인정하여 진정한 파견근로관계를 도급으로 위

92) 예를 들면 단순한 판단방법으로부터 계약상 부담하는 급부와 보수가 일의 완성과 관련되는지, 질적, 양적으로 개별화할 수 있는 노동/도급 결과의 약정과 완성, 책임과 담보를 포함한 기업주로서의 위험부담, 사업수단과 자본에 대한 인적 물적 시설을 갖춘 독자적인 기업조직, 주문자에 대한 수급업주의 기업주적 조직과 처분의 자유, 작업공정 투입에 대한 종류, 장소, 기간, 시간, 계획, 조절, 실행 등의 공정에 대한 자기책임적 조직, 고정가격, 수량, 치수, 성과와 관련된 보수산정인가 작업시간에 따른 보수산정인가, 작업관련 지시권의 행사투입사업장의 인력계획이나 작업조직 또는 사업장 공정으로의 편입, 정규직 근로자와 타인기업 근로자의 공동작업, 주문자 내지 도급인의 사업장으로 투입된 근로자에 대한 수급인에 의한 지시권의 행사, 정규직 근로자 작업의 인수와 투입기업의 부족 노동력의 보충 등이 기준으로 작용하여 개별사례를 전체적으로 종합하는 방법으로 활용되었다.

장하거나 도급으로 판정하여 근로자를 보호영역 밖으로 방치해서는 안 된다. 그러나 도급지시권의 영역을 일의 완성부분과 관련한 것으로 축소하고, 가능하면 노무급부와 관련되는 지시권의 범위를 넓혀 파견관계를 근거지워야 한다는 법정책적 요청에도 불구하고, 각 개별사례마다 도급에 특유한 지시권 행사가 불가피한 경우는 도급계약관계로 남겨두어야 할 것이다. 말하자면 이 부분에서도 도급인의 도급적 지시권과 파견계약으로부터 수급인으로부터 이전된 도급인의 노동관련 지시권, 도급인의 도급적 지시권과 수급인의 노동관련 지시권의 경합시에는 양자의 비교형량이 있어야 할 것이다. 그리하여 한편에서는 수급인의 노동관련 지시권과 도급인에게 이전되어 파견관계를 근거지우는 노동관련 지시권은 노동력 이용자의 사업장에 투입된 근로자의 선발에 관한 결정권, 현장 작업교육과 실습, 근로시간의 결정과 초과근로의 부과, 휴가와 휴게의 보장, 출석통제, 작업과정 점검 등의 요소가 고려되어야 하고, 다른 한편에서는 도급목적물의 품질관리, 도급목적의 일에 대한 수량, 크기, 규모, 형태 등의 결정 등을 비교형량하여야 할 것이다.

도급인이나 노동력 이용자가 노동관련 내지 업무관련 지시권을 행사하게 되면 근로자파견이 인정되지만, 이와 같은 지시권도 그 내용에 있어서는 여러 가지 복합적인 것이어서, 특히 도급인이 일의 완성과 관련하여 독자적인 업무지시를 할 수 있다는 이론 구성에 의하여 지시권이 점차 분화되는 양상을 띠게 된다.

외부노동력을 활용하는 자나 도급인 또는 원청회사가 도급인으로서의 도급지시권을 활용하는가, 아니면 노동관련 내지 업무관련 지시권을 행사하는가에 따라 도급이나 파견으로 구분되겠지만, 여러 가지 요소들이 복합적이고 중첩적으로 행사되고 있다면 도급과 파견의 한계획정은 그만큼 어려워질 것이다. 그러나 외부노동력을 이용하는 자가 행사하는 지시권 그 자체도 여러 가지 양상이 있을 수 있다. 특히 도급계약상의 채무가 주로 도급인의 사업장에서 실행되는 이른바, 사내하청이나 사내하도급의 경우 외부노동력 이용자가 행사하는 지시권도 도급지시권 이외에 노동관련 지시권이나 업무관련지시권도 다시 분화할 필요성이 제기된다. 왜냐하면 사내하청이나 사내하도급의 경우 노동력 제공자와 이용자 스스로 고용한 근로자들이 동일한 사업장에서 작업을 수행함으로써 노무급부와 관련된 사항뿐만 아니라, 조직을 통일적이고 질서있게 관리할 필요성이 제기되면서 도급인은 노동관련 내지 업무상의 지시권만 행사하는 것이 아니라 조직관리상의 지시권을 행사할 수밖에 없는 불가피한 사정이 발생하기 때문이다. 이 범위 내에서의 지시권은 노동관련 내지 업무관련 지시권처럼 외부노동력 이용자가 자신의 근로자와 같이 노무급부를 제공하는 타인의 근로자에 대하여 직접적으로 행사하는 것이기는 하지만, 노동기술목적으로 외부노동자를 효율적으로 작업과정과 업무에 투입하기 위해서 행사하는 지시권과는 다르다. 여기에는 주로 외부노동력 이용자의 사업장에서의 질서유지와 안전감독, 출퇴근관리, 통일적인 업무처리를 위한 동일기준의 적용 등 도급계약상 일의 완성과정에서 불가피하게 동일한 사업장에서 노무급부가 행하여진다는 것과 이를 고려하여 여러 가지 조직관리 차원에서 도급형태에 당연히 요청되는 지시권이라고 할 수 있다. 이 점을 고려한다면 노동력의 이용자에게는 일의 완성을 목적으로 하기 위해서 제한적으로 인정되는 도급지시권과 진정한 의미에서 노무급부 수행을 위해서 행사하는 노동관련 내지 업무관련 지시권과 조직관련 지시권이 인정된다고 할 것이다. 이 조직관련 지시권을 행사한다고 하여 외부노동력 이용자가 당장에 노동력 제공자의 사용자가 되어야 한다고 하든가, 근로자들의 노동력 제공형태가 도급이 아닌 파견에 해당한다는 자명한 결론을 내릴 수는 없다. 예를 들면 회사가 제공하는 표준작업서, 작업사양서, 사양식별표 등은 수많은 부품의 조합과 일련의 긴 공정을 통하여 제품을 출고하는 자동차 생산과정에서 준수해야할 도급인의 주문사양으로서 사내협력업체로 하여금 그의 이행보조자인 근로자를 통하여 도급업무를 수행하면서 지켜야 할 사항이 사전에 정해둔 도급업무의 수행 및 완성의 기준이 될 수 있다. 또한 회사가 생산계획의 제공 및 작업량과 직업방법, 작업순서의 결정 등 생산관리를 하는 것은 도급계약상 업무수행에 대하여 도급인이 도급업무의 수행스케줄과 도급업무 수행방법을 제시하고, 확인하는 도급지시권으로 볼 수 있다. 불량 등 제품검사와 시정 요구 등 품질관리도 회사가 수급인에게 갖는 도급업무 수행결과에 대한 평가권한에 기하여 불량에 대해 수급업체에 시정을 요구하는 것으로서 도급인의 검수권 행사로 볼 여지도 있다. 사내협력업체 근로자들의 노무제공과 관련하여 사용자로서의 구체적인 업무지시나 지휘명령관계가 전부는 아니다. 건설업자로 하여금 단독주택을 짓게 하는 땅주인이 건설업자의 근로자에게 '시멘트를 잘 섞어라', '못 질을 잘하여라'라고 지시하면 업무지시로서 파견이 되고, 직접고용이 간주되겠는가?

이와 같은 점에서 도급과 파견의 구별에 있어서 판단기준이 초기의 근로자보호목적의 심플한 판단기준으로부터 도급목적 지시권과 노무제공관련 지시권으로 진화하고 있음에도 불구하고 우리 대법원은 독일의 1970년대 수준의 판단방법을 견지하고 있다. 우리 대법원이 활용한 간단명료한 판단방법이 법적 안정성에는 어느 정도 도움이 있을지는 모르나, 제조업에서 특히 원청기업 근로자들과 컨베이어 벨트에서 작업을 수행하며 원청기업의 지시를 받는 한 파견으로 보는 대법원의 입장은 독일의 사례와 비교할 때 파견근로자 보호를 위하여 대법원이 법정책을 수행한 것으로 보지 않을 수 없다. 물론 당해 구체적인 사건에서 지휘명령권의 행사가 있었는지의 사실판단에 대해서는 법관 고유의 판단영역이라고 보아 이의제기하기가 어려울 것이다. 그러나 대법원은 최근 학설[93]에 따라서 지휘명령권에도 도급인으로서 원청기업에 도급목적의 지시권이 있으며, 따라서 지시권이 분화되는 과정 속에서 도급목적의 지시권과 파견관계에서의 지시권을 구별하여 당해 사건에서도 이 기준들이 적용될 수 있는지, 이 기준들을 구체적으로 충족하였는지를 판단했어야 할 것이다. 그러나 대법원 판결은 학설과 외국의 판례법상 진화된 이 지시권의 분화를 무시한 채, 패턴적으로 획일적 판단을 하였다는 점을 지적하지 않을 수 없다. 또한 지휘명령권 인정 여부가 여전히 법관의 사실판단에 의존할 수밖에 없기 때문에 법적 불안정성은 여전할 것이다.

7. 직접고용간주 규정의 문제

현행 파견법은 불법파견시 직접고용간주에서 직접고용의무로 개정되었다. 그러나 현대자동차 사건에서는 당시 직접고용간주 규정이 적용되던 시점이었다. 그런데 현대자동차의 사내하도급을 통한 외부인력의 활용이 파견으로 평가되고, 따라서 파견법이 적용됨에 따라 파견기간이 2년을 초과한 파견근로자에게는 직접고용간주 규정이 적용되어 현대자동차와 직접적인 고용관계가 있는 것으로 간주된다. 따라서 사내하도급에 의해 외부인력을 활용하는 기업 중 현대자동차와 유사하게, 컨베이어 시스템에서 원청기업 근로자와 함께 동일한 작업을 수행하면서 작업지시서에 의한 단순반복 업무를 수행하고, 사내협력업체의 고유한 기술이나 자본

---

93) 이에 대해서는 하경효 외, 사내하도급과 노동법, 신조사, 2007, 154면 이하; 김영문, 외부노동력이용과 노동법, 법문사, 2010, 191면 이하 참조.

의 투자가 없으며, 원청기업이 하청근로자에 대한 일반적인 작업배치권과 변경결정권을 가지고 작업량과 작업방법, 작업순서를 결정하며, 근태상황과 인원현황 파악도 원청기업이 행하는 업체에서는 파견기간이 2년 이상인 근로자에 대해서는 직접적 고용관계를 인정하지 않으면 안 된다. 사내하도급 근로자들을 36만명으로 추산할 때 제조업 분야에서 상당수 하도급 근로자들이 직접적 고용관계를 주장하면서 후속적으로 이로부터 결과하는 권리(임금차액청구, 퇴직금청구, 휴가비 차액청구, 각종의 복지수혜청구 등)들을 주장하게 될 것이다.

그러나 이러한 직접고용간주 규정에 대해서는 중요한 문제를 지적하지 않을 수 없다. 먼저 이 규정의 위헌성의 문제이다.

직접고용간주 규정의 취지는 불법파견을 남용하는 사용자의 행위를 억제하여 파견근로자를 정규직화함으로써 파견근로자를 보호하는 것이다. 그러나 이 규정이 파견근로자 보호 규정인 한 원청기업의 경영권과의 조화의 관점에서 균형적이지 않으면 안 된다. 파견근로자를 보호하기 위해서 직접고용을 간주하는 것은 그 자체 정당한 측면이 있다. 그러나 이것은 사용자에게 일종의 근로계약의 체결을 강제하는 것이고, 그의 경영권을 침해하는 것이므로 비례성의 원칙의 범위에서 이루어져야 한다. 따라서 피해의 최소성이나 법익의 균형성을 이루려면 직접고용간주에 상응하는 대상조치가 있어야 할 것이다. 그러한 대상조치의 하나가 파견근로의 규제를 완화하면서 직접고용을 간주해주는 것이다. 그렇기 때문에 독일과 같은 경우는 직접고용간주 규정을 두면서도 파견근로에 대한 규제가 포괄적으로 완화되었기 때문에 이 규정에 대한 위헌시비가 없다. 그러나 우리나라의 당시 파견법은 규제는 규제대로 하면서 직접고용을 간주하기 때문에 사용자의 경영권을 과잉으로 침해할 소지가 다분하다.

두 번째는 직접고용간주 규정이 법률명확성의 원칙에 반한다는 것이다. 만일 직접고용이 간주된다면 파견근로자는 원청기업의 근로자가 되어 노동법이 전면적으로 적용됨으로써 보호를 받게 될 것이다. 그러나 근로기준법과 같은 노동법이 직접고용이 간주되는 근로자의 모든 근로조건을 충족하는 것이 아니라, 근로조건의 내용과 존속을 위해서는 새로운 형태의 법률행위가 있던지, 법률의 규정에 의해서 어느 지위에서 어느 근로조건을 향유하는 근로자인지를 정하여 주어야 한다. 그러나 파견법은 이에 대한 규정이 없다. 원청기업으로서는 어느 정도의 근로조건을 보장해주어야 하는지 전혀 알 수가 없고, 법률의 규정도 없기 때문에 그때그때 문제가 제기될 때마다 법원의 판단에 의존하지 않을 수 없다. 이는 법률명확성의 원칙에 반하는 것이다. 물론 고용간주 후 원청기업과 근로자 사이의 법률문제로서 직접 고용이 간주된 이후의 임금 등 근로조건에 대해서 하급심[94]은 불법파견으로 직접 고용된 경우 신규채용된 것으로 보고, 그 시점부터는 원청 동종 유사업무종사 노동자가 적용받는 근로조건(취업규칙 또는 단체협약의 효력확장에 따라)이 적용된다고 본다. 그러나 이것은 2006년 12월 21일 신설된 규정에 따른 것이고, 문제가 된 직접고용간주 규정이 적용되던 시점에는 이러한 규정이 없었다.[95] 따라서 이로부터 발생하는 문제는 많다. 예를 들어 직접 고용이 간주되는 시점은 언제인지, 2년을 초과한 시점부터인지, 그렇다면 5년 동안을 사내협력업체에서 근무한 근로자는 3년 동안을 직접 고용된 것으로 간주된다면 그러한 직접 고용관계가 소급하여 적용되는 것인지, 그러한 소급적 인정이 정당한 것인지, 이 근로자가 1년 전 사내협력업체에서 징계해고되었다면 직접고용관계는 현재 유지되지 않고 1년 전부터 소급되어 인정되는 것인지, 그 동안 사내협력업체에서 받은 임금은 공제하고 나머지만을 소급하여 정산되어야 하는지, 아니면 부당이득으로 사내협력업체에 반환하고 원청기업이 정규직에 준하는 임금을 지급하여야 하는지, 사내협력업체에서 근무한 근속기간은 퇴직금이나 퇴직연금을 위하여 계속되는지, 건설업에서 상례화되어 있는 바와 같이 사업이 수차례에 걸쳐 하도급된 경우 원청은 재하도급 근로자 모두에 대해서 직접고용관계를 수용해야 되는지 등의 문제가 제기된다. 그러나 직접고용간주 규정만으로는 이 문제에 해답을 줄 수 없으며, 법관의 법형성도 이 문제들에 대한 답을 줄 수 있을 정도로 폭넓게 인정될 수 없는 것이다. 법률명확성의 원칙은 그런 정도의 법형성에 관대하지 못하다.

94) 서울고법 2010.2.5, 2007나75473; 서울중앙지법 2010.2.18, 2006가합904.

95) 물론 현재 삭제된 규정이라 하더라도 당사자들에게 직접 적용되어 쟁송의 적용법규가 되는 경우는 위헌심판이나 헌법소원의 대상이 된다.

제3장 부당노동행위제도상의 사용자개념

이른바 '현대중공업 사건'에서 대법원은 노동조합법상의 사용자개념을 일반적으로 확대하고, 외부노동력의 이용자도 노동조합법상의 사용자로 본 것은 아니다. 다만, 원청기업을 지배 · 개입의 부당노동위 주체로서의 사용자로 본 것에 지나지 않는다. 그러나 일반적으로는 부당노동행위 주체로서의 사용자는 모든 부당노동행위 유형에 통일적이고 공통된 것으로 인식하고 있어서 지배 · 개입의 주체로서 사용자는 단체교섭의 당사자로서의 사용자와 다를 것이 없으며, 부당노동행위에 관한 노동조합법 제81조 규정이 노동조합법 제2조 제2호의 사용자라는 어휘를 사용하고 있으므로 사실상 노동조합법상의 사용자개념이 실질적 지배력설의 기준으로 확대된 것은 아닌가 하는 문제가 발생한다. 그리하여 노동력을 제공하는 자들이 외부노동력을 이용하는 자에게 단체교섭을 요구하고 이를 거부하면 user는 부당노동행위를 한 것이 아닌가 하는 문제가 발생한다.[96)]

Ⅰ. 현행법 규정

먼저 노동조합법 제81조는 "사용자는 다음 각 호의 어느 하나에 해당하는 행위(이하 "부당노동행위")를 할 수 없다"고 규정한다. 따라서 법률 규정의 형식상 단체교섭거부의 부당노동행위든 단결권 침해의 부당노동행위이든 부당노동행위의 주체로서 사용자는 여러 가지 형태의 부당노동행위의 유형에도 불구하고 통일적인 것으로 파악된다. 법률 규정의 형식과 논리구조상 지배 · 개입의 부당노동행위 주체는 단결권침해와 단체교섭거부의 부당노동행위 주체가 된다고 해야 하며, 그렇

96) 이하의 내용은 주로 필자의 '사내하도급 근로자들의 원청기업에 대한 단체교섭 가부', 노동법학 제36호, 2010년 12월, 160면 이하의 내용을 옮겨 적은 것이다.

게 사용자개념을 통일적으로 파악하지 않을 이유는 없다고 할 것이다. 이러한 논리를 현대자동차 사건에 대비시킨다면 원청기업은 사내하청 근로자의 기본적인 노동조건 등에 관하여 고용사업주인 사내하청업체의 권한과 책임을 일정 부분 담당하고 있다고 볼 정도로 실질적이면서 구체적으로 지배 · 결정할 수 있는 사용자의 지위에 있기 때문에, 노동조합법 제81조의 규정형식상 통일적인 사용자개념구조 하에서는 단체교섭도 거부해서는 안 되는 사용자의 지위에 있다고 해야 할 것이다. 원청기업이 사내하청 근로자의 기본적인 노동조건 등에 관하여 고용사업주인 사내하청업체의 권한과 책임을 일정 부분 담당하고 있다고 볼 정도로 실질적이면서 구체적으로 지배 · 결정할 수 있는 지위에 있다면, 사내하청 근로자로 구성된 노동조합과 단체교섭할 수 있는 지위에 있는 것으로 보아야 할 것이기 때문이다.

그러나 여기서 과연 노동조합법 제81조의 '사용자'개념이 무엇을 의미하는지, 그것이 통일적인 개념으로 이해되어 지배 · 개입의 사용자는 동시에 단체교섭거부와 단결권 침해의 사용자가 되는지를 검토해 보아야 할 것이다. 그런데 노동조합법 제81조 자체로부터는 사용자개념의 범주나 외연 등이 나올 수 없으므로 '사용자'개념에 관한 노동조합법 제2조 제2항을 원용해야 할 것이다. 말하자면 노동조합법 제81조의 사용자를 해석하는 것은 동법 제2조 제2호의 사용자를 해석하는 것이다. 그런데 동 규정은 사용자를 '사업주, 사업의 경영담당자 또는 그 사업의 근로자에 관한 사항에 대하여 사업주를 위하여 행동하는 자'로 정의한다. 엄밀히 말하면 이 규정은 '사용자'를 개념 짓거나 정의한 것이 아니라, 사용자의 종류나 형태를 나열한 것에 지나지 않은 것이어서 노동조합법 제81조의 '사용자'의 해석에 아무런 단서나 의미를 주지 못한다. 그렇다면 노동조합법상의 '사용자', 그리고 이를 그대로 사용하는 노동조합법 제81조의 '사용자'는 누구인지에 대해서 입법자의 의사를 살펴보고 이로부터 아무것도 도출할 수 없다면 해석론에 의존할 수밖에 없을 것이다.

Ⅱ. 노동조합법상 사용자에 대한 입법적 연혁

노동조합법상 '사용자'라는 용어가 처음 사용된 것은 1953년도의 제정 노동조합법이다. 즉, 1953년 3월 8일 공포된 노동조합법 제5조는 동법에서의 사용자를 '사업주 또는 사업의 경영담당자 기타 그 사업의 근로자에 관한 사항에 대하여 사업주를 위하여 행동하는 자'로 규정하고 있다. 이 규정 형식과 내용은 현행 노동조합 및 노동관계조정법(이하 '노동조합법'이라 한다) 제2조 제2호에서 그대로 유지되고 있다. 그러나 단체교섭의 당사자로서 근로계약에 의하여 근로자들을 채용한 계약상의 당사자 이외의 자, 예를 들면 근로계약의 사실적 존부와 관계없이 계속적 취업관계에 있는 근로자들에 대하여 지배적 지위에 있으면서 그들의 근로조건을 결정하는 자, 외부적 계약 형식에 관계없이 해당 근로자들과의 실체적 관계를 고려할 때 실질적으로 사용자권한을 행사하는 자로서 근로조건의 전부 또는 일부에 대하여 구체적 영향력 내지 지배력을 미치는 자, 파견근로관계와 같이 근로계약상의 고용주와 현실적으로 취업을 시키는 사용자로 분열되어 있는 경우, 근로계약상의 고용주가 없으면서 실질적으로 외부노동력을 이용하는 자들이 단체교섭상의 사용자에 해당하는 지에 대해서 제정 노동조합법 제5조는 현행 노동조합법 제2조 제2호와 같이 이에 대해서 아무런 언급이 없다. 근로기준법상의 근로자 개념과 노동조합법상의 근로자 개념이 어떻게 다른가에 대해서는 논의가 있었지만,[97] 사용자에 대한 정의에 대해서는 아무런 논의도 없이 원안 그대로 통과되어 그 모습이 현재에 이르고 있다.[98] 이러한 입법태도는 부당노동행위제도를 도입한 1953년도의 제정 노동조합법 제10조의 입법과정에서도 마찬가지이고, 1963년도 4월에 공포된 개정 노동법 제39조의 부당노동행위 규정에서도 사용자개념에 대한 논의가 전혀 이루어지지 않은 채, 노동조합법의 사용자 용어를 그대로 사용하는 점에서도 그대로 유지되고 있다.

이상과 같이 입법사적 연혁을 보면 노동조합법상의 사용자개념은 1953년도의 모습이 현재에도 그대로 유지되고 있다. 당시의 입법상황이나 입법수준을 보았을 때, 입법의 기본모델은 노동력을 제공하려는 자를 노동력을 이용하려는 자가 고용하는 2자관계를 토대로 사용자를 상정하는 것이었다. 따라서 노동력의 이용자와 노동력의 매개자, 노동력의 제공자가 각각 상이하여 누가 노동력을 제공하는 자의

97) 제15회 국회정기회의 속기록 제4호(1953.1.13), 신광균 의원 질의와 정부 대표의 답변 참조. 정부 대표의 답변상 두 법률의 상이로부터 근로자 개념은 각각 법률마다 다를 수 있다는 입장이다.

98) 제15회 국회정기회의 속기록 제9호 20면 참조.

사용자인가의 문제와 사용자개념이 분열되거나 확대되는 경우로서의 간접고용이나 직접 고용을 피하고 외부노동력을 활용하는 형태의 3자적 고용관계 내지 다면적 고용관계의 문제는 입법자로서는 전혀 고려할 수도 없었기 때문에 전혀 입법의 대상이 되지 못하였다. 그러나 경제의 세계화와 기업간 경쟁강화로 인하여 기업들이 외부 노동력을 활용하는 현상은 우리나라에서는 1990년대 말의 경제위기가 계기가 되었고, 이 때부터 외부 노동력 활용의 한 형태로서 파견근로와 사내하도급에서 노동력을 이용하는 사용사업주나 원청기업도 사용자로서 관념되어야 한다는 논의가 전개되었다. 입법론적으로는 특수형태근로종사들의 지위 개선을 위하여 사용자의 범위를 확대하면서 동시에 근로기준법과 노동조합법상 사용자개념을 확대하고자 하는 입법개정노력들은 최근의 일들이다. 그리하여 근로기준법 제2조 제1항 제2호의 사용자개념을 '근로계약 체결의 당사자가 아니라도 원도급자 등 근로조건의 결정에 실질적인 영향력을 행사하는 자'[99] 또는 '근로계약의 형식적 당사자가 아니라고 해도 해당 노동조합의 상대방으로서의 지위를 인정할 수 있거나 또는 근로자의 근로조건에 대하여 실질적인 지배력 또는 영향력이 있는 자'로 확대하거나 '사내하도급의 도급사업주는 실질적 지배력 또는 영향력이 있는 자로 본다'[100]는 입법개정안들이 이에 속한다.

따라서 이러한 입법사적 연혁을 고려할 때 현행 근로기준법이나 노동조합법상의 사용자개념은 전통적인 근로관계의 모델로서 노동력 이용자인 사용자와 노동력 제공자인 근로자 사이의 2자관계를 기초로 하여 상정 · 제정된 것으로서 외부노동력 활용의 형태나 간접고용 등을 예상하지 못하고 제정된 것이다. 따라서 1953년도의 노동조합법의 형태를 그대로 답습하고 있는 현행 노동조합법 제2조 제2호의 사용자개념은 노동력제공 형태가 간접고용으로까지 발전할 수 있다는 것을 예상하지 못하고 제정된 것이다. 따라서 그러한 한도에서 현행법상의 사용자개념과 이를 기초로 제정된 노동조합법 제81조의 사용자개념은 적어도 간접고용에 대해서는 입법자가 알지 못한, 노무제공 형태의 새로운 발전에 의해서 드러난 법률의 후발적 흠결(nachträgliche Lücke)에 해당한다고 보아야 한다. 동시에 사용자개념의 법률규정이 간접고용에 대해서도 적용될 수 있는 규정을 담았어야 함에도 불구하

99) 2010년 2월 18일 입법발의 된 근로기준법 개정안(김재윤 의원 대표발의) 참조.
100) 2009년 5월 11일 입법발의 된 노동조합 및 노동관계조정법 개정안(홍희덕 의원 대표발의) 참조.

고 이에 대해서는 아무런 규정을 담고 있지 않았기 때문에 발생하는 법률의 '개방적'(offene) 흠결에 해당한다.[101)]

이러한 노동조합법상의 사용자개념 규정이 지니고 있는 흠결이 간접고용이나 외부노동력활용에 대해 갖는 법적 의미는 먼저 노동조합법상의 사용자개념이 간접고용에 대해서는 개방되어 있어서 어느 특정한 방향이나 목적에 의해서 제한적으로 해석될 수 없다는 것과 그 흠결이 법관의 법형성에 의해서 보충되어야 한다[102)]는 것과 법형성의 방향과 내용은 개방되어 있지만 방법론적으로 법형성 한계의 법원칙을 준수해야 한다는 것이다. 그런 점에서는 노동조합법 제2조 제2호의 사용자개념이 간접고용에 대해서는 흠결이 확정되어 법형성에 의해서 보충되어야 하고, 흠결보충은 방법론적 통제를 받아야 하지만 그 방향과 내용은 오픈되어 있다고 본다면 동 규정의 사용자개념을 그대로 사용하는 노동조합법 제81조의 사용자개념도 간접고용에 대해서는 흠결이 확정되어 법형성에 의해서 보충되어야 하고 흠결보충은 방법론적 통제를 받아야 하지만, 그 방향과 내용은 오픈되어 있다고 보아야 할 것이다. 따라서 노동조합법 제81조의 사용자개념이 통일적인지 아닌지, 각각의 부당노동행위 유형에 따라 사용자개념이 달리 파악될 수 있는지, 단결권 침해의 부당노동행위 주체로서 사용자와 단체교섭권 거부의 부당노동행위 주체로서의 사용자는 달리 파악될 수 있는지 등의 문제가 간접고용의 문제로 투사되는 한 그 방향과 내용은 오픈되어 있으며, 따라서 동 규정의 사용자개념은 방법론적 통제 하에 해석학적으로 재구성되어야 하는 개념들로 보아야 할 것이다.

---

101) 흠결의 종류와 흠결의 확정 및 보충에 관해서는 일반적으로 Larenz, Methodenlehre der Rechtswissenschaft, 4.Aufl., 1979, 354면 이하, 특히 후발적 흠결에 대해서는 364면 이하 참조.

102) 이 경우 흠결의 보충이 유추에 의해서 수행되어야 하는지, 법형성에 의해서 수행되어야 하는지 문제가 될 것이다. 노동조합법상 사용자개념이 간접고용에 대해서 개방적 흠결을 보였다면 유추에 의해서 보충되어야 할 것이다(개방적 흠결의 보충방법으로서의 유추에 대해서는 Larenz, a.a.O., 366면 이하 참조). 따라서 이 경우에는 유추될 법률의 규정을 찾아야 하는 바(Rechtsfindung), 파견근로자보호 등에 관한 법률의 규정이 이에 해당할 것이다. 그러나 이 경우에는 간접고용의 각각의 개별적 유형의 특성이 고려되어야 할 것이므로 동법의 전체 유추는 제한적으로 허용되어야 하며, 유사성(Affinität)의 존재 등 유추 허용의 방법론적인 기준 등의 요건이 엄격하게 적용되어야 할 것이다. 그러나 후발적 흠결의 보충은 법형성에 의해서도 가능하다. 이때의 법형성은 법률초월적인 법형성이 아닌 한 법관에게는 유추보다는 광범위한 재량이 허용되므로 법관은 보다 탄력적으로 법형성을 할 수 있을 것이다. 그러나 유추도 방법론적으로는 법률의 문언에 사회적 의미맥락을 주입시키는 것으로 본다면(이에 관해서는 무엇보다 Yi Sang-Don, Wortlautgrenze, Intersubjektivität und Kontexteinbettung, Diss., 1991, S. 130ff.) 법형성과 크게 다르지 않게 되어 노동조합법상 사용자개념의 흠결보충의 방법으로 유추와 법형성은 큰 차이가 없을 것이다.

Ⅲ. 부당노동행위제도상의 사용자개념의 통일성?

1. 문제성

간접고용에 대해서 흠결을 보이고 있는 노동조합법 제2조 제2호와 동법 제81조의 사용자개념이 어떻게 보충되어야 하는지에 대해서는 다양한 기준과 방법이 제시될 수 있을 것이다. 그러나 먼저 검토되어야 할 것은 지배 · 개입의 부당노동행위 주체로서의 사용자와 단결권 침해의 부당노동행위 주체로서의 사용자, 단체교섭 거부의 부당노동행위 주체로서의 사용자는 동일하며, 따라서 부당노동행위제도상의 사용자개념은 동일한가 하는 점이다. 부당노동행위의 각 유형에 사용자개념이 동일하다는 것을 전제로 한다면 이러한 통일적 사용자개념이 어떠한 의미를 갖고 있는지, 개념의 외연이 무엇인지를 해석학적으로 재구성해야 할 것이다. 부당노동행위의 각 유형마다 사용자개념이 다르다면 왜 달라야 하는지에 대한 근거가 있어야 하며, 각 유형별로 사용자개념이 다르다면 각각 유형에 상응하여 사용자개념의 의미내용과 외연 등을 밝혀야 할 것이다. 이러한 문제가 제기되는 근본적인 이유는 사용자와 직접 고용된 근로자의 2자관계를 모델로 하는 경우는 주로 사업장 단위 근로자의 단결권의 상대방은 동시에 단체교섭권의 상대방이 될 것이지만, 3자관계 내지 다면적 근로관계에서는 사용자개념은 확대 내지 분열되어 누가 사용자인지를 다시 한번 검토하여야 하며, 이 경우 단결권과 단체교섭권이 별개로 존재하여 다면적 근로관계 참여 당사자가 각각 상이한 권리와 의무를 주장하는 문제가 발생하기 때문이다. 따라서 가장 먼저 검토되어야 할 것은 단결권과 단체교섭권이 통일적인 권리이고 유기적인 권리로서 단결권이 인정되면 자동적으로 단체교섭권이 인정되어야 하는지, 아니면 단결권과 단체교섭권은 각각 별개의 권리로서 사례상황에 따라 각각 다른 의미내용을 갖게 될 것인지의 여부이다. 만일 근로3권이 단결권과 단체교섭권, 단체행동권을 아우르는 통일적이고 유기적인 권리라면 근로자의 기본적인 근로조건에 대해 실질적이고 구체적인 지배 · 결정할 수 있는 지위에 있는 자는 단결권 보호의무 주체이자 동시에 단체교섭의 상대방으로서 정당한 이유 없이는 단체교섭을 거부할 수 없는 지위에 있는 자라고 보아야 할 것이다. 그러나 근로3권이 각각 별개의 권리라면 근로자의 기본적인 근로조건에 대하여 실질적이고 구체적인 지배·결정할 수 있는 지위에 있는 자는 단결권 보호의무의 주체의 지위를 가져도 단체교섭권에 대해서는 별개의 정당화근거를 요하여 이것이 결여된 경우 단체교섭의무로부터 벗어날 여지가 있다. 이러한 문제가 제기되는 분야가 바로 노동력을 제공하는 자가 노동력을 이용하는 자에게 직접 고용되지 않은 가운데 후자에게 노동력을 제공하는 경우이다. 노동력을 이용하는 원청기업은 사내하청 근로자의 단결권을 침해해서는 안 되지만, 그렇다고 사내하청기업 근로자들이 원청기업에 직접 고용되지 않는 한,[103] 단체교섭의무는 자동적으로 도출되는 것이 아니라, 무엇인가 정당화 근거가 필요하다고 할 수 있다.

2. 근로3권의 통일성?

그러면 근로3권이 통일적이고 유기적인 일체의 권리인지, 아니면 각각 별개의 권리인지를 검토한다. 전자가 맞다면 원청기업은 단결권 보호의무 주체이자 동시에 단체교섭권 보호의무 주체가 되어야 하고, 후자가 맞다면 원청기업은 단결권 보호의무 주체이지만, 단체교섭을 위해서는 또 다른 정당화 근거가 필요할 여지가 있을 것이다.

(1) 학 설

학설은 대체로 근로3권이 서로 유기적인 밀접한 관계를 맺고 있는 통일적 권리이거나,[104] 노동3권은 일체적 권리로서 단결활동권으로 본다.[105] 따라서 근로3권은 서로 밀접한 관련을 가지는 것으로서 원칙적으로 일체적 권리로서 단결권만을 인정하고 단체교섭권을 인정하지 않거나 금지하는 것은 사실상 단결권의 의미를 백지화하는 것이라고 본다. 말하자면 이 견해들은 단결권 보장 자체만으로는 근로자의 근로조건 개선을 달성할 수 없으며 궁극적으로 근로자의 사회적·경제적 지

103) 그런 점에서 현대자동차 사건에서 사내하청 근로자가 직접 고용된 경우라면 원청기업에 대한 단체교섭권 행사가 인정될 소지가 많지만, 현대중공업 사건에서처럼 사내하청 근로자에 대해서 단결권 보호 차원에서 지배·개입의 부당노동행위를 할 수 있는 원청기업이 당연히 단체교섭을 해야 하는지는 여전히 검토해야 할 문제가 된다.

104) 김형배, 노동법, 19판, 129면; 이영희, 노동법, 92면; 박상필, 노동법, 89면 참조.

105) 임종률, 노동법, 15면 참조.

위의 향상은 단체교섭에 의존할 수밖에 없다는 것이다. 따라서 이 단체교섭권은 근로자의 단결권을 전제로 하여 발생한다는 의미에서 단결권과 단체교섭권은 분리하여 생각할 수 없다고 할 것이다. 이 견해가 간접고용에 적용된다면 사내하청 근로자의 단결체에 대한 침해를 해서는 안 되는 실질적인 사용자로서 원청기업은 사내하청 근로자의 단체교섭권도 침해해서는 안 될 것이다. 단결권이 인정되는 한 단체교섭권도 인정되어야 하는 자명한 논리때문일 것이다.

그러나 근로3권이 상호 아무런 관련성이 없다는 견해[106]는 단결권은 단체교섭권 내지 단체행동권의 행사를 위한 전제조건으로서 인정되는 것이 아니며, 단체교섭권은 굳이 단결의 목적을 위하여 행사되는 것이 아니라, 단결의 목적과는 상관없이 다른 목적의 달성을 위하여 행사될 수 있는 권리라고 본다.[107] 근로3권이 상호 관련이 없는, 따라서 각각 독립된 별개의 기본권이라면 법률관계의 전개, 고용형태의 다양화에 따라 근로3권의 각각의 기본권이 서로 독립되어 작용할 수 있는 것이 되어, 원청기업이 사내하청기업 근로자의 단결권을 용인한다 하더라도 반드시 원청기업에게 단체교섭의무를 인정하는 것으로 귀결하지는 않게 될 것이다.

(2) 판 례

대법원 판례가 구체적으로 문제가 된 사안에서 근로3권 상호관계에 대해 입장을 밝힌 것은 없다. 다만, 대법원은 근로3권 중에서 근로조건의 향상을 위한다는 생존권의 존재목적에 비추어 볼 때 노동3권 가운데서도 단체교섭권이 가장 중핵적인 권리라고 보고 있다.[108]

이에 대하여 헌법재판소는 흥미로운 점을 보여주고 있다. 즉, 2009년 10월 29일 국가중요시설의 경비업무를 담당하는 특수경비원에게 일체의 쟁의행위를 제한하는 경비업법 제15조 제3항의 헌법 제33조의 단체행동권 침해로 인한 위헌소송[109]에서 헌법재판소는 물론 합헌판결을 내린 바 있다. 그러나 반대의견[110]에서 보는 바

106) 김유성, 노동법 (II), 28면 참조.

107) 김유성, 노동법 (II), 28면은 근로3권의 상호관련성에 대하여 근로3권의 관계설정은 입법재량에 속하는 것이므로 유기적 관련성이나 일체성은 어느 하나의 권리가 다른 권리에 의하여 정당성이 규정되는 적극적 의미의 개념이 아니라, 생존권 이념의 실현을 위하여 근로3권 중 어느 하나도 결여되어서는 안 된다는 소극적 의미로 파악하여야 한다고 보는 점에서 단결권이 인정되면 단체교섭권도 인정되어야 하는 결과가 되므로 결과적으로는 근로3권상호연계론과 크게 다르지 않다.

108) 대판 1990.5.15, 선고 90도357.

109) 헌재 2009.10.29, 2007헌마1359.

와 같이 단결권, 단체교섭권, 단체행동권은 근로3권이라는 '한 묶음의 권리'로서 이 중 어느 하나를 박탈하더라도 과잉금지의 원칙에 위배되지 않는 한 허용된다[111]는 것이 아니라, 각각은 독자적인 개별적 기본권으로서 해당 규정의 위헌성은 전체로서의 근로3권의 침해여부에 따라 판단하는 것이 아니라, 각각 독자적인 권리로서 개별적인 단결권, 단체교섭권, 단체행동권의 침해 여부에 따라 판단하여야 한다는 것이다. 즉, 이 견해는 물론 근로3권이 근로조건의 향상(헌법 제33조 제1항)을 위해 상호 밀접하게 연관을 맺고 기능한다는 점에서 상호연관성이 있다는 것은 이론의 여지가 없다는 것을 인정한다. 그리하여 "개별근로자가 단결체로서 응집할 수 있는 힘, 근로조건상의 요구를 사용자에게 전달하고 교섭할 수 있는 능력, 그리고 사용자에게 경제적 압력을 행사할 수 있는 실력은 각각 단결권 · 단체교섭권 · 단체행동권에 해당되지만, 이들은 상호관련하여 기능할 때에만 사용자에 대한 실질적 교섭력이 확보된다"는 것을 수긍한다. 그러나 이미 앞에서도 본 바와 같이 단결권과 단체교섭권이 항상 개념쌍이 되어 붙어다니는 것은 아니다. 강조하기 위해서 앞에서 언급한 것을 다시 반복한다: "근로3권이 상호연관성을 갖고 있다고 하더라도 이것이 헌법 제33조의 문언과 구조상 단결권, 단체교섭권, 단체행동권이 병렬적으로 규정되어 있다는 점을 고려할 때 각 권리의 기본권으로서의 독자성을 부정하는 논거로 작용할 수는 없다. 말하자면 근로3권은 기능적으로 보면 서로 긴밀한 유기적인 연관성을 갖고 있기는 하지만, 단결권, 단체교섭권, 단체행동권을 각각 명기해서 보장하고 있는 현행 헌법상 이들 권리는 개개의 기본권으로서의 독자성을 갖는 것으로 보아야 한다는 것이다. 이들 세 권리를 오로지 일체의 기본권의 세 기능쯤으로 파악하는 것은 헌법 제33조 제1항 및 제2항에서 세 개의 권리를 명시적으로 규정하고, 제3항에서 주요방위산업체에 종사하는 근로자의 단체행동권을 별도의 제한 내지 금지 대상으로 규율하고 있는 우리 헌법의 태도와 맞지 않다는 것이다. 그러나 무엇보다도 헌법재판소는 하위법률 규정이 근로3권을 침해했는지가 다투어질 때 근로3권 침해 여부를 총체적으로, 한 묶음의 기본권침해 여부를 검토하는 것이 아니라, 단결권, 단체교섭권, 단체행동권을 각각의 독립된 기본권으로 보아 이 개별적 기본권 침해여부를 검토하고 있다. 예를 들면 유니온샵 규

110) 재판관 김종대, 송두환의 반대의견 참조.
111) 그러한 의견으로는 헌재 1991.7.22, 89헌가106.

정의 위헌성 여부는 단결권 침해 여부를,[112] 단체협약체결권 위임 규정의 위헌성은 단체교섭권의 침해 여부를,[113] 공익사업에 대한 강제중제 허용 규정의 위헌성과 관련해서는 각각 단체행동권의 침해 여부[114]를 판단함으로써 3가지 개별적 기본권을 당해 사건의 관련 기본권으로 파악하고 그 위헌 여부에 대하여 판단하고 있다. 또한 동시에 단결권과 단체교섭권이 분리되는 경우로서 복수노조제도 하에서 배타적 교섭권을 인정하는 경우, 실업자의 가입을 허용한 지역노조[115]나 청년유니언과 같이 단결권을 인정할 수 있으나 구체적인 단체교섭의 상대방을 찾을 수 없는 경우, 노동조합법상의 근로자가 아니면서 헌법상의 근로자에 해당하여 단결권은 있지만, 단체교섭권이 없는 연예인 노조의 경우를 보면 단결권과 단체교섭권이 항상 개념쌍(Begriffspaar)으로 붙어다녀야 하는 것은 아님을 알 수 있다."

헌법제정사로부터 볼 때도 제헌헌법 때부터(제18조 규정) 현행 헌법 제33조까지 유지되어 온 바와 같이 헌법제정권력자들은 '근로3권'이라는 표현을 사용하고 있지 않으며, 이 규정에 '근로3권'이라는 표제를 붙인 바도 없다. 제정헌법은 '근로자의 단결, 단체교섭과 단체행동의 자유'라는 표현을 병렬적으로 사용하여 3개의 기본권을 독립한 것으로 관념하고 있다.[116] 아마도 '근로3권'이라는 용어는 강학상, 학설상 협약자율을 통일적이고 포괄적으로 설명하기 위하여 만들어진 것인 아닌가 생각된다.

Ⅳ. 원청기업 단체교섭의무 정당화를 위한 논거로서 '실질적 지배력'에 대한 비판

현대중공업 사건에서 대법원은 원청기업이 사내하청 근로자들의 사용자가 되는 이유로서 이들 근로자들의 기본적인 근로조건에 대해서 그 근로자를 고용한 사업주로서의 권한과 책임을 일정 부분 담당하고 있다고 볼 정도로 실질적이고 구체

112) 헌재 2005.11.24, 2002헌바95.
113) 헌재 1998.2.27, 94헌바13.
114) 헌재 1996.12.26, 90헌바19.
115) 기업별 형태의 노조에서는 실업중인 근로자가 노조에 가입하여 단결권을 행사할 수 있다고 하여도 기업의 종업원이 아닌 실업자에게 단체교섭과 단체협약은 별 의미가 없다. 김형배, 노동법 제19판, 734면 이하 참조.
116) 유진오, 신고 헌법해의, 일조각, 1954, 83면 참조.

적으로 지배 · 결정할 수 있는 지위에 있다는 것을 법리로 내세운다. 그리고 이러한 법리에 기초하여 실제로 원청기업이 하청근로자의 기본적인 근로조건 등에 대해 실질적이고 구체적으로 지배 · 결정하고 있다는 사실을 내세운다.

학설[117]은 일찍이 일본의 조일방송 사건에 대한 일본 최고재판소의 판결을 원용하여 항운노조 사건에서 항운노조 조합원의 노동력을 이용하는 자에게도 단체교섭 의무가 있다는 점을 주장하였었고, 이를 토대로 집단적 노사관계법상의 사용자 지위의 확대라는 일반론을 주장한다. 즉, 노동조합에 대한 단체교섭의 당사자가 되는 사용자는 근로계약에 의하여 근로자들을 채용한 계약상의 당사자는 물론 근로계약의 사실적 존부와는 관계없이 계속적 취업관계에 있는 근로자들에 대하여 지배적 지위에 있으면서 그들의 근로조건을 결정하는 자도 단체교섭상의 사용자로 보고자 한다. 그리하여 노동조합에 대한 단체교섭의 당사자가 되는 사용자의 개념은 노동조합법이 설정하고 있는 여러 제도(노조의 설립, 단체교섭, 단체협약의 효력, 부당노동행위 등)의 취지에 비추어 합목적적으로 해석되어야 하는 것으로서 원칙적으로 단체교섭의 당사자로서의 사용자개념과 개별적 근로계약상의 사용자개념은 구별되어야 한다는 것이다. 따라서 단체교섭의 당사자로서의 사용자는 외부적인 계약형식에 관계없이 해당 근로자들과의 실제적 관계를 고려할 때 실질적으로 사용자 권한을 행사하는 자로서 근로조건의 전부 또는 일부에 대하여 구체적 영향력 내지 지배력(처분적 권한)을 미치는 자로 보아야 한다는 것이다.[118] 그리고 구체적 영향력과 지배력을 미치는지의 여부는 업무에 대한 지휘 · 명령권 내지 작업의 계속성 여부, 근로자가 기업조직의 틀 속에 편입되는지의 여부, 해당 근로자의 노무에 대한 대가의 지급유무가 기준이 된다는 것이다.[119] 파견근로관계에서도 사용사업주와 파견근로자 사이에 근로계약관계는 없지만, 근로자파견법이 파견근로자의 사용과 관련하여 사용사업주를 사용자로 보고 있다는 것을 전제로 사용사업주는 파견근로자가 실제로 노무제공을 함에 있어서 발생하는 구체적 근로조건

117) 김형배, 항운노동조합의 단체협약능력에 관한 연구(상 · 하), 판례월보(제299호, 제300호), 1995.8.9. 사용자개념의 확장 주장에 대해서는 김선수, 단체교섭 상대방으로서의 사용자개념의 확대, 노동법의 쟁점과 과제(김유성 교수 화갑기념논문집), 2000, 345~356면; 최홍엽, 근로자파견과 집단적 노사관계, 노동법학 제10호, 2000, 236면 이하 참조.

118) 하갑래, 같은 책, 같은 곳.

119) 김유성, 노동법 II, 1999, 132면 이하; 김형배, 노동법 제19판, 818, 819면, 1016면 이하 참조.

에 대하여 구체적인 지배력과 영향력을 행사하고 있으므로 단체교섭과 부당노동행위상의 사용자의 지위에 있다고 본다.

원청기업의 사내하청 근로자에 대한 집단적 노사관계법상의 사용자적 지위 인정은 주지하는 바와 같이 일본의 조일방송사건에 대한 최고재판소의 판결[120]의 직접적인 영향을 받은 것이다.

이 사건에서 수급인 회사들은 도급계약에 기초하여 조일방송에 기술자들을 파견하여 프로그램 제작업무에 종사케 하면서 작업내용과 파견인원을 기초로 일정액의 비율에 따라 산출된 보수를 받고 있다. 조일방송의 프로그램업무에 파견되는 근로자들은 거의 동일인으로서 영상촬영, 조명, 필름촬영, 음향효과 등을 담당하는 자로서 이들은 조일방송이 작성 · 교부한 대본과 제작진행표에 따른 작업내용과 순서를 지키며, 조일방송이 대여한 기자재 등을 사용하면서 조일방송의 작업질서의 틀 속에서 조일방송 자체의 종업원과 함께 프로그램 업무에 종사하고 있어서 작업시간 등을 마음대로 결정 또는 변경할 수 없었다. 업무수행은 구체적으로 조일방송의 근로자인 PD의 지휘감독 하에 이루어지며, PD는 작업시간대를 변경하거나 예정시간을 초과하여 작업을 시킬 필요가 있는 경우에는 그의 판단 하에 수급인 회사의 근로자들에게 이를 지시한다. 어느 작업 단계에서 휴식을 취할 것인가 하는 것도 작업의 진정상황에 따라 PD가 결정한다. 수급인 회사들의 근로자로 구성된 노동조합은 조일방송에 대하여 근로조건의 개선을 내용으로 하는 단체교섭을 요구하였으나, 조일방송은 자신이 사용자가 아니라는 이유로 교섭사항의 어느 것에 대해서도 교섭할 것을 거부하였다. 이에 노동조합은 단체교섭 거부의 부당노동행위에 대한 구제신청을 하였다. 이에 대해 일본의 최고재판소는 우리 대법원이 현대중공업 사건에서 내린 판결문과 동일한 법리를 전개한다. 즉, '일반적으로 사용자는 근로계약상의 고용주를 말하는 것이지만, 노동조합법의 사용자 정의 조항이 단결권의 침해와 관련하여 일정한 행위를 부당노동행위로서 배제 · 시정하면서 정상적인 노사관계를 회복할 것을 목적으로 하는 점을 감안할 때 고용주가 아닌 사업주(사용자)라 하더라도 고용주로부터 근로자의 파견을 받아 자기의 업무에 종사케 하고 그 근로자의 기본적 근로조건에 관해서 고용주와 부분적이기는 하

120) 日本 最高裁 平成 7(1995) 2.28, 勞働判例 668号 참조.

지만, 동등시될 수 있을 정도로 현실적 · 구체적인 지배 · 결정을 하는 지위에 있는 경우에도 그 한도 내에서 그 사업주(사용자)도 동 규정의 사용자에 해당한다'는 것이다. 구체적인 사건에서 노동력을 이용하는 자가 노동력을 제공하는 근로자의 기본적인 근로조건에 관해서 고용주와 동등시될 수 있을 정도로 현실적이고 구체적인 지배 · 결정을 할 수 있는 지위에 있는지의 여부는 다시 사실관계의 인정 여부에 따라 달라질 것이다. 일본의 최고재판소가 취한 사실관계 인정태도는 현대중공업 사건에서 대법원 판례가 취한 것과 다르지 않다. 즉, 노동력을 제공하는 수급회사의 근로자들이 조일방송의 작업질서의 틀 속에 편입되어, 조일방송의 종업원과 함께 일체적으로 프로그램업무에 종사하고 있으며, 작업진행에 있어서 작업시간대의 변경, 작업시간의 연장, 휴식 등은 모두 조일방송의 근로자인 PD의 지휘감독 하에서 행해진 것이어서 근무시간의 배정, 노무제공의 모습, 작업환경 결정 등이 모두 조일방송에 의해서 행해진 것이므로 외부노동력을 제공하는 근로자의 기본적 근로조건에 대해서 노동력을 매개하는 수급인과 동일시할 수 있을 정도로 현실적이고 구체적인 지배 · 결정을 하는 지위에 있다는 것이다. 현대중공업 사건에서 대법원이 구체적이고 현실적으로 지배 · 결정할 수 있는 지위에 있다는 것을 논증하기 위해 내세운 사실도 거의 동일한 구조이다. 즉, 원청기업이 작업내용 전반에 관하여 직접 관리하였다는 사실, 개별도급 계약을 통하여 작업일시, 작업시간, 작업장소, 작업 내용 등에 관하여 실질적 · 구체적으로 결정하는 등 원청기업이 작업시간과 작업일정을 관리 · 통제하였다는 사실, 원청기업의 작업질서에 편입되었다는 사실, 작업의 진행방법, 작업시간 및 연장, 휴식 야간근로 등에 관해서도 사내하청 근로자들이 실질적으로 원청기업 공정관리자의 지휘감독 하에 있었다는 사실들은 조일방송의 방송프로그램 제작과정에서 하도급 근로자들이 조일방송의 근로자인 PD의 지휘감독 하에서 노무제공을 하고 있는 사실과 그 구조가 거의 동일하다.[121]

그러나 일본의 조일방송 사건이나 우리의 현대중공업 사건에서 활용되고 있는

121) 그러나 이정, '사내하도급 실태와 국가경쟁력 제고' 정책토론회(2010.10.21), 토론문 3면은 조일방송 사건의 경우에는 방송프로그램 제작이라는 특수한 상황에서 원청회사가 제작 작업에서부터 근무시간 · 장소 · 내용에 이르기까지 하청업체 근로자들의 작업을 지시 · 감독하여 실질적으로 고용주와 같은 역할을 한 것을 전제로 하지만, 현대중공업 사건에서의 실태는 조일방송사건과는 그 실태가 상당부분 거리가 있어 조일방송 사건 판례법리를 현대중공업 사건에 직접 적용하기에는 무리가 있다고 본다.

'실질적 지배력'이나 '근로조건의 구체적이고 현실적인 지배 · 결정권'은 두 가지 관점에서 검토되지 않으면 안 된다. 하나는 노동력을 제공하는 사내하청 근로자의 기본적인 근로조건에 대해 원청기업이 구체적 사안에서 실질적으로 구체적이고 현실적으로 지배 · 결정할 수 있는 지위에 있었는지를 검토 · 확인해야 한다는 것이고, 다른 하나는 이들 판례가 내세우는 기준의 논증적 가치이다. 먼저 전자의 각도에서 제기되는 문제는 이 기준이 애매모호하여 판단요소를 확정할 수 있는 기준이 명확하지 않다는 것이다.[122] 무엇보다 사실관계에 기초하여 그때그때마다 지배 · 결정할 수 있었는지의 여부를 판단해야 하므로 제한 없이 사용자개념이 확장될 우려가 있을 뿐만 아니라, 법적 불안정성을 결과한다는 것이다. 노동력을 이용하는 원청기업이 사내하청 근로자의 기본적인 근로조건에 대해서 실질적으로 지배력이나 영향력을 행사하거나 구체적이고 현실적인 지배 · 결정하는 지위에 있다는 것 자체도 사실상 구별되지 않는다. 실질적 지배력과 구체적이고 현실적인 근로조건 결정 사이에 차이는 무엇인가? 양자는 같은 것인가? 그런 의미에서 일본의 일부 학설은 실질적인 지배력을 가진 자가 구체적이고 현실적으로 근로조건에 대해 지배 · 결정할 수 없는 경우도 있으므로, 근로조건에 대해 구체적이고 현실적인 결정권을 가진 자가 노동조합법상 사용자가 되면 일부 실질적인 영향력을 미치는 자가 사용자의 범위에서 제외되어 부당노동행위 주체로서의 사용자의 범위가 줄어들기 때문에 실질적 지배력설을 따라야 한다고 주장하기도 한다.[123] 이것은 실질적 지배력과 구체적이고 현실적인 지배결정력 사이에도 사용자개념의 판단기준상 현저한 차이가 있을 수 있다는 것을 의미한다. 그러나 더욱 중요한 것은 '실질적 지배력'과 '구체적이고 현실적인 지배결정력'이라는 것은 그 논증가치에 있어서 법적인 개념이 아니라, 사실적인 개념이라는 점이다. 그렇기 때문에 구체적 사안에서 이러한 요소들이 충족되었는지는 규범적 판단을 하는 것이 아니라, 사실적 판단을 해야 하며, 더 나아가서는 그러한 사실관계의 법적 판단에서는 법관이 원청기업의 지배력이나 지배결정력이라는 사회학적 판단을 기초로 사회적 의미맥락을 주입시키는 방편을 활용할 수밖에 없을 것이다. 그러나 노동조합법 제2조 제2

122) 같은 의미에서 실질적 지배력설을 비판하는 것으로는 박종희, 비정규 · 간접고용 근로자의 노동단체권 행사에 관한 법리 연구, 노동부정책연구보고서, 2005, 65면 이하 참조.
123) 예를 들면 西谷敏, 勞働法, 日本評論社, 2008, 61면 이하 참조.

호와 노동조합법 제81조라는 법률규정에 명시적으로 사용된 '사용자'라는 개념의 범주상, 그리고 부당노동행위 구제명령 수범자의 지위상 사용자개념의 외연을 넘나드는 불확정한 판단기준을 사용하여 노동력을 이용하는 자의 책임을 명료한 판단기준 없이 확대해서는 안 되며, 여기서도 '구체적이고 현실적인 근로조건의 결정권'을 가진 자가 단체교섭의 당사자가 되거나 부당노동행위의 주체로 포함되기 위해서는 사회학적 개념보다는 법적인 정당화 사유가 존재하여야 하며, 그러한 정당화사유로서 노동력 이용자의 동의나 법률의 규정과 같은 기본권적 가치기준이 마련되어야 하는 것이다. 또한 외부노동력을 이용하는 원청기업의 입장에서는 자신이 사내하도급 근로자의 기본적인 근로조건에 대해서 구체적이고, 현실적으로 지배·결정할 수 있는 지위에 있는지를 알지 못하는 경우가 대부분이고, 결국 사내하청 근로자의 노동조합이 부당노동행위 구제신청을 하거나 소송에 의해서 확정되는 경우에 비로소 자신이 부당노동행위 주체로서 사용자의 지위에 있음을 알게 될 것이다. 그러나 정작 중요한 것으로서 지배·결정의 지위를 결정적으로 근거지우는 사실로서 조일방송 사건이나 현대중공업 사건에서 인정되는 작업내용 전반에 관한 직접 관리의 사실, 개별도급계약을 통하여 작업시간과 작업일정을 관리·통제하였다는 사실, 원청기업의 작업질서에 편입되었다는 사실, 작업의 진행방법, 작업시간 및 연장, 휴식 야간근로 등에 관해서도 원청기업 공정관리자의 지휘감독 하에 있었다는 사실들, 말하자면 지휘감독이나 지시권에의 복종 사실들 속에는 당사자들이 예측가능하고 실제에서 활용이 가능한 구별기준이 들어 있어야 하는데 그렇지 못하다는 사정뿐만 아니라, 원청기업의 지휘감독이나 지시권에의 복종 사실들 속에는 실질적 지배력이나 구체적이고 현실적인 지배결정의 기준들을 근거지우는 사실만 포함되어 있는 것이 아니다. 노동력을 제공하는 근로자들이 노동력을 이용하는 자의 지휘감독을 받는다고 하여도 그 구체적 작업공정이나 작업실제를 보면 법적 근거가 다른 경우도 많다. 예를 들어 현대중공업 사건에서 원청기업의 구체적이고 현실적인 지배결정의 지위를 근거지우는 사실로서 대법원이 거론하고 있는 '개별도급계약을 통하여 작업시간과 작업일정을 관리·통제하였다는 사실'은 도급계약의 본래적 성격의 일종에 속할 수도 있다. 수주액이 큰 선박을 건조하는 경우 발주자는 매우 상세한 설계도와 스펙을 통해 수급인인 원청기업의 작업을 관리·통제하며, 심지어 감리인이나 감독자를 원청기업에 파견하여 작업

공정을 관리 · 감독한다. 그러나 그렇다고 원청기업의 직영근로자들이 발주자를 사용자로 보지는 않는다. 이것은 도급계약의 성질상 도급인이 지시권을 행사하여 선박의 완성을 도모하는 것으로서 도급목적의 지시권 행사에 해당하는 것이다. 마치 토지를 소유한 자가 그 위에 건축을 하기 위해서 건축업자와 도급계약을 하면서 상세한 작업공정을 정하고, 작업을 진행하는 건축업자의 건설근로자에게 현장에서 일일이 작업을 지시하는 경우 건축을 의뢰한 도급인이 건설업자 근로자의 사용자라고 할 수 없고, 도급인의 지시권 내지 지휘감독은 도급목적 범위에서 이루어진 것이지, 근로계약 목적의 범위에서 행하여진 것이 아니라고 하는 것과 같다. 원청기업은 그러한 스펙 하에서 선박의 각각의 블록 작업을 하는 사내하청업체와의 도급계약을 통해 작업공정과 작업일정, 심지어 사내하청 근로자들의 작업능력, 자격증 소지여부, 근무실적 등을 관리 · 통제할 수 있는데, 이것은 앞에서 언급한 바와 같은 도급목적의 지시권 행사의 일환으로 행하여진 것으로 보아야 하는 것이지, 원청기업이 노동력을 제공하는 자를 자신의 근로자로 여겨 실질적으로 지배력을 행사하거나 구체적이고 현실적인 지배 · 결정권을 행사한 것은 아니라고 생각된다. 실질적 지배력이나 구체적이고 현실적인 지배 · 결정권을 입증하는 사실 중에는 도급목적의 지시권과 노동관련 내지 업무관련 지시권을 입증하는 사실들이 혼재되어 있을 수 있음에도 불구하고 이러한 구별을 하지 않은 채 단선적이고 일방적으로 실질적 지배력이나 구체적이고 현실적인 지배결정의 지위를 인정하기 위한 사실로 활용하고 있는 것이다.[124)]

앞에서도 본 바와 같이 독일법에서는 1970년대 초반에는 파견근로자의 보호를 위하여 노동관련 내지 업무관련 지시권이 행사되었는지를 판단하기 위한 기준으로서 ⅰ) 외부의 근로자가 노동력 이용자의 근로자와 동일한 노동을 할 것, ⅱ) 작업지시서에 의한 단순 반복업무, 일반적인 작업배치권과 변경결정권을 가지고 작업량과 작업방법, 작업순서를 결정하며, 근태상황과 인원현황 파악도 원청기업이

---

124) 예를 들면 박제성 외, 사내하도급과 노동법, 한국노동연구원, 2009, 78면은 도급인이 하도급 근로자의 근로조건을 현실적이고 구체적으로 지배 · 결정한다는 것은 도급인이 그 근로자에 대해서 지휘명령권을 행사한다는 것과 다르지 않으며, 현실적이고 구체적인 지배결정권이란 지휘명령권의 다른 표현에 불과하다고 본다. 그러나 도급목적의 지휘명령권과 근로계약상의 지휘명령권으로 분화되어 가는 독일 판례들을 보면 지휘명령권이 인정된다고 하여, 따라서 현실적이고 구체적인 지배결정권이 있다고 하여 도급인과 하도급 근로자 사이의 근로계약관계를 인정할 수는 없다.

행하는 등 노동력 이용자의 지시권에 따를 것, iii) 사내하청업체와 같은 노동력의 매개자가 고유한 기술이나 자본투자가 없는 등 노동력 이용자의 재료와 도구로 작업을 할 것 등의 기준을 활용하였었다. 그러나 제조업에서 공정의 일부를 외부의 제3자에게 맡기는 사태가 빈발하면서 노동력 제공자의 보호나 노동력 이용자의 보호 보다는 당사자들에게 예측가능하고 실제 활용이 가능한 판단기준을 만들어야 할 필요성을 느끼면서 독일 판례는 노동력 이용자가 업무관련 지시권을 행사하였는가라는 기준으로부터 근로계약관계에서 사용자로서 행하는 지시와 도급인으로서 도급목적 범위에서 행사하는 지시를 구별하여 도급인도 일의 완성과 관련하여 독자적인 업무지시를 할 수 있다는 것을 인식하고 지시권의 분화를 시도하고 있다. 무엇보다 노동력을 이용하는 원청기업 측에서는 자신의 사업장 질서유지와 안전관리, 출퇴근 관리, 통일적이고 일사불란한 일의 처리와 완성을 위하여 조직관리상의 지시권을 행사할 수 있는데, 이것이 노동력을 제공하는 외부의 제3자에게 실질적인 지배력 내지 구체적이고 현실적인 지배결정력을 갖는다고 해도 이는 회사의 생산계획의 제공 및 작업량과 작업방법, 작업순서의 결정 등 작업장 관리와 통제를 위한 조직상의 지시권 행사로서 도급계약상의 업무수행에 대하여 회사가 도급업무의 수행스케쥴과 도급업무 수행방법을 제시하고 확인하는 도급목적의 지시권 행사라고 해석하는 것이 독일 판례의 태도이다. 그런 점에서 보면 실질적 지배력이나 구체적이고 현실적인 지배 · 결정력을 내세우고, 이것이 구체적인 사건에서 존재하는지에 대해 원청회사의 지휘감독의 사실을 논증하는 대법원 판례는 독일 판례와 비교할 때 1970년대 판례의 수준에 해당한다.

이상과 같이 대법원 판례가 1995년도 일본의 조일방송 사건에서 사용한 '실질적 지배력'이나 '구체적이고 현실적인 지배결정력'의 판단기준을 사용하는 것은 결국 구체적 사안에서 그러한 사실이 존재하는가라는 사실관계의 법적 판단의 문제로 귀착하게 될 것이다. 이것이 결과하는 것은 법적 불안정성이지만, 일본의 판례들은 조일방송 사건 이후 이 사건 판결을 일반적으로는 승인하면서도 구체적 사건에서는 중층적으로 여러 각도에서 실제의 당해 사건에서 지배력이나 지배결정력이 있는지를 검토하면서 근로관계 당사자가 아닌, 노동력 이용자의 노동조합법상 사용자성을 다루고 있다. 무엇보다 노동력을 이용하는 자가 실질적으로 사내하도급 기업 근로자의 기본적인 근로조건에 대해서 실질적으로 구체적이고 현실적으로 지배 · 결정할 수 있고, 지배 · 결정을 한다고 하여도 원청기업의 업무량이 현저히 감소한 상황에서는 또는 사내하도급업체가 민사재생 절차를 개시하고 영업을 제3자에게 양도하는 상황에서는 단체교섭을 하지 않거나, 도급계약을 해지하고 그 결과 사내하청 근로자의 노동조합 활동이 위축되고 조합원인 근로자들이 해고됨으로써 근로3권의 침해결과가 발생한다고 하여도, 그리고 원청기업이 사내하청 근로자를 고용하지 않는다 하여도 부당노동행위가 되지 않는다고 보는 판결도 있다.[125] 또한 하도급 근로자들이 도급회사의 업무에 편입되어 어느 정도 사용종속관계에 있는 경우에 도급인과 하도급업체 사이의 위탁대금이 하도급 근로자의 작업시간을 곱한 액수를 기초로 하여 산정됨으로써 이들 근로자의 임금을 도급인이 지급하는 것으로 보일 수 있는 경우에도 이 위탁대금은 하도급 회사의 특정 개인에게 지급하는 것이 아니기 때문에 노무대상성이 없어 원청기업이 임금 등의 근로조건에 대해 실질적인 지배력을 행사한 것으로 볼 수 없다고 본 경우도 있다.[126] 또한 도급회사가 하도급 기업에 대하여 우월적 지위를 이용하여 위탁업무량을 감소시키고 이 때문에 하도급 기업이 도산에 이른 경우에도 이것은 우월적 지위를 이용한 것이라고 볼 수 있어도 법인격을 남용한 것이라고 볼 수는 없기 때문에 도급인의 법인격의 남용에 있어서는 실질적 지배라는 사실관계의 존부가 중요한 것은 아니라고 보며, 도급인의 우월적 지위의 사용이 곧 바로 사용자성인정의 논거가 되는 것은 아니라고 보는 경우도 있다.[127] 또한 최근 논란이 된 파나소닉자회사 사건[128]에서도 업무하도급 회사의 근로자가 원청회사의 지휘감독을 받는다고 하여

125) 예를 들면 大阪東通 事件, 大阪地裁, 平成18.3.16, 勞働判例 915号 94면 참조.

126) 예를 들면 大阪空港事業(關西航業) 事件, 大阪高判 平成 15(2003).1.30, 勞働判例 845号 5면 참조.

127) 앞의 각주 126) 참조.

128) 2009년 12월 18일 일본 최고재판소 제2소법정 결정 참조. 이 사건에서 근로자는 사내하도급 회사에 고용되기는 하였지만, 이 회사는 위장도급을 한 경우로서 실제로는 파나소닉자회사와 사용종속관계에 있다고 주장하여 고용관계가 있다는 확인을 구하는 소송을 제기하였었다. 이에 대해 1심(大阪地裁 2007.4.26)은 묵시의 근로계약이 성립하기 위해서는 지휘명령관계, 임금지급관계가 있을 것 등을 전제한 뒤, 도급계약에 의해 원청회사로부터 하청회사로 위탁대금의 형식으로, 다시 하청회사로부터 근로자에게로 임금의 형태로 금전의 흐름이 있고 이 임금액수와 그 결정에 대해 도급대금액이 미치는 영향이 크다고는 하지만, 이 사실로부터 근로계약관계를 곧바로 인정할 수는 없다고 판단하였다. 말하자면 지휘명령관계는 있더라도 임금지급관계는 없다는 점에서 고용관계를 인정하지 않았다. 그러나 이에 대해 2심(大阪高裁 2008.4.25)은 사내하도급 회사와 그의 근로자가 체결한 고용계약은 직업안정법 등의 근로자공급을 금하는 법률의 취지에 반하여 공서양속에 반하는 것으로서 무효라고 전제하고, 하청업체의 근로자는 원청업체에서 노무를 제공하며, 원청회사는 이를 받아 자신이 직접 고용한 근로자를 통하여 하청근로자에게 직접 지시하여 지휘명령 및 감독을 함으로써 노무를 제공받고, 하청 근로자는 원청회사의 종업원과 함께 공동으로 작업에 종사하며, 원청회사의 시설을 이용하고, 원청회사에 상주하는 하청업체의 정사원으로부터는 작업에 관한 지

도 그 근로자의 채용에 관여하지도 않고, 급여액을 사실상 결정하였다는 사정이 없는 이상 원청회사와 사내하청 회사의 근로자 사이에는 묵시의 근로계약도 성립하지 않는다는 입장을 취함으로써 원청회사가 하청 근로자에 대하여 지휘명령이나 실질적인 지배력 내지 구체적이고 현실적인 지배결정력이 작용한다고 하여도 채용이나 임금지급과 같은 고용계약의 본질적인 요소에 대하여 관여하지 않는 경우 고용관계의 성립을 인정하지 않고, 지배력이나 지배결정의 요소들 중에서도 다시 이를 구분하여 핵심적인 사항에 대해서 관여나 사실상의 결정을 하였는가를 판단하여 고용관계의 성립을 결정하고 있다.

시를 받지 않는 등의 사실로부터 원청회사는 하청 근로자를 직접 지휘감독하여 사실상의 사용종속관계가 있다고 보았다. 또한 하청 근로자가 하청업체로부터 수령하는 금원도 원청회사가 하청업체에게 업무위탁료로서 지불한 금원에서 하청업체의 이익 등을 공제한 액을 기초로 한 것으로 원청회사가 하청 근로자의 급여 등 명목으로 수령하는 금원의 액을 실질적으로 결정하는 입장에 있었다고 할 수 있으므로 원청회사가 하청 근로자를 직접 지휘, 명령, 감독하여 작업에 종사시키고, 채용, 취업조건의 결정, 임금지급 등을 실질적으로 행하고 하청 근로자가 이에 대해 노무를 제공하였다고 하여 실질적 지배력의 판단기준을 토대로 근로계약관계를 인정하고자 하였다. 그러나 일본 최고재판소는 원청회사가 근로자파견법에 위반하여 하청근로자를 사용하였다는 것을 인정하면서도 위법한 근로자파견에서도 그것만으로는 하청 근로자와 파견사업주 사이의 고용계약이 무효가 되는 것은 아니며, 원청기업이 하청 근로자의 채용에 관여하지도 않았으며, 급여의 액을 사실상 결정하였다는 사정도 존재하지 않으므로 양자 사이에 묵시의 고용계약도 성립하지 않았다고 판단하였다.

제4장 원청기업의 구체적인 부당노동행위[129)]

사내하도급과 관련하여 판례나 노동위원회에서 주로 문제가 되는 원청기업의 부당노동행위는 사내협력업체 근로자들의 노동조합조직이나 조합활동과 관련하여 원청기업이 사내협력업체로 하여금 해당 근로자에게 불이익을 주도록 하거나, 사내협력업체의 폐지를 유도함으로써 노동조합활동이 불가능하게 하였다는 지배·개입의 부당노동행위와 원청기업이 사내하도급 근로자들의 노동조합법상 사용자 지위에 있음에도 불구하고 사내하도급 근로자로 조직된 노동조합의 단체교섭 요구를 거부하는 경우이다. 그런데 통상적으로는 불이익취급의 부당노동행위와 지배·개입의 부당노동행위는 동시에 일어나기 때문에 여기서는 하나로 묶어서 설명하기로 한다.[130)]

Ⅰ. 원청기업의 단체교섭 거부의 부당노동행위 여부

1. 원청기업의 단체교섭의무

단결권 보장과는 달리 단체교섭은 재화의 이동을 의미한다. 따라서 원청기업에 단체교섭의무를 부과하기 위해서는 정당화 논거가 필요하다. 원청기업의 단체교섭상 지위를 인정하기 위한 정당화 논거로서는 먼저 법률의 규정, 당사자인 원

129) 이하의 내용은 필자의 외부노동력 이용과 노동법, 법문사, 2010, 340면 이하의 내용과 필자의 '사내하도급의 노동법적 문제' – 사내하도급기업 근로자에 대한 원기업의 부당노동행위를 중심으로 –, 기업법연구 2009년 봄호에 게재한 내용을 옮겨 적은 것이다. 필요한 부분은 수정보완하였다.

130) 사내하청업체를 폐업하면서 노동조합 활동을 하는 사내하청업체 근로자를 배제하고 다른 근로자를 고용승계하는 회사를 설립하는 것은 부당해고로서의 불이익취급이라고 할 수 있을 것이다. 그러나 노동위원회나 법원은 현대자동차의 연속된 사건에서 원청기업의 사용자성에 주력하였기 때문에 이 사용자가 어느 부당노동행위를 하였는가 하는 점에 대해서는 관심을 두지 않았다.

청기업의 자발적 동의, 사내하청 근로자를 원청기업의 근로자로 인정하는 방법, 원청기업을 파견법의 사용사업주로 위치지우거나 사내하청 노동력 제공관계를 파견으로 보아 사용사업주로서 단체교섭상의 지위를 인정하는 방법, 원청기업이 사내하청 근로자에 대해 사용자의 지위에 있다는 논증 등이 있을 수 있다. 앞의 현대중공업 사건은 이 중 마지막의 방법을 택한 것으로 보인다.

먼저 법률의 규정에 의해서 원청기업에게 사내하청 근로자들에 대한 사용자 지위를 인정하는 방법은 위헌의 문제를 통과하는 한[131] 입법자의 결단 영역이지만, 현재로서는 입법안만 안출되어 있는 상태이다.

당사자인 원청기업의 자발적 동의는 원청기업이 수많은 협력업체 근로자들의 근로조건을 표준화하여 일거에 근로조건을 통일적으로 처리하고자 하는 인사노무 관리의 필요성을 스스로 인정하는 경우에 사내하청업체 근로자들의 교섭구조로 진입하는 정당성을 부여한다. 미국 노동법상 원청기업은 대개의 경우 자발적 동의의 요건[132]을 거쳐 공동사용자(joint-employer)가 되어 사내하청업체 근로자들 노동조합의 단체교섭 구조로 진입한다. 이 자발적 동의는 제3자인 원청기업이 사내

131) 입법으로 원청기업을 사내하청 기업 근로자의 사용자로 규정하는 것은 원청기업의 외부노동력 활용의 다양한 형태를 고려할 때 위헌성 시비를 통과하기 위해서는 많은 주의가 필요할 것이다. 그러한 외부노동력 활용에는 위장된 형태의 도급, 진정한 의미에서의 하도급, 혼합된 형태의 업무하도급, 파견의 소지가 있는 경우 등 다양한 형태가 있을 것인데, 이러한 경우 모두에 원청기업을 사용자로 규정하는 것은 외부노동력 활용 참가 당사자의 기본권 침해의 문제가 제기될 소지가 다분하다. 이에 관해서는 김영문, 외부노동력 이용과 노동법, 법문사, 2010, 52면 이하 참조.

132) 노동력을 제공하는 사내하청업체의 근로자가 노동력을 이용하는 원청기업의 사업장에서 노동조합을 조직하기 위해서는 노동력 이용자가 공동사용자의 지위에 있을 것, 노동력 이용자와 노동력 공급자의 복수의 동의를 얻을 것, 노동력 이용자의 사업장 내에서 공동이익(community of interest)의 교섭단위 요건 등을 충족시켜야 한다. 미국은 전통적으로는 이익공동성의 기준으로 노동력의 이용자가 하도급근로자와의 단체교섭구조로 들어오게 되겠지만, Greenhoot 사건(Greenhoot, Inc., 205205 NLRB 250(1973))에서 NLRB는 관련 사용자의 동의를 요건으로 원청기업의 단체교섭을 인정하였다. 이 후 Sturgis 사건(M.B. Sturgis. Inc., 331 NLRB 1298(2000))에서 NLRB는 관련 사용자의 동의없이도 노동력의 이용자가 단체교섭을 해야 한다고 하여 노동력 이용자의 주관적 요건으로서 동의를 포기하였지만, Oakwood Caew Center 사건(H.S. Care, Inc., d/b/a Oakwood Care Center, 343 NLRB No. 76(2004))에서 다시 Greenhoot 원칙으로 복귀하여 관련 사용자의 동의가 있는 경우에 노동력의 이용자가 하도급근로자 노조와 단체교섭을 할 수 있다고 보았다. 이에 관해서는 김영문, 앞의 책, 294면 각주 45 참조. 물론 원청기업이 하도급근로자의 단체교섭구조로 진입하기 위해서는 객관적 요건으로서 공동의 이익 요건이 중요하다. 그럼에도 원청기업의 동의의 요건을 다시 부활시킨 이유 중에 하나는 공동의 이익이나 우리나라 현대중공업 사건에서처럼 원청기업이 사내하청 근로자의 기본적인 근로조건에 대해서 실질적이고 구체적으로 지배결정할 수 있는가라는 객관적 요건 이외에 원청기업이 사내하청기업 근로자들의 단체교섭 구조로 진입하기 위해서는 재화의 이동에 대해서 중대한 이해관계를 갖는 원청기업의 주관적 의사로서 자발적 동의가 노동조합의 단체교섭 요구에 대한 정당화 근거가 된다고 본 것이 아닌가 생각된다. 그런 점에서 이 자발적 동의는 원청기업의 기본권 침해에 대한 정당화 사유의 하나가 된다고 볼 여지도 있다.

하청 노동조합의 단체교섭 구조로 편입됨으로써 재화의 이동이라는 권리침해를 스스로 수용하는 것으로서 일종의 헌법상 보장된 자기결정권의 행사에 해당한다.[133] 말하자면 원청기업이 사내하청기업 근로자들의 단체교섭 구조로 진입하기 위해서는 재화의 이동에 대해서 중대한 이해관계를 갖는 원청기업의 주관적 의사로서 자발적 동의가 노동조합의 단체교섭 요구에 대한 정당화 근거가 되며, 이 자발적 동의는 원청기업의 기본권 침해에 대한 정당화 사유의 하나가 된다. 제3자의 이러한 자발적인 동의의 의사표시는 각각의 기본권으로 보호된 자유권의 행사이며, 자발적 동의가 없음에도 일정한 법률효과를 부여하거나 재화이동의 부담을 지우는 것은 자기결정권의 제한으로서 기본권 침해의 양상을 띤다. 그러므로 원청기업을 사내하청 근로자들의 진정한 단체교섭 구조로 편입시키기 위해서 자발적 동의라는 주관적 요건을 배제하고 미국법에서 말하는 '공동의 이익'이나 현대중공업 사건에서와 같이 '실질적이고 구체적인 지배력이나 영향력'과 같은 객관적 기준을 적용하고자 하는 경우에는 자발적 동의와 이에 기초한 자기결정권 배제의 정당화 사유가 제시되지 않으면 안 되며, 정당화 사유의 제시 없이 객관적 기준에 의해서 단체교섭의무를 부과하는 경우에는 입법자에게는 상당한 재량권이 인정되지만, 원청기업의 기본권, 사내하청 근로자의 기본권, 노동력 중개자인 사내하청 기업의 기본권 사이에 비례의 원칙을 준수하지 않으면 안 되는 것이다.

사내하청 근로자를 원청기업의 근로자로 인정하여 원청기업과 직접 교섭하도록 하는 것은 노동력을 매개하는 사내하청업체가 사업주로서의 실체나 독자성, 독립성이 없는 경우에 인정되는 것으로서 위장도급이나 사내하청업체가 단순한 노무대행기관에 해당하는 경우에 인정된다. 사내하청업체의 독자성이나 독립성을 부정한 이른바 현대미포조선 사건에서의 단체교섭 요구가 여기에 해당한다고 할 것이다. 그러나 사내하청업체의 사업주로서의 독자성이나 독립성이 부정되는 것은 예외적인 경우에 해당하며, 판례에서 문제가 된 사례가 위장도급에 해당하는 것이 아니어서 이러한 정당화 논거는 원청기업의 단체교섭의무를 일반화하기에는 충분한 논거는 아니라고 생각된다.

사내하청 노동력 제공관계를 파견으로 보아 사용사업주로서 단체교섭상의 지

133) 자발적 동의의 기본권으로서의 가치에 대해서는 일반적으로 Ansgar Ohly, "Volenti non fit iniuria" Die Einwilligung im Privatrecht, M. Siebeck, 2002, 81면 이하 참조.

위를 인정하는 방법도 하나의 정당화 논거가 될 수 있다. 이른바 현대자동차 사건[134]에서는 사내하청업체 근로자의 노동력 제공 형태를 파견으로 보고 원청기업이 2년의 기간을 초과하여 파견근로자를 사용한 경우는 직접고용간주 규정에 의하여(구 파견근로자보호법 제6조 3항 본문) 사용사업주인 원청기업과 파견근로자 사이에 직접적인 근로관계가 인정되어 사내하청 근로자들이 원청기업의 단체교섭 구조로 편입된다. 그러나 이러한 방법은 직접 고용이 간주되는 근로자에게만 효과가 있어서 제한적이며, 사내하도급 근로자들의 노동조합과의 단체교섭을 인정하는 것이 아니라, 직접 고용이 간주된 근로자들은 원청기업에 직접 고용된 근로자들의 이익을 대변하는 정규직 노동조합의 단체교섭 구조로 편입되어버린다는 문제가 있어서 나머지 사내하청 근로자들의 이익을 진정으로 대변하는 방법이 되지 못한다. 또한 파견관계를 인정하여 원청기업이 사용사업주가 되어 단체교섭을 하는 경우에도 두 가지 측면에서 제한적이다. 먼저 사용사업주는 파견근로자들에 대해서 근로시간, 휴게와 같이 노동력 제공 관련한 근로조건에 대해서만 책임을 부담하고, 임금과 같이 노동력을 제공한 후 그 성과에 대한 배분에 대해서는 파견사업주가 책임을 부담하기 때문에 단체교섭이 제한적이다. 그러나 본질적으로 제기되는 문제는 과연 사용사업주가 파견근로자에 대해서 단체교섭의무가 있는가 하는 점이다. 말하자면 파견근로관계에서 파견근로자들의 노동조합은 근로조건의 개선을 위하여 사용사업주에 대하여 단체협약의 체결을 위한 단체교섭을 요구할 수 있는가 하는 것이 문제된다. 파견근로자보호 등에 관한 법률은 이에 대한 규정을 두고 있지 않다. 유사한 노동력제공관계에 있는 항운노조 사건[135]에서 우리 대법원은 집단적 노사관계당사자로서의 지위는 개별적 근로관계 내지 이와 유사한 사용종속관계를 전제로 한다고 보고 있어서 사용사업주를 단체교섭의 당사자로 보는 데는 부정적이다. 그리고 단체교섭 거부금지 규정의 사용자는 근로자를 지휘감독하면서 근로를 제공받고, 그 대가로 임금을 지급하는 것을 목적으로 하는 명시적·묵시적 근로계약관계를 맺고 있는 자로 보는 판결[136]이나 위법한 근로자파견사업인 경우에도 파견근로자와의 관계에서 사용자는 원칙적으로 파견사업주이며, 사

134) 대판 2010.7.22, 2008두4367.
135) 대판 1993.11.23, 92누13011.
136) 대판 1995.12.22, 95누3565.

용사업주와 유사한 지위에 있는 회사는 사용자의 지위에 있다고 할 수 없으므로 부당노동행위가 성립할 수 없다고 한 판결[137]들은 사용사업주의 단체교섭상의 당사자로서의 지위를 인정하지 않는다. 이에 대해 학설은 대체로 사용사업주의 단체교섭상 당사자로서의 지위를 인정한다. 특히 일부 견해[138]는 "노무제공을 받는 사용사업주는 근로계약의 당사자는 아니지만, 파견근로자들의 노무공급을 중심으로 취업에 관한 근로조건에 관하여 지배력과 영향력을 행사하고 있으며, 그러한 한도에서 제2의 사용자라고 아니할 수 없다. 따라서 노동조합은 고용주인 사용자(파견사업주)에 대해서뿐만 아니라, 실제 노무를 제공받는 사용자(사용사업체)에 대해서도 단체교섭을 요구할 수 있다"고 본다. 다만, 파견근로자로 구성된 노동조합은 파견사업주에게 임금 기타 대우에 관하여 단체교섭을 요구할 수 있지만, 사용사업주에 대해서는 실제로 노무를 공급함으로써 발생되는 작업조건, 즉 근무시간의 배정, 휴식, 작업환경 등 취업과 관련되는 제반조건에 관하여 단체교섭을 요구할 수 있다고 본다.[139] 또한 일부 학설[140]도 앞의 현대중공업 사건에 대한 대법원 판결에 근거하여 '고용사업주로부터 근로자를 공급받아 자기의 업무에 종사시키면서, 그 근로자의 기본적인 근로조건 등에 관하여 고용사업주로서의 권한과 책임을 일정 부분 담당하고 있다고 볼 정도로 현실적이고 구체적으로 지배 · 결정의 지위에 있는 사용사업주'는 부당노동행위의 주체가 되므로 단체교섭의무를 부담한다는 것이다. 이러한 견해들이 타당한지는 후술하겠지만, 외부노동력을 이용하는 자의 입장에서는 사내하청 근로자들의 노동조합이 단체교섭을 요구하는 경우 자신들이 하청근로자들의 근로조건에 대해 현실적이고 구체적으로 지배 · 결정할 수 있는 지위에 있는지를 판단할 수 없다. 실제로는 사내하청 근로자들과는 근로계약을 맺은 사실이 없기 때문에 그 근로자들의 사용자가 아니라고 판단하여 단체교섭을 거부할 수 있다. 외부노동력의 이용자는 자신들이 사내하청 근로자들의 사용자인지 아닌지의 문제가 개별적으로 발생하여 사법적 판단이 내려진 이후에야 비로소 자신이 노동조합법상 사용자라는 것을 알게 될 것이다. 외부 노동력의 이용자들은 사내하청 근로자들에게 지시권을 행사하면서도 대법원 판결처럼 사내하청 근로자들

137) 대판 2004.4.16, 2004두1728.
138) 김형배, 노동법 제19판, 186면 참조.
139) 김형배, 같은 책, 같은 곳; 김형배, 항운노조조합원과 사용자 사이의 법적 관계, 1996, 350면 이하 참조.
140) 하갑래, 집단적노동관계법, (주)중앙경제, 2010, 532면.

의 근로조건에 대해서 '현실적이고 구체적으로 지배 · 결정할 수 있는 지위'에 있는지를 알지 못한다. 이것은 도급기업의 입장에서는 예측하기 어려운 것이다.[141] 또한 외부 노동력 이용자가 자신이 사용자라는 사법적 판단을 받은 이후에 인사와 노무관리를 총체적으로 시정하여 '현실적이고 구체적으로 지배 · 결정할 수 있는 지위'에서 벗어났음에도 불구하고, 한번 사내하청 근로자들의 사용자라는 사법판단을 받았음을 이유로 여전히 단체교섭을 해야 하는지 알 수 없는, 따라서 단체교섭 거부의 부당노동행위로 처벌을 받지 않는가 하는 매우 불안정한 상태에 빠지게 된다.[142] 그러나 사용사업주의 단체교섭의무를 인정하는 경우 발생하는 중요한 문제는 근로자파견계약의 유명무실화이다. 사내하청 근로자나 파견근로자들이 사용사업주나 도급기업에게 단체교섭을 요구할 수 있다면, 도급기업과 사내하청 기업이 체결한 도급계약이나 파견사업주와 사용사업주가 체결한 근로자파견계약은 아무런 의미를 갖지 못한다. 단체교섭에 의하여 양 당사자 사이의 계약내용이 변경되기 때문이다. 외부노동력을 이용하는 자와 매개하는 자 및 노동력 제공자의 3당사자의 법률관계는 파견근로자가 파견사업주의 근로자라는 것을 파견법의 기본모델로 한 것이기 때문에 파견근로자 노동조합의 단체교섭 상대방은 파견사업주가 되어야 할 것이다. 이러한 입법자의 의사를 중시하기 때문에 독일에서는 파견사업주의 사용자단체와 파견근로자의 산별노동조합의 단체협약이 체결되어 있고, 파견근로자의 고용계약은 이 단체협약을 포괄적으로 준용하도록 구성되어 있어, 파견근로자가 사용사업주에게 단체교섭이나 쟁의행위를 한다는 것은 아예 논의되지 않는다.[143] 같은 이유에서 파견근로자의 차별금지 원칙도 사용사업주의 비교가능한 근로자와의 균등대우 요구도 사용사업주에게 하는 것이 아니라, 파견사업주에게 요구할 수 있도록 하고 있다. 물론 파견법에서는 사용사업주에게도 일정한 책임을 부과하고 있다. 특히 동법 제34조 제1항 후단은 근로시간, 휴게와 휴일, 유급휴가 대체 등에 대해서는 사용사업주에게 사용자의 지위를 부여한다. 그러나 이 규정들은 일부의 규정에 대해서만 사용자의 지위를 인정하고, 그것도 일종의 근로

141) 이에 관해서는 김영문, 앞의 책, 359면 이하 참조.

142) 김영문, 앞의 책, 360면 참조.

143) Schüren/Hamann, Arbeitnehmerüberlassungsgesetz, 3.Aufl., 2007, Einl. 191f., 289, § 9 Rn. 107ff., 96ff.; Münch/ArbR/Löwisch/Rieble, § 253 Rn. 1ff. 다만, 사용사업주의 종업원평의회의 구성원에 대한 선거권만을 부여하여 사용사업주에 대한 이익대변을 할 수 있도록 매우 제한적으로 인정하고 있을 뿐이다.

기준법상의 최저기준을 준수하라는 강행규정의 법정책임을 부과할 뿐이다. 사용사업주가 이 최저기준의 수준을 넘어서는 것에 대해서, 그리고 동 규정에서 제외된 사항에 대해서도 단체교섭을 해야 할 의무를 부담하는지에 대해서 동 규정으로부터는 아무것도 도출할 수 없다. 오히려 사용사업주가 그러한 법정책임 이외의 수준과 법정책임 이외의 사항에 대해서도 단체교섭을 해야 할 의무가 있는지는 파견법이나 근로기준법에서 도출되는 것이 아니라, 헌법 제33조의 근로3권을 존중해야 하는 자가 누구인지로부터 판단해야 하는 것이기 때문에, 파견법 제34조 제1항 후단이 사용사업주의 단체교섭상의 지위를 근거지우는 규정이라고 볼 수 없다.

따라서 동 규정이 이 규정 이외의 사항과 동 규정에 규정된 근로기준법상의 법정최저기준을 넘는 사항에 대해서도 단체교섭을 해야 하는 사용자로서의 지위가 인정되는지는 의문이며, 따라서 이러한 사항에 대해서도 교섭하는 포괄적인 사용자로서의 지위를 인정하기 위한 논거로서는 불충분하다. 동 규정으로부터 사용사업주의 단체교섭상의 지위를 인정하기 위해서는 유추 등의 방법론적 논증이 더 필요하다.

물론 파견근로자들이 사용사업주의 단체교섭구조로 편입되는 것이 불가능한 것은 아니다. 사용사업주와 파견사업주의 근로자파견계약에서 사용사업주의 단체협약을 적용하도록 약정하고, 파견사업주와 파견근로자의 근로계약이 이 단체협약을 준용하도록 하는 방법이 있을 수 있다. 또한 사용사업주의 단체협약 구조로 편입되기 위해서는 균등대우 원칙을 허용하면서 파견기간의 제한 철폐와 같은 입법적 조치를 단행하는 경우에 가능하다고 할 것이다. 이 방법은 사용사업주와 파견사업주의 파견근로 활용을 용이하게 하는 대가로서 균등대우를 인정하므로 균등대우로 인한 기본권 침해가 비례성을 상실하지 않기 때문이다. 파견근로자들의 근로조건을 사용사업주의 비교가능한 근로자들의 근로조건과 균등하게 보호하는 것은 협약 당사자들에게 인정되는 근로조건 등의 규율자유를 국가의 법률로써 대체하는 것이므로 위헌시비에서 자유롭지 못하다는 측면이 있다. 그러나 차별적 처우 금지 원칙 도입에 의해서 파견근로 분야에서의 단체협약 체결이 촉진되고, 사용사업장에 존재하는 단체협약이 파견근로자의 근로조건으로 수용될 가능성이 발생하고 결과적으로 사용사업장의 단체협약이 유지된다.[144] 차별적 처우의 도입과 교환된 파견기간의 제한 철폐가 인정됨으로써 사용사업장에 파견근로자를 지속적으로 투입하면서 사용사업장에 존속하는 단체협약에 따르도록 하는 것이 가능할 것이다.[145] 이러한 파견기간 제한의 철폐와 차별적 처우 규정이 교환되지 않은 현행법 구조 하에서 파견근로자의 노동조합을 일방적으로 사용사업주의 단체교섭 구조로 편입시키는 것은 사용사업주의 기본권의 과도한 침해로서 비례성을 상실하는 것이라고 볼 수 있다.

2. 단체교섭 대상

그러나 현대중공업 사건이나 일본의 조일방송 사건 판결처럼 우리 대법원 판례에 따라서 원청회사가 하청 근로자의 기본적인 근로조건에 대해 실질적으로 구체적이고 현실적으로 지배결정하였으므로 노동조합법상의 사용자가 되어 단체교섭을 하여야 하고, 이를 거부하면 부당노동행위가 성립한다고 할 때 그러면 원청회사는 어느 정도로 단체교섭을 해야 하는가, 말하자면 그 경우 단체교섭의 대상은 무엇인가 하는 문제가 제기된다. 실질적 지배력설이나 구체적이고 현실적인 지배결정권설이 이론적으로 정치하려면 이 문제까지 해결해야 할 것이다. 그런데 일단 일본의 조일방송 사건에서 일본의 최고재판소는 '고용주 이외의 (사용)사업주도 노동력 제공자의 기본적인 노동조건 등에 관해 비록 부분적이기는 하지만 고용주와 동일시 할 수 있을 정도로 현실적이고 구체적으로 지배 · 결정할 수 있는 지위에 있는 경우에는 노동조합법상 사용자로 본다'고 하여 일응 노동력 이용자를 단체교섭상 완전한 범위의 사용자, 따라서 근로조건과 기타 근로자의 대우에 관한 제반 사항에 대해 단체교섭을 해야 하는 사용자로 보기보다는 부분사용자로서 실질적인 지배력이나 영향력 내지 구체적이고 현실적인 지배결정권을 행사하는 일부의 근로조건에 대해서만 사용자의 지위를 갖는다고 본다. 이에 대해 우리 대법원도 '원청기업이 사내하청 근로자들의 사용자가 되는 이유로서 이들 근로자들의 기본적인 근로조건에 대해서 그 근로자를 고용한 사업주로서의 권한과 책임을 일

144) 이에 관해서는 Thüsing, AÜG, 2005, § 3 Rn. 97; Düwell/Weyand, Hartz und die Folgen: Das neue Arbeits- und Sozialrecht, Rn. 265.

145) 독일에서는 파견근로자와 사용사업주의 비교가능한 직영 근로자의 균등대우 규정이 파견사업주의 협약자유를 침해하였다는 이유로 위헌소송이 제기되었던 바,(BVerfG 3.4.2001, DB 2001, 1367ff.) 협약당사자의 규율독점권이 인정될 수는 없고, 파견근로자의 보호를 위해서는 입법자의 가치결단이 더 우선한다고 보았다.

정 부분 담당하고 있다고 볼 정도로 실질적이고 구체적으로 지배 · 결정할 수 있는 지위'에 있어야 한다고 하여 단체교섭상 부분사용자를 상정하는 것으로 보인다. 일부 학설[146)]은 단체교섭의 당사자로서의 사용자는 외부적인 계약형식에 관계없이 해당 근로자들과의 실제적 관계를 고려할 때 실질적으로 사용자 권한을 행사하는 자로서 근로조건의 전부 또는 일부에 대하여 구체적 영향력 내지 지배력(처분적 권한)을 미치는 자로 보아야 한다고 하는 것으로 보아 구체적 영향력과 지배력, 즉 처분권이 미치는 범위에서 사용자가 되고 그 범위가 단체교섭의 대상이 되는 것으로 본다. 그러나 원칙적으로 사내하도급이 원청기업의 지시권 행사가 인정되어 파견으로 판정된다면 원청기업은 사용사업주가 되고, - 단체교섭의무를 인정한다고 하더라도 - 단체교섭 대상은 사용자 측이 구체적 영향력이나 지배력을 행사하는 근로조건보다는 단체교섭권을 향유한다고 하는 근로자가 사용사업장에서 노동력을 제공하는 것과 관련한 근로조건, 더 정확하게는 파견법 제34조 제1항 후단에 의해서 사용자로서 책임을 부담한다고 하는 부분, 즉 근로시간 · 휴게 · 유급휴가 대체 등이 단체교섭의 대상이 된다고 해야 할 것이다. 그러나 대법원이 노동력을 이용하는 자가 사용자가 되는 근본적인 이유는 근로자의 근로조건에 대해서 실질적으로 지배력을 행사하거나 실질적으로 구체적이고 현실적으로 지배 · 결정할 수 있기 때문이다. 말하자면 하청 근로자의 근로조건에 대해 처분권한을 갖고 있는 지위에 있기 때문에 사용자로서의 지위가 인정되는 것이다. 따라서 단체교섭의 대상은 실질적으로 지배력을 행사하거나 구체적이고 현실적으로 지배 결정할 수 있는 근로조건으로 한정된다고 보아야 할 것이다. 앞의 파견에서 사용사업주의 단체교섭 대상이 법적으로 명확하게 노동력 제공관련 근로조건으로 한정되는 반면, 처분권한 범위 내의 단체교섭 대상은 다시 한 번 불명확성의 카테고리에 갇히게 되는 것이다. 구체적 사건에서 당사자들은 무엇이 실질적 지배력의 대상인지, 무엇이 실질적으로 구체적이고 현실적인 지배결정의 범위 내에 들어오는 것인지 알 수 없다. 그것은 당사자들이 부당노동행위 구제신청 사건이나 법원의 확정 판결이 아니면 알 수 없다. 원청기업으로서는 하청 노동조합의 단체교섭 요구사항에 대해서도 구체적이고 현실적인 지배결정권만으로는 명확한 결론을 내릴 수 없기 때문에

146) 김형배, 항운노동조합의 단체협약능력에 관한 연구(상 · 하), 판례월보(제299호, 제300호), 1995.8.9.

단체교섭에 응하기도 어렵고 단체교섭을 거부하기도 어렵다. 말하자면 실질적인 지배력이나 구체적이고 현실적인 지배결정권의 판단기준에 의해서 원청기업의 노동조합법상의 사용자성을 인정한다고 하여도 다시 한 번 더 구체적으로 무엇이 그의 처분권한 범위 내에 있는 것인지, 단체교섭 대상을 둘러싸고 법적인 분쟁에 휘말릴 수밖에 없는 것이다. 그런 점에서 실질적인 지배력이나 구체적이고 현실적인 지배결정권의 판단기준은 단체교섭의 대상과 관련해서도 법률명확성의 원칙과도 거리가 먼 것이다.

그렇다면 노동력 이용자로서 원청기업의 노동조합법상 사용자성을 인정하는, 따라서 단체교섭 의무를 인정하고 거부하는 경우 부당노동행위를 인정하는 기준으로서 실질적 지배력설이나 구체적이고 현실적인 지배결정권설은 어디에 그 근원을 두고 있는가? 이미 앞에서도 본 바와 같이 실질적인 지배력이나 구체적이고 현실적인 지배결정권은 법적 개념이라기보다는 법적 불안정을 가져오는 사실관계 관념으로서 사회학적 개념이라고 볼 수 있다. 따라서 이 판단기준은 노동력 이용자로서 원청기업의 사용자성을 인정하기에는 부족하며, 그 자체가 하청 근로자의 원청기업에 대한 단체교섭권을 근거지우는 정당화 사유가 되기에도 불충분하다. 그런데 이러한 판단기준이 등장하는 배경에는 노동력을 제공하는 하청 근로자의 근로3권 보장이 깔려 있다. 즉, 단체교섭 거부를 포함하는 부당노동행위 주체로서 사용자는 노동조합법 제81조의 취지에 비추어 근로자의 자주적 단결활동에 영향을 미침으로써 근로3권 보장질서를 침해할 수 있는 지위에 있는 자라고 보아야 하므로, 사용자는 근로계약관계에 있는 자 뿐만 아니라, 근로자의 취업조건에 대해서 영향력과 지배력을 행사하는 자로 확대되어야 한다는 것이다. 따라서 실질적 지배력이나 구체적이고 현실적인 지배결정력의 판단기준은 하청 근로자를 포함한 간접고용관계에서 노동력을 제공하는 근로자의 근로3권 보장 목적 내지 사회적 보호사상에 터 잡고 있는 것이다. 그런데 이미 독일에서는 1972년에 근로자파견법이 제정되고, 판례와 학설들이 축적이 되면서 1973년도에 사용자개념의 분할이 논의되면서 일부 견해[147]는 근로관계 밖에 있는 노동력 이용자는 근로자의 사회적 보호사상 내지 사회국가적 명령에 의해서 근로자의 계약 상대방은 아니지만, 제3자로

147) 무엇보다 Ramm, Die Aufspaltung der Arbeitgeberfunktionen, ZfA 1973, 292ff. 참조.

서 또 다른 사용자(weiterer Arbeitgeber) 내지는 부분 사용자로 위치지워져야 한다는 것이다. 따라서 실질적 지배력설이나 구체적이고 현실적인 지배결정권설은 간접고용된 근로자의 근로3권 보장을 위하여 사회학적 사실관계를 끌어들인 1973년도의 독일 이론에 유사하다고 볼 수 있다. 그러나 이미 독일에서는 이러한 사회국가 사상이나 근로3권 보장에 터잡은 부분 사용자개념을 사용하지 않는다. 현재는 도급목적의 지시권과 노동관련 업무지시권을 구분하여 지시권을 분화시키는 가운데, 다양한 판단기준들을 종합적으로 사용하여 어느 일방의 보호목적으로부터 탈피하여 사례상황에 따라 구체적 타당성을 기하는 판단을 하고 있다. 그러나 구체적 사안에서 실질적 지배력이 존재한다거나 구체적이고 현실적으로 지배결정한다는 사실이 인정되어도 그것만으로는 왜 그러한 지위에 있는 자가 단체교섭의무가 있어야 하는지를 근거지우지 못한다. 왜냐하면 실질적 지배력의 존재나 구체적이고 현실적인 지배결정의 사실은 일종의 묘사나 기술에 지나지 않는 것으로서 이러한 묘사나 기술만으로는 하청 근로자와 원청기업의 법률관계가 무엇인지, 무엇이 되어야 하는지를 말하지 못한다. 말하자면 법적인 의미에서 원청기업의 사용자성 인정을 위한 정당화 사유로서의 논증가치가 없다. 그렇기 때문에 지배관계나 영향력과 같은 사실관계의 기준으로는 부족하고 무엇인가의 법적인 정당화 사유가 존재하여야 하는 바, 이것이 법률의 규정이나 당사자의 동의 또는 노동력 이용자와 노동력 매개자 사이의 근로자공급(파견)계약과 노동력 제공자와 노동력 매개자 사이의 제3자를 위한 계약관계에 기초하여 노동력 이용자가 계약관계로 진입한다는 법적인 근거가 필요한 것이다. 그래야 노동력 이용자와 노동력 제공자 사이에 법적인 계약관계가 근거지워지는 것이다. 실질적 지배력이나 구체적이고 현실적인 지배결정력이라는 사실관계의 사회학적 논거는 법적인 논거가 되지 못하는 것이다. 또한 실질적 지배력이나 구체적이고 현실적인 지배결정권이 하청근로자의 근로3권을 보호하기 위하여 또는 사회국가의 근로자보호명령으로부터 주장되는 판단기준이라면 이것은 일방적인 생각이다. 왜냐하면 노동력을 이용하는 원청기업을 하청 근로자 보호를 위해 이들과의 단체교섭 구조로 끌어들이기 위해서는 노동력을 이용하는 원청기업의 자기결정권의 행사로서 자발적 동의와 같은 기본권이 존중되어야 하는데, 원청기업은 지배력의 행사라는 사실행위 이외에 단체협약 체결이라는 의무부담부 의사표시를 한 적도 없고, 그러한 의무를 부담하는 것도 아니기 때문이다. 따라서 근로3권 보장을 위해서는 실질적인 지배력 등을 내세워서는 안 되고, 노동력을 이용하는 자의 기본권을 존중하는 가운데 법적인 의미를 갖는, 법적인 근거가 되는 것을 내세워 단체교섭의무나 부당노동행위 주체로서의 지위를 인정해야 할 것이다.

Ⅱ. 원청기업의 지배 · 개입의 부당노동행위 여부

현대중공업 사건에서 대법원이 원청기업인 현대중공업이 '사내협력업체 근로자들의 근로조건에 대해 실질적인 지배결정권을 가진 사용자'로서 지배개입의 부당노동행위를 하였다고 본 이유는 다음과 같다. 즉, ⅰ) 사내협력업체 근로자들로 구성된 노동조합이 설립신고증을 교부받았는데, 원청기업이 사내협력업체에게 조합원으로 드러난 근로자를 사업장에서 근무하지 못하도록 요청하여 근무대기를 하도록 하였고, 이 근로자가 노동조합의 임원임을 알려준 사실, ⅱ) 원청기업은 사내하청업체에 대한 개별도급계약의 체결 여부 및 물량을 그 계획에 따라 주도적으로 조절할 수 있는데다 그 외에도 도급계약의 해지, 사내하청업체 등록해지 권한을 가지고 있는 등 사내하청업체에 대하여 우월적 지위에 있었던 점, ⅲ) 원청기업이 사내협력업체에게 소속 근로자가 원청기업에서 유인물을 배포하는 등 회사운영을 방해하고 있다면서 계약해지 등의 경고를 하였다는 점, ⅳ) 사내하청업체들이 경영상 폐업할 별다른 사정이 없음에도 사내협력업체 노동조합 설립 직후에 사내협력업체 근로자들이 이 노동조합의 간부임이 드러나고 근로조건에 대한 협상요구를 받은 즉시 폐업을 결정한 것을 볼 때, 사내하청업체들의 폐업사유는 이 노동조합의 설립 이외에 다른 이유가 없다고 보이는 점, ⅴ) 사내하청업체들은 회사설립 이후에 폐업시까지 아무런 문제없이 운영되어 온 회사들로서 과거에 노사분규를 경험하여 본 적이 없고, 수십명의 소속 근로자를 두고 있으며, 폐업 시기가 본격적인 단체협상을 하기도 전이라는 점에서 폐업결정은 사내하청업체들의 독자적인 결정이라고 보이지 않는다는 점, ⅵ) 폐업한 직후에 부분사업을 인수할 회사가 설립되었고, 폐업한 회사의 상당수 근로자가 인수회사로 적을 옮겨 종전 회사가 담당하던 작업을 계속하고 있으며, 어느 사내하청업체의 경우 폐업공고 직후에 조립업무에 근무할 근로자를 모집하여 종전 회사가 하던 조립작업을 그대로 이어받았고, 또 다른 사내하청업체의 경우는 원청회사로부터 계약해지를 예상하고 있었는데 노동조합의 임원이 소속된 사내협력업체의 의장 부분이 갑자기 폐지되고 이 의장부분 소속 근로자가 폐업을 예상한 회사에 입사하였다는 점으로부터 영세하고 정보력이 부족한 사내하청업체들의 독자적인 능력만으로 폐업 및 직원모집, 회사설립 등의 복잡한 업무를 원청기업의 운영에 아무런 차질이 없도록 위와 같이 신속하게 진행할 수 있었다고 보이지 않는다는 점 등을 종합하였을 때, 원청기업은 사업폐지를 유도하는 행위와 이로 인하여 사내협력업체 노동조합의 활동을 위축시키거나 지배 · 개입하는 부당노동행위를 하였다는 것이다.

1. 원청기업의 하수급인에 대한 지배력

콘체른이나 재벌의 계열사나 자회사의 일반채권자에 대한 책임 문제에서 항상 언급되는 것은 이들이 계열사나 자회사에 대해서 어느 정도의 지배력과 영향력을 갖는가 하는 점이다. 그런데 항상 문제가 되는 것은 원청회사가 하청회사의 존립에 영향을 줄 정도로 강력한 권한을 갖는 경우로서 원청기업이 도급계약을 해지하면 하청기업은 사업을 폐지 · 해산하고 근로자나 노동조합도 해체되는 경우이다. 원청기업의 지배력의 행사로 근로기준법상의 해고보호, 노동조합의 단결활동의 보호가 무력화되는 경우이다.

이러한 문제들 때문에 일부 견해들도 수급인의 경영을 지배하고 있는 도급인에게 부당노동행위 주체로서의 사용자성이 부정되면 노동조합의 설립과 운영은 불가능하게 되므로, '실질적 지배력과 영향력'을 근거로 노동조합법상의 범위를 정해야 한다고 본다. 그러나 원청기업의 지배력 행사는 여러 가지 원인과 양상을 갖고 있다. 무엇보다 원청기업의 지배력은 일차적으로 하청기업을 향한 것이지, 하청기업의 근로자를 향한 것은 아니다. 따라서 원청기업의 하청기업에 대한 지배력행사와 그 결과로 나타나는 근로자 · 노동조합에 대한 영향력과 처음부터 하청기업의 근로자와 노동조합을 타킷으로 하는 원청기업의 지배력 행사는 구별해서 판단해야 한다고 본다. 첫 번째는 하청기업 자체에 문제가 생겨 도급목적을 달성할 수 없는 경우이다. 이 경우는 아무리 근로자의 근로3권의 보호를 주장한다하더라도 이들은 원청기업의 도급계약해지를 감수해야 할 것이다. 원청기업의 '실질적인 지배력과 영향력'이 인정되어도, 그리고 도급계약해지로 근로자의 직장상실과 노동조합의 존속상실이 결과한다고 하여도 원청기업에게 이를 감수하면서까지 도급계약을 유지하라고는 할 수 없다. 위장폐업과 구별하여 사용자의 진정한 폐업의 자유를 인정해야 하는 이유와 동일하다고 본다. 따라서 '실질적 지배력' 기준과 간접고용에서 근로3권 보장을 이유로 이 경우에 대해서까지 부당노동행위를 인정하는 것은 노동력이용자인 원청기업의 기본권인 경영권을 침해하는 것이라고 생각한다. 따라서 대법원은 이 사건이 여기에 해당하는지를 판단해야 하는 것인데, 곧바로 朝日放送사건과 같은 논리로 일률적으로 판단하는 것은 문제가 있다고 생각한다.

그러나 정작 문제가 되는 것은 원청기업이 하청기업 근로자의 노동조합활동이나 쟁의행위를 이유로 도급계약을 해지하는 경우가 될 것이다. 그런데 외부노동력 활용의 한 형태인 파견근로에 대해서는 법률규정이 있다. 즉, 파견근로자보호 등에 관한 법률 제22조 제1항이 '사용사업주는 파견근로자의 정당한 노동조합의 활동 등을 이유로 근로자파견계약을 해지할 수 없다'고 규정하고 있다. 따라서 이 규정을 같은 외부노동력 활용 사례인 이 사건 사내하도급의 경우에 유추적용하여야 한다고 주장할 수도 있다. 그러나 이 규정은 그 위반에 대해서는 제재조치도 없어 실효성이 없는 규정일 뿐만 아니라, 사용사업주는 파견근로자에 대해서 지휘명령권을 구체적으로 행사하기 때문에 파견근로자와 사용사업주의 집단적 노사관계에 대해서 어느 정도 사용사업주의 지배·개입을 금지하는 것이 아닌가 한다. 따라서 원칙적으로 노동력 이용자가 지휘명령권을 행사하지 않는 경우에까지 유추적용할 수는 없다고 본다. 유추적용한다고 하여도 동 규정은 사내하도급의 경우에서는 제한해석되어야 한다고 본다. 즉, 노동력 이용자는 '정당한 이유 없이' 파견근로자의 정당한 노동조합의 활동 등을 이유로 노무도급계약을 해지할 수 없다고 제한해석되어야 한다고 생각한다. 정당한 이유가 있는 경우는 여러 가지가 있을 수 있다. 특히 우선 원청기업이 사내하도급 근로자의 조합활동이나 파업으로 공사의 납기를 지키지 못하여 발주자에게 상당한 규모의 손해배상이나 위약금을 물어야 하는 경우나, 계약해지로 인하여 사내하도급업무 자체가 의미가 없게 될 것이 예견가능하고 기대가능한 경우에는 정당한 이유가 있다고 보아야 할 것이다. 또한 종래 원청기업의 존폐에 영향을 미치는 정도의 노사분규의 경험으로부터 장래 사내하도급 기업의 노사분규가 우려되고, 따라서 계약해지가 기대가능한 경우는 정당한 이유를 인정해야 한다고 본다.

지배·개입의 부당노동행위의 성립을 위해서는 아무리 이 유형의 부당노동행위가 근로3권 침해의 결과를 요하지 않는다고 하더라도 부당노동행위의 의사는 있어야 한다고 본다. 이 부당노동행위의 의사가 있었는가의 판단은 제반 사정을 종합하여 판단해야 하며, 특히 제3자인 원청기업에 부당노동행위의 의사가 있었는지, 도급계약 해지에 대해 정당한 이유가 있었는지, 근로자의 단결활동에 대한 원청기업의 도급계약해지의 동기 및 의도를 고려했을 때 직접적인 이해관계가 있는지를 구체적으로 살펴보아야 한다고 본다. 따라서 이 사건에 이러한 사정이 있는지를 종합적으로 고려하여 판단해야 한다고 본다. 사실관계 확인을 통해 이를 고려해야 하며, '실질적 지배력' 기준에 의거하여 사건을 예단적으로 판단하지는 않았는지 검토하여야 할 것이다.

2. 발주자의 수급인으로서 원청기업

현대중공업 사건은 다음과 같은 점에서 일반적인 사내하도급과도 또 다른 특징이 있기 때문에 지배·개입의 행위는 신중하게 판단해야 한다고 본다. 즉, 노동력 이용자인 원청기업과 노동력공급자인 하청기업, 노동력 제공자인 근로자의 3당사자가 존재하는 경우에 원청기업은 비교적 자유롭게 하청기업과 그의 근로자에 대해서 영향력과 지배력을 행사할 것이다. 그리고 단순 노동력의 활용을 위하여 사내하도급을 활용하는 경우가 있을 것이다. 자동차산업의 경우가 그렇다고 생각된다. 그러나 문제가 된 조선업의 경우는 이 3당사자 이외에 발주자가 존재한다. 따라서 발주자와 원청기업, 원청기업과 하청기업 및 그의 근로자 사이의 4각관계에서는 발주자가 도급인으로서 원청기업에 대해 갖는 지시권이 별도의 의미를 갖게 된다. 이 발주자의 지시권은 경우에 따라서 원청기업에 공급된 하청기업 근로자의 활동과 이것으로부터 원청기업과 하청근로자 사이의 외부노동력 활용 형태에 대해서도 영향력을 미치게 된다. 이와 같은 발주자의 도급적 지시권이 외부노동력 활용 형태에 대해 영향력을 많이 발휘하는 경우로서 대규모의 설비공정이나 선박건조, 플랜트 공정, 대규모 건설 사업과 같이 발주자는 원청기업의 외부근로자와의 관계에서는 아무런 법률관계도 설정하지 않으면서 원청기업에 감리자나 감독자를 파견하여 도급목적물의 완성에 대하여 감독을 행하는 경우가 많다.

이 경우 발주자의 감독권은 원청기업이 직접 고용한 근로자나 원청기업이 하도급한 기업의 근로자의 작업방법에도 미칠 수 있다. 예를 들어 교량이나 선박, 대형구조물이나 플랜트의 공사는 근로자의 하자있는 노무급부에 의해서 전체 대규모 설비가 무용지물이 되는 경우도 있다. 선박 건조의 경우 도장에 하자로 인하여 선박에 녹이 슨 경우를 생각해 보면, 물론 도급계약의 범위에서 하자담보책임의 문제로 해결할 수 있겠지만, 이것은 사후의 문제이다. 오히려 하자가 발생하기 이전에 발주자나 그의 대리인인 감리자나 감독자는 원청기업의 전체 작업공정, 즉 도급목적의 지시권행사의 범위를 넘어서서 근로자들의 작업방법이나 교육, 안전사고예방, 공작물의 취급이나 위험시설물의 관리 등에 대해 구체적이고 사실적인 지시권을 행사하여 고가의 대형구조물이나 플랜트, 선박 등이 무용지물이 되는 것을 방지하고자 할 것이다. 무엇보다 안전관리의 중요성, 투하자본의 규모, 경미한 하자로 대형 설비가 무용지물이 될 가능성 등으로 일정한 전문기술을 수반하는 업무수행을 사전에 계약이나 스펙으로 정하여야 한다면 재료의 사용이나 이용방법, 그리고 절차 등을 작업지침서에서 정하여 도급인이 통제할 수도 있을 것이다. 이 점이 자동차 공장처럼 일부 제조업이나 건설회사의 경우처럼 도급인 스스로가 외부노동력을 자신의 사업목적을 달성하기 위하여 자신의 사업장에 편입시켜 지시권을 행사하는 3각관계와 다르다.

현대중공업 사건처럼 대형설비 공사의 경우는 업무의 성격상 공사의 정확도와 납기의 중요성과 투하자본의 규모, 인력의 안전성 등으로 인하여 거의 모든 공정과 절차가 스펙(Spec)을 통하여 상세하게 정해져 있다. 즉, 발주자인 도급인이 도급계약을 체결하면서 계약서 내에 당해 업무의 내용을 명확하게 열거하여 제시하고, 그에 투입될 인원의 수와 자격 그리고 그 감독과 장비에 관한 사항과 함께 교대 방식이나 여타 시설의 관리에 대해서도 상세하게 명시하고 있다. 실제 현실에서는 발주자가 사내하도급 기업의 노사관계에 대해 관여를 하는 경우도 존재한다. 이러한 4자관계에서는 발주자나 원청기업은 사내하도급 기업의 노사관계에 대해 매우 밀접한 이해관계를 갖고 있다. 대형설비나 선박의 공사에서 노사분규로 인한 사내하도급 업무의 중단은 경우에 따라서 원청기업에게 치명적 결과를 가져올 수 있기 때문이다. 말하자면 제한적이기는 하지만 사내하도급 기업에서의 노사분규 발생이 도급계약 당사자인 발주자와 원청기업에게 계약의 목적달성 장애가 될 수 있는 경우도 있다. 따라서 제3자인 원청기업의 부당노동행위 인정 여부, 부당노동행위의 의사의 존부 판단에 있어서는 실질적인 지배력과 영향력의 기준을 넘어서 구체적인 지배 · 개입의 동기와 배경, 지배개입의 의사, 사내하도급 노사관계에 대한 직접적인 이해관계 등을 종합적으로 고려하여 판단해야 한다고 본다. 원청기업이 지배개입의 부당노동행위 주체가 되기 위해서는 '종속기업의 존립을 좌우할 정도의 지배력'만으로는 부족하다고 생각한다. 판례가 이 점들을 고려하여 개별사례 상황들을 종합적으로 고려하여 판단하였는지는 의문이라고 본다.

대법원 판결은 제3자라하여도 노동조합과의 사이에 지배개입이 인정될 수 있을 정도로 구체적인 지배력과 영향력이 존재하므로 원청기업이 지배개입의 부당노동행위를 한 것으로 판단한 것 같다. 그런데 과거 노동조합법은 노사관계에 제3자가 개입하여 파행적으로 치닫는 것을 피하기 위하여 제3자 개입을 금지한 적이 있다(구노동조합법 제12조의 2, 구노쟁법 제13조의 2). 또한 1997년도 노동조합법 제40조는 법령에서 정한 자만이 단체교섭 또는 쟁의행위에 대하여 제3자로부터 지원을 받을 수 있도록 하고, 그 이외의 자는 단체교섭 또는 쟁의행위에 개입할 수 없도록 하였다. 여기서의 제3자는 근로관계를 맺고 있지 않은 자로 해석하였다.[148] 이 반대해석으로서 제3자의 범주에 들어가지 않는 자는 직접 근로관계를 맺은 자를 의미하기도 한다. 그러나 제3자 개입의 정당성은 노사당사자들이 결정할 문제이고, 개입하여 영향을 받는 경우에도 그 결과는 노사관계 당사자들이 받아들여야 한다는 생각에서 2006년도 개정법에서는 제3자 지원신고제도를 폐지하고, 벌칙규정도 삭제하였다. 이유는 이 규정이 노사 자율성을 침해하고 국제노동기준에 배치된다는 것이었다. 이로부터 집단적 노사관계법에서 제3자의 지위, 제3자의 문제가 사라진 것이라고 본다.

그런데 이러한 취지에 역행하여, 제3자의 행위를 지배개입의 부당노동행위로 처벌하는 것이 과연 죄형법정주의에 합당한지 의문이다. 집단적 노사관계법에서

---

148) 헌재 1993.3.11, 92헌마38.

사라졌던 제3자 처벌이 입법자의 의도에 반하여 부활한 것이다. 그러나 외부노동력 활용에서 여러 가지 문제가 발생한다고 하여도 그 상대방을 처벌하고자 한다면 죄형법정주의 원칙을 준수하여야 한다. 현대중공업 사건과 같이 제3자를 형사처벌이 뒤따르는 부당노동행위의 주체로 삼고자 한다면 법률의 해석이나 판례법 또는 판례의 법형성보다는 입법에 의하여 해결해야 한다고 본다. 외부노동력 활용이 여러 가지 문제가 발생하여도, 그리고 노동자 보호를 염두에 두어야 한다고 하여도 근로관계의 인정이나 각종 청구권의 인정과 같은 사법적 구제와는 달리 형사적 제재가 수반되는 부당노동행위에 있어서 제3자가 처벌되기 위해서는 별도의 입법조치가 필요하다.

전통적인 노동법의 형상인 직접적인 고용방식에서 노동력을 공급하는 자로부터 노동력을 제공받아 이용자가 이를 활용하는 노무공급형태는 매우 다양한 형태로 급속하게 확장되는 추세에 있다. 그러나 현행 노동법은 이를 담아 낼 그릇이 되지 못하고 있다. 따라서 여기에 노동법의 전체적 흠결(Gesamtlücke)이 존재한다. 이러한 흠결을 보충하기 위해서는 입법자의 개입이 정당한 길이라고 생각한다. 입법자의 결단이 없는 한 재판을 거부할 수 없는 법원의 입장에서는 어떤 형태로든 현행 노동법이 안고 있는 이 흠결을 불가피하게 치유하고 보충하는 수밖에 없다고 생각한다.

그러나 이 전체흠결은 보다 정교한 방법론의 통제 하에 엄격한 기준으로 보충되어야 한다고 본다. 따라서 사내하청 근로자의 보호 필요성을 염두에 두면서도 노동력 이용자와 노동력 공급자의 3각관계가 건전한 방법으로 유지되면서 3당사자의 이해관계와 기본권이 조화롭게 균형을 이루도록 해야 한다고 본다. 특정 당사자의 보호보다는 각 당사자의 이해관계의 조절과 질서체계의 구축이 더 중요하다고 본다. 그러기 위해서는 사내하도급 근로자의 보호를 위한 필요성은 각각의 유형별로, 대상별로 판단하여 그 보호원리가 정착되어야 한다고 본다. 따라서 사내하도급 근로자의 보호를 위해서는 '실질적인 지배력과 영향력'도 개별사례마다 다르고, 또 한번의 유형화나 사안마다의 특성을 고려하여 판단해야 한다고 생각한다. 이러한 일반조항과도 같은 '실질적인 지배력과 영향력' 기준을 다시 구체적으로 적용하고 유형화하는 것도 법원의 일이지만, 보다 정교한 기준을 정립하여 판례원칙을 세운다면 이것이 사내하도급 입법을 위한 하나의 초석이 될 것이다. 이를 위해서는 실제 현실에서 전개되는 이 고용형태 다양화의 형상을 받아들이면서 관계당사자의 이해관계를 조화롭게 조절하는 것이 필요하다는 것을 지적하면서, 대법원은 외부노동력 활용의 질서체계를 갖추었어야 한다.

3. 제3자의 근로3권 침해행위와 부당노동행위

일부의 견해는 파견법 제22조의 규정의 유무에도 불구하고 정당한 노동조합의 활동을 보장하기 위해서라도 근로자파견계약의 해지는 부당노동행위를 구성한다고 본다.[149] 그리하여 사용사업주와 파견사업주간의 근로자파견계약은 합법적인 행위로서 사적 자치의 보호를 받는다. 따라서 파견계약기간이 만료되었을 때 사용사업주는 당해 파견사업주와 계약을 계속적으로 갱신하여야 하는 법적 의무를 부담하지 않으며,[150] 합의해지 사유가 발생한 경우 계약해지권을 행사할 수 있다. 그러나 이러한 경제법적인 측면에서 사용사업주의 계약자유 원칙 보호는 노동법적인 관점에서 다시 제한이 될 수 있다. 사용사업주와 파견근로자의 관계가 비록 계약자유 영역에 속할지라도 계약해지 혹은 갱신 거부의 주된 이유가 파견근로자의 노조 활동에 있다면, 이는 계약자유 원칙의 미명 하에 헌법상 기본권으로 보장된 파견근로자의 노동3권을 침해하는 행위이며, 이를 그대로 용인할 수는 없기 때문이다.

이에 따라 현행 파견법 제22조 제1항은 "사용사업주는 파견근로자의 … 정당한 노동조합 활동 등을 이유로 근로자파견계약을 해지하여서는 아니된다"고 하여 파견근로자의 노동3권 행사를 보장하고 있다. 나아가 위에서 살펴 본 바에 따라 사용사업주를 노동조합법상 사용자 범주에 포함하여 이해할 수 있고 그에 따라 부당노동행위 주체성을 인정할 수 있으므로 파견법 제22조 규정이 없더라도 부당노동행위 성립이 가능하다. "파견근로자의 노조 활동만을 이유로 근로자파견계약을 해지하여 파견근로자의 근로관계 종료라는 불이익을 초래한 것이기 때문이다"라고 한다.

---

149) 이에 관해서는 조경배, 같은 논문 참조.

150) 하도급 거래관계에서 규제대상인 도급인의 부당한 행위 유형으로 계약 갱신 거부는 포함되어 있지 않다. 왜냐하면 하도급관계 규제에 관한 경제법적인 조치는 계약자유 원칙의 본질적인 내용을 부정하거나 침해할 수 없기 때문이다. 다만 하도급관계의 내용에 대해서만 공정한 거래질서 확립을 위하여 필요한 규제 조치를 가하는 것은 인정된다(하도급거래 공정화에 관한 법률 참조).

그러나 이러한 논리가 일반적으로 항상 타당한 것은 아니다. 왜냐하면 사용사업주에게 노사분규와 관련하여 근로파견계약의 해지를 위한 정당한 이익이 존재하는 경우에는 부당노동행위제도가 보호하고자 하는 근로3권 보장과 사용사업주의 경영권 보장 차원에서 두 기본권과의 실체적인 조화가 필요하고, 이를 위해서는 공익을 배려한다는 전제하에 두 이해관계 당사자의 이익형량을 해야 하기 때문이다. 그러한 대표적인 경우가 조선업의 경우 발주자가 노사분규로 인한 납기지연 등이 초래되는 경우에는 도급계약을 해지한다든가 하는 조항을 둔 경우, 과거의 노사분규로 인하여 발주자와의 선박수주계약이 취소되거나 거액의 손해를 배상한 경우 등은 비례성의 원칙 하에서 근로3권과의 비교형량이 필요한 부분이다. 선박의 수주는 대개 수억 달러 단위 이상을 초과하는 것이기 때문에 노사분규로 인하여 공기가 지연되고 그 결과 선박수주계약이 취소되는 경우는 정리해고의 경우처럼 긴박한 경영상의 필요성을 초래할 수 있는 것이다. 이러한 경우는 파견사업주와의 근로자파견계약의 해지사유로서 노사분규 발생을 규정할 수 있는 것이다. 사적 자치가 근로3권에 우선하는 경우도 있을 수 있는 것이다. 언제나 일방적으로 근로3권이 관철되는 것이 아니라, 다른 기본권과의 실체적인 조화가 필요한 것이다.

파견근로관계에서 부당노동행위가 자주 다투어지는 경우는 사용사업주가 파견근로자들의 노조 활동을 이유로 파견사업주와의 근로자파견계약을 해지하는 경우이다. 사내하도급의 경우도 이러한 문제가 자주 발생한다. 심지어 원청회사와 하도급업체의 계약에는 이와 같이 하청업체의 노사분규로 원청기업의 일을 하지 못하는 경우 도급계약을 해지하는 것으로 정하여져 있다. 그렇다면 제3자는 어느 한도에서 타인 기업 근로자의 근로3권 행사를 위해 자기결정권과 계약의 자유를 포기하여야 할 것인가? 구체적으로 발생하는 사례상황은 매우 다양할 수 있다.

– 예컨대 자신의 건축을 위해 수급인과 건축물의 완성을 위해 도급계약을 체결하고 도급인의 토지에서 건축공사를 하던 중 수급인의 근로자들이 도급금으로부터 임금이 적다고 노무공급을 거부하고 장기간 파업을 한 경우 건축주인 도급인이 건축물을 매일매일 방치하는 경우 막대한 손해발생과 자연재해를 이유로 도급계약을 해지하고 다른 수급인과 도급계약을 체결한 경우 그로 인하여 처음의 수급인은 다른 공사를 수주하지 못하여 도산하고, 그 근로자들의 노동조합도 소멸한다면 도급인은 도급계약을 해지하지 못하고 근로자들의 근로3권 행사를 무조건 수인

(受忍)하여야 하는가? 도급계약의 해지로 처음 수급인이 폐업하고 노동조합이 소멸된 경우 도급인은 부당노동행위의 책임을 부담하여야 하는가?

– 과거 극단적인 노동쟁의로 인하여 막대한 손실과 회사의 경영위기를 경험한 회사가 하도급근로자들의 노동쟁의로 인하여 발주자에게 적기에 생산물을 납품하지 못하여 발생하는 막대한 지연배상금의 위험에도 불구하고 하도급근로자들의 노동조합활동과 쟁의행위를 그대로 감수하여야 하는가?

– 백화점의 오픈이 백화점 내에 입점할 회사 근로자의 노사분규로 상당기간 지연될 우려가 있는 경우 백화점 운영자는 이 근로자들의 근로3권 행사를 그대로 수인하면서 오픈을 지연하여야 하는가?

이렇게 제3자의 이해관계가 하도급인 내지 사용자와 그의 근로자 사이의 근로3권 행사와 연결되어 있는 경우의 전형적인 문제영역은 쟁의행위와 제3자의 손해문제이다. 이 문제영역에서는 사업주와 거래하는 상대방이나 사업의 성질상 공익에 관련된 사업장에서 집단적 분규가 발생하는 경우 일반인에게 노동조합이나 조합원은 책임을 부담하는가 하는 것이 문제이다. 여기서는 주로 쟁의행위를 하는 노동조합과 조합원이 사용자와 거래관계에 있는 제3자 또는 일반인에게 책임을 부담하는가가 문제된다. 반대로 말한다면 일반인이나 사용자의 거래상대방은 사용자의 사업장에서의 근로3권 행사에 대해서 어느 정도 수인의무가 있는가 하는 것이 문제된다. 이에 대하여 여기서 문제가 되는 것은 사용자의 거래상대방이나 일반인은 사업주의 사업장에서 근로3권 행사에 대하여 자신의 권리에 장해가 발생하거나 발생할 우려가 있는 경우 계약의 해지 등의 수단으로 자신의 이해관계를 방어할 수 있는가 하는 문제이다. 전자가 근로3권 주체의 제3자에 대한 책임의 문제이고, 후자는 근로3권 주체의 근로3권 행사에 대한 제3자의 위험방어라는 점에서 두 문제는 동전의 앞 뒤와 같이 책임(Haftung)과 위험(Risiko)의 분배문제이다. 그런데 근로3권 주체의 제3자에 대한 책임 문제의 처리에 있어서 이론의 큰 흐름은 근로3권 보호이다. 따라서 사용자가 그의 거래상대방에 대해 종류물 채무를 부담하거나 쟁의행위로 인하여 발생될 수 있는 공급위험을 명시적 또는 묵시적으로 인수한 경우[151] 이외에는 사용자는 정당한 쟁의행위의 당사자가 되는 한, 그의 계약상

151) 이 경우는 사용자의 거래상대방이 사용자에게 갖는 이행청구권은 그대로 존속한다고 본다. 김형배, 노동법, 박영사, 2009, 886면 참조.

대방에게 이행할 의무를 부담하지 않는다. 이렇게 사용자가 이행의무를 면하는 근거는 그가 헌법 제33조 제1항에서 보장된 협약자치제도의 당사자로서 노사 사이의 근로조건의 결정과 관련된 정당한 행위를 하는데서 찾을 수 있다는 것이다. 민법적으로 볼 때 이 경우 쟁의행위는 양 당사자의 책임없는 사유로 인한 것이므로, 채무자인 사용자는 급부의무를 부담하지 않는다는 것이다.[152)]

이러한 기본구조는 근로자와 노동조합의 제3자에 대한 불법행위책임[153)]에서도 유지된다고 본다. 즉, 근로자의 쟁의행위가 정당성을 갖는 한 근로자와 노동조합은 제3자에 대해서도 민사상의 책임을 부담하지 않는다는 것이다. 그 근거로는 헌법 제33조에 의한 쟁의행의의 정당성에서 찾는다.[154)] 말하자면 헌법 제33조 제1항에 의하여 보장되는 쟁의행위가 정당성을 가지는 한 근로자들의 사용자에 대한 민사상의 책임뿐만 아니라, 제3자에 대한 불법행위도 배제되므로 제3자는 그와 같은 쟁의행위에 의하여 받은 손해를 감수하지 않으면 안 된다는 것이다. 그리고 그와 같은 근로3권 보장 원리도 무한정 적용되는 것이 아니라, 권리남용 법리에 의한 제동을 받는다고 본다. 즉, 특정 조업만을 계속 중단함으로써 특정한 제3자에게 반복적으로 손해를 가할 때에는 쟁의권행사가 권리일반에 공통적으로 적용되는 권리남용으로서 침해의도의 직접성이 인정되면 불법행위 책임을 부담한다는 것이다. 따라서 근로자와 노동조합의 제3자에 대한 책임은 근로3권의 보장 원리에 의해서 면제되지만, 쟁의권행사는 권리남용의 통제를 받는다는 것이다.

이러한 이론이 타당하다는 것을 전제로 제3자가 근로3권을 행사하는 근로자와 노동조합에게 책임을 물을 수 없다면 제3자는 근로3권 행사의 위험으로부터 벗어나거나 위험에 대해서 방어할 수단을 주는 것이 책임과 위험의 적정한 균형과 조화의 관점에서 타당하다. 제3자가 자신에게 손해를 가하는 행위자인 노동조합과 조합원에게 책임을 물을 수 없다면, 그에 상응하여 그 손해발생으로부터 벗어날 수 있어야 하는 것이 책임과 위험의 등가성(aquivalent)의 관점에서 타당하다. 따라서 책임을 물을 수 없다면 위험으로부터 벗어날 기회를 주어야 한다. 책임도 물을

152) 김형배, 앞의 책, 886면 참조.

153) 조합원과 노동조합은 사용자의 거래상대방이나 일반과 계약관계가 없기 때문에 불법행위 책임이 문제된다.

154) 이병태, 최신노동법, 중앙경제사, 2005, 379면; 김형배, 앞의 책, 891면; 박상필, 노동법, 551면 등 우리나라의 통설적인 입장이다.

수 없고, 위험으로부터 벗어나지 못하게 하는 것은 일방적 생각으로서 근로3권의 과잉보호임과 동시에 비례성의 원칙을 위반하는 제3자의 기본권 침해이다. 그런 점에서 사내하도급에서도 그 적용이 논란이 될 수 있는 파견법 제22조 규정 중 '파견근로자의 정당한 노동조합의 활동을 이유로 근로자파견계약을 해지하여서는 아니된다'의 부분은 위헌의 소지가 있으며, 매우 제한적으로 해석하여 권리남용 금지의 법리 차원에서 시카네 금지 법리나 '기대가능성'의 기준에 따라 재구성되어야 할 규정이라고 본다.

이와 같이 본다면 노동력을 이용하는 user가 도급계약이나 근로자파견계약을 해지하여 근로3권행사의 위험으로부터 벗어나는 것은, 노사분규나 근로3권 행사에 대해서는 책임을 물을 수 없다는 것에 대한 상관개념(Korrelat)으로서의 대응물이라고 보아야 한다. 따라서 노사분규나 근로3권의 행사는 user와 근로자를 고용한 사용자의 거래객체가 될 수 있으며, 노사분규를 계약의 해지조건으로 삼는 것도 책임과 위험 분배의 균형상 가능하다고 보아야 한다. 만일 도급계약 당사자의 계약관계 단절 내지 종료의 의사합치에도 불구하고 부당노동행위 구제명령에 의해 계약관계의 존속을 명한다면 이는 일종의 계약강제로서 사적 자치와 계약자유의 원리에 반하는 것이다. 이는 집을 지으러 다니는 수급인 근로자의 노조활동을 이유로 건축주에게 무한정 기다리며 계약을 유지시키라고 강요하는 것이나 마찬가지이다. 과연 근로자에 대해서는 제3자의 지위에 있는 건축주가 도급계약을 해지하지 않고, 그 근로자들의 근로3권 행사를 용인하고 감내하라는 수인의무(Duldungspflicht)를 부과하는 것이 정당한지에 대해서는 의문이 있을 수밖에 없다.

물론 이러한 원청기업의 계약자유가 무제한적으로 허용될 수 없다. 근로3권 행사로 인하여 제3자에게 책임을 물을 수 없는 것도 권리남용의 통제 범위에 있는 것처럼 제3자가 계약을 해지하여 근로3권 행사의 위험으로부터 벗어나는 것도 권리남용 법리로 제한을 하는 것이 책임과 위험 분배의 균형상 타당하다고 본다. 예를 들면 그러한 계약해지권의 행사가 시카네 금지법리에 저촉되는 경우로서 계약해지권 행사가 제3자에게 아무런 이익이 되지도 않음에도 불구하고 제3자가 오로지 하도급 기업 근로자의 노동조합활동을 혐오하기 때문에 계약해지권을 행사하거나 계약해지의 사유가 오로지 하도급 기업 근로자들의 노조결성이나 노조방해 목적으로 행하여지는 경우가 이에 해당한다. 물론 어느 경우가 권리남용에 해당하는지는 구체적 사례상황에 따라 달리 판단해야 할 것이지만, 권리남용법리에 기초가 되어 있는 '기대가능성' 기준에 따라서 판단하여야 할 것이다.

이와 같이 본다면 대법원은 노동력의 이용자인 원청기업에게 계약해지권 남용이 있는지 없는지를 검토하는데 중점을 두어야 하는 것이지, 부분사용자개념의 일반적 법리나 사실관계를 중시하는 '구체적이고 현실적인 근로조건 결정권설'이나 '실질적 지배력설'에 의존할 것이 아니라고 본다. 따라서 사안에서는 제3자인 원청기업에게 권리남용이 있는지를 검토하는 것이 중요한 문제이다.

4. 원청기업의 계약상 권리의 남용 여부

현대중공업 사건의 원심인 서울행정법원이 원청기업 도급계약의 해지의 관점에서 부당노동행위를 인정하고자 한 부분은 다음과 같다. 먼저 사실관계의 측면에서 인정한 부분은 다음과 같다. 즉, 하도급 기업 일부 근로자들이 노동조합준비위원회를 결성하고 비밀조합원제도를 유지하여 오다가 불가피하게 일부 조합원의 신분이 노출되자 하도급 기업노조 창립총회를 거쳐 노조설립신고증을 교부받았다는 것이다. 그 후 조합원들이 근로기준법의 준수를 요구하는 서명작업을 하자, 하도급 기업은 폐업예고를 하면서 조합원들에게 폐업철회의 조건으로 서명용지를 폐기할 것을 요구하였고, 조합원들이 서명용지를 폐기하자 폐업예고를 철회하였다는 것이다. 그런데 각 하도급업체 소속 근로자 일부가 일방적인 단가인하에 반발하면서 집단조퇴하는 사태가 발생하자, 조합원에게 폭행하면서 폐업공고를 하고 조합원들을 해고한 다음 폐업신고를 마쳤다는 것이다. 그런데 원청기업의 계약해지권의 행사가 권리남용이 되기 위해서는 그 계약해지권 행사가 반조합적 의사를 가지고 조합의 결성을 저지 또는 방해하려고 하거나, 조합을 회유하고 약화시키려고 하거나, 조합의 운영 · 활동을 방해하려고 하거나, 조합의 자주적 결정에 간섭하려고 하는 목적에서 행하여져야 한다.

물론 이러한 사실이 구체적인 이 사건에 존재하는지는 증거에 의하여 입증하여야 하는 문제이다. 그러나 원청기업에 그러한 반조합적 의사가 있었는지는 원심판결문이나 대법원 판결문 전체를 살펴보아도 이를 지적한 것은 없다. 또한 반조합적 의사가 있었다 하더라도 이는 앞서 지적한 계약해지에 대한 원청기업의 정당한 이익과 위험의 분배 원칙과 경합하는 것이기 때문에 이에 대한 비교형량을 해야 함에도 불구하고 원심과 대법원 판결은 일방적으로 반조합적 의사를 정황증거에 의하여 추정하고 있고, 권리남용의 법리상 제3자로서 원청기업에 계약해지권 행사가 기대가능한 것이었는가를 판단해야 함에도 이를 행하지 않았다. 원심 과 대법원의 관심은 오히려 지배 · 개입의 부당노동행위의 인정으로 집중되어 있다. 특히 대법원에 따르면 원청기업은 사내하도급업체의 노동조합의 단결 및 활동을 방해하기 위하여 협력업체의 물량을 조절하거나 도급계약의 해지 등을 통해 협력업체의 폐업을 초래하였고, 이에 협력업체가 조합원들을 해고한 것이므로 지배 · 개입의 부당노동행위를 하였다는 것이다. 여기서 도급계약의 해지와 관련하여 살펴보면 대법원은 '원청기업이 사내하도급업체의 노동조합의 단결 및 활동을 방해하기 위하여 도급계약의 해지 등을 통해 협력업체의 폐업을 초래하였다'고 본다. 그럼에도 여전히 의문시 되는 것은 단결방해 목적과 도급계약의 해지 사이에 법적인 연결고리로서 관계개념이 설정되어야 하는 바, 도급계약의 해지에 대해 정당한 이익을 갖는 원청기업은 오로지 단결방해 목적으로 도급계약을 해지하는 경우에 비로소 권리남용이 성립하게 되는데, 그러한 단결방해 목적이 이 사건에서 증거에 의해서 밝혀졌는지 원심과 대법원은 아무런 언급이 없다.

5. 지배 · 개입으로서 폐업에 대한 관여행위

원심이나 대법원이 원청기업의 지배 · 개입의 부당노동행위를 인정하기 위해서 끌어들이고 있는 사실관계나 법적 판단은 다음과 같다. 먼저 협력업체의 폐업이 원청회사의 지배 · 개입인 경우에 그 지배 · 개입은 은밀히 진행되어 근로자들이나 노동조합은 증거확보가 어려울 것이라는 사정을 감안할 때 협력업체의 폐업에 원청회사가 직 · 간접적으로 관여 내지 간섭하였던 것으로 보이고, 이는 근로자들의 정당한 노동조합의 운영을 방해하려는 것으로서 지배 · 개입의 부당노동행위라는 것이다. 원심이나 대법원이 이러한 직 · 간접적인 간섭을 증거하는 사실로 인정한 것은 다음과 같다. 즉,

i) 원청기업이 사내하도급 기업 노동조합에 대하여 노조설립 준비단계부터 그 실체를 파악하고 그 진행상황을 주시하고 있었다는 점,

ii) 사내하도급 기업 노동조합이 설립 당시부터 원청회사를 단체교섭의 상대방으로 보고 하청노동자 양산 및 고용안정에 대한 원청기업의 일차적 책임을 요구한 바가 있었고, 과거에 격렬한 노사분규를 경험하였던 원청회사는 이에 대해 적지 않은 고심을 하여 왔을 것이고, 또 협력업체의 노사분규로 인한 파업, 단체협상을 통한 임금인상 등은 수주물량의 이행차질 및 도급단가의 인상 등을 초래하여 곧바로 원청회사의 경영여건을 악화시키는 것이므로 사내하도급 기업 노동조합의 설립 및 활동은 회사에 있어서 상당한 관심사항일 수밖에 없다는 점,

iii) 원청회사의 사내하도급업체의 대부분이 원청회사의 업무만 수행하고 있고, 원청회사는 협력업체에 대한 개별도급계약의 체결 여부, 즉 물량을 그 계획에 따라 주도적으로 조절할 수 있는데다가 그 외에도 도급계약의 해지, 협력업체 등록해지권한을 가지고 있는 등 협력업체에 대하여 우월한 지위에 있다는 점,

iv) 사내하도급업체들은 경영상 폐업할 별 다른 사정이 없었음에도 불구하고 노동조합 설립 직후에 노동조합의 임원들이나 조합원들의 신분이 공개된 협력업체들은 모두 폐업결정을 하거나 소속 조합원을 해고하였는바, 협력업체의 폐업이나 해고는 노동조합의 설립 이외에 다른 이유가 없어 보인다는 점,

v) 협력업체들은 폐업 전까지는 별다른 문제없이 나름대로 잘 운영되어 온 회사들로서 전에 노사분규를 경험해 본 적이 없고 수십 명의 소속 근로자를 두고 있으며, 근로조건에 대한 협상요구를 받은 즉시 폐업을 결정하였다는 점, 협력업체의 경영진 대부분이 원청회사의 협력업체를 경영하는 것 외에는 별 다른 사업방안이 없었던 것으로 보이는 점에서 폐업결정은 협력업체의 독자적인 결정이라고 보이지 않는다는 점,

vi) 사내하도급업체의 폐업결정 직후 새로운 회사가 설립되어 폐업한 회사 근로자의 상당수가 고용되어 폐업한 회사가 종전에 맡은 원청회사의 작업을 하고 있었고, 영세하고 정보력이 부족한 협력업체들의 개별적인 의지나 독자적인 능력만으로 폐업 및 직원모집, 회사설립, 업무인계 등의 복잡한 업무가 원청회사의 운영에 별다른 차질을 주지 않도록 서로 연결되어 신속하게 진행되었다고는 보이지 않는다는 점,

vii) 사내하도급업체는 약정 기간 내에 공사를 완료하지 못한 때에 지체상금을 지급할 의무가 있고, 폐업시 협력업체의 채무는 예치한 계약보증금에서 우선 변제

되어야 하는 바, 예정에 없는 폐업을 할 경우 개별도급계약의 불이행으로 인한 손해를 부담하여야 할 입장에 있는 협력업체들이 이러한 손해를 감수할 여지가 있음에도 노동조합의 설립 후 단기간 내에 폐업을 결정한 것은 협력업체만의 독자적인 결정으로 보기 어렵다는 점,

viii) 원청회사가 시행하고 있는 사내협력사 기본관리규정에 노사분규로 인하여 정상적인 작업수행이 어렵다고 판단할 때 도급계약을 해지할 수 있다고 규정하고 있는데, 원청회사로부터 소속 근로자가 원청회사에서 유인물을 배포하는 등 회사 운영을 방해하고 있다면서 경고를 받은 협력업체들이 동시에 경고를 받은 후 폐업하였다는 점 등이다.

그러나 법원이 사용자로서 원청회사가 지배 · 개입의 부당노동행위를 하였다는 점을 인정하기 위해서 내세우는, 사내하도급의 업체의 폐업에 대한 관여나 간섭의 사실을 인정하기 끌어들인 위 논거가 타당한가에 대해서는 다음과 같은 이유에서 문제가 있다.

i) 먼저 노동조합법 제81조 제4호 소정의 지배 · 개입의 부당노동행위 규정은 이에 위반한 경우 2년 이하의 징역 또는 2천만원 이하의 벌금을 부과할 수 있는 노동형법규정이다(노동조합법 부칙 제90조). 따라서 부당노동행위제도가 아무리 원상회복을 목적으로 하는 것이라 하여도 구성요건, 위법성, 유책성과 인과관계 등 형법에서 요구하는 엄격한 요건을 갖추어야 하며, 추정이나 간접정황 증거나 예단 등이 개입해서는 안 되고, 죄형법정주의 원칙상 유추금지나 확장해석 금지의 원칙도 지켜져야 한다.

ii) 이 사건에서 부당노동행위 인정을 위해서 노동조합 활동을 이유로 사업을 (위장)폐업했다면 이 사내하도급업체들이 부당노동행위의 주체들이다. 물론 이 회사가 위장회사나 실체없는 종이회사라면 당연히 원청회사가 부당노동행위의 주체가 될 것이다. 그러나 법원도 인정하는 바와 같이 문제가 된 사내하도급업체는 사업주로서 독자성을 가지고 있기 때문에 폐업의 주체도, 반조합적 활동의 주체도 사내하도급업체가 된다. 따라서 제3자인 원청회사가 어떤 영향력을 미쳤고, 폐업에 대해 관여나 간섭을 하였는가에 상관없이 부당노동행위의 주체는 폐업을 단행한 사내협력업체들이다. 법원이 나름대로 판단한다면 그리고 형법의 원칙들을 존중한다면 하청근로자들의 조합활동이 문제가 되어 도급계약 해지가 우려되는 협

력업체의 부당노동행위에 교사범으로 또는 공모공동정범으로서 원청기업이 부당노동행위를 하였는지, 이를 뒷받침할 증거가 있는지, 종국에는 부당노동행위의 교사범이나 공동정범의 처벌이 가능한지를 검토했어야 할 것이다.

그런데 이 제3자를 동시에 형벌이 부과되는 부당노동행위의 주체로 인정하기 위해서는 먼저 이 자가 사내협력업체의 폐업에 직·간접적으로 관여한 것만으로는 부족하고, 그 관여로 인하여 협력업체들이 폐업을 하였다는 인과관계의 증명이 있어야 하고, 그 폐업의 목적은 오로지 노동조합의 설립과 활동 때문이었다는 것을 입증하여야 한다(관여와 폐업, 반조합적 활동과 폐업의 이중의 인과관계). 그러나 원래의 부당노동행위의 주체로서 사내협력업체는 원청회사가 과거에 노사분규로 극심한 갈등과 경영상의 어려움을 겪어왔었다는 것을 알고 있었고, 따라서 자신들 소속 근로자들이 원청회사에 노동조합 설립과 교섭을 요구하게 되면 이미 체결한 도급계약의 내용에 따라 계약해지의 위험이 있을 것이라는 것을 알고 있었기 때문에, 사내협력업체들은 이 회사를 폐업하고 다시 회사를 설립하는 방법을 선택한 것으로 보인다. 따라서 제3자인 원청회사가 아무리 직접적이고 간접적인 관여를 하였다고 하여도 폐업은 사내하도급업체들이 독자적으로, 그리고 미리 알아서 단행한 것으로 보지 않으면 안 된다. 노동조합의 움직임이 있으면 원청회사로부터 도급계약 해지의 가능성이 있어 협력업체들이 자발적으로 폐업한 것으로 보지 않으면 안 된다. 그럼에도 영향력 행사의 사실이나 관여의 사실만으로 제3자를 부당노동행위의 노동형벌을 가하는 것은 죄형법정주의 원칙에 반하는 것이다.

iii) 그런데 법원은 원청회사의 관여와 그로 인한 협력업체의 폐업 사이에 직접적인 인과관계가 입증되지 않았음에도 불구하고 폐업은 독자적으로 내린 결정이 아니라, 원청회사의 우월적 지위 또는 영향력의 행사에 의한 것이라고 예단을 하고 있다. 아마도 법원은 판결의 대상이 된 중앙노동위원회 재심결정에서 나타난 바와 같은 '원청회사의 우월적 지위와 영향력의 행사에 의한 것으로 추정'할 수 있고, '원청회사의 도급업체에 대한 실질적인 영향력과 지배력에 의해, 정당한 사유가 없는 물량변동으로 협력업체들의 사업폐지, 그것으로 인한 해고 등 불이익처분과 노동조합활동의 침해 사이에 인과관계를 추정할 수 있다'고 한 맥락을 그대로 수용한 것으로 보인다. 그러나 이 인과관계는 증거에 의해서 입증되어야 하는 바, 노동조합과 근로자들이 협력업체의 폐업에 대해 원청회사가 영향력을 미쳤는지,

어떠한 영향력을 미쳤는지, 그 영향력 행사에 의해 구체적으로 협력업체의 폐업이라는 결과를 가져 왔는지를 증거에 의하여 입증하였는지는 분명하지 않다. 앞서 제시된 법원 판결의 근거들을 보면 원청회사들이 그렇게 영향력을 행사하여 협력업체가 폐업을 했었을 것이라는 예단이나 짐작, 또는 추정이 대종을 이룬다. 그러나 이미 앞에서도 본 바와 같이 제3자는 책임과 위험 분배의 균형적인 관점에서 도급계약의 해지에 대해서 정당한 이익을 갖는 자이기 때문에 도급계약의 해지의 위협이라는 영향력을 행사할 수 있음은 당연하다. 그러한 영향력을 받은 협력업체가 사업체를 폐업할 것인가 하는 것은 그 자신의 고유한 결단의 영역이다. 그럼에도 이 결단의 영역에 대해서 원청회사의 영향력이 인과관계의 측면에서 결정적인 것이었다는 것은 증거에 의해서 입증되지 않으면 안 된다. 그러나 법원이 들고 있는 논거에는 이것이 없다. 또한 원청기업이 협력업체들의 폐업에 관여한 것으로 주장되는 논거 중의 하나는 원청회사가 협력업체들에 대하여 정당한 사유도 없이 물량변동을 하였다는 것이다. 그러나 법원도 인정하는 바와 같이 협력업체들의 폐업 당시 원청회사로부터 도급받는 물량이 급격히 줄어들거나 경영상의 어려움이 없었다는 점을 인정한다. 따라서 원청회사가 협력업체에 영향력을 행사하거나 우월적 지위에 있다고 하여도, 그리고 도급계약의 해지의 위협을 통보하여도 폐업에 대한 최종 결정권은 협력업체에 있는 것이다. 이로부터 폐업은 협력업체가 미리 알아서 단행된 것으로 밖에 판단되지 않으며, 여기에 원청회사의 영향력이 결정적이었다는 것을 인정할 만한 사실관계의 입증이 없다. 또한 제3자의 도급계약 해지의 위협을 넘어서 폐업에 대한 영향력이나 관여 행위는 이것이 반조합적 의사로서 행하여졌는가, 말하자면 부당노동행위의 의사가 객관적으로 존재하였는가도 검토되어야 하는 바 법원 판결은 이에 대한 판단이 없다.

iv) 원청회사가 사내협력업체들의 폐업에 직접 관여를 했다는 사실은 입증책임의 분배 원칙상 이를 주장하는 근로자나 노동조합이 입증하여야 하지만, 법원 판결은 당해 노동조합이나 근로자로서는 '그 수중에 관련증거가 있을 수 없거나 그 증거의 확보가 어렵다는 사정'을 인정하면서 원청회사가 협력업체의 잦은 폐업에 직·간접적으로 관여했던 것으로 판단한다. 그러나 폐업관여 사실로 든 여러 가지 논거들은 추측, 예단, 짐작에 지나지 않음과 동시에 이 증거확보의 어려움은 원청회사의 폐업관여 사실을 인정하는 근거로 끌어들일 수는 없다. 이것은 'A가 안 되니 B가 정당하다'는 식의 것으로 간단한 논리법칙을 위반하였을 뿐만 아니라, '입증하기가 어려워 범죄혐의사실이 인정된다'는 것과 다르지 않은 것으로서 이것이 죄형법정주의가 기초하고 있는 노동형법에서는 통용될 수 없다.

v) 또한 폐업에 대한 관여사실로서 들고 있는 '원청기업이 사내하도급 기업 노동조합에 대하여 노조설립 준비단계부터 그 실체를 파악하고 그 진행상황을 주시하고 있었다'는 점과 '사내하도급 기업 노동조합이 설립 당시부터 원청회사를 단체교섭의 상대방으로 보고 하청노동자 양산 및 고용안정에 대한 원청기업의 일차적 책임을 요구한 바가 있었고, 과거에 격렬한 노사분규를 경험하였던 원청회사는 이에 대해 적지 않은 고심을 하여 왔을 것이고, 또 협력업체의 노사분규로 인한 파업, 단체협상을 통한 임금인상 등은 수주물량의 이행차질 및 도급단가의 인상 등을 초래하여 곧바로 원청회사의 경영여건을 악화시키는 것이므로 사내하도급 기업 노동조합의 설립 및 활동은 회사에 있어서 상당한 관심사항일 수밖에 없다'는 점은 증거에 의하여 사실을 인정한 것이 아니라 법원의 독단적인 예단임과 동시에 객관적인 사실에도 부합하지 않는다. 그러나 더 중요한 것은 그것이 사실이라고 하여도 이미 앞에서 말한 바와 같이 제3자인 원청기업은 책임과 위험 분배의 조화 관점에서 사내하도급 기업의 노사분규나 노사갈등의 진행에 대해서 관심을 가져야 할 정당한 이익이 있다. 그러한 정당한 이익이 어떻게 제3자인 원청기업의 부당노동행위 인정을 위한 증거가 되어야 하는지 판결은 이에 대한 논증을 해야 하는데, 논증이 없으므로 원심 판단은 예단에 지나지 않는 것이다. 또한 법원은 사내협력업체들이 경영상 폐업할 별다른 사정이 없음에도 노조설립 이후에 근로자들이 조합의 임원임이 드러나고 근로조건에 대한 협상요구를 받은 즉시 폐업을 결정한 것으로 미루어 볼 때 폐업의 이유는 조합의 설립이외의 것은 없다고 한다. 설령 조합설립의 이유로 폐업을 하였다고 하여도 그것은 사내하도급업체의 독자적인 결정에 의한 것이고, 협력업체가 폐업을 용인하고 거래종료를 받아들이기만 하면 원청기업이 그 폐업결정에 대해 지배 · 개입을 한 것이라고 보는 것은 독자적으로 운영되는 사내하도급 기업들의 의사결정과정을 전적으로 무시하는 것이다. 원청기업의 행태는 폐업에 어느 정도 영향은 미쳤다고 하더라도 폐업에 직접적인 원인을 제공하였거나 부당노동행위가 인정될 정도의 인과관계를 형성하는 것도 아니다. 오히려 문제된 사안에서 당사자들이 증거에 의하여 입증하여야 할 사실은 바로 협

력업체의 폐업이 진정한 것인가이다. 이로써 위장폐업에 의한 사내하도급업체의 부당노동행위 여부가 결정될 것이기 때문이다. 만일 당해 사건이 위장폐업이 아니라 진정한 폐업이라면 협력업체의 부당노동행위도 성립되지 않고, 노동조합의 존속을 위하여 폐업을 강제할 수도 없으며, 더욱이 사용자인 협력업체의 진정한 의사로써 폐업한 것이기 때문에 – 아마도 근로자들의 파업에 대해 사내하도급업체는 이에 대항할 수단으로 폐업을 하여 노동조합이 존속하지 못한다고 하더라도 그것은 부당노동행위가 성립되지 않을 것이다 – 제3자인 원청기업이 폐업에 관여함으로써 부당노동행위가 성립될 여지는 그만큼 적어지게 된다.

6. 제3자 부당노동행위 인정의 헌법적 문제

일본은 우리와 달리 사용자에 대한 개념규정이 존재하지 않는다. 또한 일본에서는 부당노동행위는 구제명령의 대상이 될 뿐이다. 그러나 우리나라는 부당노동행위가 형사처벌의 대상이다(노동조합법 제90조). 따라서 제3자인 원청기업을 부당노동행위로 처벌하기 위해서는 노동형법의 적용 전에 죄형법정주의 위반을 검토하여야 하며, 노동형법의 적용에 있어서도 엄격해석의 원칙은 지켜져야 한다. 이 경우 노동조합법 제90조의 노동형법 규정과 노동조합법 제81조 제4호의 규정과 사용자의 정의에 관한 노동조합법 제2조 제2호의 사용자개념규정은 유기적이고 체계적으로 더욱 엄격하게 해석되어야 한다. 무엇보다도 노동조합법 제2조 제2호의 사용자는 자의적으로 확대되거나 축소되어서는 안 되는 규범적 개념이다. 그리고 노동조합법 제81조 본문 규정도 부당노동행위의 주체를 '사용자'라고 표시하고 있으므로 원래 사용자 이외의 자를 유추의 방법으로 사용자의 범주로 끌어오거나, 제3자에게로 확대하기 위해서는 (노동)형법상의 법원칙을 적용하지 않으면 안 된다. 즉, 죄형법정주의 원칙 하에서 유추와 확장해석의 금지와 법률명확성의 원칙을 준수하지 않으면 안 된다.

그런데 법원은 원청기업이 '근로조건 등에 관하여 현실적이면서 구체적으로 지배, 결정할 수 있는 지위'에 있기 때문에 (부분)사용자라는 것이다. 그러나 이미 앞에서도 지적한 바와 같이 '근로조건에 관한 현실적이고도 구체적인 결정을 할 수 있는 지위'라는 것은 추상적이고 애매하여 사례 상황에 따라 매우 다양하게 해석될 수 있으며, 동시에 사용자개념의 외연이 크게 넓혀질 수 있다. 외부의 노동력을 이용하는 user의 입장에서는 사내하도급 근로자들이 단체교섭을 요구하는 경우 자신들이 이들 근로자들의 사용자인지를 판단할 수 없고, 오히려 근로계약을 맺은 사실이 없기 때문에 그 근로자들의 사용자가 아니라고 하여 단체교섭을 거부할 수도 있다. 그런데 부당노동행위든 단체교섭의무든 제3자인 원청기업은 자신들이 사내하도급 근로자들의 사용자인지 아닌 지의 문제가 개별적으로 발생하여 사법적 판단이 내려진 이후에야 비로소 자신이 노동조합법상의 사용자라는 것을 알게 된다. 이것은 원청기업의 입장에서는 예측하기 어려운 것으로서 법적 불안정성이 초래하게 된다. 또한 원청기업이 사용자라는 사법적 판단을 받은 후에 '현실적이고 구체적인 근로조건 결정지위'를 시정한 후에도 자신이 하청업체의 사용자로 사법판단된 사실로 인하여 여전히 단체교섭을 해야 하는지 알 수 없는, 따라서 단체교섭 거부의 부당노동행위로 처벌을 받지 않나 하는 매우 불안정한 상태에 빠지게 된다.

또한 사용자개념을 제3자에게 확대하는 경우 하도급 계약체결 사실에 의해 원청기업과 하도급 기업 근로자들과의 근로계약관계가 존속하는 것처럼 의제될 수 있으며, 원청기업이 하도급기업과의 도급계약을 해제하는 경우 하도급기업 근로자를 해고하는 것과 같은 법률관계가 형성되는 것으로 의제되는 결과도 발생하게 될 것이다. 또한 이미 앞에서 언급한 것처럼 제3자인 도급인은 수급인과 그 근로자들의 내부관계인 노동조합문제에도 불구하고 도급계약을 해지하는데 대해 정당한 이익을 가지며, 책임과 위험분배의 균형관점에서도 도급계약 해지를 계약내용으로 할 수도 있다. 그럼에도 사내하도급 기업의 독자적인 폐업결단과 자유로운 의사합치에 의한 도급계약해지에도 불구하고 이를 부당노동행위로서 시정을 명하거나 형사처벌을 한다면 이는 도급계약 당사자의 사적자치와 계약의 자유를 침해하는 것이다.[155]

노동조합법 제81조의 부당노동행위는 동법 제90조의 벌칙규정에 의하여 그 실

155) 사내하도급 근로자나 파견근로자가 사용사업주나 원청기업에게 단체교섭을 할 수 있다면, 원청기업과 사내하도급 기업의 도급계약이나 파견사업주와 사용사업주와 파견사업주의 근로자파견계약은 아무런 의미를 갖지 못한다. 단체교섭에 의하여 양 당사자 사이의 계약내용이 변경되기 때문이다. 3당사자의 법률관계의 시작은 도급계약이나 근로자파견계약이고, 이를 중심으로 법률관계가 전재되어야 하는 것이므로 독일법은 파견근로자들의 사용사업주에 대한 단체교섭이나 쟁의행위를 인정하지 않는다. 같은 이유에서 하도급 기업 근로자들이 원청기업을 상대로 단체교섭을 요구하여 임금 등이 인상된다면 도급계약은 아무런 의미도 갖지 못하게 될 것이다.

효성이 담보된다. 이와 같은 노동형법규정은 아무리 피해자인 근로자의 근로3권을 보장하고자 한다고 하여도 유추와 확대 해석되어서는 안 된다. 이것이 형법의 원칙이다. 그럼에도 법원은 노동조합법상의 사용자개념을 제3자인 원청기업에게 확대하였거나, 제3자를 사용자개념범주로 끌어들이고 있다. 그러나 노동형법 규정의 목적론적 확대와 유추해석의 금지는 사내하도급 근로자 보호문제에 있어서도 관철되어야 한다. 또한 사내하도급 기업의 근로3권 보장을 위하여 유추와 확대가 필요하다고 하여도 헌법의 죄형법정주의, 법률명확화의 원칙, 권리를 침해당하는 제3자의 기본권의 비례적 보호 원칙 하에서만 가능한 것이다. 그러나 법원은 자의적으로 부당노동행위 주체로서 사용자개념을 노동력을 이용하는 제3자에게 확대 · 유추해석하고 이 제3자를 노동형법 규정에 내던짐으로써 이러한 헌법규정과 원리에 반하는 결과를 가져오게 된다.

7. 도급 내지 파견근로자 교체와 관련한 부당노동행위

근로자 파견에서 사용사업주는 근로자파견계약 목적에 부합하지 않은 근로자가 있을 경우 그 교체를 파견사업주에게 요구할 수 있다. 파견사업주는 근로자파견계약에 부합하는 근로자를 사용사업주에게 공급할 책무를 부담하며, 그러한 책무에 따라 근로자를 파견한 이상 그 근로자의 활용 내지 사용에 대한 위험부담은 사용사업주가 지게 된다. 따라서 사용사업주의 파견근로자 교체 요구는 문제가 된 파견근로자가 근로자파견계약에 부합하는 기술이나 기능 등을 가지고 있지 못할 경우에 인정된다. 파견근로자가 노동조합 활동을 하는 경우 교체를 요구할 수 있도록 한 근로자파견계약 당사자의 합의는 근로3권 보장 질서를 침해하지 못하도록 한 부당노동행위금지 제도의 취지에 반한다는 측면이 있지만, 그에 대한 부당노동행위의 책임은 파견사업주가 부담해야 하는 것이다. 물론 그러한 합의가 근로3권을 보장한 부당노동행위의 강행규범을 위반한 법률행위이므로 무효가 된다는 것, 따라서 이러한 취지를 반영한 규정이 파견법 제22조이지만, 이 규정도 정당한 노동조합활동인 경우에만 적용될 뿐만 아니라, 도급계약의 해지에 대해 정당한 이익을 갖는 사용사업주의 기본권과, 파견사업주의 노사분규나 조합활동에 대해 무제한적인 수인의무가 있는 것은 아니라는 것, 책임과 위험의 분배 관점에서 도급인에게 계약을 유지시키는 것은 일종의 계약강제라는 점에서 비례성을 상실한, 따라서 위헌여부를 다툴 소지가 있는 규정이다.

기본적으로 외부의 노동력을 이용한다는 점에서 근로자파견과 그 본질이 같은 사내하도급의 경우도 원청기업이 하도급근로자가 노동조합활동을 하는 경우 그의 교체 요구를 한 경우 부당노동행위인지가 문제될 수 있다. 이 사건에서 법원은 원청기업이 사내하도급 대표에게 노조의 조합원으로 신분이 드러난 근로자를 근무대기하도록 한 사실이 인정되며, 사내하도급 대표가 원청기업의 임원이 동석한 자리에서 당해 근로자의 주도로 진행 중인 근로기준법 준수 요구 서명운동의 서명용지를 폐기할 것을 요구하였다는 것이다. 그런데 이미 앞에서 사내하도급 기업과의 도급계약에는 노사분규가 발생한 경우 도급계약을 해지할 수 있다는 규정은 사내하도급 기업에서의 노사분규 발생시 노동조합과 조합원들에게 책임을 물을 수 없다는 원칙에 대한 대응원칙이라는 점은 설명한 바 있다. 따라서 제3자인 원청기업은 사내하도급기업의 노사분규 위험으로부터 벗어날 수 있어야 한다는 위험 분배원칙으로부터 정당화되며, 사내하도급의 노사문제에 대하여 대책없이 도급계약을 무한정 지속해야 할 수인의무는 없다. 이와 같이 원청기업은 사내하도급 기업의 노사분규에 대해 관심을 가질 정당한 이익이 있으며, 그러한 한도에서 원청기업은 조합활동을 하는 특정 근로자의 교체요구도 가능하다고 본다. 물론 원청기업의 이러한 요구에 대해 결정을 하는 것은 사내하도급 사용자이다. 따라서 외부의 압력에 의해 조합활동을 하는 근로자를 교체하는 것에 대한 부당노동행위의 책임은 사내하도급 사용자가 부담한다. 이 사용자가 원청기업의 압력을 거부할 수 없었다고 하더라도 이 사실은 사내하도급업체의 실체를 부정하는, 따라서 원청기업이 직접 책임을 부담해야 하는 법인격부인법리나 묵시적 계약관계 성립론을 적용할 때 검토되어야 하는 것이고, 사내하도급업체가 여전히 사업주로서의 독립성을 가지는 한 외부의 압력은 사내하도급업체의 부당노동행위 성립여부를 결정하는데, 따라서 그의 위법성을 결정하는데 고려되어야 하는 것이고, 제3자인 원청기업으로의 책임을 확장하는데 사용되어서는 안 된다. 그러한 제3자로의 책임을 확장하는 것, 따라서 노동형벌을 가하는 것은 판례의 일이 아니라, 입법자가 입법으로 규제할 영역이며, 법률의 규정이 없는 한 판례는 죄형법정주의 원칙을 지켜야 하며 그러한 한도에서 '사용자' 개념의 확대해석이나 유추적용에는 한계가 있을 수밖에 없다.

8. 부분사용자로서의 지배 · 개입의 부당노동행위

법원은 문제된 사례에서 원청회사와 하청회사 근로자 사이에는 묵시적인 근로계약관계를 인정하지 않으면서도, 원청회사는 "노동조합법 제81조 제4호가 규정하고 있는 지배 · 개입의 주체로서의 사용자는 부당노동행위제도가 근로자와 사이에 직접적 또는 묵시적인 근로계약관계가 성립되지 아니한 자의 경우에도 위 조항이 단결권을 침해하는 일정한 행위를 부당노동행위로서 배제 내지 시정하고 정상적인 노사관계를 회복하는 것을 목적으로 하고 있는 것을 고려하면, 근로계약상의 고용사업주로부터 근로자를 공급받아 자기의 업무에 종사시키고, 그 근로자의 기본적인 노동조건 등에 관하여 고용사업주로서의 권한과 책임을 부분적으로 담당하고 있다고 볼 수 있을 정도로 현실적이면서 구체적으로 지배 · 결정할 수 있는 지위에 있는 경우에는 그 한도 내에서 사용사업주는 위 조항에서 정하는 사용자에 해당한다고 하여 甲을 乙들에 대하여 노동조합법 제81조 제4호에서 정하는 지배 · 개입의 주체로서의 사용자에 해당한다"고 보았다.[156]

더 나아가 "부분적 사용자로서 구제명령을 이행할 권한이나 능력을 갖추고 있다면 간접적 근로계약관계에서도 이행이 가능한 단체교섭명령, 부작위명령 등과 같은 구제명령의 이행의무자로서 부당노동행위의 주체가 될 수 있다"고 하였다.[157] 반면에 "부분적 사용자는 직접적인 근로계약상의 법률관계를 전제로 하는 원직복귀명령이나 소급임금지급명령 등의 구제명령의 이행의무자로서 부당노동행위의 주체가 될 수 없다"고 판단하였다.[158]

그러나 대법원[159]은 부당노동행위가 성립하기 위해서는 해당 근로자와 사용자 사이에 근로계약관계가 존재하여야 함을 전제로 "원고용주에게 고용되어 제3자의 사업장에서 제3자의 업무에 종사하는 자를 제3자의 근로자라고 할 수 있으려면 원고용주는 사업주로서의 독자성이 없거나 독립성을 결하여 제3자의 노무대행기관과 동일시 할 수 있는 등 그 존재가 형식적, 명목적인 것에 지나지 아니하고, 사실상 당해 피고용인은 제3자와 종속적인 관계에 있으며, 실질적으로 임금을 지급하

156) 서울행판 2006.5.18, 2005구합11951; 서울행판 2006.5.16, 2005구합11968.
157) 특히 서울행판 2006.5.18, 2005구합11951.
158) 서울행판 2006.5.18, 2005구합11951; 서울행판 2006.5.18, 2005구합12190. 특히 후자의 판결은 그와 같은 이유로 불이익취급을 인정한 재심판정을 취소하였다.
159) 대판 1999.11.12, 선고 97누19946.

는 자도 제3자이고, 또 근로제공의 상대방도 제3자이어서 당해 피고용인과 제3자 간에 묵시적 근로계약관계가 성립되어 있다고 평가될 수 있어야 할 것이다 …(중략)… 소외인들은 참가인 회사의 근로자라고 볼 수 없는 이상 이들에 대한 부당노동행위는 성립될 수 없다"고 본다. 이로써 대법원은 노동조합법상의 부당노동행위를 인정하기 위해서는 사용자와 그 행위의 대상이 되는 근로자 사이에 명시적이거나 최소한 묵시적으로라도 근로계약관계가 존재하여야 한다고 본다. 이로써 대법원은 근로기준법상의 사용자개념과 노동조합법상 부당노동행위의 주체로서 사용자는 동일하다는 것을 전제로 판단한 것으로 보인다. 노동조합법상의 사용자개념, 근로기준법상의 사용자개념, 노동조합법의 부당노동행위제도의 사용자개념을 근로관계가 있어야 한다는 것을 전제로 법통일성의 관점에서 동일한 것으로 본다면 법적 안정성에 기여하게 될 것이다. 물론 최근 대법원 판결[160]은 이른바 '서울여성노조 사건'에서 노동조합법상의 근로자는 반드시 근로계약관계가 전제되지 않아도 노무공급자들 사이의 단결권 등을 보장해 줄 필요성이 있는가라는 관점에서 실업 중에 있는 자나 구직 중에 있는 자도 해당한다고 판시한다. 이로써 대법원은 노동조합에 가입할 수 있는 근로자의 개념을 단체교섭 제도를 중심으로 반드시 근로계약의 당사자가 아니더라도 노동조합에 가입할 수 있다는 태도를 취한다. 그렇다면 이렇게 근로계약관계에 있지 않은 노동조합법상의 근로자에 대한 사용자나 원청기업과 같은 제3자의 부당노동행위 인정에 있어서는 어떻게 판단되어야 하는가?[161] 여기서 문제가 되는 제3자인 원청기업이 자신과 근로계약관계에 있지 않은 사내하도급 기업의 근로자에게 할 수 있는 부당노동행위의 유형으로 생각할 수 있는 것으로서 단결권의 침해와 관련해서는 i) 하청근로자들이 노동조합을 결성하여 활동하는 것을 사내하도급업체를 통하여 지배 · 개입에 의하여 막는 경우 또는 사내하도급 근로자 중 조합활동을 하는 자를 해고하도록 사내하도급업체에게 압력을 행사하는 경우, 단체교섭권의 침해와 관련해서는 ii) 하청근로자가 원청기업

160) 대판 2004.2.27, 2001두8568.
161) 먼저 사용자가 근로계약관계에 있지 않은 실업 중에 있는 자나 구직 중에 있는 자의 단결활동에 대해서 부당노동행위를 할 여지는 거의 없다. 왜냐하면 구직 중의 자나 실업중의 자는 대개의 경우 기업별 노조는 조합원의 범위를 종업원으로 제한하고 있고, 종업원이 아닌 근로자 또는 실업 중인 근로자가 노동조합에 가입한 경우 그 근로자에게는 단체협약이 적용될 가능성이 없기 때문에 노동조합에 가입함으로써 현실적으로 얻을 수 있는 혜택을 기대할 수 없으며, 이러한 지위에 있는 자에게 사용자가 구태여 노동조합활동을 이유로 부당노동행위를 할 이유는 없기 때문이다.

에게 단체교섭을 요구하자 이를 거부하는 경우, iii) 영향력을 행사하여 사내하도급업체가 폐업하도록 관여하는 경우 등이 있을 수 있다. 그런데 원청기업이 하청근로자들의 노조활동을 이유로 직접적으로 지배 · 개입의 부당노동행위를 하는 경우는 매우 드문 경우이다. 구조적으로 사내하도급의 노무제공관계에 있어서는 이 근로자들이 원청기업의 직접적인 지휘명령관계에 있지 않으며, 따라서 하청근로자들은 조합활동과 관련하여 원청기업의 지시를 받아들일 이유는 없기 때문이다. 따라서 원청기업의 단결권 침해의 부당노동행위는 사내하도급업체의 해고나 불이익취급 또는 폐업과 같은 행위와 결정에 의해서 나타나게 된다. 이 경우에 원청기업은 제3자로서 머물게 되며,[162] 또한 앞에서 언급한 바와 같이 사내하도급 기업의 노사분규나 조합활동에 대해 관심과 관여할 정당한 이익이 있는 경우도 있기 때문에 부당노동행위의 직접적인 주체인 사내하도급업체를 제쳐두고 원청기업에 부당노동행위 책임을 물을 수 없게 된다. iv) 원청기업과 직접적인 근로관계가 없는 하청근로자의 노동조합이 원청기업에 직접 단체교섭을 요구하자 이를 거부한 경우는 판례의 논리에 따를 때 정당하게 단체교섭을 거부할 수 있다. 대저 어느 누구에게 단체교섭을 요구한다는 것은 상대방으로부터 금전의 출연이나 지급과 같은 무엇인가의 재산을 요구한다는 것을 의미하는데, 이를 요구하기 위해서는 정당한 권리와 권원이 있어야 하는 바, 판례가 단체교섭을 요구하기 위해서는 상대방과의 근로계약관계가 있어야 한다는 것은 이 점을 반영한 것이 아닌가 생각된다.[163] 따라서 대법원 판례를 따를 때 단체교섭과 관련해서는 하청근로자들이 – 사내하도급업체가 사업주로서의 독자성이나 독립성이 있는 한 – 원청기업과 직접적인 근로관계가 없기 때문에 원청기업이 단체교섭을 거부하여도 원청기업의 부당노동행위를 인정하기는 어려울 것이다.

이상과 같이 대법원 판례를 따를 때에도 원청기업과 하청근로자 사이에 (묵시

162) 그렇기 때문에 파견근로자에 대해 직접적으로 지시권을 행사할 수 있는 사용사업주는 법리적으로 볼 때 기본적으로 제3자로 머물게 되며, 파견근로의 법률관계의 본질도 제3자를 위한 계약, 제3자보호효의 계약 등의 이론이 적용되며, 이중적인 근로관계이론을 포함하여 직접적인 근로관계를 근거지우려는 시도들은 실패하고 만다. 이에 대해서는 Reinsch, Das Rechtsverhältnis zwischen Entleiher und Leiharbeitnehmer, Nomos, 2009, 85ff. 참조. Reinsch에 따르면 파견법에 따라 사용사업주가 파견근로자에게 부담하는 개별적인 책임들은 직접적인 사용자의 지위에서 나오는 것이 아니라, 법정책임 내지 위 제3자를 위한 계약이론이나 제3자보호효를 가진 계약의 이론에 의해서 근거지워지는 것이라고 본다.

163) 그런 점에서 대법원 판례를 일관되게 유지한다면 원청기업과 하청근로자 사이에는 근로계약관계가 존재하지 않기 때문에 단체교섭을 요구하기에는 어려운 문제가 있을 것이다.

적)근로계약관계가 인정되지 않는 한, 원청기업의 사용자로서의 부당노동행위를 인정하기가 어려움에도 불구하고, 법원은 원청기업과 하청근로자들의 묵시적 근로계약관계를 인정하지 않으면서도 노동조합법 제81조 제4호의 사용자개념을 확대해석하고 있다. 이것이 노동형법 규정인 동규정과 제90조가 죄형법정주의와 형법의 확대와 유추해석의 금지에 저촉한다는 것은 자명하다.

그러나 비록 제3자로서의 원청기업이 지배와 개입의 주체로서의 사용자가 될 수 있다고 하여도, 예를 들면 근로계약상의 사용자와 거래관계를 갖는 제3자가 안정적인 공급원을 확보하려는 취지에서 하청기업 근로자들로 조직된 노동조합에 지배 · 개입한다고 하여도, 앞에서 언급한 바와 같이, 지배 · 개입에 대한 정당한 이익을 갖는 경우 – 발주처의 요구사항으로서, 그리고 발주처가 계약의 해지 사유로 삼는 경우 등 부당노동행위가 보호하고자 하는 보호법익을 능가하는 경우 – 는 부당노동행위의 위법성을 조각하는 것으로 보아야 할 것이다. 이것이 근로3권과 원청기업 경영권의 실제적인 조화의 해결방법이라고 생각한다.

또한 근로자들의 기본적인 노동조건 등에 관하여 고용사업주인 사내협력업체의 권한과 책임을 일정부분 담당하고 있다고 볼 정도의 현실적이면서 구체적으로 지배, 결정할 수 있는 지위에 있는 자란 실제로는 실질적 지배관계 이론이나 사용자개념의 확대 이론의 측면에서 보면 사실상의 사용자의 지위에 있는 자이다. 그럼에도 왜 이와 같이 포괄적이고 총괄적인 지위에 있는 자가 지배 · 개입의 경우에만 사용자의 지위에 있어야 하고, 다른 경우에는 사용자성이 인정될 수 없는지 논증이 필요하다. 또한 사업주로서의 독립성이 인정되는 하청기업의 근로자를 활용하는 원청기업이 이들 근로자의 근로조건 기타의 대우에 관해서 현실적이고 구체적인 지배력을 갖는 경우 원청기업이 하청기업 근로자들에 대하여 단체교섭상의 사용자로서의 지위에 있다고 하는 이론을 받아들인다 하여도, 원청기업이 하청기업 근로자에 대한 고용관계상의 사용자임을 인정하기 위해서는 원청기업이 하청기업 근로자를 실질상 자기의 근로자인 것처럼 취급하고, 양자 사이에 대략 노무제공과 임금지급의 관계가 성립하고 있다고 인정할 만한 상황이 필요하다.[164] 그런데 문제된 이 사건에서 원청기업과 하청기업 근로자들이 그러한 노무제공과 임

164) 油研工業事件 最一小判昭51.5.6.民集30卷4号409頁. 같은 취지로 菅野和夫, 勞働法 第8判, 有斐閣, 2008, 627면 이하 참조.

금지급의 관계가 있다고 인정할 만한 사정은 존재하지 않는다. 임금지급은 명시적으로 하청기업의 관할 하에 수행되고 있는 것이 본 사건이고, 노무제공도 앞에서 언급한 바와 같이 지휘명령관계도 존재하지 않는 것이 이 사건이다.

지배 · 개입은 부당노동행위 개념의 잔여사안 포섭규정으로서 불이익취급 등의 개념이 이 안에 다 들어오면서도, 실질적으로 근로조건에 대해서 현실적이면서 구체적으로 지배할 수 있는 자로 한다면 그 개념포섭 범위가 크게 확대되어 원청기업의 경우는 재벌이나 콘체른으로, 공공부분의 경우는 국가와 국민에게로, 주식회사의 경우는 주주총회로 무한하게 확대될 우려가 있고, 그 개념범위에 관해서 여전히 논란이 벌어져 법적 안정성을 침해할 우려도 있다.

마지막으로는 구체적 사례에서 원청기업이 근로조건에 대해서 현실적이고 구체적으로 지배하고 결정할 수 있는 지위에 있는가에 대한 사실관계의 확인과 그에 대한 법적 평가의 문제가 남게 된다. 여기에 추가하여 조선업의 경우는 선박건조 등의 조선업의 특성상 – 원청기업은 발주자에게 계약적으로 구속되어 있다는 의미에서 – 하청업체 근로자의 근로조건에 대한 불가피한 지배 · 개입도 무시할 수 없을 것이다.

9. 부당노동행위 의사의 존부

지배 · 개입의 부당노동행위가 성립하기 위해서는 부당노동행위의 의사가 필요하다. 노동조합법 제81조 제2호의 부당노동행위에 있어서는 부당노동행위 의사가 당연히 내재하며, 제3호의 부당노동행위에 있어서는 단체교섭 거부의 성질상 부당노동행위의 의사가 전제된다. 그러나 불이익취급과 지배 · 개입의 부당노동행위 성립에 있어서는 부당노동행위 의사가 요건인가, 요건이라면 그것은 어떤 내용을 가진 의사인가가 문제된다. 물론 지배 · 개입의 부당노동행위 성립에 있어서는 결과의 발생은 요건이 아니라는 것이 판례와 학설의 태도이다.[165] 따라서 부당노동행위의 의사가 필요하다고 하더라도 민법상의 불법행위처럼 결과에 대한 인식 내

165) 노동조합법 제81조 제4호의 입법취지는 사용자의 개입행위만으로도 부당노동행위의 성립을 인정하려는 것이며, 부당노동행위제도가 민법과 같이 이미 발생된 손해의 배상을 목적으로 하는 것이 아니라는 점에서 구체적인 결과나 손해의 발생을 요건으로 하지 않는다는 것이 판례(대판 1997.5.7, 96누22057)와 학설(김형배, 노동법, 949면; 박상필, 노동법, 498면; 심태식, 노동법개론, 1989, 220면)의 입장이다.

지 의욕의 의미에서 고의 · 과실은 필요하지 않다. 그러나 결과의 발생이 요건이 아니라고 하여도 부당노동행위는 노동형법의 규율사항이고, 따라서 형벌의 제재가 가해지는 것이므로, 신중하게 판단할 필요가 있다. 따라서 지배 · 개입의 부당노동행위의 성립에 부당노동행위의 의사가 전혀 필요하지 않다는 것은 아니다. 부당노동행위제도는 사용자의 의사에 기초한 언동을 규제하기 때문이다. 사용자의 행위가 지배 · 개입이라고 하여도 그것이 노동조합에의 지배 · 개입이 되어야 한다. 그런 점에서 지배 · 개입의 부당노동행위에는 무엇인가의 의사적 요소가 있어야 한다. 다만, 부당노동행위는 결과발생이 필요한 위법행위와는 다른 것으로서 결과를 발생시킬 우려가 있는 수단으로서의 행위이면 그것으로 족하기 때문에 부당노동행위 의사는 이러한 행위에 대한 의사만으로도 충분하다. 그리고 부당노동행위 의사의 존부 판단은 부당노동행위라는 위법행위가 근로3권 보장을 위한 노사관계질서에 반하는가의 관점에서 파악되어야 하는 것으로 보기 때문에 주관적 동기나 의도를 전제로 하는 것은 아니라고 본다. 일반적으로 부당노동행위가 있으면 부당노동행위의 의사는 그 속에 내재하는 것으로 추정되는 것이므로 의사의 존재를 별도로 입증할 필요가 없다고 본다.[166] 그러나 노동위원회는 "사용자가 고의로 단체교섭을 거부하려는 부당노동행위의 의사가 있었다고 단정할만한 명백하고도 객관적인 입증자료가 없는 이상 부당노동행위로 볼 수 없다"[167]고 하여 부당노동행위가 성립하기 위해서는 부당노동행의의 의사가 있어야 하고, 그에 대한 입증이 필요하다고 보며, 대법원[168]도 부당노동행위의사는 부당노동행위를 주장하는 측에서 부담하여야 한다고 보기 때문에 부당노동행위 의사에 대한 입증없이 부당노동행위만을 주장한다면 부당노동행위는 인정될 수 없을 것이다.[169]

이와 같은 부당노동행위 의사가 이 사건에서는 어떻게 판단되어야 하는가? 원래 사용자와 거래관계에 있는 제3자가 당해 사용자의 종업원의 정당한 조합활동을 혐오하고 거래계약의 해제를 무기로 경제적 압박을 가하여 사용자에게 당해 조합

166) 김형배, 노동법, 2009, 956면 참조.
167) 중노위 2003.3.25, 2002부노247.
168) 대판 1996.9.10, 95누16738.
169) 2012년도 부산지방노동위원회나 충남지방노동위원회의 결정례에서 보는 바와 같이 원청기업과 사내협력업체 근로자의 종업원지위확인과 이를 전제로 한 부당해고가 중요한 관심사이고, 이들 결정례에서는 부당노동행위 의사가 없음을 이유로 구제명령은 법원의 큰 관심의 대상이 되지 못한 것으로 보인다.

원의 해고를 요구하고, 사용자가 이를 받아들이지 않는다면 영업의 계속이 어려울 것이라고 판단하여 해고를 단행한 경우 사용자의 부당노동행위가 성립하는가 하는 문제가 발생한다. 말하자면 여기서는 제3자의 강요에 의하여 단행된 사용자의 해고는 조합활동을 이유로 한 부당노동행위인가, 즉 사용자에게 부당노동행위의 의사가 있는가가 핵심이다. 그런데 조합활동가의 해고는 제3자의 압력을 결정적 원인으로 하여 이루어진 것이므로 부당노동행위의 의사가 없는 것으로 판단할 수 있지만, 학설과 판례는 스스로 해고를 결행한 것이라면 부득이하게 제3자의 압력에 의한 것이라 하여도 조합활동을 이유로 해고한 것에는 변함이 없고, 조합활동가를 배제하라고 한 제3자의 의도는 사용자가 제3자의 의도를 알고 이 요구에 응하므로써 사용자의 의사로 직결되고 사용자의 의사내용을 형성한다는 것이다.[170] 그런데 여기서 문제가 되는 것은 제3자의 압력을 받은 사용자의 행위에 부당노동행위 의사가 있었는지, 결국은 사용자의 행위가 부당노동행위에 해당하는가이다.[171] 현대중공업의 사건과의 관계에서 말한다면 제3자인 원청기업이 하청기업에 압력을 행사하여 하청근로자의 조합활동을 이유로 해고한 경우는 하청기업의 부당노동행위 의사가 문제되는 것이지 제3자의 부당노동행위의 의사와 부당노동행위 성부는 문제되지 않는다. 아무리 제3자의 압력이 세고 사용자가 이를 거부할 수 없어도 부당노동행위의 의사와 그 판단대상은 사용자이지 제3자가 아니다. 법원은 정작 규명해야 할 사용자의 부당노동행위 의사와 성립의 문제는 검토하지 않았고, 제3자인 원청기업의 부당노동행위 의사와 부당노동행위의 성부는 문제삼을 수 없었기 때문에 원청기업을 제3자가 아닌 사용자로서 위치시켜서 그의 부당노동행위 성부를 판단하였다. 그렇다면 법원은 원청기업이 (부분)사용자로서 부당노동행위를 하였다면 부당노동행위의사 존부와 입증의 문제를 하자없이 잘 처리하였는가 하는 의문이 든다.

원청기업이 부분사용자로서 지배 · 개입의 부당노동행위를 했다고 인정하기 위

170) 山惠木材事件, 最三小判昭46.6.15 民集25卷4号 516頁; 菅野和夫, 같은 책, 633면 참조.

171) 일본의 판례는 부당노동행위의 성부판단에 있어서는 주관적 인식 내지 목적 보다는 행위의 성질을 중시한다.(山岡内燃機事件, 最二小判昭 29.5.28 民集 8-5-990) 그리고 제3자의 압력에 의해 조합원을 해고한 사용자의 부당노동행위 성립을 인정한다.(山惠木材事件, 最三小判昭46.6.15 民集25卷4号 516頁) 대체로 판례는 결정적 동기를 부당노동행위의 의사 존부의 판단기준으로 삼는다. 이에 관한 일본 판례의 동향에 관해서는 道幸哲也, 不當勞働行爲の成立要件, 勞働法判例綜合解說 39卷, 信山社, 2007, 128면, 134면 참조.

해서는 정황증거나 추단만으로는 부족하고, 구체적인 지배 · 개입의 사실이 있어야 한다. 그리고 원청기업의 부당노동행위 성립을 인정하기 위해서는 원청기업의 그러한 행위와 근로자에 대한 지배 · 개입과 조합활동을 이유로 한 지배개입이라는 부당노동행위의사에 기한 지배 · 개입의 인과관계 증명이 필요하다. 원청기업의 부당노동행위 의사 및 이에 기한 인과관계는 객관적인 관점에서 판단하면 될 것이다.[172] 이는 원청기업이 가지는 계약자유 원칙의 본질을 침해함이 없도록 하기 위해서이다. 그럼에도 법원은 원청기업에 부당노동행위 의사가 있었는지에 대해 심사도 하지 않았으며, 이 사건에서 이 요건이 충족되었는지에 대해서도 언급하지 않았으며, 또한 부당노동행위의 피구제자인 조합원들이 증거를 들어 원청기업에 부당노동행위 의사가 있었는지를 입증해야 할 의무가 있었는데 이를 하지 않았다는 점을 간과해버린 문제가 있다. 법원이 주목한 것은 조합원들이 그 의사를 입증하기가 어려울 것이라는 것, 의례 원청기업의 행위 속에는 부당노동행위 의사가 내재되어 있으리라는 추단과 예단 및 짐작에 의해서 판단을 하고 있다. 법원이 들고 있는 사실들은 모두 추정적 정황에 의존한 것일 뿐만 아니라, 원청회사가 노동조합의 조직 및 운영에 대한 지배개입을 하였다는 사실을 입증할 수 있는 것이 아니다.[173]

물론 법원은 원청회사가 법인격의 남용에 있어서는 실질적 지배의 여부라는 사실관계의 존부보다는 부당노동행위의사의 존부 및 계약해지의 합리성을 기준으로 판단하고 있다는 점에서 사실관계로부터 당위성을 도출하려는 태도와는 상당히 다르다. 그렇기 때문에 법원은 '남용'의 판단에 있어서 '다소 부당노동행위의사가 존재한다 하더라도 업무량의 증감 자체는 원청회사와 하청회사의 계약의 문제이므로 법인격남용의 문제가 아니다'고 한다. 즉 원청회사는 하청회사를 도구로서 지배할 수 있는 지위에 있지 않고, 또한 업무위탁계약의 해지는 부당노동행위가 아닌 업무량의 변화가 결정적 원인이기 때문에 원청회사가 하청회사의 법인격을 남용하였다고 할 수 없다는 것이다. 그러한 점에서 도급계약해지의 원인이 업무량의 변화와 같이 객관적으로 보아 계약의 본래 대상으로부터 결과하는 경우는 이를 부당노동행위 의사보다 중시하여 부당노동행위를 판정하는 결정적 동기로 보아야

172) 김형배, 노동법(신판 보정판), 2005, 929면 · 946면 이하.
173) 同旨: 하경효 외, 사내하도급과 노동법, 신조사, 2007, 262면 이하 참조.

한다는 것이다. 일본의 朝日放送 사건에서는 하청회사와는 별개로 실질적으로 각각의 근로조건에 대해서 원청회사가 실질적 지배력을 행사할 수 있는 경우에 부분적 사용자로서 단체교섭 의무를 부과한 것과는 달리 – 따라서 朝日放送 사건에서는 실질적 지배력의 존부라는 사실관계 판단을 했던 것과는 달리 – 계약의 본질적 내용과 결정적 동기를 중시함으로써 본 판결은 차이를 두고 있다.

10. 위장폐업과 부당노동행위의 성부

특히 하도급근로자에 대한 부당노동행위와 관련하여서는 업무수급기업(또는 파견사업주)이 해산되어 결과적으로 근로자가 해고되고 모기업, 원청기업 또는 사용기업에 대하여 원직복귀를 요구하는 '위장해산' 사례에서는 '기업의 실질적 동일성(법인격 남용설)' 이론과 근로조건, 인사, 업무지휘 등의 '지배적 지위' 또는 '단결체와의 이익적 대항관계'를 중시하는 이론으로써 노동력을 이용하는 제3자의 부당노동행위를 판단한다. 전자는 자본, 임원, 영업 · 경리관계, 노사관계, 일상작업 등의 지휘감독에서 수급회사는 실질적으로 사용기업의 하나의 제조부문에 지나지 않고, 사용기업이 실질적으로 사용자의 지위에 있다고 본다.[174] 여기서는 노동력의 중간매개자의 사업주로서의 독립성을 부정하는 논거로서 법인격 부인의 법리가 중요한 논거가 된다. 노동력 중개자의 사업주로서의 독립성이 부정되기 때문에 하청기업 근로자와 원청기업의 (묵시적) 근로계약관계가 근거지워지고 원청기업은 사용자로서 조합활동을 이유로 한 해고나 폐업 등에 대해 부당노동행위의 책임을 부담하게 된다. 후자는 인사, 노무, 임금 등의 관리관계 등에서 사용기업의 지배가 '단순히 경영면에 머물지 않고 당해 근로자의 근로조건마저 좌우하고 있어, 사용종속관계가 형식상 직접적이지 않았더라도 사용기업은 업무수급기업과 함께 노동조합의 대항관계에 있고, 따라서 양자는 공동으로 부당노동행위의 책임을 부담한다고 본다.[175] 또한 단체교섭거부에 대하여는 사용사업주의 단체교섭의무를 명하는 사례가 증가하고 있다.[176] 사용자개념도 확대되어 '부당노동행위제도상의 사용

---

174) 伊原工作所事件, 京都地勞委 昭和 49(1974).8.16, 勞働法律旬報 871号. 이하 일본의 판례에 관해서는 노상헌, 사내하도급과 일본 노동법, 사내하도급과 노동법 (박제성 외), 한국노동연구원, 2009, 102면 이하에서 전제함.

175) 大豊運輸事件, 大阪地勞委 昭和 47(1972).7.1, 勞働法律旬報 819号.

176) 高木紘一, 社外工下請勞働者の雇用實態と勞働法上の地位, 季刊勞働法 110号, 1978, 47면.

자개념은 고용계약상의 당사자인가 아닌가라는 시민법적, 형식적 기준에 의하는 것이 아니라 근로자의 인사, 그 밖의 근로조건 등 근로관계상의 이익에 대하여 지배력을 현실적이고 구체적으로 가지는 자를 포함한다'는 원칙하에 사실관계에서 구체적이고 현실적인 지배결정을 하고 있는지를 판단한다. 따라서 노동조합법상의 사용자성 인정은 근로조건의 결정에서 '실질적인 지배'가 있는가 하는 사실관계의 법적 판단에 치중하고 있다.[177)]

그러면 회사를 해산하여 근로자 전원을 해고하고 노동조합도 해산하였다면 부당노동행위가 성립하는가, 특히 제3자인 원청기업의 압력행사에 의하여 하청기업이 회사를 해산하였다면 원청기업의 부당노동행위가 성립하는가? 그리고 원청기업의 압력으로 하청기업이 회사를 해산하고 신회사를 설립하여 종업원 중 노동조합 활동을 하였던 자를 배제하고 나머지 근로자를 다시 인수하여 업무를 수행한 경우 원청기업의 부당노동행위가 성립하는가 하는 점이 문제될 것이다.

법원판결에 따르면 노조의 위원장이 소속된 협력업체는 경영여건이 그렇게 나쁘지 않아 경영상 폐업할 별다른 사정이 없음에도 노조의 설립 직후에 노조의 임원들이나 조합원들의 신분이 공개된 협력업체는 모두 폐업결정을 하거나 소속 조합원을 해고하였으며, 폐업결정 후 신회사가 설립되어 폐업회사 근로자의 상당수가 신회사에 고용되어 종전 폐업회사가 맡고 있던 작업을 맡았다는 것이다. 그렇게 되면 당해 사안이 위장해산이 아닌가 하는 문제가 되어 원청기업과 하청기업의 부당노동행위가 문제될 것이다. 특히 원청기업과 하청기업 근로자의 문제 이전에 경영자가 자기 회사에서의 노동조합의 존재 또는 운동을 혐오하고 노동조합을 궤멸시키기 위해서 또는 사업의욕을 떨어뜨린 회사를 해산하고 조합원을 전원해고한 경우 이 해산과 해고는 불이익취급과 지배 · 개입으로서 부당노동행위가 되는가 하는 점이 문제된다. 그러나 부당노동행위의 금지는 사업폐지의 자유까지 제한하는 것은 아니다. 따라서 사업이 해산결의에 의하여 진정으로 폐지된다면 해산결의의 동기가 노동조합을 혐오하고 그 궤멸을 의도하기 위하여 행하여진다고 하여도 사법상 해산은 유효하며 부당노동행위도 성립하지 않는다. 이러한 경우는 노동위원회로서도 사업의 재개명령을 내릴 수도 없으며, 기껏해야 청산절차 중에 있어

177) 朝日放送事件, 最高裁 平成 7(1995).2.28, 勞働判例 668号.

서 원직복귀와 임금상당액의 지급을 명할 수 있을 뿐이다. 회사의 해산과 관련하여 노동조합을 혐오하고 이를 붕괴시킬 의도에서 행하여진 경우는 해산 그 자체가 부당노동행위로서 무효가 되는가가 다투어져 왔다. 헌법상의 직업선택의 자유와 영업의 자유도 단결권 보장에 의하여 제한을 받는다는 것을 긍정하는 입장도 있지만, 기업을 폐지할 자유는 자유주의 경제체재(재산권, 영업의 자유, 직업선택의 자유)에 있어서 법질서의 기본원칙이고, 회사 해산결의는 진정으로 기업을 폐지하려고 하는 한 노동조합의 궤멸을 의도한 것이라고 하여도 그 효력에 영향을 미치지 않는다는 입장이 다수설의 입장이다.[178)]

이에 대하여 해산결의가 내려져도 실제로는 동일한 사업이 동일한 자본과 동일한 경영자에 의하여 계속되는 위장해산의 경우에는 근로계약관계의 측면에서 본다면 해고는 사업폐지라고 하는 실질적 이유가 없는 것으로서 무효가 되지만, 실질적으로 동일한 사업을 승계하고 있는 기업이 해산회사와 별도의 법인인 경우에는 법인격이 부인되지 않는 한 당해 별도 법인과의 근로계약관계를 인정하는 것은 곤란하다. 이에 대하여 노동위원회는 노동조합을 궤멸시키려는 목적의 위장해산은 지배 · 개입으로서, 동일 기업에 대하여 행정상의 조치로서 종업원의 불이익취급이나 백페이(Backpay) 명령을 내릴 수 있을 것이다. 말하자면 노동조합을 해산시키기 위하여 회사를 해산하고 신회사를 설립하여 동일한 사업을 수행하는 경우 소위 위장해산의 경우 실질적으로 동일성을 갖는 신회사는 구 회사가 행한 부당노동행위에 대하여 사용자로서의 지위에 서서 책임을 승계한다.[179)]

그런데 이상과 같은 위장해산과 지배개입의 부당노동행위에 있어서 책임의 주체는 법인격이 부인되는 사례가 아닌 한, 따라서 하청기업이 사업주로서의 독립성이 인정되는 한 하청기업이다. 노동위원회가 종업원에 대한 불이익취급의 부당노동행위 중지나 원직복귀명령이나 백페이(Backpay) 명령을 내리는 주체도 실제상 동일한 기업을 운영하는 자이다. 실질적인 지배력이나 영향력을 행사하는 자 또는 구체적이고 현실적으로 근로조건을 결정할 수 있는 지위에 있는 제3자가 아니라, 하청기업이 위장해산이나 부당노동행위의 1차적인 책임자이다. 그러므로 이러한 책임을 근거없이, 그리고 막연한 기준에 의해 제3자에게 확대하는 것은 죄형법정

178) 이에 관해서는 菅野和夫, 勞働法 第8版, 有斐閣, 2008, 433면 참조.
179) 荒木尙志, 勞働法, 有斐閣, 2009, 574면.

주의에 위반함과 동시에 책임법의 원리에도 합당하지 않다.

노동력의 이용자가 노동력을 직접 제공하는 자에게 지시권을 행사한다는 점에서 하청기업 노무제공 방식과도 서로 다른 근로자파견에서조차 파견법은 파견사업주를 파견노동자의 사용자로, 따라서 사용자로서의 파견사업주와 노동력을 이용하는 제3자로서의 user를 구별한다는 것은 명백하다. 이 점은 노동력의 다면적 이용관계인 도급의 경우에도 마찬가지이다. 사용사업주와 파견근로자 사이의 법률관계에 대하여 파견법이 명시적으로 규정하지 않았다 하더라도 현행법 규정으로부터 사용사업주에게 시용자적 지위를 할당하는 식으로 법형성을 하는 것은 한계가 있을 수밖에 없다. 그런 점에서 노동력을 이용하는 제3자인 원청기업과 노동력을 제공하는 근로자 사이에는 직접적인 근로관계의 인정도 용이하지 않다. 2중의 근로관계의 인정[180]도 또한 용이하지 않다. 무엇보다 입법자의 관념은 노동력을 이용하는 자와 제공하는 자의 법률관계에 개입하지 않고, 제3자로 두는 구도를 취하고 있기 때문에 2중의 근로관계에 기하여 노동력을 이용하는 원기업과 하청기업의 위장폐업의 공동책임을 부담시키기도 용이하지 않다.

180) 이미 오래 전부터 Mayer-Maly, ZfA 1972, 1, 30ff. 참조.

제2편

미국의 부당노동행위구제제도

제1장 개 설

미국에서는 19세기 말경부터 철도노동법의 분야를 중심으로 차별대우 또는 황견계약을 금지하고 단결 및 단체교섭의 자유를 보장하는 법제가 등장하였다. 그러나 부당노동행위제도가 구체적으로 형성되기 시작한 것은 1929년부터 시작된 대공황을 극복하기 위한 대책으로서 루즈벨트 대통령이 뉴딜정책을 시작한 시기부터이다. 뉴딜정책의 중심이 된 NIRA(National Industrial Recovery Act)는 최저임금제 및 최장근로시간제 등과 더불어 단결권 및 단체교섭권을 승인하고 사용자의 단체교섭 응락의무를 인정하였으며, 어용조합에 대한 억제조치를 취하는 등 부당노동행위구제제도의 최초적 형태가 구체적으로 대두되었다.

그러나 NIRA가 위헌판결을 받게 되자 1935년 7월 전국노사관계법(National Labor Relation Act: NLRA)이 제정되었다. 동법의 입법취지는 사용자에 의한 단결권, 단체교섭권 등의 침해를 방지하여 이러한 권리를 보호 · 조성함으로써 노사교섭력의 평등화를 실현함과 동시에 주간 통상에 대한 장애를 제거하는 것에 목적을 두고 있었다. 그리고 동 취지를 구현하기 위하여 근로자의 단결권 · 단체교섭권 및 단체행동권 등을 침해하는 사용자의 행위를 부당노동행위라고 하여 금지하게 하였다.[1]

---

1) 일본 및 우리나라의 부당노동행위제도는 헌법상의 근로삼권 보장의 구체화라는 규범적 성격이 강한 것이 특색인 반면에 미국의 부당노동행위제도는 근로기본권이 헌법상 보장되고 있지 아니하므로, 그 본질상 노사간의 교섭력의 균형이라는 정책적 성격이 강하다는 것을 미국 부당노동행위제도와의 차이점으로 파악하는 견해가 있다. 이러한 견해는 다음과 같은 점에서 비판되어질 수 있다. 첫째, 미국의 근로삼권은 미국의 성문헌법에 규정되고 있지 아니하나 미국 대법원의 판례에 의하여 헌법적 보호를 인정받고 있으므로, 미국에서 근로삼권이 헌법상의 보호를 받지 아니한다고 속단하는 것은 미국의 헌법원리를 잘못 파악하고 있는 것이다. 둘째, 미국의 부당노동행위가 노사간의 교섭력의 균형이라는 정책적 목적을 갖는 한편 우리나라의 부당노동행위는 헌법상 권리의 구체화라는 견해 역시 무리가 있다고 본다. 미국의 부당노동행위는 사용자의 부당노동행위 이외에 근로자의 부당노동행위도 함께 인정하고 있으므로, 이러한 관점에서 볼 때에 노사간의 교섭력의 균형이라는 정책적 목적이 강조된다고 볼 수도 있으나, 미국 근로자의 근로삼권의 보호라는 측면을 부정하거나 소홀히 하는 것은 아니다.; 이상윤, 노동법, p. 888.

부당노동행위의 내용으로서는 단결권, 단체교섭에 대한 간섭, 억압, 강제, 지배개입 또는 경비조달, 차별대우, 제소 · 증언을 이유로 하는 차별처우, 단체교섭 거부를 들 수 있으며 전국노사관계위원회(National Labor Relation Board: NLRB)에 의한 행정적 구제방식이 도입되었다. 한편, 부당노동행위제도로 인하여 근로자의 근로삼권이 보장 · 강화되자 오히려 사용자의 지위가 약화되어 노사간의 불균형이 야기되었으므로 일부 주에서는 근로자의 부당노동행위개념을 도입하기 시작하였다. 1939년에 이르러 Wisconsin 주법이 근로자 측의 부당노동행위제도를 최초로 도입한 이래, Pennsylvania, Minnesota, Michigan, Kansas, Colorado 및 Florida 등도 주법을 제정하여 1949년에는 근로자 측의 부당노동행위를 규제하는 주법을 제정한 주가 30여주에 이르게 되었다. 이러한 부당노동행위구제제도는 미국에서 생성 · 발전하여 제2차 대전까지는 미국 고유의 법제도에 머물러, 여러 외국의 노동법제에 영향을 주지 못하였으나 1947년에 인도가 이 제도를 도입한 이래 1948년 캐나다의 노사관계쟁의조정법, 그리고 1949년 일본에서 노동조합법 개정 시에 이 제도를 도입하였다.[2)]

한편, 노사간의 상호균형을 도모하고자 미국에서는 1949년 연방법인 타프트-하틀리법(Taft-Hartley)을 제정하여 노동조합의 부당노동행위제도를 신설함으로써 NLRA에는 사용자뿐 아니라 근로자의 부당노동행위도 규제대상이 되었다.

Taft-Hartley법에 규정된 노동조합의 부당노동행위로서는 사용자나 비조합원의 권리행사에 대한 억압, 강제, 사용자에 대한 차별대우의 강요, 조합 측의 단체교섭거부, 2차적 보이콧, 세력다툼의 파업, 기타의 수권행위, 고액이나 차별적 조합가입비의 요구, 제공되지 아니한 근로에 대하여 강제로 사용자에게 금품 등을 지불하게 하는 행위 등을 들 수 있다.

즉, 1935년의 Wagner법에서는 사용자의 부당노동행위만을 금지함으로써 노사관계의 질서를 유지하였으나, 1947년의 Taft-Hartley법에 의하여 「노동조합 또는 그 대리인의 부당노동행위」가 신설되어 형평성을 갖춘 노사관계 질서의 유지를 도모하는 새로운 제도가 창설되었다. 1959년에 제정된 노사관계보고 · 공개법

2) 자세한 내용은, The Developing Labor Law(4th Edition), Vol 1, The Bureau of National Affairs, Inc, Washington D. C., 2001, pp. 3~69 참조; 전영석, "부당노동행위에 관한 주요국의 입법례", 입법조사월보, 1993, pp. 80~94 참조.

(Labor Management Reporting and Disclosure Act)에 의하여 NLRA는 다시 개정되어 「노동조합의 근로자에 대한 부당노동행위」라는 새로운 개념이 추가되어 조합민주주의의 원칙을 도입하였다.

제2장 미국의 부당노동행위 유형

미국의 부당노동행위의 유형은 사용자의 부당노동행위, 노동조합의 부당노동행위 및 노동조합과 사용자 쌍방의 부당노동행위의 세 가지 유형으로 구분할 수 있다.

Ⅰ. 사용자의 부당노동행위

다음의 행위는 사용자의 부당노동행위에 해당된다.

1. 근로삼권의 침해행위

(1) 법률규정

사용자가 NLRA Sec. 7에 규정된 근로삼권의 행사에 개입하거나 그것을 제한하거나 강제하는 것은 부당노동행위이다.[3]

(2) 주요 내용

NLRA Sec. 7은 근로자의 단결권, 단체교섭권 및 단체행동권에 대하여 (i) 이를 적극적으로 행사할 수 있는 권리와 (ii) Sec. 8(3)에 규정된 유니온 숍의 경우를 제외하고는 이를 소극적으로 행사하지 아니할 권리를 보장하고 있다.

Sec. 8(a)(1)은 상기 근로자의 근로삼권 행사에 대하여 사용자가 개입 · 방해 · 강제하는 것을 부당노동행위로서 규정하고 있다.

동 조항은 다른 조항에 대하여 사용자의 부당노동행위에 대한 포괄적 규정으

3) NLRA Sec. 8(a)(1).

로서의 역할을 하고 있다. 대표적인 사례는 다음과 같다.

1) 근로자에 대한 심문(interrogation)

사용자가 근로자의 노동조합 가입 여부 및 활동 등에 관하여 심문하는 것은 부당노동행위에 해당될 가능성이 높다. 이 경우 NLRB는 "전체적 정황" 기준(totality of circumstance approach)을 적용하여 부당노동행위 해당 여부를 판단하게 된다.[4) "전체적 정황" 기준은 사용자의 노동조합에 대한 태도, 심문의 내용, 심문자의 계급 또는 직위, 심문의 시간, 장소 및 근로자 답변의 성질 등을 고려하게 된다.

2) 반조합 물품의 배포 등

"Vote No" 등이 적힌 버튼이나 커피잔 등 근로자의 근로삼권을 침해하는 문구가 적힌 물품을 배포하는 것은 부당노동행위에 해당된다.[5)]

한편, 근무시간 중에 조합의 배지를 근무복에 부착한 근로자를 해고한 것은 NLRA Sec. 8(a)(1) 또는 Sec. 8(a)(3) 위반으로서 부당노동행위에 해당된다고 판결하였다.[6)]

3) 근로자에 대한 감시 또는 여론조사

스파이 또는 정보제공자 등을 통하여 근로자의 노동조합 조직 또는 운영을 감시하는 것은 부당노동행위에 해당된다.[7)] 그러나, 노동조합이 "조합결성자가 사업장 밖에서 문서를 배포하는 것을 사진 또는 비디오로 촬영하는 것"은 설사 동 촬영이 노동조합의 지지자를 확인하는 역할을 수행한다 할지라도 부당노동행위에 해당되지 아니한다.[8)]

사용자가 근로자의 노동조합 지지도를 조사하기 위하여 투표를 실시하는 경우가 있다. 동 투표가 근로자의 노동조합 조직 · 활동에 부정적 영향을 미쳐 부당노동행위에 해당되지 않기 위해서는 (i) 투표의 목적이 다수 근로자의 지지를 확보하였다고 주장하는 노동조합에 대하여, 이의 진위를 확인하기 위한 것에 있고,

4) NLRB v. Date Industries, Inc., 355F.2d 851(66th Cir. 1966); Blue Flash Express, 109 NLRB591(1954); Hotel Employees Local 11 v. NLRB, 760 F.2d 1066(9th Cir. 1985).

5) Circuit City Stores, 324 NLRB No. 19(1997); A. O. Smith Automotive Products Co., 315 NLRB 994(1994).

6) Republic Aviation Corp v. NLRB, 324 U.S. 793(1945).

7) Excelsior Laundry Co., 186 NLRB 914(1970).

8) Randall Warehouse of Arizona, 328 NLRB No.153(1999).

(ii) 동 목적을 투표참가 근로자에게 명시하여야 하며, (iii) 투표결과에 따른 보복을 하지 않겠다는 약속을 하고, (iv) 비밀투표를 실시하여야 하며, (v) 사용자가 기타의 부당노동행위를 하지 않는다는 요건을 충족시켜야 한다.[9]

4) 사업장 내에서의 조합활동

사업장 내의 조합활동에 대하여 사용자의 부당노동행위가 성립되는지의 여부는 조합활동이 사업장 내 근로자에 의한 것인지 아니면 외부인에 의한 것인지에 따라 구분된다.

① 사업장 내 근로자에 의한 조합활동

사업장 내 근로자의 조합활동에 대한 사용자의 제한 · 금지가 과연 부당노동행위에 해당되는지의 여부는 근로자의 근로삼권 행사와 사용자의 경영권과의 조화라는 차원에서 검토되고 있다.[10]

첫째, 근로자에 대한 노동조합 가입 또는 서명의 「권유」행위의 경우 (i) 근로시간 중에 이를 제한 · 금지하는 것은 부당노동행위에 해당되지 아니하나, (ii) 근로시간 이외의 시간 중에 이의 제한 · 금지는 부당노동행위에 해당된다.

근로시간 중의 권유를 제한 · 금지하는 경우, 동 제한 · 금지는 조합활동 뿐 아니라 비조합활동간에 비차별적으로 적용되어야 한다.

1945년 Republic Aviation 사건에서는 항공기 제조공장에서 「공장 · 사무실 안에서의 모든 권유행위를 금지한다.」는 내용의 규칙을 제정하고 있었는 바, 공장 안에서 점심시간 중에 다른 근로자에게 조합가입카드를 넘겨준 근로자가 규칙위반으로 해고되었다. 연방대법원은 비록 동 규칙이 모든 권유에 비차별적으로 적용되는 것이라 할지라도, 근로시간 이외의 시간은 근로자가 자유로이 활용할 수 있는 시간이므로 동 시간 중의 권유를 제한 · 금지하고, 해당 근로자를 해고하는 것은 NLRA Sec. 8(a)(1) 및 (3)에 위반되는 부당노동행위라고 판결하였다.[11]

근로시간 이외의 시간에도 생산 및 사업장 내 규율 확립과 특별히 직결되어 있는 경우에는 권유를 제한 · 금지하여도 부당노동행위에 해당되지 아니한다. 예컨

---

9) Strukness Construction Co, 165 NLRB 1062(1967).
10) Republic Aviation Corp v. NLRB, 324 U.S. 793(1945).
11) Republic Aviation Corp v. NLRB, 324 U.S. 793(1945).

대 복도, 입원실의 휴게실 또는 수술실 등에서 노조가입을 권유하는 것은 환자의 회복에 부정적 영향을 미칠 수 있으므로 이를 제한할 수 있다.[12] 그러나 병원 내의 카페 등 업무와 관련 없는 공공장소에서 비근무시간 중에 조합가입을 권유하는 것은 병원의 운영이나 환자를 방해하지 않는 한, 사용자가 이를 제한하는 것은 부당노동행위에 해당된다.[13]

둘째, 문서의 배포행위에 대하여 (ⅰ) 근무시간 중 또는 근로장소(working area)에서의 제한 · 금지는 적법하고, (ⅱ) 근로시간 이외의 시간 중에 근로장소 밖에서의 제한 · 금지는 부당노동행위에 해당된다고 판결하고 있다.[14] 즉, 사업장 내에서 근무시간 중에 조합가입을 권유하거나, 문서를 배포하는 행위에 대하여 사용자는 비차별적인 일정한 제한을 부과할 수 있다.[15] 설사 근로시간 이외의 시간에 해당된다 할지라도 근로장소인 경우에는 문서의 배포가 제한 · 금지될 수 있다는 점에서 「권유」보다 훨씬 엄격한 기준을 적용하고 있다. 그 이유는 「문서」는 「권유」보다는 더욱 폭넓게 퍼질 우려가 있어 사용자의 경영상 시설관리권이 침해될 여지가 보다 크기 때문이다.

② 외부자에 의한 조합활동

외부자가 회사의 사업장 안에서 노동조합 가입을 권유하거나, 문서를 배포하는 것은 원칙적으로 이를 제한 · 금지하여도 부당노동행위에 해당되지 아니한다. 즉, 사용자의 제한 · 금지에 의하여 근로자가 입는 손실은 노동조합의 조직 · 활동에 관한 정보를 제공받는 것이 방해되는 것에 불과하므로 노동조합이 사업장 안에서의 권유 또는 문서배포 이외의 다른 대체적 의사전달 방법을 이용할 수 있는 경우에는 이를 제한 · 금지하여도 NLRA Sec. 8(1)(a)에 위반되지 아니한다. 예컨대, (ⅰ) 제재작업의 캠핑장, 휴양지 호텔 및 마을에서 멀리 떨어진 계절적 사업 등과 같이 대체적 의사전달 방법의 이용이 불가능한 경우 사업장 내에서의 권유 또는 문서배포를 제한 · 금지하는 것은 부당노동행위에 해당되나, (ⅱ) 일반적인 사업장의 경우 사업장 밖에서도 외부자가 근로자와 접촉할 수 있는 대체적인 의사전달

12) NLRB v. Baptist Hospital, Inc., 442 U.S. 773(1979).
13) Beth Israel Hospital v. NLRB, 434 U.S. 1033(1978).
14) Republic Aviation Corp v. NLRB, 324 U.S. 793(1945).
15) Rose Co., 154 NLRB 228(1965).

방법이 있으므로 이를 제한 · 금지하여도 부당노동행위에 해당되지 아니한다. 예컨대, 1956년의 Bobcock & wilcox 사건에서는 노동조합 조직가(union organizer)가 회사의 근로장소와 인접한 회사의 주차장에서 근로자에게 조합유인물을 배포하려 하였으나, 회사는 회사규칙에 따라 외부자가 회사시설 안에서 문서를 배포하는 것을 금지하였다.[16] 이에 대하여 대법원은 회사의 주차장 이외에도 외부자인 노동조합이 회사의 근로자와 접촉할 수 있는 장소 및 방법이 있으므로, 사용자가 회사의 시설 안에서 외부인의 문서배포 행위를 금지하는 것은 부당노동행위에 해당되지 않는다고 판결하였다. 회사의 시설이 백화점 등과 같이 외부인에게 공개된 장소인 경우에도 사용자는 외부인의 권유 및 문서배포 행위를 제한 · 금지할 수 있다.[17]

2. 노동조합에 대한 지배 · 개입행위

(1) 법률규정

사용자가 노동조합의 조직 · 운영에 직접 지배 · 개입하거나, 또는 노동조합에 대하여 재정 기타의 원조를 하는 것은 부당노동행위에 해당된다.[18] 다만, 사용자가 NLRB에 의하여 제정 · 공포된 규정 및 규칙에 준거하여 근로시간 중에 임금 및 근로시간의 삭감 없이 단체교섭을 허용하는 것은 무방하다.[19]

(2) 주요 내용

Sec. 8(a)(2)는 사용자가 노동조합의 조직 · 운영에 지배 · 개입하거나 운영비 등을 지원하여 노동조합을 자신의 영향력하에 두거나, 소위 어용노동조합을 방지하기 위한 규정이다. 다만, 근로시간 중에 임금 및 근로시간의 삭감 없이 단체교섭을 허용하는 것은 무방하다는 예외규정을 두고 있다.

「지배」(domination)라 함은 사용자가 노동조합의 설립 및 운영에 구성원으로서 참가하는 등 노동조합을 자신의 통제하에 두는 것을 말하며, 「개입」(interference)이

16) NLRB v. Bobcock & wilcox co., 351 U.S. 105(1956).
17) Lechmere, Inc. v. NLRB, 502 U.S. 527(1992).
18) NLRA Sec. 8(a)(2).
19) NLRA Sec. 8(a)(2).

라 함은「지배」수준에는 못 미치는 다소 미약한 수준에서 노동조합의 조직 및 운영에 간여하는 것을 말한다.

동 규정은 입법 당시 만연하고 있었던 (ⅰ) 조직 · 운영 및 의사결정에 있어 사용자가 과도한 영향력을 행사하는 노사공동으로 조직되는 노사협의회(Joint Committee; employee representation plan) 및 (ⅱ) 기존 노동조합을 사용자의 영향력하에 두거나, 신규 노동조합의 설립을 방해하기 위하여 사용자가 노동조합을 어용노동조합(Company Union)화 하는 것을 금지하기 위한 목적을 두고 있다.[20]

사용자의 지배 · 개입 정도가 심각한 어용노동조합에 대하여 NLRB는 가장 강력한 제재수단으로서 노동조합의 해산명령(disestablishment)을 내리고 있으나, 그 정도가 경미한 경우에 해산명령은 과도한 명령이 된다.[21] 신규노조의 결성이 이루어지고 있는 때에 기존 노조의 지지를 호소하는 것, 교섭대표 노동조합의 선정 또는 교섭단위의 결정에 있어 서명을 독려하는 것, 또는 노동조합 운영경비 또는 시설을 제공하는 것은 부당노동행위에 해당된다. 다만, 사용자가 사업장 내의 시설을 어느 정도 이용하게 하거나 근무시간 중에 단체교섭 등의 노조활동을 허용하는 것은 단순한 협력(cooperation)으로 판단하여 부당노동행위로 보지 아니한다. 대표적인 사례는 다음과 같다.

1) 조합에의 가입권유

사용자가 근로자를 특정 노동조합에 가입하도록 권유하는 것은 부당노동행위이다. 특정 노동조합에게는 사업장 내에서 근로시간 중에 조합가입 권유활동을 허용하면서, 다른 노동조합에게는 이를 허용하지 않는 것은 부당노동행위에 해당된다.[22]

2) 과도한 지원

노동조합 규약 또는 규칙의 작성을 지원하거나,[23] 특정 노동조합에 반대하여 어용노동조합의 결성을 초래하는 행위[24]는 부당노동행위에 해당된다.

---

20) David P. Towney, Labor & Employment Law, West 2001, pp. 129~130 참조.

21) NLRB v. U.M.W., 355 U.S. 453(1958).

22) Stainless Steel Products, Inc., 157 NLRB 232(1966).

23) In re Home, 61 NLRB 742(1945).

24) NLRB v. Daylight Grocery Co., 345 F.2d 239(5th Cir. 1965).

3) 교섭대표 노동조합의 승인

교섭대표 노동조합 선거에 대한 신청이 제기되기 이전에 사용자가 다수임이 명백한 노동조합을 승인하는 것은 부당노동행위가 아니다.[25] 그러나 선거신청이 제기된 이후에 특정 노동조합이 과반수 근로자의 수권을 받았다 하여 이를 사용자가 승인한 경우 부당노동행위에 해당된다.[26]

사용자가 소수 노동조합을 교섭대표 노동조합으로 승인한 것은 부당노동행위에 해당된다. 예컨대, 노동조합이 근로자 과반수로부터 수권을 받았다고 주장한 것에 대하여, 사용자가 이를 확인하지 않고 승인하였으나, 실제로는 승인 당시 과반수의 수권을 받지 못한 경우 설사 단체교섭의 개시 이후에 과반수의 수권을 받았다 할지라도 이는 부당노동행위에 해당된다.[27]

4) 기업시설의 이용

복수의 노동조합에게 차별 없이 기업시설 또는 변호사, 사무실, 비서 및 복사기 등의 서비스 등을 제공하는 것은 부당노동행위에 해당되지 아니한다.[28]

5) 노조 유사단체에 대한 지배 · 개입

NLRA Sec. 2(5)에서 보호대상으로 규정하고 있는 「노동단체」(labor organization)의 개념은 "근로자가 참가하고, 고충 · 노동쟁의 · 임금 · 임금인상률, 근로시간 또는 근로조건에 관해 사용자와 교섭(dealing with)하는 것을 목적의 전부 또는 일부로 하고 있는 모든 형태의 단체, 대리기관, 근로자대표위원회 및 제도를 말한다"라고 하여 노동조합(labor union)보다 광범위하게 규정하고 있다. 따라서 NLRA의 보호대상은 노동조합에 국한되는 것이 아니라 보다 광범위한 노동단체의 개념이다.

예컨대, 1959년의 Cabot Carbon 사건에서는 제2차 세계대전 중에 전시노동청의 지도로 창설된 「근로자위원회」가 NLRA의 보호대상이 되는 「노동단체」에 포함되는지의 여부에 관한 문제가 다루어졌다.[29] 동 「근로자위원회」는 2–3명의 근로

---

25) Bruckner Nursing Home, 263 NLRB 955(1982).
26) Midwest Piping Co., 63 NLRB 1060(1945).
27) Int'l Ladies' Garment Worker's Union v. NLRB, 366 U.S. 731(1961).
28) Watkins Furniture Co., 160 NLRB 188(1966).
29) NLRB v. Cabot Carbon co., 360 U.S. 203(1959).

자위원을 임기 1년으로 선출하여 사용자 측과 근로조건 전반에 걸쳐「협의」하였는바, 단체협약을 체결하지 아니하였고, 협의결과의 채택 여부는 사용자가 최종적인 결정권한을 보유하고 있었다. 이에 대하여 (ⅰ) NLRB는 근로자위원회가 NLRA Sec. 8(a)(2)위반이라고 하였으나, (ⅱ) 항소법원은 NLRA Sec. 2(5)에서의 교섭(dealing with)을 단체교섭(collective bargaining)으로 좁게 해석하고, 근로자위원회는 단체교섭을 하고 있지 아니하므로, NLRA의 보호대상이 아니라고 판결하였다. 연방대법원은「교섭」(dealing with)의 개념은 단체교섭의 개념보다 광범위한 것으로서, 근로자위원회가 단체교섭을 하고 있지 않더라도 NLRA상의 교섭은 하고 있으므로 NLRA의 보호대상이 되고, 따라서 이는 NLRA Sec. 8(a)(2)에 위반되는 부당노동행위라고 판결하였다.

노동조합이 아닌 종업원 대표위원회에서 사용자 위원의 참가를 폐지하는 등 외견상 사용자가 동 위원회를 통제하고 있지 아니하나, 동 위원회는 사용자가 설립하였고, 동 위원회의 조직 · 운영 · 변경에 사용자의 동의가 필요하다는 사실하에 이를 노동단체에 대한 지배 · 개입으로 보고 있다.[30] 또한, 사용자가 근로자와 함께 결성한 노사위원회를 (ⅰ) 동 위원회에는 근로자가 반드시 참여하여야 하고, (ⅱ) 동 위원회는 사용자와 교섭을 하여야 하며, (ⅲ) 교섭대상으로서 임금, 근로시간 기타 근로조건을 포함하고 있어야 한다는 점에서 이를 노동조합으로 보아, 이를 노동조합에 대한 사용자의 지배 · 개입으로 판단한 사례도 있다.[31] 최근의 경향은 근로자참가제도를 합법화하려는 움직임이 대두되고 있다.[32]

3. 황견계약 체결을 위한 차별대우

(1) 원 칙

1) 관련 규정

어느 노동조합에 가입할 것 또는 가입하지 아니할 것을 강요하기 위하여 채용, 정년보장 또는 근로조건과 관련하여 차별대우를 하는 것은 부당노동행위에 해당

30) NLRB v. Newport News Shipbuilding & Dry Dock Co., 308 U.S. 241(1939).

31) Electromation Inc., 309 NLRB 990(1992).

32) 클린턴 대통령이 설치한「노사관계의 미래위원회」(Commission on the Future of Worker- Management Relation)도 1994년 12월에 NLRA Sec. 8(a)(2)를 개정하여 근로자 참가를 합법화하려는 정책을 제시한 바 있다.

된다.[33)]

2) 주요 내용

근로자로 하여금 어느 노동조합에 가입하거나 또는 가입하지 말 것을 강제하기 위하여, 채용, 정년보장 및 근로조건 등에 관하여 차별대우하는 것은 부당노동행위에 해당된다. 이를 상세히 설명하여 보면 다음과 같다.

① 노동조합 가입 및 조합원의 범위

노동조합 조합원 가입의 개념에는 「가입」뿐 아니라, 노동조합 지지 및 활동 등 노동조합의 조직 및 운영에 관한 광범위한 활동을 의미한다.[34)]

조합원에는 내국인은 물론 외국인 및 불법체류 외국인도 포함된다.[35)] 예컨대, 불법체류 근로자의 노동조합 지지를 이유로 사법당국에 이를 신고하여 국외로 추방시킨 것도 동법 Sec. 8(a)(3) 위반에 해당된다.

② 부당노동행위 의사의 존재

사용자의 차별행위가 있는 경우, 동 차별행위가 「반조합의사」에 근거한 것이 입증되어야 한다. Sec. 8(a)(3)을 제외한 여타의 부당노동행위의 경우 입증책임은 NLRB의 사무총장(General Counsel)에 있다. 그러나 Sec. 8(a)(3)사건에서는 사무총장이 "근로자가 사용자의 행위에 의하여 부정적으로 영향을 받았다는 사실"을 제시하는 경우, 그 입증책임은 사용자에게 전환된다. 사용자는 자신의 행위가 합법적이고 실질적인 경영상의 목적에 의하여 정당화되고, 또한 조합활동에 어떠한 영향을 미치고자 하는 의도가 없다는 것을 입증하여야 한다.[36)] 사용자가 상기 입증을 못하는 경우 부당노동행위가 성립되고, 입증을 하는 경우 사무총장은 다시 독자적으로 사용자의 반조합의사를 판단하게 된다. 반조합의사의 판단 시에는 ⅰ) 사용자의 행위로 영향 받는 조합원의 비율, ⅱ) 영향 받은 근로자들의 조합활동 참가 정도, ⅲ) 영향 받은 근로자들의 근무기록 및 업무능률 수준, ⅳ) 사용자의 조합활동에 대한 지식, ⅴ) 사용자의 의사를 추정할 수 있는 표현 또는 행동, ⅵ) 조합원 및 비조합원에 대한 차별대우, ⅶ) 근로자 해고의 시점, ⅷ) 해고사유의 일관성

---

33) NLRA Sec. 8(a)(3).
34) Radio Officer's Union v. NLRB, 347 U.S. 17(1954).
35) Sure-Tan, Inc. v. NLRB, 467 U.S. 883(1984).
36) NLRB v. Great Dane Trailers, Inc., 388 U.S. 26(1967).

및 ix) 사용자의 반조합 경력 등의 요소가 고려된다.[37)]

사용자는 NLRA Sec. 8(c)의 규정에 따라 의견 또는 주장을 표현할 수 있는 권리가 있으므로, 이것이 노동조합 또는 조합원에 대한 보복 · 폭력의 위협이나, 이익의 약속을 포함하고 있지 않는 한, 이를 반조합의사로 간주하여서는 아니 된다.

사용자의 행위가 "근본적으로 파괴적인"(inherently destructive) 경우, NLRB는 사용자가 경영상 목적에 의한 것임을 입증하였다 할지라도, 반조합의사가 존재함을 인정하게 된다. 「근본적으로 파괴적인」 행위라 함은 근로자의 권리에 대한 침해가 명백하고 중대하기 때문에, 사용자가 그 결과를 이미 의도하거나 예견할 수 있었으므로 별도의 입증 없이도 Sec. 8(a)(3)위반에 해당하는 것으로 보고 있는 것을 말한다.

예컨대, 조합원과 비조합원간의 임금차별을 하거나,[38)] 파업 중의 대체근로자에 대하여 20년간의 특별선임권(super-seniority)을 보장하는 경우[39)]등에는 "근본적으로 파괴적인" 사용자의 행위가 있는 것으로 본다.

사용자의 행위가 "근본적으로 파괴적인" 수준에 못 미치고, 경영상 목적에 의한 정당성을 입증하는 경우 NLRB는 별도의 독립적인 근거를 제시하여 반조합의사를 입증하여야 한다.[40)]

사용자의 행위에 반조합의사와 경영상의 목적 등 여타의 의사가 병존하는 경우(dual motive case)에도 사용자는 자신이 반조합의사가 없다는 것에 대한 입증책임을 부담한다.[41)] 즉, 사용자는 근로자의 어떠한 조합활동을 이유로 행위를 한 것이 아니라, 설사 근로자의 조합활동이 없었다 할지라도 동일한 행위를 하였을 것이라는 입증을 하여야 한다.

③ 차별대우의 존재

차별대우에는 채용, 임금 및 근로시간 등의 근로조건 및 해고 등이 모두 포함된다.

---

37) NLRB v. Great Dane Trailers, Inc., 388 U.S. 26(1967).
38) Radio Officer's Union of the Commercial Telegrapher's Union v. NLRB, 347 U.S. 17(1954).
39) NLRB v. Erie Resister Corp., 373 U.S. 221(1963).
40) NLRB v. Fleetwood Trailer Co., 389 U.S. 375(1967).
41) Wright Line, 251 NLRB 1083(1980); NLRB v. Transportation Management Corp., 42 U.S. 393(1983).

㉠ 고용 및 해고 등의 차별

조합원 또는 비조합원을 이유로 고용 또는 해고에 있어 차별대우를 하여서는 아니 된다.42) 예컨대, 조합회의에 참가한 것43)을 이유로 또는 어용노동조합에의 가입을 거부하는 것44)을 이유로 해고하는 것은 부당노동행위에 해당된다.

㉡ 근로조건 등에 대한 차별

파업파괴자 및 파업 영구대체근로자에게 20년 동안의 특별선임권을 부여한 것45) 또는 조합임원에게 장기간 근속권리를 부여한 것46)은 부당노동행위이다.

㉢ 사업의 이전 및 폐쇄 등

사용자는 반조합의사를 포함한 어떠한 이유라도 자유로이 사업을 영구히 폐업할 수 있다.47) 그러나 사용자가 사업을 부분적으로 폐업하거나 일시적으로 폐업하는 경우에는 부분적으로 존속하는 사업장에서의 노동조합의 조직 및 활동에 대한 부정적 영향을 고려하여 판단하여야 한다.48)

사업장을 폐업하는 경우에도, 사업장을 신설하여 동일한 업무를 수행하거나, 기존의 다른 사업장으로 업무를 이전하는 경우, 또는 외부에 도급을 주는 경우 등 소위 런어웨이 숍(run away shop)의 경우에도 부분폐업에 준하여 판단된다.

(2) 예외: 유니온 숍의 허용

1) 관련 규정

동법 또는 어떠한 미국 연방 법률도 사용자가 어느 노동조합(부당노동행위에 의하여 조직, 유지 또는 지원되는 노동조합을 제외한다.)과 근로자가 채용된 후 30일 이내 또는 단체협약의 발효일 중 늦게 도래하는 날까지 동 노동조합에 가입하는 것을 채용조건으로 하는 내용의 협약을 체결하는 것을 금지하지 아니한다.49)

이 경우 (ⅰ) 노동조합은 협약체결 당시 교섭단위 내의 교섭대표 노동조합이고, (ⅱ) 교섭단위 내의 다수의 근로자가 동 협약의 발효일 이전 1년 이내에 실시된 투

42) Pheips Dodge Corp v. NLRB, 313 U.S. 177(1941).
43) B. M. Smith, 132 NLRB, 1493(1961).
44) Hoisting and Portable Engineers, Local 302, 144 NLRB 1449(1963).
45) NLRB v. Erie Resistor Corp., 373 U.S. 221(1963).
46) Dairylea Cooperative, Inc., 219 NLRB 656(1975).
47) Textile Workers Union of America v. Darlington Manufacturing Co., 380 U.S.263(1965).
48) Textile Workers Union of America v. Darlington Manufacturing Co., 380 U.S.263(1965).
49) NLRA Sec. 8(a)(2).

표를 통하여 노동조합의 동 협약체결권한을 박탈하는 내용의 결의를 하였다는 것을 NLRB가 인정한 사실이 없는 경우에 한하여 동 협약의 유효성이 인정된다.

또한 (ⅰ) 어느 근로자가 다른 조합원에게 일반적으로 적용되는 동일한 내용 및 조건의 조합원 자격을 취득하는 것이 불가능하다는 것을 사용자가 인지하고 있었거나, (ⅱ) 어느 근로자가 조합가입 또는 조합원자격 유지를 위하여 모든 조합원에게 동일하게 요구되는 조합 가입비 또는 조합비의 미납부 이외의 사유로 조합가입이 거부되거나, 조합에서 제명된 것을 사용자가 인지한 경우에는 사용자는 근로자의 노동조합 미가입을 이유로 차별대우를 하여서는 아니 된다.

2) 주요 내용

NLRA Sec. 8(a)(3)단서는 근로자의 채용요건으로 특정 노동조합에 가입하는 것을 의무화하고, 만일 근로자가 노동조합에 가입하지 않을 경우 사용자가 해고 등 차별대우를 할 수 있는 내용의 단체협약, 즉 유니온 숍 협정의 체결을 허용하고 있다. 동 유니온 숍 협정의 구체적 내용은 다음과 같다.

① 유니온 숍 협정의 의의 및 요건

첫째, 근로자는 채용 후 30일 이내 또는 단체협약의 발효일 중 나중에 도래하는 기일까지 노동조합에 가입하여야 한다.

둘째, 노동조합은 유니온 숍 협정 체결 당시 교섭대표 노동조합이어야 한다. 다만, 건설 및 건축 산업에서는 노동조합이 교섭대표 노동조합이 아닐지라도 유니온 숍 협정을 체결할 수 있다.[50)]

셋째, 근로자들이 노동조합의 유니온 숍 협정체결 권한을 박탈하기 위한 선거(deauthorization election)를 실시하여 이것이 통과된 후 1년 이내에는 유니온 숍 협정을 체결할 수 없다. 원래 노동조합은 근로자로부터의 별도의 수권 없이 유니온 숍 협정 체결을 위한 단체교섭 권한을 보유 · 행사할 수 있으나, 근로자들은 상기 선거를 통하여 동 권한을 박탈할 수 있다.[51)]

넷째, 근로자가 유니온 숍 협정에 위반하여 채용된 후에 노동조합에 가입하지 아니하는 경우에도, 사용자는 (ⅰ) 상기 근로자에게도 다른 조합원에게 부여되는

50) NLRA Sec. 8(f)(2).
51) NLRA Sec. 9(e).

동일한 내용 · 조건의 조합원 자격을 취득할 수 있는 기회가 부여되지 아니하였거나, 또는 (ii) 조합원 자격의 취득 · 유리조건으로서의 모든 조합원에게 동일하게 부과되는 조합가입비 또는 조합비를 근로자가 납부하지 아니한 경우, 이외의 사유로서 조합가입이 거부되거나 제명된 경우에는 근로자를 해고할 수 없다.

② 조합비 납부의무

근로자가 유니온 숍 협정하에서 노동조합에 가입한 후에도 조합활동을 강요하는 것은 근로자의 직업선택의 자유 및 소극적 단결권을 침해하여 위헌이다. 따라서 근로자는 단지 조합가입비 및 조합비만 납부하면 유니온 숍 협정하에서의 의무를 이행한 것이 된다.[52] 노동조합은 이러한 근로자를 형식적으로 조합원 명부에 게재할 수 있으나, 조합총회 출석, 각종 단체행동 등 조합활동에 참여할 것을 요구할 수 없으며, 그 위반을 이유로 제재처분을 할 수 없다. 조합비 납부의무는 소위 비조합원의 무임승차(free-rider)를 방지하기 위한 것으로, 유니온 숍 협정이 사실상 에이전시 숍(Agency shop)협정으로 운영되어도 무방한 것을 의미한다.

근로자는 조합비가 단체교섭, 단체협약의 시행 및 고충처리 이외의 용도에 사용되는 것에 반대할 수 있다. 예컨대, 조합비를 노동조합의 조직, 정치적인 로비 또는 사교적 · 자선적 용도를 위한 비용으로 사용하는 것에 반대할 수 있다.[53] 노동조합은 근로자가 요구하는 경우 조합비의 지출내역을 노동조합이 근로자를 대표하는 "대표적"(representational) 활동과 그러하지 아니한 "비대표적"(nonrepresentational) 활동에 사용되는 조합비를 각각 구분하여 공개하여야 한다.[54]

③ 종교적 이유로 인한 조합가입 또는 조합비 납부의무 면제

종교적 신념을 이유로 노동조합 가입 또는 활동에 반대하는 근로자는 조합비를 납부하지 아니하여도 유니온 숍 협정하에서의 노조가입 또는 조합비 납부의무가 면제된다. 다만, 그 대신에 동일한 금액을 비종교적, 비노조, 비과세의 자선단체 기금에 기부하여야 한다.[55]

52) NLRB v. Hershey Foods Corp. 513 F.2d 1083(9th Cir. 1975).

53) Lenhert v. Ferris Faculty Association, 500 U.S. 507(1991).

54) Chicago Teachers Union, Local v. Hudson, 475 U.S. 292(1986), Adams v. Communication Workers of Ameriaca, 59 F.3d 1373(D.C. Cir. 1995).

55) NLRA Sec. 19.

④ 주법에 의한 유니온 숍 협정 규정의 배제

개별 주는 자신의 선택에 따라 관련 법률을 제정하여 NLRA Sec. 8(a)(3)에 규정된 유니온 숍 협정의 체결을 금지할 수 있다.[56)]

이는 연방법의 주법에 대한 선점의 원칙(doctrine of preemptia)의 예외를 인정하고 있는 것이다. 현재, 21개 주에서 소위 근로권법(right to work law)을 제정하여 유니온 숍 협정을 제한하거나 금지하고 있다.

4. 제소 또는 증언을 이유로 한 불이익대우 금지

(1) 관련 규정

동법에 의하여 제소하거나 증언한 것을 이유로 근로자를 해고하거나 기타의 차별대우를 하는 것은 금지된다.[57)]

(2) 주요 내용

NLRA Sec. 8(a)(4)는 근로자가 부당노동행위와 관련하여 구제신청을 하거나 증언을 한 것을 이유로 해고 또는 기타 차별하는 것을 사용자의 부당노동행위로 규정하고 있다. 연방대법원은 "구제신청 또는 증언"을 광범위하게 해석하고 있다. 근로자의 증언은 구두 또는 문서에 의한 것을 모두 포함하고 있으며, 선서를 한 것 또는 하지 아니한 것도 모두 해당된다.[58)]

근로자가 법원의 명령(subpoena)에 의하여 NLRB 또는 법정에서 의무적으로 증언한 것은 물론, 자발적으로 증언 또는 증거를 제출한 것도 이에 포함된다. 예컨대, 부당노동행위 구제를 신청하거나 NLRB 또는 법원에서 증언을 하지 않더라도, NLRB 사실조사관에게 문서로 된 진술서를 제출하는 것도 보호대상이 된다.[59)] 또한 실제로 부당노동행위 구제신청을 제기한 것이 아니라, 구제신청을 제기하겠다고 위협한 것도 구제대상이 된다.[60)]

사용자의 개념에 속하는 감독자를 상기 이유로 해고하거나 차별대우하는 것은

56) NLRA Sec. 14(b).
57) NLRA Sec. 8(a)(4).
58) Labor Law, Robert A. Gorman, p.142, (West Pub. Co. 1977).
59) NLRB v. Scrivener, 405 U.S. 117(1972).
60) First Nat'l Bank & Trust Co., 209 NLRB 95(1974).

Sec. 8(a)(4)에 위반한 부당노동행위에는 해당되지 아니한다. 그 이유는 감독자는 NLRA상 근로자의 개념에 해당되지 않으며 따라서 NLRA Sec. 8(a)의 보호대상에서 배제되기 때문이다. 그러나 감독자에 대한 해고 또는 차별대우가 궁극적으로 근로자의 근로삼권 행사를 제한 · 침해하는 결과를 초래하는 경우에는 NLRA Sec. 8(a)(1) 위반으로 부당노동행위에 해당될 수 있다.[61)]

5. 단체교섭의 거부

(1) 관련 규정

근로자 대표와 단체교섭을 거부하는 것은 부당노동행위이다.[62)]

(2) 주요 내용

이에 대하여는 후술한다.

Ⅱ. 노동조합의 부당노동행위

1. 근로자의 근로삼권 및 사용자의 대표선출에 대한 제한 · 강제

(1) 관련 규정

노동조합이 "근로자의 근로삼권 행사"에 대하여 이를 제한 또는 강제하는 것은 부당노동행위이나, 노동조합이 조합원 자격의 취득 · 유지에 대한 독자적인 규정을 제정하는 것은 무방하다.[63)] 노동조합이 "사용자가 단체교섭 또는 고충처리를 위한 대표자를 선출하는 것"에 대하여 이를 제한 또는 강제하는 것은 부당노동행위에 해당된다.[64)]

(2) 주요 내용

NLRA Sec. 8(b)(1)(A)는 노동조합이 "근로자의 근로삼권 행사"에 대하여 이를

---

61) NLRB v. Pal-Tex Optical Co. 310 F.2d 58(5th Cir.1962)

62) NLRA Sec. 8(a)(5).

63) NLRA Sec. 8(b)(1).

64) NLRA Sec. 8(b)(1).

제한 · 강제하는 것(노동조합이 조합원 자격의 취득 · 유지에 관한 규정을 제정하는 것을 제외한다)을, NLRA Sec. 8(b)(1)(B)는 노동조합이 "사용자의 단체교섭 또는 고충처리를 위한 대표자를 선출하는 것에 이를 제한 · 강제하는 것"을 노동조합의 부당노동행위로 규정하고 있다.

노동조합의 부당노동행위를 규정하고 있는 NLRA Sec. 8(b)(1)(A)는 사용자의 부당노동행위를 규정하고 있는 NLRA Sec. 8(a)(1)과 유사하나, 전자는 "제한 · 강제" 만을 금지하고 있는 반면에, 후자는 "제한 · 강제" 이외에도 "간섭"을 금지하고 있다. 이는 Sec. 8(b)(1)(A)에서는 노동조합의 부당노동행위 중 단순한 "간섭"에 대하여는 사용자와 비교하여 볼 때에 보다 관대한 접근을 나타내고 있는 것이다. 즉, 조직 및 운영에 있어 노동조합은 상당한 재량권을 갖고 있으므로 NLRB는 이에 부당노동행위를 적용함에 있어 보다 완화된 기준을 적용하여야 한다.[65]

주요 사례는 다음과 같다.

1) 조합내부 문제

부당노동행위 여부를 판단함에 있어 노동조합의 순수한 내부문제에 대하여는 외부문제에 비하여 보다 완화된 기준을 적용하고 있다. 예컨대, 노동조합의 파업참가 명령을 따르지 않고 조업한 근로자에 대하여 제재금을 부과하거나, 나아가 동 제재금을 납부하지 않은 조합원에 대하여 민사소송을 제기한 것은 NLRA Sec. 8(b)(1)(A)에 위배되지 아니한다.[66]

정당성을 상실한 파업에 참가하지 않은 것 또는 NLRB에 부당노동행위 구제신청을 한 것을 이유로 한 징계처분은 순수한 내부문제가 아니며 이는 NLRA Sec. 8(b)(1)(A)에 위배된다.[67] 파업개시 전 또는 개시 후에 노동조합을 탈퇴하여 조업에 종사하는 조합원에 대하여 탈퇴를 승인하지 않고 제재금을 부과한 것은 노동조합의 권한을 벗어난 행위로서 NLRA Sec. 8(b)(1)(A)에 위배된다.[68] 그 이유는 조합원은 노동조합 탈퇴의 자유가 보장되므로, 동 탈퇴의 자유를 제한하는 제재금의 부과는 위법하다는 것을 논거로 제시하고 있다.

65) NLRB v. Local 639, International Brotherhood of Teamsters, 362 U.S. 274(1960).
66) NLRB v. Boeing Co, 412 U.S. 67(1973).
67) NLRB v. Industrial Union of Marine & Shipbuilding Workers, 391 U.S. 418(1968).
68) NLRB v. Granite State Joint Bd. Textile Workers Local 1029, 409 U.S. 213(1972).

노동조합의 행위가 내부문제로서 부당노동행위에 해당되는 수준에 이르지 않는 경우에도, 동 행위의 결과를 무효화하는 경우도 있다. 예컨대, 노동조합이 교섭대표 노동조합 선출과정에서 NLRB의 공식문건은 아니나, 공식문서처럼 보이는 유사문건을 배포한 것은 히스패닉 언어를 사용하는 근로자를 그릇되게 유도할 가능성이 있으므로, 동 선출은 무효이다.[69)]

2) 언어 · 표현에 의한 제한 · 강제

단순한 노동조합의 의견 또는 의사를 표현하는 것은 부당노동행위에 해당되지 아니한다. 그러나 위협적 · 강제적 발언은 부당노동행위에 해당된다. 예컨대, "노동조합에 가입하지 않은 자는 실직할 것이다" 또는 "노동조합과 논쟁을 벌인 자를 처리하는 방법을 알고 있다"라는 발언은 부당노동행위에 해당된다.[70)] 위협 · 강제적이 아닌 단순한 욕설의 표현은 부당노동행위에 해당되지 아니한다.[71)] 허위사실을 유포한 경우에도 이것이 강압적이지 아니하고 허위라는 것을 몰랐던 경우에는 부당노동행위에 해당되지 아니한다.[72)]

3) 육체적 제한 또는 강제

노동조합에 대한 협조를 거부하는 근로자에 대한 육체적 위협 또는 실질적 폭력의 행사는 부당노동행위에 해당된다.[73)] 예컨대, 조합간부에 의한 회사시설 파괴행위는 회사로 출입하려는 근로자에게 위해를 가할 수도 있다는 암시를 줌으로써 "제한 또는 강제"에 해당된다.[74)]

4) 경제적 제한 또는 강제

평화적인 피케팅은 NLRA Sec. 8(b)(1)(A)에 규정된 "강제"에 해당되지 아니한다.[75)] 사업장의 모든 근로자가 노동조합에 납부하는 "건강기금"의 재원을 조합원

---

69) SDC. Investment, 274 NLRB No. 78(1985). 교섭대표 노동조합을 선출하는 과정에서 사용자는 물론 노동조합에게도 "실험실 환경"기준("laboratory conditions" test)이 적용된다.
70) Lane v. NLRB, 186 F.2d 671(10th Cir. 1951).
71) Branch 496, National Association of Letter Carriers v. Austin, 418 U.S. 264(1974).
72) Linn v. United Plant Guard Workers, Local 114, 383 U.S. 53(1966).
73) Teamsters Local Union No. 5. v. NLRB, 406 F.2d 439(5th Cir. 1969).
74) Local 542, International Union of Operating Engineers v. NLRB, 328 F.2d 850(3d Cir. 1964), cert. denied, 379 U.S. 826(1964).
75) NLRB. Local 639, International Brotherhood of Teamsters 362 U.S. 274(1960).

에게만 사용하는 것은 비조합원에 대하여 노동조합 가입을 강제하는 것으로 부당노동행위이다.[76)]

교섭대표 노동조합의 선거 전에 자신의 노동조합을 지지하는 카드에 서명하는 근로자에 대하여 조합가입비를 면제하여 주는 것은 부당노동행위이다.[77)]

5) 조합원 자격의 취득 · 유지 관련 규칙 제정

노동조합은 조합원 자격의 취득 · 유지에 관련된 규칙을 제정할 수 있으며, 이는 부당노동행위에 해당되지 아니한다. 동 규정은 조합원에 관한 사항뿐 아니라 노동조합의 내부문제에 대한 광범위한 재량권을 인정하는 근거조항으로 인식되어 있다. 따라서 미연방대법원은 "NLRB는 조합원 자격의 취득 · 유지 관련 제재금의 부과 등에 관하여 이것이 NLRA위반사항이 아닌 한 이의 합리성(reasonableness)을 판단할 수 없으며, 이는 법원의 관할사항이다."[78)]라고 판결하고 있다. 조합원은 노동조합의 규칙적용을 받지 않기를 원하는 경우 자유로이 노동조합을 탈퇴할 수 있다.[79)]

2. 근로자에 대한 차별대우의 강요

(1) 관련 규정

사용자에게 (ⅰ) NLRA Sec. 8(a)(3)에 위반하여 근로자에 대한 차별대우를 하게 하거나, 하게 하려고 하는 행위 또는, (ⅱ) 조합원 자격의 취득 · 유지조건으로 모든 근로자에게 동일하게 요구되는 조합가입비 또는 조합비의 미납 이외의 사유로 근로자의 노동조합 가입 거부 또는 제명을 당한 근로자에 대하여 차별대우를 하게 하거나 하게 하려고 하는 행위는 부당노동행위에 해당된다.[80)]

(2) 주요 내용

NLRA Sec. 8(b)(2)는 노동조합이 (ⅰ) 사용자로 하여금 황견계약을 체결하여

76) Indiana Gas Chemical Corp., 130 NLRB 1488(1961).
77) NLRB v. Savair manufacturing Co., 414 U.S. 270(1973).
78) NLRB v. Boeing Co., 412 U.S. 67(1973).
79) Scofield v. NLRB, 394 U.S. 423(1969).
80) NLRA Sec. 8(b).

근로자를 차별대우하거나, (ii) 사용자로 하여금 조합비 미납 이외의 사유로 노동조합으로부터 가입이 거부되거나 제명된 근로자를 차별대우하도록 하게 하는 것을 부당노동행위로 규정하고 있다. NLRA Sec. 8(a)(3)는 유니온 숍 협정을 제외한 황견계약을 사용자의 부당노동행위로 규정하고 있다. NLRA Sec. 8(b)(2)는 노동조합이 사용자로 하여금 동 부당노동행위를 하게 하도록 하는 것을 부당노동행위로 규정하고 있다. 따라서 노동조합이 "근로자가 비조합원이라는 것을 이유로 사용자에게 해고할 것을 강요하는 것"은 대표적인 NLRA Sec. 8(b)(2) 위반에 해당된다. 합법적인 유니온 숍 협정이 체결된 경우, 노동조합이 사용자에게 조합비를 미납한 조합원을 해고하도록 요구하는 것은 부당노동행위에 해당되지 아니한다. 그러나 유니온 숍 협정하에서 조합비를 납부하고 있는 조합원이 노동조합의 정책에 반대하거나 노동조합의 부당노동행위 구제신청을 하였다는 것을 이유로 이를 제명하고 사용자로 하여금 해고하도록 요구하는 것은 부당노동행위에 해당된다.[81] 또한, 유효한 유니온 숍 협정하에서 근로자가 채용된 이후에도 일정기간 내에 노동조합에 가입하지 아니할 경우, 이를 해고 등 차별대우하여도 부당노동행위에 해당되지 아니한다.

사업장에서 근로자를 채용하는 경우 노동조합이 독점적으로 운영하는 근로자공급제도(hiring hall; 고용알선소)에서 공급받도록 하는 단체협약을 체결할 수 있다. 노동조합의 배타적인 근로자공급제도는 당연히 부당노동행위에 해당되지 아니하며, 근로자공급과정에서 비조합원에 대한 구체적인 차별이 존재하는 경우에 한하여 Sec. 8(a)(3) 및 Sec. 8(b)(2)에 위반하는 부당노동행위에 해당된다.[82] 합법적인 유니온 숍이 체결되어 있는 경우에도 근로자가 다른 노동조합에 가입되어 있는 경우에는 이를 이유로 해고할 수 없다.[83]

81) Journeymen Plasterers Protective & Benevolent Society, Local No. 5 v. NLRB, 341 F.2d 539(7th Cir. 1965).

82) Local 357, International Brotherhood of Teamsters, Warehousemen, Chauffeurs & Helpers v. NLRB, 365 U.S. 667.

83) Goldtex v. NLRB, 14 F.3d 1008(4th Cir. 1994).

3. 노동조합의 단체교섭 거부

(1) 관련 규정

노동조합이 사용자와 단체교섭을 거부하는 것은 부당노동행위이다.[84]

(2) 주요 내용

이에 대하여는 후술한다.

4. 불법목적을 위한 파업참가 또는 참가의 강제

(1) 관련 규정

1) 원 칙

다음의 불법목적을 위하여 (i) ㉠ 노동조합이 직접 또는 통상 또는 통상에 영향을 미치는 산업에 종사하는 개인을 유인 또는 장려하여 ㉡ 어느 상품, 물품, 원료 또는 제품의 사용, 제조, 가공, 운송, 기타 처리 또는 작업에 대한 파업에 참여하거나 작업을 거부하게 하는 행위 또는 (ii) 통상 또는 통상에 영향을 미치는 산업에 종사하는 어느 자를 위협, 강제 또는 제한하는 행위는 부당노동행위에 해당된다.[85]

① 어느 사용자 또는 자영업자를 어느 노동조합 또는 사용자단체에 가입하거나 Sec. 8(e)에 의하여 금지된 협약을 체결하도록 강제 또는 요구하는 것[86]

② (i) 어느 누구로 하여금 다른 생산자, 가공자 또는 제조자의 상품을 사용, 판매, 처리, 운송 기타 취급하는 것을 중단하도록 강제 또는 요구하는 것 또는 (ii) 어느 사용자로 하여금 Sec. 9에 따라 교섭대표 노동조합으로 인증 받지 못한 노동조합을 사용자가 교섭대표 노동조합으로 인정하거나, 교섭하도록 강제 또는 요구하는 것.[87] 다만, 이 조항은 어떠한 1차 파업이나 1차 피케팅도 불법적으로 간주하지 아니한다.

③ 다른 노동조합이 Sec. 9에 의하여 교섭대표 노동조합으로 인증 받았음에도

84) NLRA Sec. 8(b)(3).
85) NLRA Sec. 8(b)(4).
86) NLRA Sec. 8(b)(4)(i)(A).
87) NLRA Sec. 8(b)(4)(i)(B).

불구하고, 자신의 노동조합을 교섭대표 노동조합으로 인정하거나 교섭하도록 어느 사용자에게 이를 강제하거나 요구하는 것.[88]

④ 어느 사용자가 교섭대표 노동조합을 결정하는 NLRB의 명령 또는 인증을 준수하고 있음에도 불구하고, 동 사용자로 하여금 어느 업무를 특정 노동조합 또는 특정 산업, 제조업 또는 계층 소속의 근로자에게 할당하도록 강제하거나 요구하는 것.[89]

2) 예 외

다만, Sec. 8(b)는 어떠한 경우에도 제3자가 교섭대표 노동조합이 인증 또는 승인한 파업이 진행되고 있는 사업장(자신의 사업장은 제외한다)에 들어가는 것을 거부하는 행위를 불법으로 간주하지 아니한다.

또한, Sec 8(b)(4)를 적용하면서, 동 규정은 어떠한 경우에도 소비자 또는 노동조합의 조합원을 포함한 공중에게 어느 상품이 노동조합과 분쟁중인 1차 사용자에 의하여 생산되고, 다른 사용자에 의하여 유통된다는 사실을 진실되게 알릴 목적으로 피케팅 이외의 방법으로 이를 공개하는 것을 금지하지 아니하되, 다만, 동 공개는 1차 사용자 이외의 동 상품의 유통에 종사하고 있는 다른 사용자에게 고용된 개인이 고용 중에 동 상품의 수령, 배달 또는 운송 또는 기타의 서비스 제공을 거부하도록 영향을 주어서는 아니 된다.

(2) 주요 내용

1) 원 칙

NLRA Sec. 8(b)(4)는 다음의 불법목적을 달성하기 위하여 (ⅰ) 노동조합이 직접 또는 고용자를 유인 · 장려하여 파업에 참가하게 하거나, (ⅱ) 통상에 종사하는 어느 자를 위협 · 강제 · 제한하는 행위를 부당노동행위로 규정하고 있다.

(A) 사용자 또는 자영업자를 노동조합 또는 사용자단체에 가입시키거나, 다른 사용자와의 거래를 중단할 것을 요구하는 소위 핫 카르고 협약의 체결을 강요하는 행위.

(B) 제3자인 사용자에게 다른 사용자와의 거래를 중단하도록 하는 제2차 보이

88) NLRA Sec. 8(b)(4)(i)(C).
89) NLRA Sec. 8(b)(4)(i)(D).

곳을 강제 또는 요구하는 행위.

(C) 교섭대표 노동조합으로 인증 받지 못한 자신의 노동조합을 교섭대표 노동조합으로 인증하거나 단체교섭을 하도록 강제 또는 요구하는 행위.

(D) 사용자에게 업무를 특정 노동조합 또는 개인에게 할당하도록 강제하거나 요구하는 것.

동 조항이 제정된 1947년 태프트-하틀리법은 근로자(employee)의 집단(concerted)행위에만 적용되는 것으로 규정하고 있었다. 따라서 근로자가 아닌 자 또는 집단적 행위가 아닌 1인의 행위를 대상으로 하는 경우에는 부당노동행위에 해당되지 아니하였다. 예컨대, 1인의 택시 운전기사에게 파업에 참가하도록 유인하는 피케팅을 하는 것은 근로자 집단이 아닌 1인을 상대로 하는 행위이므로 부당노동행위에 해당되지 아니한다.[90]

1959년 랜드럼-그리핀법은 상기 규정을 (ⅰ) 근로자(employee)를 개인(individual)으로 바꾸고, (ⅱ) 집단(concerted)행위를 삭제하여 이를 개정하였다. 따라서, Sec. 8(b)(4)(i) 및 (ⅱ)는 반드시 근로자가 아닐지라도 감독자 등 사용자를 상대로 하는 행위에도 적용되고, 집단행위가 아닌 개인행위를 상대로 하는 경우에도 적용된다. 그러나 Sec. 8(b)(4)(ⅰ)의 경우에는 노동조합이 직접 또는 피고용인을 적용대상으로 하는 규정이며, Sec. 8(b)(4)(ⅱ)는 2차사용자 또는 소비자를 대상으로 한 것이다.

Sec. 8(b)(4)(ⅰ)은 유인 · 장려를 요건으로 하고 있기 때문에 단순한 부탁(asking)은 유인(inducement) 또는 장려(encourage)에 해당되지 않으므로 적용되지 아니한다. 예컨대, 어느 노동조합의 대표가 현재 노사분쟁이 진행되고 있는 자신의 사용자와 거래하고 있는 슈퍼마켓의 감독자에게 그 거래를 중단하도록 부탁(asking)한 경우, 당해 감독자는 근로자 집단이 아닐지라도 동조의 적용대상이 되나, 부탁(asking)은 유인(inducement) 또는 장려(encouragement)에 해당되지 아니하므로 부당노동행위에 해당되지 아니한다.[91]

또한, Sec. 8(b)(4)(ⅱ)는 위협 · 강제를 요건으로 하고 있으므로 2차사용자, 감독자 또는 소비자를 대상으로 단순히 부탁 · 유인 · 장려하는 것은 동조 위반에 해

---

90) NLRB v. International Rice Milling Co., 341 U.S. 665(1951).

91) NLRB v. Servette, Inc., 377 U.S. 46(1964).

당되지 아니한다.[92]

예컨대, 연방대법원은 노동조합과 분쟁중인 사용자에 의하여 생산된 과일을 판매하고 있는 소매상에 대한 불매운동을 벌이는 평화로운 피케팅은 단순히 「특정」의 과일불매운동에 한정되는 것이고, 소매상과의 거래를 전면중단하려는 강제가 아니므로 부당노동행위에 해당되지 아니한다고 판결하였다.[93] 즉, 피케팅에 의한 상품 보이콧은 평화적이고, 상품 · 생산자 및 유통업자를 명시하는 경우에 한하여 허용된다. 그러나 "노동조합이 설립되어 있는 사업장에서 생산되는 모든 제품의 불매운동"을 슈퍼마켓에서 피케팅하고 있는 경우, 이는 생산업자 및 상품이 명시되고 있지 아니하여 불매운동의 대상이 너무 광범위하므로 궁극적으로 슈퍼마켓과의 모든 거래 자체를 중단하라는 취지로 해석될 수 있으므로 동조 위반에 해당된다.[94]

① 사용자에 대한 노동조합 가입 강요 또는 핫 카르고 협약 체결의 강요행위

사용자 또는 자영업자는 노동조합 가입 대상이 아니므로, 이들의 노동조합 가입을 강제 또는 요구하는 것은 부당노동행위에 해당된다. 사용자단체는 사용자의 자유재량에 의하여 조직 · 가입하는 것이므로 이를 강제할 수 없다.

노동조합 및 사용자가 Sec. 8(e)에서 금지된 핫 카르고 협약을 체결하는 것은 부당노동행위이다. 또한 노동조합이 사용자에게 핫 카르고 협약을 체결하는 것을 강제하기 위하여 파업 등을 통하여 이를 유인 또는 장려하는 것은 Sec. 8(b)(A)에 위배되는 부당노동행위이다.[95] 핫 카르고 조약에 대하여는 후술하기로 한다.

② 다른 사용자에 대한 2차 보이콧의 금지

1차 보이콧이라 함은 노동조합이 자신과 분쟁중인 사용자(1차 사용자)와 거래하고 있는 제3자에게 사용자와 거래 중단을 부탁(request)하고, 자신의 사업장에서 파업 등의 쟁의행위를 하는 것을 말한다. 이에 반하여 2차 보이콧은 제3자(2차 사용자)에 대한 상기 1차 보이콧이 실패한 경우, 제3자의 사업장에 소속되어 있는 근로

---

92) NLRB v. Servette, Inc., 377 U.S. 46(1964).

93) NLRB v. Fruit & Vegetable Packers & Warehousemen Local 760, 377 U.S. 58(1964).

94) Bedding, Curtain & Prapery Workers Union, Local 140 v. NLRB, 399 F.2d 495(2d. Cir), Cert denied, 392 U.S. 905(1968).

95) Puget Sound District Council, 153 NLRB 547(1965).

자에게 파업을 하도록 유도하거나, 제3자의 고객들에게 상품불매운동을 강요하여, 제3자로 하여금 자신의 사용자와의 거래 중단을 강요(coercing)하는 것을 말한다. NLRA Sec. 8(b)(4)(B)는 1차 보이콧은 합법적이나, 2차 보이콧은 부당노동행위로 금지하고 있다. 2차 보이콧을 금지하고 있는 이유는 분쟁에 간여하고 있지 아니한 중립적인 사용자에 대하여 파업을 하거나, 제3자를 강제하는 것은 타당하지 않기 때문이다.[96]

노동조합이 소매점 앞에서 자신의 사용자가 생산한 상품을 구매하지 말도록 불매운동을 하는 피케팅을 하는 경우 (ⅰ) 소비자에게는 위협 · 강제 · 제한행위가 있는 경우에 부당노동행위가 성립되지만, (ⅱ) 소매점 업주에게는 피케팅 자체가 위협 · 강제 · 제한에 해당된다.

1964년 Tree Fruit사건에서는 과일도매업자인 사용자와 노사분쟁을 벌이고 있는 노동조합이 동 과일을 소매하고 있는 슈퍼마켓 점포 앞에서 고객에 대한 불매운동을 목적으로 피케팅을 하였다.[97] 동 피케팅은 소비자를 대상으로 한 것이고, 슈퍼마켓의 사용자, 점원 및 유통업자에 대한 호소는 자제하였다. 이에 대하여 (ⅰ) NLRB는 3자적 입장에 있는 소매점 앞에서의 소비자에 대한 불매운동은 Sec. 8(b)(4)(B) 위반으로서 소매상에게 2차 보이콧을 강요하여 부당노동행위에 해당된다고 판결하였으나, (ⅱ) 항소심 법원은 소매상에게 상당한 경제적 타격이 실제로 발생한 경우에만 동 규정 위반이라고 판결하였다.

2차 보이콧이 부당노동행위에 해당되기 위하여는 제3자, 즉 2차 사용자가 「중립」적일 것이 요구되며, 「동맹」(ally)관계에 있는 경우에는 동조 위반의 2차 보이콧이 성립되지 아니한다.

형식적인 회사의 독립성과는 별도로 사용자까지 공동사용자, 공동지배 · 관리, 업무의 연대성, 지휘 · 명령관계, 공동출자 및 공동경영 등의 관계에 있는 경우에는 「동맹」의 법리(doctrine of ally)가 적용된다.

예컨대, 1948년 Ebasco사건에서는 A원청회사의 파업으로 생산, 공급이 중단되자, B하청회사로 동일한 상품에 대한 수요가 급증하여, 사실상 A회사의 생산을 B회사에서 대체 수행하는 결과를 가져왔다. 그러자 A원청회사의 노동조합은 B하

96) Labor Law, Robert A Gorman, p.241(West Publishing Co., 1976).
97) NLRB v. Fruit & Vegetable Packers & Warehousemen Local 760, 377 U.S. 58(1964).

청회사의 사업장에서 B하청회사를 비난하는 플랜카드 및 피케팅을 실시하였는바, 이에 대하여 연방대법원은 A회사와 B회사는 「동맹」관계에 있고, 따라서 B회사는 2차 사용자가 아니므로 NLRA Sec. 8(b)(4)(B)위반의 부당노동행위에 해당하지 않는다고 판결하였다.[98)]

NLRA Sec. 8(b)(4)에서는 어떠한 1차적 파업이나, 1차 피케팅도 불법적으로 간주하지 아니한다. 1차적(primary)파업이나, 1차적 피케팅은 노동조합이 자신의 사용자를 상대로 파업 또는 피케팅을 하는 것을 의미한다. 이에 반하여 2차적(secondary)파업이라 함은 노동조합과 분쟁을 벌이고 있는 자신의 사용자가 아닌 제3자인 중립적인(neutral) 사용자를 대상으로 파업 또는 피케팅을 하는 것을 의미한다.

원청회사와 분쟁을 겪고 있는 노동조합이 분쟁과 상관없는 하청회사의 조합원에게 원청회사의 조업에 참여하지 말 것을 강요하는 것은 2차적 파업으로서 부당노동행위이다.[99)]

정치적 목적을 달성하기 위하여 행하는 정치파업도 정치 분쟁과 무관한 사용자에게 부담을 부과하는 것이므로 부당노동행위이다. 예컨대, 소련의 아프간 침공에 반대하기 위하여 소련에서 선적되는 화물의 운송을 거부하는 행위는 동 이슈와 상관없는 사용자에게 정치적 목적을 강요하는 것으로 부당노동행위에 해당된다.[100)]

③ 교섭대표 노동조합이 아닌 노동조합의 강제 또는 강요

NLRA Sec. 9에 의하여 이미 다른 노동조합이 교섭대표 노동조합으로 인증 받았음에도 불구하고 자신의 노동조합을 교섭대표 노동조합으로 인증하거나 단체교섭을 하도록 사용자에게 강제하거나 요구하는 것은 부당노동행위에 해당된다.[101)] 이를 상세히 설명하면 다음과 같다.

첫째, 교섭대표 노동조합으로 인증 받은 다른 노동조합이 별도로 존재하여야 한다. 이 경우 인증 받은 지 1년이 경과하여 교섭대표 노동조합으로의 법적 지위는

98) Douds v. Metropolitan Federation of Architects, 75 F Supp 672(S.D.N.Y. 1948).
99) NLRB v. Glaziers & Glass Workers Local 1621, 632 F.2d 89(9th Cir. 1980).
100) International Longshoremen's Association v. Allied International, Inc., 456, U.S. 212(1982).
101) Carpenters & Joiners Union, Local No. 213 v. Ritter's Cafe.

상실되었으나 인증이 취소되고 있지 아니한 때의 동 노동조합의 법적 지위가 의문시되고 있다. 이에 대하여 판례는 나뉘고 있으나, NLRB에 의하여 공식적으로 인증이 무효화되거나, 노동조합의 활동이 실질적으로 정리될 때까지는 교섭대표 노동조합으로서 존속하는 것으로 보아야 할 것이다.[102)]

둘째, 노동조합이 직접 또는 다른 근로자를 유인 또는 장려하여 피케팅, 파업 기타의 조업중단에 참여하도록 하여야 한다. 행위가 유인 또는 장려 수준에 이르지 아니한 경우 동조 위반에 해당하지 아니하나, 일단 유인 또는 장려 수준을 충족하는 경우 실제 파업 등의 조업중단 등의 결과의 발생 여부에 상관없이 부당노동행위에 해당된다.[103)]

④ 특정 노동조합 · 개인에 대한 업무할당 강제 요구

사용자에게 어느 업무를 특정 노동조합 또는 근로자에게 할당하도록 강제하거나 요구하기 위하여 파업 등을 하는 것은 부당노동행위이다. 복수의 노동조합이 존재하는 사업장에서 어느 노동조합에게, 또는 특정 산업 · 제조업 또는 계층의 근로자에게 업무를 할당하도록 강제 또는 요구하는 것이 모두 부당노동행위에 포함된다.

2) 예 외

① 파업이 진행되고 있는 사업장에의 출입거부

누구도 현재 파업이 진행되고 있는 사업장에 출입하는 것을 거부할 수 있다. 이는 예컨대, 우편배달부 등이 파업 중인 사업장의 피켓라인을 넘어 출입하는 경우 법에서 금지하고 있는 2차 보이콧에 해당될 우려가 있으므로, 이를 방지하도록 하기 위한 것이다.

이 경우 진행 중인 파업은 사용자에게 승인받은 교섭대표 노동조합이 인증 또는 승인한 파업이어야 한다. 사업장의 범위에서 자신이 소속된 사업장은 제외된다.

② 생산 및 유통에 대한 사실 공개 허용

노동조합은 일반 대중에게 "특정 상품이 자신이 분쟁중인 어느 사용자에 의해 생산되고 있다는 사실" 및 "동 상품이 다른 사용자에 의하여 유통된다는 사실"을

102) NLRB v. Teachers Local 901, 314 F.2d 792(1st Cir. 1963).
103) NLRB v. Knitgoods Workers Union, Local 155, 267 F.2d 916(2d Cir. 1959).

피케팅 이외의 방법으로 공지할 수 있다. 예컨대, 노동조합이 신문광고 또는 전단지 등을 통하여 대중에게 "어느 과일이 노동조합이 설립되어 있지 아니한 어느 농장주에 의하여 생산되고, 어느 슈퍼마켓에 의하여 유통되고 있다"는 사실을 공개하고, 이를 불매하도록 부탁하는 경우가 이에 해당된다. 다만, 공지의 방법으로써 다른 사용자에 고용된 근로자로 하여금 파업 등의 조업중단이나, 배달 · 운송 및 기타의 서비스 제공을 거부하도록 영향을 주어서는 아니 된다.[104]

또한, 공지내용에 불매와 상관없는 소비자 불만 또는 안전도 등급 등을 포함하여서는 아니 된다.[105] 공지의 합법적 수단으로서 "피케팅"은 명문으로 배제되고 있다.

5. 과도하거나 차별적인 조합비의 징수

(1) 관련 규정

동법 Sec. 8(a)(3)에 의한 협약의 적용을 받는 근로자에게 노동조합에 가입하기 위한 선결조건으로서 NLRB가 모든 정황을 고려하여 판단하기에 과도하거나 차별적인 금액을 요구하는 것은 부당노동행위이다.[106] NLRB가 상기 판단을 내리는 경우, NLRB는 모든 관련 요인 중에서도, 특정 산업의 노동조합의 관행 및 관련 근로자들의 현행 임금을 고려하여야 한다.[107]

(2) 주요 내용

유니온 숍 협정이 체결되어 근로자의 노동조합 가입이 의무화되고 있는 경우, 가입 근로자에게 과도하거나 차별적인 금액의 조합가입비를 요구하는 것은 부당노동행위이다. 이 경우 「과도 · 차별」 여부의 기준은 NLRB가 모든 정황을 고려하여 판단한다. 예컨대, 노동조합이 유니온 숍 협정하에서 사용자가 단시간근로자를 채용하는 것을 회피하기 위하여 노동조합 가입비를 100달러에서 250달러가 인상한 것에 대하여 NLRB는 단시간근로자는 임금수준이 낮으므로 이들에 대한 250달러의 부과는 "과도하거나 차별적인" 조합가입비 부과에 해당된다고 판단하였다.[108]

104) NLRB v. Fruit & Vegetable Packers & Warehousemen Local 760, 377 U.S. 58(1964).
105) Services Employees Local, 399 v. NLRB, 743 F.2d 1417(9th Cir. 1984).
106) NLRA Sec. 8(b)(5).
107) NLRA Sec. 8(b)(5).

6. 무노동 · 유임금의 금지

(1) 관련 규정

제공되지 아니하거나, 아니할 근로에 대하여 임금 기타 금품을 지급하거나 전달할 것을 강제적으로 요구하거나 요구를 시도하는 것은 부당노동행위이다.[109]

(2) 주요 내용

제공되지 아니한 근로에 대하여 임금지급을 요구하는 것, 즉 무노동 · 유임금을 요구하는 것을 페더베딩(Feather Bedding)이라 하며, 이는 부당노동행위에 해당된다. 예컨대, 파업기간 중에 임금을 요구하거나, 실제 근무한 시간을 초과하는 임금을 요구하는 것 등이 이에 포함된다.

제공되지 아니한 근로의 범위에서 문제가 되는 것은 (i) 불필요한 업무의 수행 및 (ii) 명목적 · 형식적인 업무의 수행이다.

첫째, 업무에 불필요한 근로를 제공하고 이에 대한 임금지급을 요구하는 경우이다. 예컨대, 회사업무와 무관한 근로를 제공하거나, 업무수행에 필요한 실제 인원보다 많은 근로자를 채용하게 하는 것 등이 이에 포함된다. 또한, 업무자동화에 반대하는 노동조합의 파업도 동 문제와 관련될 수 있다. 이에 대하여 법원은 명확한 입장을 보이고 있지 아니하나, 대체로 근로가 일단 제공된 경우 그 근로제공의 필요성은 문제삼지 아니하는 입장을 보이고 있다.[110]

둘째, 근로가 제공된 경우에도 명목적 · 형식적(norminal or token)인 것에 불과한 경우 이에 대하여 임금지급을 요구하는 것은 부당노동행위에 해당된다. 예컨대, 지방의 음악인 노동조합이 레스토랑의 사업주에 대하여 "레스토랑에서 외지의 음악인을 고용하여 연주하는 경우, 대기시간 및 교대시간에는 반드시 동 노동조합 소속의 음악인을 고용하여 연주하도록 한다"는 내용의 단체협약을 체결할 것을 요구하였는 바, 이에 대하여 법원은 (i) 대기 · 교대시간 중의 연주는 「명목적 · 형식적」인 것이 아니라, 「실질적」(substantial) 근로의 제공이므로 NLRA Sec. 8(b)(6) 위반이 아니며, (ii) 종전의 단체협약에서 대기 · 교대시간 중에 연주하고 있지 아니

108) American Newspaper Publishers Ass'n v. NLRB, 345 U.S. 100(1953).
109) NLRA Sec. 8(b)(6).
110) American Newspaper Publishers Ass'n v. NLRB, 345 U.S. 100(1953).

함에도 불구하고 임금을 지급하도록 규정하고 있는 것은 동조 위반이라고 판결하였다.[111)]

7. 조합인증을 위한 위법한 피케팅의 금지

(1) 관련 규정

다음의 경우에 (i) 사용자에게 교섭대표 노동조합으로 인증 받지 못한 노동조합을 인정하거나 이와 교섭하도록 강요 또는 요구하거나 또는 (ii) 근로자에게 상기 노동조합을 교섭대표 노동조합으로 승인 또는 선택하도록 강요 또는 요구할 목적으로, 노동조합이 직접 피케팅을 하거나 근로자가 피케팅을 하도록 강제하는 것은 부당노동행위에 해당된다.[112)]

(A) 사용자가 동법 Sec. 9(c)의 규정에 따라 이의를 제기하지 아니한 경우

(B) 피케팅 실시 이전 12개월 이내에 동법 Sec. 9(c)의 규정에 따라 유효한 선거가 행하여진 경우 또는

(C) 상기 피케팅이 개시된 이후 30일을 초과하지 아니하는 합리적인 기간 내에 동법 Sec. 9(c)에 따라 선거를 위한 청원이 제기되지 아니한 상태에서 피케팅이 진행되는 경우. 다만, 상기 청원이 제기된 경우에는 NLRB는 즉시, NLRA Sec. 9(c)(1)의 규정 또는 노동조합 측의 상당한 이해관계가 존재하지 않는 것과 상관없이 적절한 교섭단위 내에서 선거실시를 명령하여야 하며, 동 선거 결과를 인정하여야 한다.

또한, (C)의 어떠한 규정도 노동조합이 공중(소비자 포함)에게 사용자가 노동조합의 조합원을 채용하지 아니하고, 단체협약을 체결하지 않는다는 사실을 진실하게 알릴 목적으로 피케팅 기타의 공표행위를 금지하지 아니하나, 이러한 피케팅은 다른 사용자에게 고용된 근로자가 고용 중에 상품의 수령, 배달 또는 운송 또는 기타의 서비스 제공을 거부하도록 영향을 주어서는 아니 된다. Sec. 8(b)(7)의 어떠한 규정도 Sec. 8(b)에서 규정된 부당노동행위를 허용하는 것으로 해석되어서는 아니 된다.

---

111) NLRB v. Gamble Enterprises, Inc., 345 U.S. 117(1953).
112) NLRA Sec. 8(b)(7).

(2) 주요 내용

교섭대표 노동조합으로서 인증을 받지 못한 노동조합이 (i) 사용자에게 교섭대표 노동조합으로 인정하거나, 단체교섭을 요구하거나 또는 (ii) 근로자에게 교섭대표 노동조합으로 승인 또는 선택하도록 할 목적으로, 노동조합이 직접 피케팅을 하거나, 근로자가 피케팅을 하도록 강제하는 것은 부당노동행위이다. 동 조합은 비인증노조가 「인증 또는 조직」 목적을 위하여 행하는 제1차 피케팅을 금지하기 위한 것이다.[113] 이를 자세히 설명하면 다음과 같다.

1) 인증 또는 조직을 위한 목적

피케팅의 목적이 교섭대표 노동조합으로서 인증을 받지 못한 노동조합이 (i) 사용자로부터 교섭대표 노동조합으로 인증을 받거나, 이와의 단체교섭을 요구하는 「인증(recognition)」상의 목적과 (ii) 근로자로부터 교섭대표 노동조합으로 승인받거나 선택을 강요하는 「조직(organization)」상의 목적을 가져야 한다.

피케팅의 목적이 「인증」 또는 「조직」과 직결되어 있는 경우, 설사 "정보제공 및 조언"적인 목적을 함께 갖고 있다 할지라도 동조 위반의 부당노동행위에 해당된다.[114] 피케팅의 주된 목적이 임금인상에 있고 "인증 또는 조직"과 관련이 없는 경우, 동조의 적용대상이 아니며, 따라서 배달에 중대한 방해를 가져옴에도 불구하고 피케팅이 허용된다.[115]

2) 교섭대표 노동조합이 아닌 노동조합

피케팅을 하는 노동조합은 교섭대표 노동조합이 아니며, 다음의 요건 중 하나에 해당되어야 한다.

첫째, 다른 노동조합이 교섭대표 노동조합으로 이미 인정받은 상태이고, 사용자가 이에 대하여 이의를 제기하지 않아야 한다.

둘째, 피케팅 이전 12개월 이내에 유효한 교섭대표 노동조합 선거가 실시되었어야 한다. 이는 동 선거가 실시된 이후 12개월이 경과되지 아니한 시점에서 피케

113) 이에 반하여 NLRA Sec. 8(b)(4)(B)는, 비인증노조의 인증을 위한 제2차 피케팅을, NLRA Sec. 8(b)(4)(c)는 다른 인증노조에 대한 제2차 피케팅을 부당노동행위로 규정하고 있다.

114) Department & Specialty Store Employee's Union, Local 1265 v. Brown, 284 F.2d 619(9th Cir. 1960), cert. denied, 366 U.S. 934(1961).

115) Houston Building & Construction Trades Council, 136 NLRB. 321(1962).

팅이 행하여진 것을 말한다.

셋째, 피케팅이 개시된 이후 30일 이내에 교섭대표 노동조합 선거를 신청하지 않고, 피케팅을 지속하는 것이어야 한다. 다만, (ⅰ) 피케팅의 목적이 사용자가 노동조합에 비협조적이라는 사실을 소비자를 포함한 대중에게 알리는 것(informational picketing)에 있고, (ⅱ) 동 피케팅이 다른 사용자에게 고용된 근로자가 상품의 수령 · 배달 또는 운송 기타 서비스 제공을 거부하도록 영향을 주지 않는 한 30일 이내에 선거를 신청하지 않아도 무방하다. 예컨대, 피케팅이 사용자의 사업장을 출입하는 고객을 대상으로 하고 있고, 그 목적이 사용자가 노동조합과 단체협약을 체결하지 않는다는 사실을 공지하는데 있는 경우, 이는 부당노동행위에 해당되지 아니한다.116) 사용자가 노동조합에 비협조적이라 함은 노동조합의 조합원을 채용하지 않거나, 노동조합과 단체협약을 체결하지 않는 것을 말한다.

8. 의료기관의 파업 등에 대한 사전통지의무 위반

(1) 관련 규정

노동조합이 의료기관에 대하여 파업, 피케팅, 기타 집단적인 근로제공 거부를 행할 경우에는 최소한 10일 이전에 그 의사를 문서로 의료기관 및 연방조정알선국(Federal Mediation and Conciliation Service)에 통지하여야 하되, 다만, 인증 또는 인정 후 최초의 단체협약 체결을 위한 단체교섭을 하는 경우에는 동법 Sec. 8(d)(4)(B)의 마지막 절에 규정된 기간이 종료될 때까지 상기 통지를 하여서는 아니 된다. 상기 통지는 상기 집단행위의 개시 일자 및 시간을 명기하여야 한다. 상기 통지는 양 당사자의 문서로 된 합의에 의하여 연장될 수 있다.117)

(2) 주요 내용

의료기관에서 노동조합이 파업 · 피케팅 기타 쟁의행위를 하고자 하는 경우에는 최소한 10일 이전에 사용자 및 연방조정알선국(FMCS)에 통지하여야 한다.118) 다만, 노동조합이 교섭대표 노동조합으로 인증 또는 인정받은 이후 최초로 단체교

116) Smith v. NLRB, 327 F.2d 351(9th Cir. 1964).

117) NLRA Sec. 8(g).

118) 동 조항은 노동조합의 부당노동행위에 해당된다고 명문으로 규정되고 있지 아니하나, 동조 위반은 당연히 부당노동행위에 해당된다.

섭을 하는 경우에는 최소한 30일(Sec. 8(d)(B))이 경과할 때까지 상기 통지를 하여서는 아니 된다. 상기 통지는 쟁의행위의 개시일자 및 시간을 명시하여야 한다. 상기 통지는 양 당사자의 문서로 된 합의에 의하여 연장될 수 있다.

상기 통지를 한 후, 노동조합은 통지에 명시된 일시에 즉시 쟁의행위를 하여야 하며, 72시간 이상 연기된 것은 입법 연혁에 따르면 불합리한 것으로 판단된다.[119]

Ⅲ. 사용자 및 노동조합의 부당노동행위

1. 단체교섭의 거부

(1) 관련 규정

단체교섭은 사용자와 근로자대표간의 상호의무로서, 양 당사자는 합리적인 시간에 회합하여 성실하게 (ⅰ) 임금, 근로시간 및 기타의 근로조건, (ⅱ) 단체협약체결을 위한 교섭 및 관련 문제점, (ⅲ) 당사자 중 일방이 제기한 단체협약의 이행에 관하여 협의하여야 하되, 상기 의무는 당사자의 어느 일방도 제안에 동의하거나, 합의를 강제하는 것은 아니다.[120]

다만, 통상에 영향을 미치는 산업에 소속된 근로자에게 적용되는 단체협약이 발효하고 있는 때에는, 동 단체협약의 종료 또는 변경을 원하는 당사자가 다음의 조건을 충족하는 경우에 해당하지 않는 한, 양 당사자는 동 단체협약을 종료하거나 변경하여서는 아니 된다.[121]

1) 동 단체협약의 타방 당사자에게 단체협약 종료일 60일 전에 문서로 통지하되, 단체협약에 종료일이 규정되어 있지 아니한 경우에는 종료 또는 변경하고자 하는 날의 60일 전에 통지하여야 한다.

2) 타방 당사자에게 신단체협약 또는 구단체협약의 수정안에 대하여 교섭할 목적으로 회합 및 협의할 것을 제안하여야 한다.

3) 양 당사자가 합의에 도달하지 못하여 분쟁이 발생한 경우, (ⅰ) 분쟁의 존재

119) District 1199-E, Hospital & Health Care Employees, 243 NLRB 23(1979).
120) NLRA Sec. 8(d).
121) NLRA Sec. 8(d).

통지 후 30일 이내에 연방조정알선위원회(FMCS)에 통지하고, 이와 동시에 (ii) 분쟁이 발생한 주 또는 구역에 소속된 조정 및 알선 담당 기구에 통지하여야 한다.

4) (i) 1)의 통지 후 60일간과 (ii) 단체협약의 종료일 중 나중에 도래하는 기일까지 파업 또는 직장폐쇄를 하지 아니하고, 동 단체협약의 모든 규정과 조건을 엄격하게 준수하여야 한다.

상기 2)~4)에서 사용자 · 노동조합 및 조합원에게 부과된 의무는 NLRB의 간여인증(intervening Certification)에 의하여 단체협약의 당사자인 노동조합 또는 조합원이 NLRA Sec. 9(a)에 따른 근로자대표자로서의 지위가 종료되거나 상실된 경우에는 부과되지 아니하며, 또한 동 의무는 단체협약의 개정이 단체협약의 규정에 따라 규정 및 조건이 재논의 되기 이전에 효력을 발생하게 되는 경우 당사자가 단체협약의 유효기간 중에 단체협약의 규정 및 조건의 개정에 관하여 이를 논의하거나 합의할 것을 의무화하는 것으로 해석되어서는 아니 된다.[122]

상기 통지의무기간 중에 파업에 참여하거나, NLRA Sec. 8(g)에 규정된 기간 중에 파업에 참여한 근로자는, NLRA Sec. 8, 9, 10에 규정된 목적을 위하여, 당해 노사 분쟁에 참가하고 있는 사용자의 피고용자로서의 지위를 상실하되, 동 지위의 상실은 사용자가 재고용을 하는 경우에 종료된다.[123]

단체협약이 의료기관의 근로자들을 포함하고 있는 경우 NLRA Sec. 8(d)는 다음과 같이 변경된다.

(A) Sec. 8(d)1)의 통지는 90일, Sec. 8(d)3)의 통지는 60일, Sec. 8(d)4)의 단체협약 준수기간은 90일로 변경된다.

(B) 교섭대표 노동조합으로서의 인증 또는 인정 이후 최초의 단체협약 체결을 위한 단체교섭인 경우 노동조합은 Sec. 8(d)(3)에 규정된 기관에 적어도 30일 전에 노사분쟁발생 통지를 하여야 한다.

(C) (A)(B)에 따라 FMCS에 통지한 이후에, FMCS는 즉시 당사자와 연락하고, 최선의 노력을 다하여 조정과 알선을 수행함으로써 당사자가 합의에 도달하도록 하여야 한다. 양 당사자는 FMCS가 노동분쟁의 해결을 도와줄 목적으로 제공하는 회의에 즉시, 적극적으로 참여해야 한다.

---

122) NLRA Sec. 8(d).
123) NLRA Sec. 8(d).

(2) 주요 내용

NLRA Sec. 8(a)(5)는 사용자가 근로자대표와 단체교섭을 거부하는 행위를, 동법 Sec. 8(b)(3)은 노동조합이 사용자와 단체교섭을 거부하는 행위를 각각 부당노동행위로 규정하고 있다. 한편 NLRA Sec. 8(d)는 단체교섭에 대하여 구체적으로 설명하고 있다.

1) 교섭대표 노동조합

노동조합이 교섭대표 노동조합으로 인증 받은 경우, 동 노동조합과의 단체교섭을 거부하는 때에는 부당노동행위에 해당되나, 인증 받지 못한 경우에는 동 노동조합과의 단체교섭을 거부하여도 부당노동행위에 해당되지 아니한다. 이 경우 문제가 되는 것은 노동조합이 선거에 의하여 교섭대표 노동조합으로 인증 받지 못하였으나, 다수의 근로자로부터 지지카드(authorization card)를 받는 등 다수에 의하여 지지를 받는 노동조합임을 증거로 제시하고 단체교섭을 요구하는 경우이다. 다수 근로자를 대표하는 노동조합이 교섭대표 노동조합으로 인증 받지 못하는 이유가 사용자의 선거절차를 훼손하는 부당노동행위에 기인하지 않는 경우 사용자는 단체교섭의무를 부담하지 아니한다.[124)]

그러나 다수의 근로자를 대표하는 노동조합이 교섭대표 노동조합으로 인증 받지 못하는 이유가 사용자의 선거절차를 훼손하는 부당노동행위에 기인하는 경우 사용자는 일정한 요건을 충족하는 경우에 한하여 단체교섭의무를 부담한다.

과거에는 사용자의 선거절차를 훼손하는 부당노동행위가 있는 경우, 노동조합은 다수의 근로자가 서명한 지지카드(authorization card)를 제시하는 것만으로도 배타적인 단체교섭권이 부여되었고, 동 단체교섭을 거부하는 경우 부당노동행위로 인정되었다.[125)] 이 경우 다수 노동조합이라는 증거는 반드시 제시되어야 하지만,[126)] 동 증거에는 다수의 지지카드(authorization card) 이외에도 근로자 다수가 찬성한 파업찬반투표도 이에 포함된다.[127)] 그러나 점차 상기 입장을 비판하는 법원의 판례가 증가하게 되자, NLRB는 새로운 가이드라인을 제정하여 다음의 8가지를 제

124) Linden Lumber Division, Summer & Co., v. NLRB, 419 U.S. 301(1974).
125) NLRB v. Gissel Packing Co., 395 U.S. 575(1965).
126) Gourmet Foods Inc., 270 NLRB 1105(1984).
127) NLRB v. Darlstrom Metallic Door Co., 112 F.2d 756(2d Cir. 1940).

시하게 되었다.[128]

(ⅰ) 대표적인 위반사례의 존재, (ⅱ) 위반에 의하여 영향 받은 근로자의 수, (ⅲ) 교섭단위의 규모, (ⅳ) 부당노동행위를 행한 자의 신원, (ⅴ) 부당노동행위의 시점, (ⅵ) 노동조합의 대표성에 미친 영향의 객관적 증거, (ⅶ) 위반이 반복될 가능성 및 (ⅷ) 위반 후의 사정 변경.

상기 기준을 종합적으로 고려하여 볼 때에, 사용자의 선거훼손행위로 인하여 노동조합이 교섭대표 노동조합으로 인증 받는 것에 실패한 경우에 한하여, 사용자는 단체교섭의무를 부담한다.

2) 성실교섭의무

Sec. 8(d)는 "단체교섭(bargain collectively)이라 함은 사용자와 노동조합이 성실하게 회합하고 협의하는 것(meet and confer in good faith)을 의미하며, 이것은 당사자간에 합의를 강요하는 것은 아니다"라고 규정하고 있다. 본래 회합 및 협의(meet and confer)는 당사자가 만나서 근로조건 등에 대하여 협의를 하되, 이는 상호 의견청취에 불과할 뿐 어떠한 합의 또는 동의를 의무화하는 것은 아니다. NLRA Sec. 8(d)도 외형상 이러한 입장을 규정하고 있는 것으로 보인다. 그러나 실제로는 「성실교섭의무(in good faith)」의 부과에 의하여 회합 및 협의는 「단체교섭」으로 격상되고, 당사자는 교섭대상에 대하여 합의에 도달하도록 최선의 노력을 기울이고, 합의에 도달하는 경우 단체협약을 체결할 의무를 부담하게 된다.[129] 따라서 양 당사자는 반드시 합의에 도달하여야 하는 의무를 강제하는 것은 아니나, 형식적인 의견청취(surface bargaining)의 수준을 넘어 합의에 도달하기 위하여 최선의 노력(hard bargaining)을 기울어야 한다.

단체교섭에서 합리적인 당사자라면 당연히 수용할 수 없는 조건을 제시하는 것은 성실교섭의무에 위배된다.[130] 또한, 합의된 단체교섭 일자를 지속적으로 취소하거나, 단체교섭 때마다 자신의 입장을 변경하는 것도 성실교섭의무에 위배된다.[131]

128) Memorandum GC No. 99-8, 1999 W.L. 33313998.

129) Donald H. Wollett, Joseph R. Grodin, June M. Weisberger, Collective Bargaining in Public Employment(West Publishing Co., 1993), pp. 72-79.; NLRB v. Truitt manufacturing Co., 351 U.S. 49(1956).

130) NLRB v. Herman Sansage Co., 275 F.2d 229(5th Cir. 1960).

131) Calex Corp v. NLRB, 144 F.3d 904(6th Cir. 1988).

3) 단체교섭대상

단체교섭대상은 크게 의무적(mandatory) 교섭대상, 임의적(permissive) 교섭대상 및 금지적(illegal) 교섭대상의 3가지 구분되며, 이를 단체교섭대상의 3분체계라고 부른다.[132)]

의무적 교섭대상이라 함은 노사 당사자가 이에 대하여 단체교섭 개시 및 단체협약 체결의무를 부담하며, 단체교섭이 결렬되는 경우 노동조합은 파업 등의 쟁의행위를 할 수 있는 교섭대상을 말한다. NLRA Sec. 8(d)에서 규정하고 있는, (ⅰ) 임금, 근로시간 및 기타의 근로조건, (ⅱ) 단체협약체결을 위한 교섭 및 관련 문제점 및 (ⅲ) 단체협약 이행에 관한 사항 등이 이에 해당된다.

임의적 교섭대상이라 함은 단체교섭 개시 및 단체협약 체결 여부가 사용자의 자유재량에 달려 있으며, 단체교섭이 결렬되는 경우에도 노동조합은 파업 등의 쟁의행위를 할 수 없으나, 일단 단체협약으로 체결된 후에는 의무적 교섭대상과 동일한 법적 효력이 부여되는 것을 말한다. 대부분의 경영권에 관한 사항이 이에 해당되며, 경영권의 행사로 인하여 근로조건에 영향을 미치는 경우 그 경영권은 임의적 교섭대상이 되나, 영향을 받은 근로조건은 의무적 교섭대상에 해당된다.[133)]

금지적 교섭대상은 단체교섭의 대상이 될 수 없고, 단체협약에 규정되는 경우에도 효력이 부정되는 교섭사항을 말한다. 강행법규 위반 사항이나, 공서양속에 위배되는 사항이 이에 포함된다.

의무적 교섭대상에 대하여 노사 당사자 중 어느 일방이 단체교섭을 거부하는 경우 부당노동행위에 해당되나, 임의적 교섭대상의 경우 이를 거부하여도 부당노동행위에 해당되지 아니한다.

4) 단체협약의 변경 또는 종료

① 원 칙

단체협약의 변경 또는 종료를 하고자 할 때에는 다음의 절차를 밟아야 한다.

첫째, 단체협약의 타방 당사자에게 (ⅰ) 단체협약 종료일 60일 전에, (ⅱ) 단체협약 종료일이 규정되어 있지 않은 경우에는 종료 또는 변경하고자 하는 날의 60

---

132) NLRB v. Wooster Division of the Borg-Warner Co., 356 U.S. 342(1958).

133) Fibreboard Paper Prods, Corp v. NLRB, 379 U.S. 203(1964); First National Maintenance Corp v. NLRB, 452 U.S. 666(1981).

일 전까지 상대방에게 통지하여야 한다.

둘째, 타방에게 신단체협약의 체결 또는 구단체협약의 변경을 목적으로 단체교섭을 할 것을 제안하여야 한다.

셋째, 당사자가 단체교섭의 결과 합의에 도달하지 못하여 분쟁이 발생한 경우, 상대방에 대한 분쟁발생 통지 후 30일 이내에 FMCS에 통지하고, 동시에 분쟁이 발생한 주 또는 구역을 관할하는 조정 및 알선담당기구에 통지하여야 한다.

넷째, 첫째의 통지 후 60일간과 단체협약 종료일 중 나중에 도래하는 기일까지 파업 또는 직장폐쇄를 하지 말고, 단체협약을 엄격히 준수하여야 한다.

단체협약의 당사자인 노동조합이 근로자대표로서의 지위가 종료 · 상실된 경우 둘째, 셋째 및 넷째의 의무는 준수하지 아니하여도 무방하다. 단체협약의 개정내용이 새로이 논의되기 이전에 효력이 발생되는 경우, 당사자는 개정내용에 대하여 이를 논의하거나 합의할 필요가 없다.

상기 통지의무기간 중에 파업에 참여하거나 NLRA Sec. 8(g)에 규정된 기간 중에 파업에 참여한 근로자는 근로자로서의 지위를 상실한다.

② 의료기관에 대한 예외

NLRA 8(d)는 의료기관의 단체협약 변경에 대하여 다음과 같은 예외규정을 두고 있다.

첫째, Sec. 8(d)(1)의 통지는 60일에서 90일로, Sec. 8(d)(3)의 통지는 30일에서 60일로, Sec. 8(d)(4)의 단체협약기간은 60일에서 90일로 변경된다.

둘째, 교섭대표 노동조합으로 인정받은 후 최초의 단체교섭인 경우 노동조합은 Sec. 8(d)(3)에 규정된 기관에 적어도 30일 전에 노사분쟁발생 통지를 하여야 한다.

셋째, 당사자는 FMCS가 노동쟁의 해결을 도와줄 목적으로 제공하는 회의에 즉시, 적극적으로 참여하여야 한다.

2. 다른 사용자와의 거래를 제한 · 중지하는 핫 카르고 조항

(1) 관련 규정

노동조합 또는 사용자가 명시적 또는 묵시적으로 단체협약 또는 계약을 체결하여 (ⅰ) 다른 사용자의 제품을 취급, 사용, 판매, 수송 기타 거래하는 것을 중단하거나 거부하거나, 또는 (ⅱ) 다른 자와의 사업수행을 중단하는 행위는 부당노동행위에 해당되며, 동 내용을 규정하고 있는 단체협약 · 계약 및 이와 관련된 여타의 단체협약 또는 계약은 무효이다.[134]

다만, Sec. 8(e)의 어떠한 규정도 건축물, 구조물 기타의 사업의 건축, 개축, 도장 또는 수선이 행하여지는 사업장에서의 도급 또는 하도급과 관련된 건설산업의 노동조합과 사용자간에 체결된 단체협약에 적용되지 아니한다.

또한 Sec. 8(e) 및 Sec. 8(b)(4)(B)를 적용하는 경우, (ⅰ) ㉠ "어느 사용자", ㉡ "통상에 영향을 주는 상업 또는 어느 산업에 종사하는 어느 자" 및 ㉢ "어느 자"라는 용어를 (ⅱ) ㉠ "어느 다른 생산자, 가공자 또는 제조자", ㉡ "어느 다른 사용자" 또는 ㉢ "어느 다른 자"와 연관하여 사용하는 때에는, 동 용어는 (iii) 섬유 및 의류산업에서 ㉠ 도매상 또는 제조업자의 상품 또는 사업장에서 일하는 자 및 ㉡ 전체 생산 공정의 일부 업무를 수행하는 자는 포함하지 아니한다.

동 법의 어느 규정도 상기 예외에 속하는 단체협약의 시행을 금지하지 아니한다. 또한, 동법의 어떠한 규정도 상기 예외에 속하는 단체협약의 이행을 금지하지 아니한다.

(2) 주요 내용

1) 원 칙

NLRA Sec(e)는 소위 핫 카르고(Hot Cargo) 조항을 사용자 및 노동조합 모두에게 적용되는 부당노동행위로 규정하고 있다.[135]

핫 카르고 협약이라 함은 사용자와 노동조합이 "사용자가 다른 사용자 또는 다른 제3자와의 거래를 중단 · 거부"하는 내용의 단체협약을 체결하는 것을 말한다. 이 경우 "다른 사용자 또는 다른 제3자"라 함은 노동조합과 분쟁중이거나 또는 분쟁가능성이 있는 자를 모두 포함한다.

---

134) NLRA Sec. 8(e).

135) 태프트-하틀리법하에서 연방대법원은 이를 노동조합만의 부당노동행위로 해석하고, 사용자가 자발적으로 핫 카르고 협약을 체결하는 것은 부당노동행위에 해당되지 아니한다고 판결하였다. Carpenters Local 1976 v. NLRB, 357 U.S. 93(1958). 1959년 랜드럼-그리핀법은 이를 개정하여, 핫 카르고 협약을 노동조합과 사용자 모두 부당노동행위로 규정하고 있다.

핫 카르고 협약의 체결을 위하여 노동조합이 사용자에 대하여 파업을 포함한 압력을 행사하는 경우, 이는 "다른 자와의 거래를 중단하도록 사용자에게 강제하는 행위"에 해당되므로 NLRA Sec. 8(b)(4)(A)에서 금지하고 있는 부당노동행위에 해당된다.

거래 중단의 주요 대상은 노동조합의 조합원이 수행하는 업무를 다른 사업자에게 이전시키지 말 것을 요구하는 것이다. 이 경우 노동조합의 조합원이 수행하여 왔던 기존의 업무를 지속하는(work preservation) 내용의 단체협약은 동조 위반에 해당되지 아니한다. 그러나 신규의 업무(work acquisition)를 다른 사용자 또는 다른 자에게 수행시키지 아니하고, 노동조합에게 독점적으로 수행시킬 것을 내용을 하는 단체협약은 부당노동행위에 해당될 가능성이 있다.[136] 또한 기존의 업무에 해당되는 경우에는 동 업무에 관한 결정권한이 사용자의 권한("right-to-control" test) 내에 속하여 있어야 한다. 예컨대, 사용자가 어떤 업무를 자동화하고자 하는 경우 동 업무를 노동조합의 조합원이 지속적으로 담당하여 왔고, 자동화 여부를 결정할 수 있는 권한이 사용자에게 있는 경우, 사용자가 다른 자동화업체와 거래하지 않는다는 내용의 단체협약을 체결하는 것은 부당노동행위에 해당되지 아니한다.

2) 예 외

건설산업(construction industry) 및 섬유 · 의류산업(apparel and clothing industry)의 경우 핫 카르고 협약을 체결하여도 부당노동행위에 해당되지 아니한다. 그 이유는 건설 · 섬유 · 의류산업에서는 하청계약이 일반화되어 있고, 하청회사간의 경쟁이 치열하여 핫 카르고 조항이 관행화되어 왔기 때문에 이를 존중하기 위한 것이다.

---

136) National Woodwork Manufacturers Association v. NLRB, 386 U.S. 612(1967).; NLRB v. International Longshoremen's Association, 473 U.S. 61(1985).

Ⅳ. 부당노동행위에 해당되지 아니하는 경우

1. 의견 · 주장 표현의 자유

(1) 관련 규정

어떠한 의견, 주장, 또는 견해의 표현 또는 살포는 이것이 문서, 인쇄, 도표 또는 시각적 형태로 되었는지의 여부에 상관없이 상대방에 대한 보복 · 폭력의 위협이나, 혜택의 약속을 포함하지 아니하는 한 동법상의 부당노동행위에 해당되거나, 이의 증거가 되지 아니한다.[137]

(2) 주요 내용

단순한 의견 · 주장의 표현은 이것이 상대방에 대한 보복 · 폭력의 위협이나 혜택의 약속을 포함하지 않는 한, 그 형식 및 방법에 상관없이 사용자 또는 노동조합의 부당노동행위에 해당되지 아니한다. 이는 제1차 개정헌법상의 언론의 자유를 구현하고 있는 것이다.

「와그너법」에서는 관련 규정이 없었으므로 사용자의 반조합적 의견 또는 주장이 대부분 위법이라고 판결하였다. 이에 따라 「태프트-하틀리 법」에서는 NLRA Sec. 8(c)를 신설하여 사용자는 물론 노동조합의 의견 또는 주장이 부당노동행위에 해당하지 아니하는 기준을 제시하고 있는 것이다.

1) 사용자의 표현의 자유

노동조합의 조직 및 활동과 관련하여 사용자가 행한 발언 등에 보복 또는 이익의 내용이 포함되어 있지 않는 경우 이는 부당노동행위에 해당되지 아니한다. 사용자가 노동조합을 "법에 따라 상대하겠다"고 표현하는 것은 부당노동행위에 해당되지 아니한다.[138] 또한 노동조합에 "강경히 대응하겠다"(deal hard with the union) 또는 "파업을 하는 경우 근로자 대체를 하겠다"고 표현하는 것도 부당노동행위에 해당되지 아니한다.

137) NLRA Sec. 8(c).
138) NLRB v. Herman Wilson Lumber Co., 355 F.2d 426(8th Cir. 1966).

노동조합 결성으로 인하여 초래된 명시적인 악영향을 설명하는 경우 이것이 (ⅰ) 사용자의 영향력하에 있는 일방적인 선택에 의하여 초래되는 결과일 경우에는 부당노동행위에 해당되나, (ⅱ) 객관적 사실을 토대로 한 합리적 예측일 경우에는 부당노동행위에 해당되지 아니한다.[139]

노동조합이 설립될 경우 사업을 종료하겠다고 발언하는 것은 설사 진지하다 할지라도 객관적인 증거에 의하여 입증되지 않는 한, 부당노동행위에 해당된다.[140] 예컨대, 사용자가 "노동조합이 결성되는 경우 파업을 선호하는 자들에게 지배되어 회사가 들어줄 수 없는 사항을 요구하게 될 것이고 결국은 회사가 문을 닫아야 될 것이다"라고 발언하는 것은 객관적 사실을 토대로 한 합리적 예측이 아니므로 부당노동행위에 해당된다. 그러나 사업종료가 사용자의 통제 밖에 있는 객관적 사실을 바탕으로 근거를 두고 있거나, 이미 사업종료 결정이 내린 이후에 상기 발언을 하는 것은 부당노동행위에 해당되지 아니한다.[141] 예컨대, 사용자가 "새로운 노동조합이 설립되는 경우 기존의 노동조합 또는 근로자에게 부여되는 혜택을 삭감하여 새로운 노동조합에게 분배하여야 한다"고 발언하는 것은, 기존의 사업장에서 발생한 객관적 경험을 근거로 한 것이므로 부당노동행위에 해당되지 아니한다.[142]

근로자가 노동조합 결성이나 활동에 참여하지 않는 경우, 그 대가로 사용자가 이익을 제공하는 것도 부당노동행위에 해당된다. 예컨대, 1964년의 Exchange Parts 사건에서는 사용자가 노동조합의 선거 2주일 전에 근로자에게 시간외 근로수당과 휴가제도를 개선하겠다는 취지의 서한을 발송하였고, 노동조합은 선거에서 교섭대표 노동조합으로 선출되지 못하였다. 이에 대하여 NLRB는 회사의 서한이 사실상 선거에서 해당 노동조합을 지지하지 않는 경우 그 대가로 혜택을 주겠다는 것을 근로자에게 제시한 것으로서, NLRA Sec. 8(a)(1) 및 Sec. 8(c) 위반에 해당된다고 판결하였고, 동 입장은 연방대법원에 의하여 재확인 되었다.[143]

2) 노동조합의 표현의 자유

사용자에게 적용되는 표현의 자유는 노동조합에게도 마찬가지로 적용된다.[144]

139) NLRB v. Gissel Packing Co., 395 U.S. 575(1969).
140) NLRB v. Gissel Packing Co., 395 U.S. 575(1969).
141) Crown Cork & Seal Co. v. NLRB, 36 F.3d 1130(D.C. Cir. 1994).
142) NLRB v. Lenkurt Electric Co., 438 F.2d 1102(9th Cir. 1971).
143) NLRB v. Exchange Parts Co., 375 U.S. 405(1964).

예컨대, 사용자의 성명을 “비지원자” 명단(“do not patronize” list)에 올려 놓은 것은 단순한 의견의 표현으로서 부당노동행위에 해당하지 아니한다.[145)]

노동조합의 대표자가 “노조 비가입자는 나중에 직장을 잃게될 것이다” 또는 “우리는 노조와 논쟁하는 사람들을 다루는 방법을 알고 있다”고 발언하는 것은 단순한 의사의 표현이 아니라 위협으로서 부당노동행위에 해당된다.[146)] 단순한 욕설은 아무리 모욕적이라도 부당노동행위에 해당되지 아니한다.[147)]

사용자는 보복 · 폭력의 위험이나 혜택의 약속을 하지 아니하는 한, 사업장 내에서 근로시간 중에 언제라도 근로자를 소집하여 노동조합에 반대하는 연설을 행할 수 있다.[148)] NLRB는 노사간의 균형을 맞추기 위하여 노동조합이 근무시간 중에 연설할 기회를 사용자에게 요구할 수 있으며, 이를 거부하는 경우 Sec. 8(a)(1)에 위반되어 부당노동행위에 해당된다고 판결한 바 있다.[149)] 그러나 연방대법원은 NLRB의 판결을 파기하고, 노동조합이 근로자에게 접근할 수 있는 다른 방법이 존재하는 경우, 사용자가 근무시간 중에 노동조합의 연설을 거부하여도 부당노동행위에 해당하지 않는다고 판결하였다.[150)]

2. 건축 또는 건설산업에 대한 예외

(1) 관련 규정

NLRA Sec. 8(a) 및 (b)를 적용하면서, 건축 또는 건설산업에 종사하는 사용자가 건축 또는 건설산업 소속 근로자를 조합원으로 하는 노동조합(동법 Sec. 8(a)에 의하여 부당노동행위로 규정된 어떠한 행위에 의하여 조직, 유지 또는 지원되는 것을 제외한다.)과 건축 및 건설산업에 종사하는(고용되는 경우 종사예정인) 근로자에게 적용되는 단체협약을 체결하는 것이 다음의 사유로 인하여 부당노동행위에 해당되지 아니한다.[151)]

144) NLRB v. Triplex Manufacturing Co., 701 F.2d 703(7th Cir. 1983).
145) NLRB v. International Association of Mechinists Lodge 942, 263 F.2d 796(9th Cir. 1959).
146) Lane v. NLRB, 186 F.2d 671(10th cir. 1951).
147) Branch 496, National Association of Letter Carriers v. Austin, 418 U.S. 264(1974).
148) 이를 “붙잡힌 청중” 연설(“captive audience” speech)이라 부르기도 한다.
149) Bonwit-Teller, Inc., 96 NLRB 608(1951).
150) NLRB v. United Steelworkers(Nu Tone, Inc), 357 U.S. 357(1958).
151) NLRA Sec. 8(f).

1) 노동조합이 동법 Sec. 9에 따라 교섭대표 노동조합으로서 인증받기 전에 단체협약을 체결한 경우, 또는
2) 채용의 조건으로 채용 후 7일 이내 또는 단체협약의 발효일 중 나중 발생일 이내에 노동조합의 조합원이 될 것을 단체협약의 내용이 요구하고 있는 경우, 또는
3) 단체협약에서 사용자가 (ⅰ) 노동조합에게 채용기회를 통지하거나, (ⅱ) 노동조합에게 자격 있는 채용 지원자를 추천할 수 있는 기회를 부여하도록 의무화하고 있는 경우, 또는
4) 단체협약에서 (ⅰ) 채용에 필요한 최소한의 훈련 또는 경험 등의 자격요건을 구체화하고 있거나, (ⅱ) 동종 산업 또는 특정 지역에서의 사용자와의 복무기간에 대하여 채용기회의 우선순위를 부여하도록 규정하고 있는 경우

다만, Sec. 8(f)는 어떠한 경우에도 Sec. 8(a)(3)의 마지막 절을 무효화 시키는 것은 아니다. 또한 Sec. 8(f)(1)이 없는 경우 무효화되는 어떠한 단체협약도, Sec. 9(c) 또는 9(e)에 따라 투표신청을 방해하는 것은 아니다.

(2) 주요 내용

건축 또는 건설산업에 종사하는 사용자가 노동조합과 단체협약을 체결하는 경우 다음의 어느 사유로 인하여 부당노동행위에 해당되지 아니한다.

1) 교섭대표 노동조합으로 인증받기 이전에 노동조합과 단체협약을 체결한 경우(이 경우 단체협약이 체결되었다 할지라도 교섭대표 노동조합 선거를 신청할 수 있다.)
2) 황견계약을 체결하여, 채용된 지 7일 이내 또는 단체협약의 발효일 중 나중 기일까지 노동조합에 가입할 것을 요구하고 있는 경우
3) 단체협약에서 노동조합에게 채용기회를 통지하거나, 근로자 채용 시 추천기회를 부여하고 있는 경우
4) 단체협약에서 근로자 채용의 조건을 규정하고 있거나, 동종 산업 · 특정지역에서의 근무경력에 대하여 채용의 우선순위를 부여하도록 규정하고 있는 경우

상기 규정은 어떠한 경우에도 Sec. 8(a)(3)의 마지막 절을 무효화시키지 아니한다.

제3장 임차근로자와 부당노동행위

Ⅰ. 개 요

임차근로자(leased workers)라 함은 하나의 근로자에 대하여 고용사업주와 사용사업주의 복수의 사업주가 존재하며, (i) 고용사업주와 근로자는 고용계약을 체결하고, (ii) 근로자는 사용사업주의 사업장에서 근로를 제공하며, (iii) 고용사업주와 사용사업주는 근로자의 임차계약을 체결하는 근로자를 말한다. 미국에서 가장 큰 임차근로자지원기구인 맨파워(Manpower)는 50만 명 이상의 임차근로자를 고용하고 있다.

미국에서는 임차근로자를 파견근로자(dispatched worker) 또는 임시지원회사근로자(temporary help agency employee)라고도 칭하고 있으나, 이들을 구별하는 법적 실익은 별로 없다고 할 것이다. 다만, 임차근로자(leased employee)와 임시지원회사근로자(temporary help agency employee)를 다음과 같은 관점에서 구별하는 견해도 있다.[152] 첫째, 임차근로자는 사용사업주가 임차 이전에 면접을 실시하여 사용을 결정한 후 임차사업주에게 통지하며, 임차사업주는 이에 따라 당해 근로자를 고용하여 사용사업주에게 임대하고, 사용사업주는 임차근로자를 사용하면서 이들의 교체를 고용사업주에게 요구할 수 있다. 이에 반하여 임시지원근로자의 경우 사용사업주는 임시지원회사(temporary help agency)에서 제공하는 임시지원근로자를 선택 없이 사용하여야 한다. 둘째, 임차근로자의 사용기간은 반드시 임시적인 것이 아니라 장기간 또는 영구적(long-time or permanent)인 것도 포함하는 것에

152) Clyde W. Summers, Contingent Employment in the United States, 18 Comp. Lab. L. 503(1997).

반하여 임시지원회사 근로자의 사용기간은 임시적(temporary)이다.

임차근로자는 현실적으로 다수의 사용자에게 제공되어 비교적 단기간 동안 사용되는 것이 일반적이므로 근로제공의 연속성(continuity of employment)이 보장되지 아니한다. 그러나 임차근로자는 법적으로 고용사업주와 고용계약을 체결하고 고용사업자에게 고용되는 것이 원칙이므로 비록 다수의 사용사업주에게 근로를 제공한다 할지라도 일단 고용사업주를 기준으로 하는 경우에는 하나의 고용사업주하에서 고용의 연속성이 인정된다 할 것이다. 상기 결과 임차근로자는 일정기간 동안 고용의 연속성을 전제로 하는 각종 사회보장의 수혜조건을 충족시킬 수 있다는 장점이 있다.[153)]

상기 관점에서 임차근로자의 노동조합 조직 · 활동 및 단체교섭 등을 사용자의 부당노동행위라는 관점에서 고찰하여 보면 다음과 같다.

Ⅱ. 노동조합의 조직 · 활동과 부당노동행위

1. 개 요

임차근로자가 노동조합을 조직하고 단체교섭을 수행하는 방법은 (ⅰ) 사용사업주의 사업장에서 일반근로자와 함께 교섭단위에 포함되거나, (ⅱ) 고용사업주의 사업장에서 노동조합을 설립하고 교섭단위에 포함되는 두 가지 방법이다. 전자의 경우에는 사용사업주 및 고용사업주 모두에게 복수동의를 얻어야 하므로 사용사업주의 동의 없이는 사실상 단체교섭이 불가능하다. 후자의 경우 고용사업주의 사업장에서는 노동조합의 조직 및 활동이 허용되지만, 사용사업주가 고용사업주와의 임차계약을 종료시키는 때에는 임차근로자는 사용사업주 사업장에서 근로를 제공할 기회를 상실하게 된다.[154)] 즉, 사용사업주는 임차근로자가 노동조합에 가입하거나 조직하는 경우 고용사업자와 임차계약을 종료시켜도 NLRA Sec. 8(a)(3) 위반에 해당되지 아니한다.[155)] 따라서, 임차근로자가 고용사업주의 사업장에서 노

153) Clyde W. Summers, 전게 논문.

154) Mark D. Olivere, M. B. Sturgis and NLRB's Reevaluation of the Contingent Employee's Ability to Unionize: Ramifications and Recommendations for the User Employer, 27 Del. J. Corp. L. 151, 177(2002).

동조합을 조직하는 것이 허용됨에도 불구하고 실제 단체교섭을 수행하고 단체협약이 체결되는 경우는 흔하지 아니하다.[156] 그러나 사용사업주는 근로자에게 노조활동을 하는 경우 해고할 것이라고 위협하거나, 고용사업주에게 반조합의사를 설명하여서는 아니 된다. 또한, 사용사업주가 고용사업주에게 노조활동을 하고 있는 특정 근로자를 해고하거나, 다른 근로자로 교체하여 줄 것을 요구하는 경우 이는 NLRA 8(a)(3)조 및 8(a)(1) 위반이 된다.[157]

임차근로자에 대하여 사용사업주 또는 고용사업주가 개별적으로 또는 공동으로 부당노동행위를 행한 경우 이에 대한 책임을 부담하는 것은 당연하다. 또한 사용사업주와 고용사업주가 공동사용자로서 이중 어느 사용자가 부당노동행위를 한 경우 다른 사용자가 (i) 이를 알았거나, 알 수 있었으며, (ii) 이에 반대하거나 적정한 계약상의 권리를 행사하지 아니함으로써 묵시적으로 용인 · 방조하였다면 다른 사용자도 부당노동행위책임을 부담하게 된다.[158]

2. 임차계약의 종료

1968년의 Local No. 447, Plumbers 사건에서 NLRB는 임차근로자가 노동조합을 조직 또는 이에 가입하거나 노조활동을 하는 경우, 또는 노동조합에 가입하지 않거나, 노조활동을 하지 않는 경우 사용사업주는 고용사업주와 체결된 임차계약을 종료하여도 부당노동행위에 해당되지 아니한다고 판결하고 있다.[159]

NLRA Sec. 8(a)(3)은 사용자의 근로자에 대한 차별을 부당노동행위로 규정하고 있다. 사용사업주가 임차근로자의 조합활동 또는 비조합활동을 이유로 NLRA Sec. 8(a)(3)에서 임차근로자의 고용사업주와의 거래를 중단하는 것은 근로자 차별에 해당하지 아니한다. 동 사건의 판결은 "NLRA는 근로자를 보호대상으로 하고 있으며, 어떠한 법규정은 물론 입법목적도 어느 사용자의 다른 사용자에 대한 차별을 금지하고 있지 않다"는 점에 논거를 두고 있다.

155) Local No. 447, United Ass'n of Journeymen and Apprentices, 172 NLRB 128(1968).

156) Bita Rahebi, Rethinking the National Labor Relations Board's Treatment of Temporary Workers: Granting Greater Acces to Unionization, 47 UCLA L. Rev. 1105(April, 2000).

157) Dews Constr. Corp., 231 NLRB 182(1977).

158) Capitol EMI Music, Inc. 311 NLRB 997(1993).

159) Local No. 447, United Ass'n of Journeymen and Apprentice, 172 NLRB 128(1968).

3. 노조활동 임차근로자에 대한 불이익처분

사용사업주가 이미 사용 중인 임차근로자의 노조활동을 이유로 고용사업주에게 다른 근로자로 교체하여 줄 것을 요구하거나, 해고할 것을 강제하는 경우 이는 부당노동행위에 해당된다.[160)]

1977년의 듀유건설사건에서는 노조활동을 한 것을 이유로 사용사업주의 지시에 의하여 고용사업주가 임차근로자에 대하여 인사 상 불이익을 주었는 바, 이는 NLRA Sec. 8(3) 및 (1)에 위반하여 부당노동행위에 해당된다고 판결하였다.[161)] 동 사건에서는 A회사와 B회사가 하도급계약을 체결하고, A회사는 B회사의 고용근로자 X, Y를 임차근로자로 사용하였다. A회사의 사업주는 하도급계약을 체결하면서 구두로 임차근로자는 “no union”이라고 언급하였다. 임차근로자 X, Y는 A회사에 근무하면서, 동 회사에 조직되어 있는 노동조합을 찾아가 가입 및 활동에 관한 상담을 하였다. 이후 A사업의 감독자는 B기업 사용자에게 전화를 걸어 X, Y가 노조활동에 관한 상담을 하였다는 사실을 통지하고 “계약체결 당시의 배경을 기억하는 것이 좋을 것이다”(you better remember how your contract was written)고 언급하였다. 이에 따라 B기업 사용자는 X · Y에게 둘 중 한사람은 회사를 떠나야 한다고 설명하고, X에게 인사 상 불이익을 주었다. 이에 대하여 NLRB는 A사업의 사용사업주 및 B사업의 고용사업주 모두 NLRA Sec. 8(a)(1) 및 (3)에 위반하여 노조활동을 이유로 근로자를 차별대우한 것으로서 부당노동행위에 해당한다고 판결하였다.

1993년의 Capital사건[162)]은 고용사업주 A와 사용사업주 B간에 근로자 임차계약을 맺고, 임차근로자를 B가 사용하고 있었는바, A와 B는 독립된 별개의 회사로서 임차근로자에 대한 근로조건에 대하여는 공동결정을 하였고, B는 임차근로자를 사업장 내의 일반근로자와 동일하게 지시 · 명령을 하고 징계처분을 하였으며, 임차근로자가 마음에 들지 않을 경우 단지 A에게 통지만 하면 다른 근로자로 교체되었다. B는 X가 노동조합 활동을 하고 있다는 것을 이유로 A에게 X를 다른 근로자로 교체하여 줄 것을 통지하였는바, 교체 통지서에는 교체사유가 X의 노동조합 활동이 아니라, 근무태만이 주된 이유라고 밝혔다.

160) Dews Constr. Corp., 231 NLRB 182(1977).
161) Dews Constr. Corp., 231 NLRB 182(1977).
162) Capitol EMI Music, Inc., 311 NLRB 997(1993).

X는 A 및 B회사를 상대로 부당노동행위구제신청을 제기하였는바, 사용사업주 B의 행위가 동법 Sec. 8(a)(3) 및 (1)에 위반되어 부당노동행위에 해당하는 것은 명확하지만 고용사업주 A도 부당노동행위에 해당하는지의 여부가 문제가 되었다. 이에 대하여 NLRB는 (ⅰ) 사무국장(General Counsel)이 A 및 B가 공동사용자(joint employers)이고, A 및 B중 1인(B)이 해고 등 차별대우를 하여 부당노동행위를 하였다는 사실을 입증하는 경우, 입증책임이 전환되어 (ⅱ) 나머지 한 사용자(A)는 자신이 부당노동행위를 하지 않았다는 것을 입증하여야 한다고 판결하였다. 이 경우 나머지 한 사용자(A)는 B가 부당노동행위를 한 사실을 인지하지도, 인지할 수도 없었을 뿐 아니라, 만일 인지하였다면 B의 부당노동행위를 적극적으로 저지하였을 것이라는 것을 입증하였으므로, 부당노동행위에 해당하지 않는다고 판결하였다.

4. 초기업노조의 복수사용자에 대한 단체교섭 강요

1973년의 Frito-Lay 사건에서 법원은 노동조합이 둘 이상 복수사용자에 대하여 통일된 하나의 단체교섭을 위하여 이를 강요하거나, 파업에 참여하는 것은 NLRA Sec. 8(b)(4)(A)에 위반되는 부당노동행위에 해당된다고 판결하였다.[163]

동 사건에서 스낵다과류를 생산하는 회사 A, B, C는 사용자단체(employer organizaion)를 조직하고, A, B, C의 근로자들을 조직대상으로 하는 노동조합 X와 동 사용자단체를 통하여 하나의 통일된 단체교섭을 수행하여 1960년에서 1974년 사이에 5차례에 걸친 단체협약을 체결하여 왔다. 1974년 단체협약이 종료되자, 사용자 A, B 및 C는 각각 X노동조합에게 사용자단체에 의한 단체교섭을 중지하고, 향후에는 사용자별로 개별적인 단체교섭을 할 것이라고 통지하였다. 이에 대하여 X노동조합은 종전과 같이 복수사용자에 의한 통일교섭을 요구하면서 파업에 돌입하였다. 이에 대하여 법원은 노동조합이 사용자로 하여금 “사용자단체”에 가입하게 할 목적으로 파업을 하는 것은 NLRA Sec. 8(b)(4)(A) 위반으로 부당노동행위에 해당된다고 판결하였다. X노동조합은 자신의 요구가 사용자 A, B, C가 “사용자단체”에 가입하게 하려는 것이 아니라, A, B, C로 하여금 하나의 통일된 단체교섭을

163) Frito-Lay, Inc., 205 NLRB 250(1973).

하도록 하는데 있으므로 NLRA Sec. 8(b)(4)(A) 위반에 해당되지 아니한다고 주장하였다.

그러나 법원은 입법목적 및 연혁을 감안하여 볼 때에 NLRA Sec. 8(b)(4)(A)는 공식적인 "사용자단체"에 가입하는 것만을 규제하는 것이 아니라, "사용자단체"는 아닐지라도 통일된 교섭을 위하여 복수의 사용자들이 그룹을 만드는 것도 규제대상에 포함된다고 판결하였다. 즉, 형식적인 "사용자단체"의 가입 여부보다는 하나의 통일된 단체협약의 적용을 받으려는 공동의 의사(intention)가 동 규정의 규제대상이라고 판결하였다.

일단 초기업별 교섭의 결과 단체협약이 체결된 경우, 복수의 사용자는 신단체협약의 체결을 위한 단체교섭의 개시 이전에 적절한 사전통지를 하고, 초기업별 교섭을 위한 사용자단체에서 탈퇴할 수 있다. 그러나 일단 신단체협약의 체결을 위한 교섭이 개시된 이후에는 사용자는 노사 상호 동의(mutual consent)가 없거나 또는 비상상황(unusual circumstance)이 아닌 경우, 사용자 단체에서 탈퇴할 수 없다.[164] 단순한 단체교섭의 결렬은 「비상상황」에 해당되지 아니한다.[165]

5. 하청회사 또는 파견회사의 폐업

미국에서는 노동조합 조직 및 활동을 이유로 사용자가 사업장을 폐쇄하는 것이 부당노동행위에 해당하는지의 여부에 관하여 (ⅰ) 회사의 전면폐쇄인 경우에는 사용자의 반조합의사에 불구하고 부당노동행위에 해당하지 아니하나, (ⅱ) 회사의 부분폐쇄의 경우에는 사안별로 판단하여 부당노동행위에 해당될 수도 있다고 판결하고 있다.[166]

파견회사 또는 하청회사가 사용사업주로부터의 지시 · 통제를 받거나 또는 협의를 하지 아니하고 독립한 결정을 내리는 경우 이는 사업의 완전폐지에 해당되므로 부당노동행위에 해당되지 않는 것이다. 그러나 파견회사 또는 하청회사의 사업폐지 결정이 사용사업주의 지시 · 명령에 의하거나, 협의에 의한 것일 때에는 이를 사업의 부분폐쇄 또는 사용사업주에 의한 폐쇄로 보아 사업이 폐지된 이후에도 사

164) Retail Associates, 120 NLRB 388(1958).
165) Charles D. Bonanno, Inc v. NLRB, 454 U.S. 404(1982).
166) Texfile Workers Union v. Darlington Mfg. Co, 380 U.S. 263(1965).

용사업주의 부당노동행위 책임을 물을 수 있을 것이다.

따라서 파견회사 또는 하청회사가 외형상 · 형식적으로는 독립한 회사이나, 실질적으로는 설립 및 경영에 있어 사용회사의 지배하에 있거나, 지휘 · 명령을 받는 경우 또는 모 · 자회사의 경우 등에는 사용사업주가 부당노동행위의 책임을 진다고 할 것이다.

사업을 부분폐쇄하는 경우에도 폐쇄된 부분을 변형된 방법으로 수행하는 런어웨이 사업이 아니라, 실질적으로 해당 부분을 폐지하고 더 이상 수행하지 않는 경우에는 당연히 부당노동행위가 성립되는 것으로 보아서는 아니 되며, 동 부분폐쇄 결정이 남아 있는 사업체 안에서의 노조활동에 미치는 부정적 영향을 고려하여 판단하여야 할 것이다.

예컨대, 1965년의 Darlington 사건에서는 어느 대기업의 자회사에서, 사용자가 혐오하는 노동조합이 교섭대표 노동조합 선출 선거에서 승리하자, 이사회를 개최하여 회사의 해산을 결의하고, 곧 시설 및 기계를 처분하고 회사는 폐쇄되었다. 이에 대하여 (ⅰ) NLRB는 자회사의 폐업은 모회사의 지시 · 명령에 의한 것으로서, 모회사의 Sec. 8(a)(3) 위반 책임을 물었으나, (ⅱ) 항소법원은 사용자는 사업의 전부 또는 일부를 폐쇄할 수 있는 절대적 권리를 갖고 있으므로 이는 부당노동행위에 해당되지 않는다고 판결하였다. 연방대법원은 사업의 전면폐쇄와 부분폐쇄를 구분하여 (ⅰ) 전면폐쇄의 경우는 사용자의 절대적 권리로서 설사 반조합 의도에서 비롯된 것이라 할지라도 부당노동행위에 해당되지 아니하나, (ⅱ) 부분폐쇄의 경우에는 부당노동행위에 해당될 수 있다고 판결하였다. 회사의 부분폐업의 경우, 동 폐업으로 인하여 남은 사업장의 근로자의 노동조합 조직 및 활동에 부정적 영향을 미치는 경우 부당노동행위가 성립될 수 있다고 한다.

자회사의 사업폐쇄는 외형적 · 형식적으로 볼 때에는 사업의 전부폐쇄이지만, 실질적으로 회사 전체의 측면에서 볼 때에는 모회사에 의한 부분폐쇄에 해당될 수 있고, 따라서 모회사의 반노조의사가 확인되는 경우 부당노동행위에 해당된다고 판단하였다.

동 사건에서 연방대법원은 모회사의 자회사의 노조활동에 대한 반조합의사는 확인하였으나, 남은 사업의 근로자에 대한 노조활동 억제 목적을 인정할 근거가 불충분하므로 부당노동행위가 성립되지 않는다고 판결하였다.

Ⅲ. 단체교섭과 부당노동행위

사용사업장에서 임차근로자도 다른 근로자와 마찬가지로 노동조합을 조직하고 이에 가입할 수 있으며, 단체교섭을 할 수 있다. 노동조합의 조직 · 가입활동 및 단체교섭 등 노조활동을 하기 위하여 교섭단위에 포함되는 것이 선결되어야 한다. 일반근로자가 교섭단위에 포함되기 위하여는 (ⅰ) 근로자가 NLRA상의 근로자 개념에 해당되는지의 여부 및 (ⅱ) 교섭단위 내에 있는 다른 근로자와 공동의 이익(common interest)이 존재하는지의 여부의 두 가지 요건을 충족시켜야 한다.[167)]

임차근로자의 경우 상기 두 가지 요건에 추가하여, 사용사업주 및 고용사업주의 복수동의(dual consent)를 얻을 것이 요구되고 있다. 즉, 임차근로자가 사용사업주의 사업장에서 노동조합을 조직하기 위하여는 다음의 세 가지 요건을 모두 충족시켜야 한다. 첫째 사용사업주가 사용자의 지위에 해당되는지의 여부. 즉, 임차근로자가 NLRA상의 근로자 개념에 해당하는지의 여부, 둘째, 사용사업주의 사업장 내에 공통이익이라는 교섭단위 요건을 충족시키고 있는지의 여부, 셋째, 사용사업주 및 고용사업주의 복수동의를 얻었는지의 여부가 이에 해당된다.

임차근로자의 노동조합은 고용사업주와 단체교섭을 하는 것이 원칙이나, 사용사업주의 처분권한에 속하는 사항, 즉 근무환경 등에 대하여는 사용사업주와도 단체교섭을 할 수 있다.

167) NLRA하에서 단시간근로자도 노동조합을 조직하고 활동할 수 있는 권리가 부여되며, 이로 인하여 사용자로부터 불이익취급을 받지 아니한다. 법원은 단시간근로자들도 일반근로자와 마찬가지로 일정기간 동안 규칙적으로 근로를 제공하는 경우(worked on a regular baris for sufficient periods of time) 업무에 대한 실질적인 이해관계(substantial interest)를 갖고 있어 교섭단위에 포함될 수 있다고 판결하였다(NLRB v. Western Temporary Services, Inc., 821 F.2d. 1258(7th Cir. 1987). 다만, 근로시간이 일주일 평균 10시간 이상인 경우에 한하여 단체교섭대표 선출에 대한 투표참여권이 인정되며, 교섭단위(bargaining unit)에 포함될 수 있다(29 U.S.C. 157). 단시간근로자가 사업장내의 교섭단위에 포함되기 위하여는 교섭단위내의 기존의 조합원과 공동이해관계(Community of interest)가 존재하여야 한다. 단시간근로자는 일반근로자에 비하여 (ⅰ) 노동조합 가입률은 낮으나, (ⅱ) 노동조합이 자신의 권익을 보호하여 줄 것을 희망하는 노동조합 선호도(union preference)는 오히려 높다. 이러한 현상은 단시간근로자의 근로조건이 일반근로자에 비하여 열악하므로 이를 노동조합이 해결하여 주기를 원하고 있으나, 단시간근로자의 특성상 노조활동을 할 시간적 여유가 없거나, 노조 조합비를 납부할 경제적 여력이 부족하며, 노조활동으로 인한 불이익 우려 등으로 실제 노동조합에 가입하고 있지 아니하는 것으로 분석된다.

1. 근로자의 개념 해당 여부

임차근로자가 사용사업주의 사업장 내에서 노동조합의 교섭단위를 새로이 설립하거나, 기존의 노동조합의 교섭단위에 가입하기 위하여는 사용사업주가 임차근로자에 대하여 사용자의 지위에 있어야 한다. 사용자가 되는 경우 공동사용자로서의 각종 개별적 근로관계법상의 책임과 의무를 부담하게 되며, NLRA 8(b)(4)조에 의한 제2차 보이콧의 대상이 될 수도 있다.

사용사업주의 NLRA상 사용자 해당 여부를 판단하는 것은 임차근로자가 사용사업주 소속의 근로자인지의 여부를 판단하는 것과 동일하며, 이에 대하여는 후술하는 "관리 · 통제권한 기준"이 적용되고 있다.[168]

(1) 관리 · 통제권한 기준(right of control test)

종래의 미국 법원은 근로자에 해당하는지의 여부를 판단하는 기준으로서 연방근로기준법(Federal Labor Stand Act: FLSA)과 같이 근로자의 개념에 대하여 명문의 규정을 두고 있는 경우를 제외하고는 보통법(common law)상의 "관리 · 통제권한 기준"(right of control test)을 적용하여 왔다.[169] "관리 · 통제권한 기준"은 외형상 임시직근로자 · 임차근로자 · 단시간근로자 및 독립계약자 등 근로자의 명칭 · 형식에 상관없이 사용자가 "근로제공의 결과"(the result of work accomplished)를 관리 · 통제할 수 있는 권한을 갖고 있는 경우 근로를 제공한 자를 근로자의 범위에 포함시키는 기준을 의미한다.[170] 예컨대, 미국 법원은 건물관리인(janitor)에 대하여 (ⅰ) 사용자가 건물관리인에게 업무의 내역에 관하여 어느 정도의 지시를 내린 바 있고, 업무에 필요한 도구와 원자재를 공급하였으나, (ⅱ) 건물관리인의 근무시간이 선택적(flexible)이었고, 업무의 구체적 내역에 대하여 지시 받은 바 없으며, 가끔 사용자의 동의 없이 아내 및 아들 등 가족 등에 의하여 업무지원을 받은 적이 있는 점에 비추어 건물관리인은 근로자에 해당되지 아니한다고 판결한 바 있다.[171]

---

168) Boire v. Greyhound, 376 U.S. 473(1964); NLRB v. Browning-Ferris Industries, 691 F. 2d 1117(3d Cir. 1982); NLRB v. Western Temp. Serv., Inc., 821 F. 2d 1258(7th Cir. 1987).

169) Singer Manufacturing co. v. Rahn, 132 U.S. 518(1889), U.S. v. Silk, 331 U.S. 704(1947), Bartels v. Birminghan, 332 U.S. 126(1947).

170) Smith v. Dutra Trucking Co., 410 F. Supp. 513, 516(N.D.Cal. 1976), aff'd, 580 F.2d 1054(9th Cir. 1978).

171) Cobb v. Sun Papers, Inc., 673 F.2d 342.

관리 · 통제권한 기준은 1970년대 말부터 1980년대 초까지 후술하는 "경제현실기준"(economic reality test) 또는 "경제요소기준"(economic factor test)에 의하여 대체된 바 있으나, 최근의 미국 연방대법원은 근로자퇴직소득보장법(ERISA: Employee Retirement Income Security Act)을 해석하면서 다시 관리 · 통제권한 기준을 채택하고 있다.[172)]

미국연방대법원은 "관리 · 통제권한 기준"의 판단요소로서 다음의 13가지 요소를 제시하고 있다.[173)] (i) 근로제공의 방법 및 수단에 대한 고용자의 관리 · 통제권한, (ii) 필요한 기술, (iii) 작업도구의 제공자, (iv) 근무장소, (v) 고용기간, (vi) 고용자가 추가업무를 할당할 권한을 갖고 있는지의 여부, (vii) 피고용자가 근로제공 시간대 및 길이에 관하여 재량권을 갖고 있는지의 여부, (viii) 임금지불의 방법, (ix) 고용 및 임금지급 지원에 있어서의 피고용자의 역할, (x) 제공되는 근로의 성격이 고용자의 통상업무에 해당되는지의 여부, (xi) 고용인이 영업 중인지의 여부, (xii) 근로자후생복지의 혜택 여부 및 (xiii) 피고용인의 세금처리 방안 등이다.

내국세법(IRC: Internal Revenue Code)도 근로자를 "근로자-사용자관계를 결정하는데 적용되는 보통법상의 근로자개념 하에서 근로자의 지위를 갖는 개인"으로 규정하여『관리 · 통제 권한』을 기준으로 채택하고 있다.[174)] 관리 · 통제권한 기준은 FLSA 및 MSAWPA(Migrant and Seasonal Agricultural Worker Protection Act)를 제

172) Nationwide Matual Insurance Co. v. Darden, 503 U.S. 318(1992); Community for Creative Nonviolence v. Reid, 490 U.S. 730(1989).

173) 1) the hiring party's right to control the manner and means by which the product is accomplished;
2) the skill required;
3) the source of the instrumentalities and tools;
4) the location of the work;
5) the duration of the relationship between the praties;
6) whether the hiring party has the right to assign additional projects to the hired party;
7) the extent of the hired party's discretion over when and how long to work;
8) the method of payment;
9) the hired party's role in hiring and paying assistants;
10) whether the work is part of the regular business of the hiring party;
11) whether the hiring party is in business;
12) the provision of employee benefits; and
13) the tax treatment of the hired party.

174) 26. U. S. C. §3121(d)(2). "any individual who, under the usual common law rules applicable in determining the employer-employee relationship, has the status of an employee."

외한 모든 연방법령상의 근로자개념 해석에 적용된다.

(2) 경제현실기준(economic realties test)

경제현실기준(economic realties test)이라 함은 피고용인과 고용인간의 경제적 현실을 검토하여, 피고용인이 고용인에게 경제적으로 종속(economically dependent)되어 있는 경우에는 근로자의 범위에 포함된다는 기준을 의미한다.

앞에서 설명한 관리·통제권한 기준에 의하여 근로자의 범위에서 배제되는 피고용인이라 할지라도 경제현실기준을 적용시키는 경우 근로자의 범위에 포함될 수 있다.[175] 경제현실기준은 "당해 피고용인이 경제현실상 그가 서비스를 제공하는 사업에 경제적으로 의존하고 있는지의 여부"를 판단하여야 한다.[176] 미국연방법원은 "경제현실기준"의 판단요소로서 다음의 5가지 요소를 제시하고 있다.[177] (ⅰ) 사용자가 행사하는 관리 통제의 정도, (ⅱ) 피고용인과 사용자간의 투자의 상대적 크기, (ⅲ) 피고용인의 이익 또는 손실 기회에 대한 사용자의 개입·결정 정도, (ⅳ) 업무수행에 필요한 기술 및 주도권, (ⅴ) 고용관계의 지속성 등이다. 또한, 경제현실기준을 적용하는 경우에도 상당수의 법원은 사용자에게 관리·통제권한이 있는지의 여부를 가장 중요한 기준 중의 하나로 삼고 있으며,[178] 동 관점에서 이러한 기준을 혼합기준(hybrid test)이라고 별도로 분류하기도 한다.[179] 경제현실기준은 FLSA 및 MSAWPA상의 근로자개념 해석에 적용되고 있다.

---

175) 예컨대, FLSA는 "employ"의 개념을 "suffer or permit to work"로 정의하고 있는 바, 이는 보통법상의 근로자개념보다 광의의 개념이다. Rutherford Food Corp. v. McComb, 331 U.S. 722(1947).

176) "whether the alleged employee, as a matter of economic reality, is economically dependent upon the business or which he or she renders his or services" Brock v. Mr. W. Fireworks, Inc., 814 F.2d 1042(5th Cir. 1987).

177) Reich v. Circle C. Investment, In.,. 998 F.2d 324(5th Cir. 1993); Herman v. Express Sixty-Minutes Delivery Services, Inc., 161 F.3d 299(1998).
(ⅰ) the degree of control exercised by the alleged employer
(ⅱ) the extent of the relative investments of the worker and alleged employer
(ⅲ) the degree to which the workers opportunity for profit and loss in determined by the alleged employer
(ⅳ) the skill and initiative required in performing the job
(ⅴ) the permanency of the relationship

178) Spirides v. Reinhardt, 613 F.2d 826(D. C. Cir. 1979).

179) Lewis L. Maltby & David C. Yamada, 38 B.C.L. Rev. 239(1997).

2. 공통이익의 존재

임차근로자가 사용사업주의 사업장에서 노동조합을 조직하고 단체교섭을 하기 위하여는 적당한 교섭단위(appropriate bargaining unit)에 가입되어야 한다.[180] 교섭단위가 되기 위하여는 구성원간에 공통의 이익이 존재하여야 한다. 하나의 고용사업주에 속하여 있는 임차근로자만으로 독자적인 교섭단위를 구성하는 경우 공통의 이익이 존재할 가능성은 높으나, 과연 독자적으로 교섭단위를 구성하는 것이 허용될지의 여부는 그 필요성에 비추어 다른 교섭단위의 이익과 비교하여 보는 것이 필요하다. 임차근로자가 일반근로자와 함께 속해 있는 하나의 교섭단위를 구성하는 경우, 이들 사이에 공통의 이익이 존재하는 것이 필요하다.

즉, 임차근로자가 사용사업주의 사업장 내 교섭단위(bargaining unit)에 포함되기 위하여는 교섭단위 내의 기존의 조합원과 공통이해관계(community interest)가 존재하여야 한다. 공통이해관계가 존재하기 위하여는 모든 면에서 동일 · 유사할 필요는 없으며, 근로조건 등에 있어 기존의 조합원과 임차근로자간에 유사성이 존재하면 충분하다.[181]

교섭단위 내의 근로자간에 공동이해관계의 존재 여부를 판단하는 기준을 공통이해관계 테스트(community of interest test)라고도 부르며, 이에는 임금, 근로시간, 후생복지, 감독, 자격, 교육 · 기술, 업무기능, 다른 근로자와의 접촉, 다른 근로자와의 결합도 등이 고려대상이 되고 있다.[182] 일반직근로자와 임차근로자가 하나의 교섭단위에 포함되어 있는 경우, 동일한 업무를 수행하는 경우에도 근로조건의 내용 및 결정체계가 상이할 수도 있으며, 상호간의 이해관계가 충돌하는 경우도 있다.

임차근로자는 이직률(turnover)이 일반근로자보다 상대적으로 높다. 그 결과 교섭대표 노동조합 선거 이전에는 임차근로자의 지지를 받아 다수 노동조합의 지위를 보유할 수 있었던 노동조합이 선거 후에는 임차근로자의 이직으로 인하여 동 지위를 상실할 우려가 있다. 따라서 단체협약의 유효기간 중에 이직률이 높은 임차근로자를 교섭단위에서 배제하여야 한다는 주장이 제기되었으나, 법원은 "높은 이직률과 다수 노동조합 지위의 상실 여부는 직접적인 연관성이 없다"는 이유로

180) NLRA Sec. 9(b).
181) Friendly Ice Cream Corp. v. NLRB, 705 F. 2d 570, 574(1st Cir. 1983).
182) NLRB v. Target stores, Inc., 547 F.2d 421,423(8th Cir. 1977).

임차근로자도 교섭단위에 포함될 수 있다는 판결을 내리고 있다.183)

3. 공동사용자 전원의 동의

임차근로자가 사용사업주의 사업장 내의 교섭단위에서 단체교섭을 요구하기 위하여는 사용사업주 및 고용사업주, 즉 공동사용자의 동의가 필요하다.

(1) 공동사용자의 개념

공동사용자(joint employer)라 함은 하나의 근로자에 대하여 둘 이상의 실질적으로 독립한 사용자가 존재하고, 임차근로자에 대하여 각기 관리 · 통제권한을 보유 · 행사하고 있는 사용자들을 말한다. 공동사용자는 「하나의」 근로자에 대하여 「둘 이상」의 사용자가 존재한다.

공동사용자의 개념은 산별교섭에서의 산별노조의 단체교섭 상대방이 되는 사용자단체(multi employer)와도 구별된다. 공동사용자는 하나의 근로자에 대하여 둘 이상의 사용자가 존재하지만, 산별교섭에서의 사용자단체는 둘 이상의 사용자가 존재하기는 하나, 하나의 근로자에 대하여 하나의 사용자가 존재한다는 점에서 양자는 구별된다.

공동사용자는 각기 실질적으로 독립된 사업자이어야 한다. 외형상 사용자가 둘 이상인 경우에도 실질적으로는 하나에 불과한 경우에는 "일인의 사용자"로 간주한다. 예컨대, 소유 및 경영상태, 인사권의 분배 등을 종합적으로 고찰하여 볼 때에 둘 이상의 사용자가 실질적으로 독립되지 아니한 때에는 하나의 사용자로 본다.184)

또한, 사용사업주 및 고용사업주는 각기 임차근로자에 대하여 「관리 · 통제권한」을 보유 · 행사하고 있어야 한다. 1987년의 W. Temp. Serv. 사건에서 연방항소법원은 사용사업주인 Classic과 고용사업주인 Capital은 각기 임차근로자에 대하여 상당한 수준의 관리 · 통제권한을 행사하고 있으므로 공동사용자의 개념에 해당한다고 판결하였다.185)

---

183) Dynamic Mach. Co. v. NLRB, 552 F.2d. 1195(7th Cir.), cert, denied, 437 U.S. 827(1977); Zim's Foodliner, Inc. v. NLRB., 495 F.2d 1131(7th Cir.), cert. denied, 419 U.S. 838(1974).

184) NLRB v. W. Temp. Serv., 821 F.2d 1258, 1266(7th Cir. 1987); NLRB v. Browning-Ferris Indus. of Pa., Inc., 691 F.2d 1117, 1112(3d Cir. 1982).

185) NLRB v. W. Temp. Serv., 821 F.2d 1258(7th Cir. 1987).

동 사건에서 사용사업주와 고용사업주는 임차근로자의 근로조건의 기본적인 내용을 공동결정 하였고, 고용사업주는 임차근로자의 채용 및 해고에 관한 권리를 보유하고 있었으며, 사용사업주의 개별심사 후 이를 통과한 임차근로자만을 사용사업주의 사업장으로 보냈다. 사용사업주는 임차근로자의 근로에 대한 지시 · 통제권을 행사하였고, 교육 · 훈련을 담당하였으며, 초과근로를 포함한 근무시간을 결정하였다. 고용사업주는 임차근로자에 대하여 임금, 휴가, 복지, 사회보험, 실업수당 등을 지급하였으며, 동 비용을 충당할 수 있는 적당한 수준의 금액을 사용사업주와 계약을 체결하여 지급받았는 바, 임차근로자 1인당 적절한 금액에 전체 근로자의 숫자를 곱한 총금액으로 이를 계산하였다.

(2) 공동동의의 연혁

임차근로자가 다수의 사용사업주의 사업장 내에 노동조합의 교섭단위를 새로이 설립하거나, 기존의 교섭단위에 포함 가입하기 위하여는 공동사용자 전원의 동의(dual consent)가 있어야 한다. 예컨대, 하나의 고용사업주가 다수의 독립된 회사에 근로자를 파견하여 다수의 사용사업주가 존재하는 경우, 임차근로자가 다수의 사업장에 존재하는 다수의 사용사업주를 단체교섭 대상으로 하는 하나의 교섭단위를 설립하기 위하여는 고용사업주 및 사용사업주 전원의 동의가 있어야 한다. 이러한 원칙을 동 원칙이 처음으로 정립 · 제시된 사건명을 원용하여 "그린후트원칙"(Greenhoot Doctrine)이라고 부른다.[186]

1973년의 그린후트사건에서는 빌딩관리용역회사인 그린후트가 빌딩관리인을 고용하여 14개의 독립된 빌딩에 이들을 임차근로자로서 근무하도록 계약을 체결하였다. 노동조합은 14개 빌딩의 모든 빌딩관리인을 하나의 교섭단위로 묶는 통합된 하나의 교섭단위를 설정하고, NLRB에 이의 승인을 요청하였다. NLRB는 14개의 빌딩은 각기 독립된 14개의 사업장이고, 사업장마다 상이한 14인의 사용자가 존재하는 바, 14인 사용자 전원의 동의가 있는 경우에 한하여 통합된 하나의 교섭단위가 인정된다고 판결하였다. 동 판결은 기존의 산별교섭하에서 사용자단체(multi-employers)의 구성 때 모든 사용자의 동의가 필요하다는 논리를 그대로 적용한 것이다.[187]

---

186) Greenhoot, Inc., 205 NLRB 250(1973).

동 사건에서의 사실관계는 두 개 이상의 사업장을 대상으로 한 것이며, 하나의 개별 사업장을 대상으로 한 것은 아니었다. 그린후트에서는 오히려 복수사용자의 동의가 없는 경우 개별 사업장별로 교섭단위를 구성하는 것이 적합하다고 제시하였다.

그린후트 이후, NLRB는 하나의 사업장에서 임차근로자를 사용하는 경우, 사업장의 일반근로자와 임차근로자를 하나의 교섭단위에 포함시키도록 하였으며, 이 경우 적법성의 판단기준은 (ⅰ) 임차근로자가 NLRA상의 근로자에 해당되는지의 여부 및 공통의 이익이 존재하는지의 여부에 국한되었으며, (ⅱ) 공동사용자의 동의 여부는 필요요건에 포함시키지 아니하였다.[188] 다만, 두 개 이상의 사업장에 각기 다른 사용자와 근로자가 존재하는 경우, 하나의 사용자가 상관없는 다른 사용자 또는 근로자와 연관지워지는 것을 피하기 위하여, 복수사용자 전원의 동의를 필요로 하였다. 이후 "그린후트원칙"은 나아가 법원에 의하여 NLRA 8(b)(4)(A)하에서 하나의 노동조합이 복수의 사용자를 대상으로 하는 노동조합 결성 및 단체교섭(multiemployer collective bargaining)을 강요할 수 없다는 해석을 도출하였다.[189]

1990년의 리병원 사건에서 NLRB는「하나의」사업장에서 임차근로자를 사용하고 있는 경우에도, 단체교섭을 위해서는 사용사업주와 고용사업주 복수 사용자의 동의가 필요하다고 판결하였다.[190] 동 사건은 리병원에 설립되어 있는 노동조합이 임차근로자를 사용하고 있는 병원의 한 부서를 독립된 교섭단위로 구성하기 위하여 이를 신청한 것에 대하여, NLRB는 병원의 사업주와 임대회사 사업주가 공동사용자에 해당하는 경우 양자의 동의가 필요하다고 판결한 것이다. 리병원 사건에서 NLRB는 그린후트 판결을 원용하여 이를 적용하였는 바, 이는 2개 이상의 복수의 사업장을 대상으로 하였던 그린후트 판결의 논거를 1개의 사업장에도 확대 적용한 것이다. 다만, 리병원 사건에서는 해당 부서를 독립된 교섭단위로 설정할 필요가 없어, NLRB는 임차근로자의 교섭단위 설정 신청을 거부하였는 바, 병원이

187) Greenhoot, Inc., 205 NLRB 250(1973), at 251.

188) Sun-Maid Growers of Ca. v. NLRB 618 F.2d 56, 59-60(9th Cir. 1980).

189) Frito-Lay, Inc. v. Local Union No. 137, Int'l Bhd. of Teamsters, 623 F. 2d 1354(9th Cir. 1980). 동 법원은 "Section 8(b)(4)(A) must be construed to prohibit coercive union conduct with the objective of forcing employers to engage in multiemployer bargaining, whether as a formal association or informal group."

190) Lee Hosp., 300 NLRB 947(1990).

공동사용자에 해당하는지에 여부는 판결에 포함되지 아니하였다.

2000년의 엠비스터지스(M.B.Sturgis) 사건은 리병원의 판결을 번복하고, "하나의" 사업장에서 임차근로자를 사용하는 경우, 사용사업주와 고용사업주의 복수의 동의는 필요 없다고 판결하였다.[191)]

엠비스터지스 사건에서 NLRB는 (ⅰ) 리병원 판결이 임차근로자에 대하여 NLRA에서 보장하고 있는 권리를 제한하고 있다고 비판하였으며, 또한 (ⅱ) 그린후트 판결은 복수의 사업장에게만 유효하게 적용되고 하나의 사업장에는 적용되지 아니한다고 전제한 후, 하나의 사업장에서는 복수사용자의 동의가 필요 없다고 판결하였다.

2004년 오오크우드캐어(Oakwood Care) 판결은 엠비스터지스 사건을 재번복하고, 하나의 사업장에서도 임차근로자에 대하여 사용사업주와 고용사업주 양자의 동의가 필요하다고 판결하였다.[192)] 동 사건은 하나의 사업장에서 일반근로자와 임차근로자가 사용사업주의 지휘·명령을 받으며 동일한 근로조건하에서 동일한 유니폼을 입고, 동일한 징계 및 근무평가를 받는 등 양자간의 차별이 없는 상황에서 노동조합이 일반근로자와 임차근로자를 동일한 교섭단위에 포함시키려고 하자, 사용사업주가 이에 반대한 사건이었다. 동 사건에서 NLRB는 그린후트 판결 및 리병원 판결을 상호 일치하는 것으로 판단하고, 하나의 사업장에서 일반근로자와 임차근로자를 동일한 교섭단위에 포함시키기 위해서는 사용사업주 및 고용사업주 양자의 동의가 필요하다고 판결하였다. 동 사건에서, NLRB는 사용사업주의 사업장에서 임차근로자와의 단체교섭을 허용하는 것은 (ⅰ) 사용사업주 및 고용사업주간의 계약관계 및 고용사업주의 단체교섭에 부정적 영향을 줄 수 있고, (ⅱ) 노동조합도 복수의 사용자와 단체교섭을 수행하여야 하는 바 통일된 입장을 견지할 수 없어 비효율적이라는 점을 논거로 하고 있다.

결과적으로 공동사용자의 동의요건은 본래 다수의 사용사업주를 대상으로 하는 단체교섭에 적용되는 것이었으나, 현재는 하나의 사용사업주간의 고용관계에도 적용되고 있다.

---

191) M.B.Sturgis, Inc., 331 NLRB 1298(2000). 동 판결은 Gourmet Award Foods, 336 NLRB 872(2001) 사건에서도 적용되었다.

192) H.S.Care L.L.C(Oakwood Care Ctr.), 343 NLRB No. 76, (Nov. 19, 2004).

예컨대, 사용사업주의 사업장에서 임차근로자가 노동조합을 설립하고 이의 교섭단위 해당 여부를 NLRB에 신청하였으나(unit clarification petition), NLRB는 "공동사용자의 지위" 및 "공통이익의 요건"을 충족시켰음에도 불구하고 "사용사업주 및 고용사업주의 동의"가 없다는 이유로 동 신청을 기각하였다.[193)]

사용사업주가 공동사용자가 되는 경우 노동조합의 단체교섭에 동의할 수 있는 권리가 부여되므로 이는 노동조합의 단체교섭 여부에 거의 절대적인 영향을 미칠 수 있다.

---

193) Jeffboat Division, No. 9-UC-406(NLRB Region 9 No v. 8, 1995); H. S. Care L.L.C., 343 NLRB No. 76(2004).

제4장 시사점

미국은 부당노동행위구제제도가 최초로 도입된 국가이며, 우리나라의 경우 미국의 부당노동행위구제제도를 계수하고 있다. 현행 양국 간의 입법체계가 상이하고, 서로 다른 방향으로 발전해 왔다는 사실은 부인할 수 없으나, 미국에서의 부당노동행위구제제도의 해석 및 운용방법은 동일한 자본주의하에서 시장경제체제를 채택하고 있는 우리나라에서도 그 시사하는 바를 연구하여 볼 필요가 있다고 할 것이다. 상기 관점에서 우리나라에서의 노사관계에 비추어 참고할 만한 미국의 부당노동행위구제제도는 다음과 같다.

Ⅰ. 사용자 및 노동조합의 부당노동행위 인정

우리나라에서는 사용자의 부당노동행위만을 규정하고 있고 노동조합의 부당노동행위는 인정되고 있지 아니하다. 그 이유로서 다수 학설은 우리나라의 부당노동행위구제제도는 헌법상 근로삼권의 내용을 구체화한 것이므로 노동조합의 부당노동행위라는 개념은 존재할 여지가 없다고 한다.[194)]

그러나 이런 견해는 의문점이 제기될 수 있다. 근로삼권은 헌법상 기본권 중 하나이나 절대적 기본권이 아니므로 다른 기본권을 침해하여서는 아니 되고, 또한 이를 남용하여서는 안 된다는 외재적 제한 및 내재적 한계를 갖는다.[195)] 따라서 근로삼권은 사용자의 헌법상 기본권인 경영권과 조화 · 균형되게 행사되어야 하며, 또한 다른 노동조합 · 근로자의 근로삼권을 침해 · 제한하여서는 아니 된다. 이러

194) 김치선, 『노동법』, p. 372; 김형배, 『노동법』, 박영사, 2009, p. 916.

195) 권영성, 『헌법학원론』, 법문사, 2010, 700면; 김철수, 『헌법학신론』, 박영사, 2010, 958면; 허영, 『한국헌법론』, 박영사, 2010, 534면.

한 관점에서 노동조합의 사용자에 대한 부당노동행위를 규정한 1949년의 「태프트-하틀리법」 및 노동조합의 다른 노동조합, 근로자의 근로삼권 침해를 부당노동행위로 규정하고 있는 1959년의 「노사관계 보고 · 공개법」은 심도 있게 고찰하여 볼 필요가 있다고 할 것이다.

노동조합의 부당노동행위 개념을 우리나라에 도입할 경우, 노동조합의 일부 정당하지 못한 파업 등에 대하여 노동위원회에 의한 원상회복주의가 도입됨으로써, 파업 등을 신속하게 중단시킬 수 있어 개별기업의 경영 및 국가 경제에 미치는 부정적 영향을 최소화 시킬 수 있다. 또한, 조합민주주의 원칙을 정립하여 현재 새로이 대두되고 있는 노노갈등을 합리적이고 신속하게 해결할 수 있을 것으로 본다.

Ⅱ. 노동조합이 조직된 사업자와의 거래중단

미국에서는 사용사업주가 고용사업주와 임차근로자를 공급하여 주는 계약을 체결할 때에 고용사업주를 자신이 임의로 선정할 수 있는 권리가 보장되어 있다. 따라서 고용사업주의 사업장에 노동조합이 설립되어 있거나, 임차근로자가 초기업노조에 가입되어 있는 것을 이유로 고용사업주와의 근로자임차계약을 체결하지 않거나, 이미 체결한 계약을 종료하여도 부당노동행위에 해당되지 아니한다. 또한, 사용사업주는 체결된 계약의 기간이 만료되는 경우 계약의 갱신 여부도 자유로이 결정할 수 있다. 이는 자본주의 국가에서 사법(私法)상의 계약의 자유를 존중하고 있는 것으로 보인다. 우리나라의 경우에도 사용사업주와 고용사업주간에 임차근로자 공급을 처음 체결할 때에는 사용사업주에게 노동조합이 조직된 또는 조직되지 아니한 고용사업주 중 아무나 자유로이 선택하여 계약을 체결할 수 있는 자유가 보장되어 있는 것으로 보인다. 그러나 계약이 체결된 이후 사용사업주의 사업장에서 근로를 제공하고 있는 근로자가 노동조합의 조직 · 가입 및 운영에 참여하고자 하는 경우 계약기간이 종료되기 전에 사용사업주가 이를 이유로 계약을 파기할 수 있는지의 여부에 관하여는 의문이 제기될 수 있다. 사용사업주가 직접 또는 고용사업주에게 압력을 가하여 임차근로자의 노동조합 조직 · 가입 및 운영을 제한하거나, 해고 등의 차별대우를 하지 않는 한, 이는 허용되어야 할 것으로 판단된다. 즉, 사용사업주가 노동조합에 조직, 가입·운영에 참여하고 있는 임차근로자를 다른 비조합근로자와 교체하여 줄 것을 고용사업주에게 요구하는 것은 근로자에 대한 차별대우로서 부당노동행위에 해당될 가능성이 있으나, 고용사업주와의 계약 자체를 파기하는 것은 부당노동행위에 해당되지 않는 것으로 보아야 할 것이다.

Ⅲ. 산별노조에 의한 산별교섭의 강요

미국에서는 2개 이상의 사업장에 있는 복수의 사용자에게 사용자단체를 구성하거나, 동시에 회합하여 하나의 통일된 단체교섭을 하도록 이를 요구하는 것은 부당노동행위로서 금지하고 있다. 또한 다수의 사용자가 존재하는 초기업적 교섭의 경우, 사용자 전원의 동의가 있는 경우에만 단체교섭이 허용된다. 우리나라에서도 산별교섭이 증가하고 있는 추세에 있으나, 사용자단체의 조직을 강제하고 있는 입법례나 판례는 아직 발견되고 있지 아니하다. 이러한 관점에서 볼 때에 미국과 우리나라의 경우 산별교섭은 강제되고 있지 않다는 점에서 공통점을 보이고 있다.

Ⅳ. 공동사용자에 대한 단체교섭 요구

미국에서는 사용사업주의 사업장에서 임차근로자가 노동조합을 조직하거나, 이에 가입하여 일반근로자와 동일한 교섭단위에 포함되고자 하는 경우, 사용사업주 및 고용근로자 양자의 동의를 필요로 하고 있다.

우리나라에서도 2011년 7월부터 복수노조가 허용되고, 교섭단위의 설정이 필요하게 될 것으로 보이는 바, 이 경우 과연 임차근로자 또는 파견근로자도 사용사업주의 사업장에서 노동조합을 조직하거나, 이에 가입할 수 있는지의 여부가 문제시 될 수 있다.

「파견근로자보호등에관한법률」 제22조제1항은 "사용사업주는 파견근로자의 정당한 노동조합의 활동 등을 이유로 근로자파견계약을 해지하여서는 아니 된다"라고 규정하고 있다. 따라서 파견근로자도 정당한 노동조합활동을 할 수 있음은 물론이다. 그러나 이 경우 (ⅰ) 파견근로자의 조합활동이 파견사업주의 사업장 및 사용사업주의 사업장 중 어디에서 조합활동을 행할 수 있는 것인지 및 (ⅱ) 금지되고 있는 근로자파견계약 해지의 범위가 조합활동을 하고 있는 근로자 개인의 계약에 국한되는 것인지 아니면 근로자파견계약 전부를 종료할 수 있는 것인지에 대하여 의문이 제기될 수 있다.

하청업체로부터의 임차근로자의 경우에는 파견근로자와 달리 적용될 명문의 법령도 존재하지 아니한 채, 노사관행상 실제로 활용되고 있을 뿐이다. 이에 대하여는 조속히 관련 법령을 개정하여 명문의 규정을 마련하여야 할 것으로 보인다.

미국에서는 임차근로자, 파견근로자, 하청업체근로자 및 도급근로자 등의 다양한 간접고용의 형태가 활용되고 있다. 우리나라에서도 이와 마찬가지로 유사한 형태의 간접고용이 대두되고 있으며, 파견근로의 경우 이미 법제화되어 공식적으로 활용되고 있음은 주지의 사실이다.

간접고용이 직접고용과 구별되는 가장 커다란 차이점은 제도의 특성상 하나의 근로자에 대하여 고용사업주 및 사용사업주의 복수의 사용자가 존재한다는 점이다.

고용사업주의 사업체가 사실상 사용사업주에 의하여 설립되거나, 지휘 · 명령을 받고, 인사 · 경영상의 통제를 받는 등 형식적 · 명목적 존재에 불과하다면, 이는 복수의 사용자가 아니라 하나의 사용자로 보아야 할 것이다. 우리나라의 대법원 판례도 고용사업주가 "사업주로서의 독자성이 없거나 독립성을 결하여 제3자의 노무대행기관과 동일시 할 수 있는 등 그 존재가 형식적 · 명목적인 것에 지나지 아니하고 … 당해 피고용인과 제3자간에 묵시적 근로관계가 성립되어 있다 …"라고 제시하고 있다.[196)]

우리나라에서의 기존 학설 및 판례는 사용사업주가 공동근로자 근로조건의 일부 결정권을 갖고 있다는 사실 즉, 어느 정도의 사용종속관계가 양자 사이에 존재한다는 사실을 근거로 「사용사업주와 공동근로자」간의 노사관계에 논의의 초점이 모아져 왔다. 그러나 기존의 논의는 간접고용이 하나의 공동근로자에 대하여 본래의 고용사업주 이외에 사용종속관계를 갖고 있는 또 다른 하나의 사용자가 추가되

196) 대판 2010. 7. 22, 2008두4368.

어 공동의 사용자가 존재한다는 것을 간과하고 있는 것이다. 따라서 향후의 논의는 「사용사업주와 공동근로자」간에서 「공동사용자와 공동근로자」간의 논의로 그 초점이 변경 · 확대되어야 할 것으로 본다.

공동사용자가 존재하는 간접고용의 경우 그 제도에 내재하고 있는 본질적 속성으로서, 직접고용과 달리 사용자와 근로자간의 「노사관계」뿐 아니라 고용사업주와 사용사업주간의 「사업관계」도 함께 포함되어 고찰되어야 한다. 기존의 논의는 간접고용의 경우에도 「노사관계」에만 국한되어, 간접고용의 본질적 내용인 「사업관계」를 간과하고 있다고 할 것이다. 또한, 간접고용관계는 공동근로자의 근로조건이 사용사업주와 공동근로자간에 「직접적」인 단체교섭 · 근로계약의 체결로 결정되는 것이 아니라, 고용사업주를 통하여 「간접적」으로 결정된다는 특징을 갖고 있다.

1. 사업자간의 사업관계

모든 사업자는 계약자유의 원칙에 따라 자유로이 계약을 체결할 수 있는 권한을 갖는다. 이는 사유재산권 존중의 원칙 및 과실책임의 원칙과 함께 시민법상 3대 원칙이다.[197] 또한, 현행 헌법은 사유재산제도의 보장, 직업선택의 자유 및 시장경제질서 등의 보장을 통하여 사용자의 경영권을 헌법상의 기본권으로 인정하고 있다.[198] 사용자는 시민법상의 계약자유의 원칙하에서 자신이 제시하는 조건과 부합하는 거래의 상대방을 선택하는 헌법상 경영권을 행사할 수 있다. 즉, 사용자는 원하는 거래상대방과 계약을 체결하거나, 이를 갱신할 수 있고, 원하지 않는 거래상대방과 계약을 체결하지 않거나 이를 종료할 수 있는 자유를 갖고 있다.

고용사업주 및 사용사업주간의 공동근로자 사용에 대한 계약체결도 마찬가지로 계약체결 자유의 관점에서 접근되어야 한다. 동 계약의 체결시 사용사업주의 고려대상은 공동근로자의 개별적 근로관계인 근로조건과 집단적 노사관계인 노동조합 활동이 될 것이다. 사용사업주 및 고용사업주는 공동근로자의 근로조건, 사용비용 및 근무환경 등에 대하여 자유로이 독립된 지위에서 상호교섭하고 합의에 도달하는 경우 근로자사용계약을 체결하게 된다. 이 경우 고용사업주의 힘이 미약

197) 곽윤직, 『민법총칙』, 박영사, 2010, 25면; 김상용, 『민법총칙』, 화산미디어, 2009, 76면; 백태승, 『민법총칙』, 법문사, 2009, 42면.
198) 대판 2003. 7. 22, 2002도7225.

하여 사실상 사용사업주가 보다 강한 결정권한을 갖고 있다는 등 당사자간 교섭력의 불균형은 고용사업주가 사용사업주에 의하여 조직 · 운영되는 등 형식적 · 명목적인 존재가 아닌 한 문제시 되지 아니한다. 왜냐하면, 사용자간의 거래관계에 있어 교섭력의 문제는 노동법의 보호대상이 아니기 때문이다.

사용사업주는 고용사업주 중에서 사업장에 노동조합이 설립되어 있는 것과 설립되어 있지 아니한 것 중 어느 하나를 선택하여 계약을 체결할 수 있는 자유를 갖고 있다. 또한 근로자사용계약 체결 시에는 노동조합이 설립되어 있지 아니하였으나, 계약체결 후에 노동조합이 설립된 경우 계약의 갱신을 거부할 수 있다. 미국의 경우 고용사업주의 사업장에 노동조합이 설립되어 있는 것을 이유로 근로자사용계약을 체결하지 않을 수 있으며, 이미 체결된 계약을 종료하거나, 갱신을 거부할 수 있음은 이미 살펴본 바와 같다.

고용사업주와 사용사업주간, 즉, 양 사업주간의 관계를 벗어난 사업주와 근로자간의 관계는 노동법의 보호대상이 된다. 즉, 사용사업주 또는 고용사업주가 공동근로자의 노동조합 조직 · 활동을 이유로 이에 지배 · 개입하거나, 차별 · 불이익을 주는 경우 이는 부당노동행위에 해당될 것이다.

우리나라 대법원 판례도 "원청회사가 사내하청업체 소속 근로자들의 기본적인 노동조건 등에 관하여 … 실질적 · 구체적으로 지배 · 결정할 수 있는 지위에 있고 … 사내하청업체 노동조합의 활동을 위축시키거나 침해하는 지배 · 개입행위를 하였다면, 원청회사는 부당노동행위 구제명령의 대상인 사용자에 해당한다"고 판결하고 있다.[199]

미국의 경우에도 사용사업주가 임차근로자의 노동조합 조직 · 활동을 이유로 차별하거나, 고용사업주로 하여금 해고 등의 불이익을 주도록 강요하는 것은 부당노동행위에 해당됨은 이미 살펴본 바와 같다.

2. 근로조건의 간접결정

간접고용의 가장 커다란 특징 중의 하나는 공동근로자의 근로조건이 사용사업주와의 「직접적인」 단체협약 또는 근로계약의 체결로 결정되는 것이 아니라, 고용

199) 대판 2010. 3. 25, 2007두8881.

사업주를 매개로 하여 즉, 사용사업주와 고용사업주간의 계약을 통하여 「간접적」으로 결정된다는 것이다.

고용사업주는 (ⅰ) 자신의 사업장에서 근로자와의 단체교섭 또는 근로계약의 체결을 통하여 근로조건을 사전에 정립하고, 동 조건을 교섭 · 수락하는 사용사업주와의 계약을 체결하거나, (ⅱ) 먼저 사용사업주와 공동근로자의 근로조건 등에 관하여 계약을 체결한 후, 동 계약내용을 수락하는 근로자를 공동근로자로서 사용사업장에 보내게 되는 바, 실제로는 (ⅰ)과 (ⅱ)의 절충이 일반적인 방안이 될 것이다. 즉, 고용사업주는 자신의 사업장에서 공동근로자와 근로계약 또는 단체교섭을 통하여 근로조건에 관한 커다란 틀을 결정한 후, 동 틀 안에서 사용사업주와 구체적인 근로조건을 교섭하고 근로자사용계약을 체결하고, 동 계약조건을 수락하는 근로자를 공동근로자로서 사용사업주의 사업장에 보내게 될 것이다.

간접고용하에서 근로조건의 간접결정이라는 특색은 다음의 두 가지 의미를 갖고 있다. 우리나라의 노사관계에 비추어 볼 때 근로조건의 간접결정이라는 특색이 바람직하지 않다고 판단되는 경우, 이를 명문의 법률규정으로 불법화하는 것이 필요하며, 그러하지 아니하여 합법적으로 인정되는 경우 동 제도적 특색을 부인하여서는 아니 된다.

첫째, 근로조건의 간접결정 구조는 간접고용제도의 필요적 · 본질적 내용이며, 간접결정 구조가 인정되지 않는 경우 간접고용제도는 성립되지도 않고, 존재할 필요도 없게 된다. 공동근로자의 근로조건이 전부 사용사업주와의 단체교섭 등을 통하여 직접 결정된다면, 고용사업주는 사실상 사용자가 아니라 직업소개소에 불과할 것이며, 공동사용자의 개념은 상실하게 된다.

둘째, 근로자사용계약은 사용사업주 및 고용사업주 각각의 사업장에서 경영적 판단하에 상호 체결되는 것이므로, 동 계약의 일방 당사자인 사용사업주가 타방 고용사업주를 도외시하고, 제3자인 공동근로자와 직접 근로조건을 결정하는 것은 상대방의 경영권을 침해하고 계약 당사자의 지위도 부정하는 결과를 초래할 수 있다. 또한, 고용사업주의 사업장에서 고용사업주는 자신의 근로자들의 근로조건을 상호 조정하고, 형평성을 도모하여야 하는바, 사용사업주와 공동근로자간의 단체교섭은 고용사업주의 자주적인 노무관리에 관한 경영권을 침해할 우려가 있다.

상기 관점에서 볼 때에 사용사업주가 공동근로자가 설립 · 가입한 노동조합과 단체교섭을 통하여 근로조건을 직접 결정하는 것은 간접고용이라는 제도 자체를 부정하고, 계약의 상대방인 고용사업주의 경영권을 침해하는 결과를 초래할 수 있다. 미국에서도 사용사업주의 사업장에서 임차근로자의 단체교섭이 허용되기 위하여는 사용사업주 및 고용사업주 양자의 동의를 필요로 하는 것도 그 근간에는 간접고용이라는 제도의 인정 및 당사자간의 상호 경영권 존중이라는 판단이 고려되어 있는 것으로 보인다.

공동근로자는 고용사업주와의 단체교섭을 통하여, 자신이 적용받게 되는 근로조건을 결정하게 되고, 고용사업주는 이를 바탕으로 사용사업주와의 계약체결을 위한 교섭을 수행하게 된다. 사용사업주는 자신의 사업장 안에서 공동근로자의 근로조건을 결정함에 있어 독자적으로 또는 단체교섭 등을 통하여 이를 직접 결정하여서는 아니 되며, 고용사업주의 계약을 통하여 간접결정하는 것이 원칙이다. 근로조건의 간접결정이라는 특색은 결과적으로 공동근로자의 사용사업주에 대한 직접적인 단체교섭 요구에 대한 제도적인 제한을 의미한다. 따라서 사용사업주가 공동근로자의 노동조합의 조직 · 활동에 대하여 이를 방해 · 지배 · 개입하거나, 해고 등 차별대우하는 것은 부당노동행위에 해당되겠지만, 단체교섭을 거부하는 것은 간접고용의 특성상 이를 부당노동행위로 파악하여서는 아니 될 것이다. 즉, 공동근로자의 근로조건은 사용사업주와 고용사업주간의 계약으로 결정하는 것을 원칙으로 하되, 예외적으로 양 사용주의 동의가 있는 경우에 한하여 사용사업주와 공동근로자간의 단체교섭이 허용되어야 할 것이다.

한편, 고용사업주가 단체교섭에 동의하지 않는 경우, 사용사업주는 고용사업주와의 계약내용에 위배되지 않는 범위 안에서 공동근로자와 단체교섭을 하되, 이를 임의적 단체교섭에 국한하여, 단체교섭 여부 및 단체협약체결 여부를 사용사업주의 자유재량에 맡기는 방안도 고려되어야 할 것이다. 또한, 공동근로자가 사용사업주의 사업장에서의 근로조건에 대하여 불만을 갖고 있는 경우에는 가능한 한 실효성 있는 「고충처리제도」를 갖추고, 이를 통하여 해결할 수 있어야 할 것이다.

자본주의 및 시장경제제도를 채택하고 있는 우리나라 헌법 하에서는 다양한 종류의 사업형태 및 고용형태가 허용되어야 할 것이다. 또한 근로자의 근로삼권 역시 헌법상의 기본권이므로 사용자가 사업형태 · 고용형태를 자유로이 선택할 수 있는 권리와, 근로자의 근로삼권은 상호 조화 · 균형되어야 한다. 이러한 관점에서 간접고용이라는 고용형태가 불법이 아니라 합법적으로 허용되는 것이라면, 근로자의 근로삼권과 조화 · 균형되게 보장되어야 한다. 간접고용의 본질적 내용인 사용자간의 「사업관계」와 근로조건의 「간접적」 결정이라는 특색은 부인되어서는 아니 되며, 이는 존중되어야 할 것이다. 미국의 경우 임차근로자는 고용사업주 및 사업장에서 근로삼권을 자유로이 행사할 수 있되, 다만 사용사업주의 사업장에서 단체교섭 시 복수사용자의 동의를 필요조건으로 부과함으로써, 간접고용이라는 제도의 본질적 내용을 훼손하지 않음과 동시에 근로삼권의 보장이라는 균형적 태도를 보여주고 있는 것이다. 우리나라에서는 기존의 학설 및 판례에서의 논의가 사용사업주 및 공동근로자의 노사관계에만 편향되게 논의되어 왔기 때문에, 간접고용하에서는 사용사업주 및 고용사업주의 복수의 사용자가 존재하며 이로 인하여 새로운 법적 논리가 재구성될 수 있다는 측면을 간과하고 있다. 향후 이에 관하여 심도 있는 논의가 필요하다고 본다.

≪현행 부당노동행위제도 법규정≫

Sec. 7. [§ 157.] Employees shall have the right to self-organization, to form, join, or assist labor organizations, to bargain collectively through representatives of their own choosing, and to engage in other concerted activities for the purpose of collective bargaining or other mutual aid or protection, and shall also have the right to refrain from any or all such activities except to the extent that such right may be affected by an agreement requiring membership in a labor organization as a condition of employment as authorized in section 8(a)(3) [section 158(a)(3) of this title].

UNFAIR LABOR PRACTICES

Sec. 8. [§ 158.] (a) [Unfair labor practices by employer] It shall be an unfair labor practice for an employer--

(1) to interfere with, restrain, or coerce employees in the exercise of the rights guaranteed in section 7 [section 157 of this title];

(2) to dominate or interfere with the formation or administration of any labor organization or contribute financial or other support to it: Provided, That subject to rules and regulations made and published by the Board pursuant to section 6 [section 156 of this title], an employer shall not be prohibited from permitting employees to confer with him during working hours without loss of time or pay;

(3) by discrimination in regard to hire or tenure of employment or any term or condition of employment to encourage or discourage membership in any labor organization: Provided, That nothing in this Act [subchapter], or in any other statute of the United States, shall preclude an employer from

making an agreement with a labor organization (not established, maintained, or assisted by any action defined in section 8(a) of this Act [in this subsection] as an unfair labor practice) to require as a condition of employment membership therein on or after the thirtieth day following the beginning of such employment or the effective date of such agreement, whichever is the later, (i) if such labor organization is the representative of the employees as provided in section 9(a) [section 159(a) of this title], in the appropriate collective-bargaining unit covered by such agreement when made, and (ii) unless following an election held as provided in section 9(e) [section 159(e) of this title] within one year preceding the effective date of such agreement, the Board shall have certified that at least a majority of the employees eligible to vote in such election have voted to rescind the authority of such labor organization to make such an agreement: Provided further, That no employer shall justify any discrimination against an employee for non-membership in a labor organization (A) if he has reasonable grounds for believing that such membership was not available to the employee on the same terms and conditions generally applicable to other members, or (B) if he has reasonable grounds for believing that membership was denied or terminated for reasons other than the failure of the employee to tender the periodic dues and the initiation fees uniformly required as a condition of acquiring or retaining membership;

(4) to discharge or otherwise discriminate against an employee because he has filed charges or given testimony under this Act [subchapter];

(5) to refuse to bargain collectively with the representatives of his employees, subject to the provisions of section 9(a) [section 159(a) of this title].

(b) [Unfair labor practices by labor organization] It shall be an unfair labor practice for a labor organization or its agents--

(1) to restrain or coerce (A) employees in the exercise of the rights guaranteed in section 7 [section 157 of this title]: Provided, That this

paragraph shall not impair the right of a labor organization to prescribe its own rules with respect to the acquisition or retention of membership therein; or (B) an employer in the selection of his representatives for the purposes of collective bargaining or the adjustment of grievances;

(2) to cause or attempt to cause an employer to discriminate against an employee in violation of subsection (a)(3) [of subsection (a)(3) of this section] or to discriminate against an employee with respect to whom membership in such organization has been denied or terminated on some ground other than his failure to tender the periodic dues and the initiation fees uniformly required as a condition of acquiring or retaining membership;

(3) to refuse to bargain collectively with an employer, provided it is the representative of his employees subject to the provisions of section 9(a) [section 159(a) of this title];

(4)(i) to engage in, or to induce or encourage any individual employed by any person engaged in commerce or in an industry affecting commerce to engage in, a strike or a refusal in the course of his employment to use, manufacture, process, transport, or otherwise handle or work on any goods, articles, materials, or commodities or to perform any services; or (ii) to threaten, coerce, or restrain any person engaged in commerce or in an industry affecting commerce, where in either case an object there of is- -

(A) forcing or requiring any employer or self-employed person to join any labor or employer organization or to enter into any agreement which is prohibited by section 8(e) [subsection (e) of this section];

(B) forcing or requiring any person to cease using, selling, handling, transporting, or otherwise dealing in the products of any other producer, processor, or manufacturer, or to cease doing business with any other person, or forcing or requiring any other employer to recognize or bargain with a labor organization as the representative of his employees unless such labor organization has been certified as the representative of such employees under the provisions of section 9 [section 159 of this title]: Provided, That nothing contained in this clause (B) shall be construed to make unlawful, where not otherwise unlawful, any primary strike or primary picketing;

(C) forcing or requiring any employer to recognize or bargain with a particular labor organization as the representative of his employees if another labor organization has been certified as the representative of such employees under the provisions of section 9 [section 159 of this title];

(D) forcing or requiring any employer to assign particular work to employees in a particular labor organization or in a particular trade, craft, or class rather than to employees in another labor organization or in another trade, craft, or class, unless such employer is failing to conform to an order or certification of the Board determining the bargaining representative for employees performing such work:

Provided, That nothing contained in this subsection (b) [this subsection] shall be construed to make unlawful a refusal by any person to enter upon the premises of any employer (other than his own employer), if the employees of such employer are engaged in a strike ratified or approved by a representative of such employees whom such employer is required to recognize under this Act [subchapter]: Provided further, That for the purposes of this paragraph (4) only, nothing contained in such paragraph shall be construed to prohibit publicity, other than picketing, for the purpose of truthfully advising the public, including consumers and members of a labor organization, that a product or products are produced by an employer with whom the labor organization has a primary dispute and are distributed by another employer, as long as such publicity does not have an effect of inducing any individual employed by any person other than the primary employer in the course of his employment to refuse to pick up, deliver, or transport any goods, or not to perform any services, at the establishment of the employer engaged in such distribution;

(5) to require of employees covered by an agreement authorized under

subsection (a)(3) [of this section] the payment, as a condition precedent to becoming a member of such organization, of a fee in an amount which the Board finds excessive or discriminatory under all the circumstances. In making such a finding, the Board shall consider, among other relevant factors, the practices and customs of labor organizations in the particular industry, and the wages currently paid to the employees affected;

(6) to cause or attempt to cause an employer to pay or deliver or agree to pay or deliver any money or other thing of value, in the nature of an exaction, for services which are not performed or not to be performed; and

(7) to picket or cause to be picketed, or threaten to picket or cause to be picketed, any employer where an object thereof is forcing or requiring an employer to recognize or bargain with a labor organization as the representative of his employees, or forcing or requiring the employees of an employer to accept or select such labor organization as their collective-bargaining representative, unless such labor organization is currently certified as the representative of such employees:

(A) where the employer has lawfully recognized in accordance with this Act [subchapter] any other labor organization and a question concerning representation may not appropriately be raised under section 9(c) of this Act [section 159(c) of this title],

(B) where within the preceding twelve months a valid election under section 9(c) of this Act [section 159(c) of this title] has been conducted, or

(C) where such picketing has been conducted without a petition under section 9(c) [section 159(c) of this title] being filed within a reasonable period of time not to exceed thirty days from the commencement of such picketing: Provided, That when such a petition has been filed the Board shall forthwith, without regard to the provisions of section 9(c)(1) [section 159(c)(1) of this title] or the absence of a showing of a substantial interest on the part of the labor organization, direct an election in such unit as the Board finds to be appropriate and shall certify the results thereof: Provided further, That nothing in this subparagraph (C) shall be construed to prohibit any picketing or other publicity for the purpose of truthfully advising the public (including consumers) that an employer does not employ members of, or have a contract with, a labor organization, unless an effect of such picketing is to induce any individual employed by any other person in the course of his employment, not to pick up, deliver or transport any goods or not to perform any services.

Nothing in this paragraph (7) shall be construed to permit any act which would otherwise be an unfair labor practice under this section 8(b) [this subsection].

(c) [Expression of views without threat of reprisal or force or promise of benefit] The expressing of any views, argument, or opinion, or the dissemination thereof, whether in written, printed, graphic, or visual form, shall not constitute or be evidence of an unfair labor practice under any of the provisions of this Act [subchapter], if such expression contains no threat of reprisal or force or promise of benefit.

(d) [Obligation to bargain collectively] For the purposes of this section, to bargain collectively is the performance of the mutual obligation of the employer and the representative of the employees to meet at reasonable times and confer in good faith with respect to wages, hours, and other terms and conditions of employment, or the negotiation of an agreement or any question arising thereunder, and the execution of a written contract incorporating any agreement reached if requested by either party, but such obligation does not compel either party to agree to a proposal or require the making of a concession: Provided, That where there is in effect a collective-bargaining contract covering employees in an industry affecting commerce, the duty to bargain collectively shall also mean that no party to such contract shall terminate or modify such contract, unless the party desiring such termination or modification--

(1) serves a written notice upon the other party to the contract of the proposed termination or modification sixty days prior to the expiration date thereof, or in the event such contract contains no expiration date, sixty days prior to the time it is proposed to make such termination or modification;

(2) offers to meet and confer with the other party for the purpose of negotiating a new contract or a contract containing the proposed modifications;

(3) notifies the Federal Mediation and Conciliation Service within thirty days after such notice of the existence of a dispute, and simultaneously therewith notifies any State or Territorial agency established to mediate and conciliate disputes within the State or Territory where the dispute occurred, provided no agreement has been reached by that time; and

(4) continues in full force and effect, without resorting to strike or lockout, all the terms and conditions of the existing contract for a period of sixty days after such notice is given or until the expiration date of such contract, whichever occurs later:

The duties imposed upon employers, employees, and labor organizations by paragraphs (2), (3), and (4) [paragraphs (2) to (4) of this subsection] shall become inapplicable upon an intervening certification of the Board, under which the labor

organization or individual, which is a party to the contract, has been superseded as or ceased to be the representative of the employees subject to the provisions of section 9(a) [section 159(a) of this title], and the duties so imposed shall not be construed as requiring either party to discuss or agree to any modification of the terms and conditions contained in a contract for a fixed period, if such modification is to become effective before such terms and conditions can be reopened under the provisions of the contract. Any employee who engages in a strike within any notice period specified in this subsection, or who engages in any strike within the appropriate period specified in subsection (g) of this section, shall lose his status as an employee of the employer engaged in the particular labor dispute, for the purposes of sections 8, 9, and 10 of this Act [sections 158, 159, and 160 of this title], but such loss of status for such employee shall terminate if and when he is re-employed by such employer. Whenever the collective bargaining involves employees of a health care institution, the provisions of this section 8(d) [this subsection] shall be modified as follows:

(A) The notice of section 8(d)(1) [paragraph (1) of this subsection] shall be ninety days; the notice of section 8(d)(3) [paragraph (3) of this subsection] shall be sixty days; and the contract period of section 8(d)(4) [paragraph (4) of this subsection] shall be ninety days.

(B) Where the bargaining is for an initial agreement following certification or recognition, at least thirty days' notice of the existence of a dispute shall be given by the labor organization to the agencies set forth in section 8(d)(3) [in paragraph (3) of this subsection].

(C) After notice is given to the Federal Mediation and Conciliation Service under either clause (A) or (B) of this sentence, the Service shall promptly communicate with the parties and use its best efforts, by mediation and conciliation, to bring them to agreement. The parties shall participate fully and promptly in such meetings as may be undertaken by the Service for the purpose of aiding in a settlement of the dispute.

[Pub. L. 93-360, July 26, 1974, 88 Stat. 395, amended the last sentence of Sec. 8(d) by striking the words "the sixty-day" and inserting the words "any notice" and by inserting before the words "shall lose" the phrase, or "who engages in any strike within the appropriate period specified in subsection (g) of this section." It also amended the end of paragraph Sec. 8(d) by adding a new sentence "Whenever the collective bargaining . . . aiding in a settlement of the dispute."]

(e) [Enforceability of contract or agreement to boycott any other employer; exception] It shall be an unfair labor practice for any labor organization and any employer to enter into any contract or agreement, express or implied, whereby such employer ceases or refrains or agrees to cease or refrain from handling, using, selling, transporting or otherwise dealing in any of the products of any other employer, or cease doing business with any other person, and any contract or agreement entered into heretofore or hereafter containing such an agreement shall be to such extent unenforceable and void: Provided, That nothing in this subsection (e) [this subsection] shall apply to an agreement between a labor organization and an employer in the construction industry relating to the contracting or subcontracting of work to be done at the site of the construction, alteration, painting, or repair of a building, structure, or other work: Provided further, That for the purposes of this subsection (e) and section 8(b)(4)(B) [this subsection and subsection (b)(4)(B) of this section] the terms "any employer," "any person engaged in commerce or an industry affecting commerce," and "any person" when used in relation to the terms "any other producer, processor, or manufacturer," "any other employer," or "any other person" shall not include persons in the relation of a jobber, manufacturer, contractor, or subcontractor working on the goods or premises of the jobber or manufacturer or performing parts of an integrated process of production in the apparel and clothing industry: Provided further, That nothing in this Act [subchapter] shall prohibit the enforcement of any agreement which is within the foregoing exception.

(f) [Agreements covering employees in the building and construction industry] It shall not be an unfair labor practice under subsections (a) and (b) of this section for an employer engaged primarily in the building and construction industry to make an agreement covering employees engaged (or who, upon their employment, will be engaged) in the building and construction industry with a labor organization of which building and construction employees are members (not established, maintained, or assisted by any action defined in section 8(a) of this Act [subsection (a) of this section] as an unfair labor practice) because (1) the majority status of such labor organization has not been established under the provisions of section 9 of this Act [section 159 of this title] prior to the making of such agreement, or

(2) such agreement requires as a condition of employment, membership in such labor organization after the seventh day following the beginning of such employment or the effective date of the agreement, whichever is later, or (3) such agreement requires the employer to notify such labor organization of opportunities for employment with such employer, or gives such labor organization an opportunity to refer qualified applicants for such employment, or (4) such agreement specifies minimum training or experience qualifications for employment or provides for priority in opportunities for employment based upon length of service with such employer, in the industry or in the particular geographical area: Provided, That nothing in this subsection shall set aside the final proviso to section 8(a)(3) of this Act [subsection (a)(3) of this section]: Provided further, That any agreement which would be invalid, but for clause (1) of this subsection, shall not be a bar to a petition filed pursuant to section 9(c) or 9(e) [section 159(c) or 159(e) of this title].

(g) [Notification of intention to strike or picket at any health care institution] A labor organization before engaging in any strike, picketing, or other concerted refusal to work at any health care institution shall, not less than ten days prior to such action, notify the institution in writing and the Federal Mediation and Conciliation Service of that intention, except that in the case of bargaining for an initial agreement following certification or recognition the notice required by this subsection shall not be given until the expiration of the period specified in clause (B) of the last sentence of section 8(d) of this Act [subsection (d) of this section]. The notice shall state the date and time that such action will commence. The notice, once given, may be extended by the written agreement of both parties.

제 3 편

일본의 부당노동행위제도

제1장 부당노동행위제도

Ⅰ. 부당노동행위제도의 연혁

일본의 「노동조합법」(이하, '노조법'이라 함)은 '부당노동행위'라고 일컬어지는 노동조합과 근로자에 대한 사용자의 일정한 행위를 금지한 후(제7조), 이 금지 위반에 대해 노동위원회에 의한 특별한 구제절차 정하고 있다(제27조 이하). 노조법이 제정한 이 금지규범과 그 위반에 대한 구제절차를 합친 것이 '부당노동행위 구제제도'이다.

부당노동행위 구제제도에 대한 연혁에 대해 살펴보면, 1945년 12월에 제정된 구 노조법은 '불이익 취급의 금지'라고 하여, 사용자가 근로자에 대해 노동조합의 조합원이라는 점을 이유로 하여 해고 또는 그 밖의 불이익 취급을 하는 것 및 노동조합에 가입하지 않는 것 또는 그것을 탈퇴하는 것을 고용조건으로 하는 '황견(黃犬)계약'을 금지하고(제11조), 그러한 금지에 위반한 자는 6개월 이하의 금고 또는 500엔 이하의 벌금에 처하며, 단 그 죄는 노동위원회의 청구에 의하여 논한다고 규정했다(제33조).

이 제도는 현재 '과벌(科罰)주의'의 부당노동행위 구제제도라고도 약칭하는데, 그 계보는 현행 제도와 완전히 달라 2차 대전 전의 노동조합법안에 그 연원을 가지고 있었다. 즉 1920년 내무성안과 1926년의 사회국 사안(私案)은 '조합원임을 이유로 하는' 해고와 황견(黃犬)계약을 금지하고 이를 위반할 시에는 500엔 이하의 과태료를 부과하는 것으로 하고 있었는데, 구 노조법은 위의 과태료를 형벌로 개정하고 그 범죄의 처벌에 대해 노동위원회라는 전문적 행정위원회의 '선의권(先議權)'

을 인정한 것이었다. 이어 1946년 9월에 제정된 노조법도 동법에 의한 노동쟁의 조정 중의 근로자의 발언 및 쟁의행위를 이유로 근로자에 대한 불이익 취급을 금지함과 동시에 그 위반에 대해서는 형벌을 부과하며, 단 이 죄는 노동위원회의 청구에 의하여 논하는 것으로 했다(구법 제40조).

구 부당노동행위제도는 금지되는 행위가 적을 뿐만 아니라, 구제시스템이 불충분하다는 것을 이유로 연합군총사령부는 이 제도에 대한 개정이 필요하다고 생각하게 되었다. 그리고 미국의 「와그너법(1935년)」의 불공정 노동행위(unfair labor practices)를 본보기로 한 제도로 개정하는 것이 기획되었다. 이리하여 1949년 노조법의 전면개정에서는 먼저 금지규정(제7조)의 표제를 '부당노동행위'로 개정한 후, 종래의 불이익 취급과 황견계약(제1호)뿐만 아니라 단체교섭거부(제2호)와 지배개입 · 경비원조(제3호)도 금지 대상으로서 언급하였다(또한 불이익 취급의 금지는 '노동조합이 정당한 행위를 했다는 점을 이유로 하는' 경우 전반에 미치도록 개정되었다). 그리고 금지 위반에 대한 구제시스템에 대해서도 과벌주의를 폐지하는 대신에 노동위원회가 구제신청에 대하여 조사와 심문을 하여 금지 위반의 여부를 판정하여 구제 또는 기각명령을 내리도록 하는 준사법적 행정구제절차를 마련하였다(또 이 절차상의 권한은 공익위원만이 행사하고 노사위원은 이에 참여만 할 수 있도록 하였다).

Ⅱ. 부당노동행위제도의 목적 및 헌법 제28조와의 관계

1. 부당노동행위제도의 목적

노조법상의 부당노동행위 구제제도는 헌법 제28조의 단결권 등을 실질적으로 보장하기 위해 노조법에 의해 입법정책으로서 창설된 것이다. 따라서 부당노동행위 구제제도의 목적은 노조법의 목적규정(제1조 1항)에서와 같이 '근로자가 그 근로조건에 대해 교섭하기 위해 스스로 대표자를 선출하는 것, 그 밖의 단체행동을 하기 위해 자주적으로 노동조합을 조직하고 단결하는 것을 옹호하는 것 및 사용자와 근로자와의 관계를 규제하는 단체협약을 체결하기 위하여 단체교섭을 하는 것과 그 절차를 조성하는 것'에 있다. 요컨대 부당노동행위 구제제도의 목적은 사용자로 하여금 노동조합을 대등한 교섭상대로서 승인 · 존중하고 이들과 단체교섭 관계를 영위해야 한다는 노사관계의 기본 원칙(속칭 '단결권')을 옹호하는 데 있다. 이러한 원칙에 입각하여 향후 노사관계의 정상화를 꾀하는 것이 동제도의 목적이다.

2. 부당노동행위제도와 헌법 제28조와의 관계

일본에서는 근로자의 단결권, 단체교섭권, 단체행동권이 헌법에서 보장되며, 그 구체적인 효과로서 재판소에서 몇몇 법적 보호가 존재하기 때문에 이들과 노조법상의 부당노동행위 구제제도간의 관계를 어떻게 이해하는가 하는 이론적 문제가 발생하며, 이에 관한 견해의 차이에 따라 동제도의 목적에 대한 이해도 달라지고 있다.

이러한 문제점에 관한 첫 번째 대표적 학설은 노조법의 부당노동행위는 헌법 제28조[1]가 보장하는 단결권 등의 침해행위이며, 부당노동행위 구제제도는 헌법의 단결권 등의 보장을 구체화한 제도라고 주장한다.[2] 결국 이 설은 부당노동행위 구제제도를 헌법 제28조의 권리보장의 일부이며, 동조의 직접적 효과의 틀 내에 편입시킨 것이라고 이해한다. 이것에 대비될 만한 두 번째 학설은 부당노동행위 구제제도는 헌법 제28조의 입법 수권적 효과를 기초로 하여 노조법이 원활한 단체교섭관계의 실현을 위해 특별히 정책적으로 창설한 것이라고 주장한다. 그리고 노조법의 부당노동행위는 원활한 단체교섭의 방해가 되는 사용자의 행위 유형이라고 본다.[3] 결국 이 설은 부당노동행위 구제제도를 헌법 제28조에 기초를 두면서도 노조법이 원활한 단체교섭을 위해 개별적 · 정책적으로 만든 것이라고 본다.

이상에 대해 첫 번째 학설에 거의 가까운데 두 학설의 중간설이라고 해야 하는 세 번째 학설은, 부당노동행위 구제제도는 헌법상의 단결권 등의 보장을 실효성 있게 하기 위한 제도이지만, 단결권 등의 보장 그 자체를 목적으로 하는 것은 아니라 그 보장 위에 확립되어야 할 공정한 노사관계질서의 확보를 목적으로 하는 것이라고 한다. 부당노동행위는 이러한 공정한 노사관계질서에 위반하는 행위이고 그 구제절차는 이 질서위반행위의 시정절차라고 하는 것이다.[4] 최고재판소는 「第

1) 일본헌법 제28조는 「근로자의 단결할 권리 및 단체교섭 기타 단체행동을 할 권리를 보장한다.」라고 하여, 소위 '노동3권'을 보장하고 있다.

2) 外尾, 193면; 中山和久, 不當勞働行爲論, 57~58면; 西谷, 138면.

3) 石川, 276면 이하.

4) 岸井貞男, 不當勞働行爲の法理論, 16면; 久保敬治, 4版 勞働法, 100면; 道幸哲也, 不當勞働行爲の行政救濟法理, 59면도 부당노동행위를 '집단적 노사관계 원칙에 위반한 행위'로 간주하고 있다.

二鳩택시(タクシー)事件」[5]이래 현행 행정구제방식의 목적을 '정당한 집단적 노사관계질서의 신속한 회복, 확보'라고 표현하고 있으며, 이 학설의 영향을 받고 있다고 할 수 있다. 개인적으로는 기본적으로 두 번째의 견해에 동의한다.

Ⅲ. 부당노동행위제도의 특색

부당노동행위 구제제도는 부당노동행위의 내용과 구제시스템의 쌍방에 대해 다음과 같은 특수성을 가진다.

1. 금지된 행위의 특수성

먼저 부당노동행위로서 금지되는 행위(노조법 제7조)의 경우, 이들 중 상당부분이 시민법상 사용자의 권리와 자유에 속하는 것이다.[6] 즉 불이익 취급 및 황견계약의 금지(제1호 · 제4호)는 사용자의 해고권과 그 밖의 권한(인사권 등)에 속하는 행위와 계약자유에 속하는 행위를 금지하고, 단결거부의 금지(제2호)는 타인과 면회하고 대화를 할 것인지 여부에 대한 기본적 자유에 속하는 행위를 금지하고 있다. 그리고 지배개입 · 경비원조의 금지(제3호)는 사용자의 모든 종류의 행동의 자유에 속하는 행위를 금지하고 있다. 이러한 모든 행위는 시민법상 아무리 사용자의 권리와 자유에 속하는 행위라도 근로자가 단결하고 단체교섭을 하는 것을 옹호하고 조성한다는 관점에서 바람직하지 않은 행위로서 금지되며 시정의 대상으로 여겨지는 것이다.[7]

2. 구제 기관과 절차의 특수성

다음으로 부당노동행위가 이루어진 경우, 이에 대한 구제 체계는 노동위원회라는 노사관계 전문 행정위원회가 준사법적 절차로 판정하여 구제명령을 내린다는 것이다. 이러한 체계를 만든 이유는 사용자의 부당노동행위에 의해 발생한 상

5) 最大判 昭52. 2. 23, 民集 31권 1호, 93면.
6) 石川, 13면 이하 참조.
7) 石川, 277면.

태를 공적인 기관이 직접 시정하는 조치를 취하는 것이 바람직하다고 생각되며, 게다가 이 시정에 대해서는 다양한 사안에 따라 적절한 조치를 강구할 재량권을 부여할 필요가 있으며, 노사관계 전문 행정기관에 그 임무를 맡기는 것이 바람직하다고 생각된 점, 그리고 이러한 조치는 신속하게 이루어질 필요가 있음과 동시에 사적 관계에 대한 권력적 개입 조치로서 공정한 절차에 의해 이루어질 필요가 있다는 점 등을 고려한 것이라고 생각한다.[8)]

3. '원상회복'이라는 견해

현행 행정구제방식은 부당노동행위에 의해 발생한 상태를 노동위원회가 구제명령에 의해 직접 시정하는 것을 하나의 특징으로 하는데, 이 직접 시정에 대해서는 그것을 부당노동행위가 없었던 상태로 회복시키는 '원상회복'이라고 성격을 규정하여 현행 행정구제방식의 목적은 '원상회복'에 있다고 파악하는 견해가 보급되었다. 이러한 견해는 원상회복을 넘어 구제를 하는 것은 위법이라는 견해를 도출하여 구제명령에 관한 노동위원회 재량권의 한계를 설정하는 작용을 하였다. 그러나 '원상회복'이라는 목적규정은 그 후 학설과 노동위원회의 실무가에 의해 각별히 근거가 있는 것이 아니라고 비판받아, 위의 「第二鳩택시(タクシー)事件」의 최고재판소 판결도 이러한 용어의 사용을 피하고 있다. 부당노동행위의 직접 시정이라 해도 엄밀한 의미에서의 부당노동행위가 없었던 상태(원상)로의 회복은 불가능하며, 또한 시정내용을 엄밀하게 그러한 원상회복으로 그치게 하는 것도 적절하지 않다.[9)]

8) 第二鳩택시(タクシー)事件—最大判 昭52. 2. 23, 民集 31권 1호, 93면.
9) 石川, 380면. 예를 들어 장래에 대한 부작위명령은 '원상회복'으로는 설명할 수 없다. 塚本, 155면.

제2장 부당노동행위의 성립요건

Ⅰ. 개 설

1. 부당노동행위로서 금지되는 행위의 유형

노조법(제7조)은 부당노동행위로서 금지되는 각종 행위를 4호에 걸쳐 열거하고 있다. 이들은 통상 ① '불이익 취급'(제1호), ② '황견계약'(제1호), ③ '단체교섭거부'(제2호), ④ '지배개입'(제3호), ⑤ '경비원조'(제3호), ⑥ '보복적 불이익 취급'(제4호)의 여섯 가지 유형으로 나뉜다. 이들 중 황견계약은 불이익 취급에, 그리고 경비원조는 지배개입에 각각 부속되는 특별한 유형이며, 또한 보복적 불이익 취급은 그 내용상 부가적인 특별한 유형이다. 따라서 기본적으로 일반적인 부당노동행위의 유형은 불이익취급, 단체교섭거부, 지배개입의 세 가지 유형이다.

불이익 취급 금지규정(제1호)은 「단 노동조합이 특정 공장사업장에 고용되는 근로자의 과반수를 대표하는 경우에 그 근로자가 그 노동조합의 조합원이라는 점을 고용조건으로 하는 단체협약을 체결하는 것을 방해하는 것은 아니다」라고 하여, 사용자가 다수조합과의 사이에서 '유니언 숍(혹은 클로즈드 숍)협정'을 체결하는 것은 허용하지만, 이 단서에 대응하는 본문(노동조합의 조합원이라는 점을 고용조건으로 하는 것의 금지 및 조합원이 아니라는 점을 이유로 하는 해고 그 밖의 불이익 취급의 금지)이 없다.

학설 가운데에는 불이익 취급금지에 위의 본문을 넣어 소수조합과의 유니언 숍 체결을 부당노동행위로 하는 설[10]이 있지만, 위의 단서는 유니언 숍 협정의 하

10) 塚本重瀬, 不當勞働行爲の認定基準, 176면; 石川, 336면.

나의 유효요건(사업장의 과반수 근로자를 조직하는 조합이라는 점)을 규정하는, 위치는 나쁘지만 이를 연결해주는 것에 지나지 않는다고 해석해야 한다.[11]

2. 각 유형의 상호관계

불이익 취급, 단체교섭거부, 지배개입의 세 종류의 상호관계에 대해서는 일찍이 지배개입이 원칙규정이고, 그 이외는 그 특칙이라고 주장된 적이 있는데, 현재는 이들은 대등한 의의를 가지고 병렬적으로 이어지는 것이라는 '병렬설'이 지배적인 견해가 되고 있다. 이 '병렬설'에서는 주장된 행위가 어떠한 부당노동행위에 해당하는지(혹은 해당하지 않는지)는 각 유형마다 판단되고 그 결과 두 개 이상의 유형에 동시에 해당하는 부당노동행위도 간혹 존재하게 된다(예를 들어 조합위원장의 해고는 불이익 취급과 지배개입의 쌍방에 해당한다고 볼 수 있다). 그리고 구제방법에 대해서도 각 유형마다 전형적인 구제내용은 정형화되어 있지만, 각 유형에 의한 구제내용의 한정이 있는 것은 아니라고 생각되고 있다. 오히려 노동위원회는 각 유형을 구별하지 않고 상호 보완적으로 활용하고 사안의 내용에 입각한 구성과 구제를 도모하고 있다.

3. 사용자의 개념

부당노동행위 금지규정(노조법 제7조)의 '사용자'에 대해서는 학설상 이를 동 규정상의 독특한 개념이라고 해석하는 경향이 강하고,[12] '피용자의 노동관계상의 모든 이익에 어떠한 영향력을 미칠 수 있는 지위에 있는 모든 자'[13] 등의 포괄적 정의가 유력설이다.

부당노동행위 구제제도의 목적은 근로자가 단체교섭 그 밖의 단체행동을 위해 노동조합을 조직하고 운영하는 것을 옹호하는 것 및 단체협약의 체결을 주목적으로 한 단체교섭을 조성하는 데 있으므로(노조법 제1조 1항 참조), 부당노동행위 금지규정에 의해 규제를 받는 '사용자'란 노조법이 조성하려고 하는 단체적 노사관계상의 일방 당사자인 사용자를 의미한다. 그리고 이 단체적 노사관계는 근로자의 노

11) 山口, 91면.
12) 東大勞硏, 注釋勞組法(上), 336면 참조.
13) 岸井貞男, 不當勞働行爲の法理論, 148면.

동관계상의 모든 이익에 대한 교섭을 중심으로 하여 전개되는 것이므로, 근로계약관계나 혹은 그에 인접 내지 근사한 관계를 그 기반으로서 필요로 한다. 이것은 부당노동행위로서 금지되는 행위가 노동관계에 관한 불이익 취급과 교섭거부를 중심적 내용으로 하고 있다는 점에도 나타나고 있다. 이리하여 부당노동행위 금지규정에 있어서 '사용자'란 근로계약관계 내지는 이에 근사 내지 인접하는 관계를 기반으로서 성립하는 단체적 노사관계상의 일방 당사자를 의미한다.[14] 문제는 이 근로계약관계에 인접 내지 근사한 관계는 어떠한 것인가이다.

위의 항에서 문제로 하고 있는 '사용자'는 노조법에 의해 부당노동행위(제7조)가 금지되고 이에 위반할 때에 노동위원회에 의해 구제명령의 수신인이 되는 사업주이다. 그것은 해당 노동조합과의 단체적 노사관계의 당사자가 되는 사업주임과 동시에 해당 노동조합의 조합원과의 사이에 근로계약관계 내지 이에 유사한 관계를 가지는 사업주이다. 주의해야 할 것은 '부당노동행위의 현실적 행위자'는 이 '사용자'와는 반드시 일치하지 않고, 해당 기업조직의 내외에 '사용자'와 별개로 존재할 수 있다는 것이다.

전형적인 예로서는 노동조합 탈퇴의 권장, 조합간부 선거에 대한 개입, 조합집회의 방해 등 지배개입인 부당노동행위는 '사용자'인 기업조직 내의 누군가에 의해 이루어지는 것이 보통이다. 또 사용자인 기업이 교섭을 위임한 변호사가 불성실한 단체교섭을 하거나 사용자가 채용 · 인사고과 등을 외부 위탁한 위탁회사가 조합차별을 하는 등, 현실적 부당노동행위자가 기업조직 외의 제3자가 되는 경우도 생각할 수 있다. 이러한 경우에는 해당 부당노동행위의 책임을 사용자인 사업주에게 돌릴 수 있는지의 여부가 문제로 되며, 현실적 행위자가 노무관리상 '사용자'인 기업을 대표하는 입장에 있었는지, 사용자인 기업(그 대표자)에게 그 뜻을 알렸는지 내지는 지시를 받았는지, 사용자인 기업은 부당노동행위가 발생하지 않도록 감독의무를 가지고 있었는지 등 행위자와 '사용자'와의 관계를 검토하여 사용자에 대한 책임귀속 유무를 판단할 필요가 있다.

이와 관련된 하나의 사례를 들어보면 다음과 같다. 일본국유철도(국철)의 분할 민영화 과정에서의 JR 각 사의 채용에 관한 국철노동조합원에 대한 차별사건에서도 JR 각 사(그 설립위원)가 국철이 하는 차별적 채용후보자 명부 등재행위에 대해

14) 같은 취지: 下井, 勞使關係法, 106면, 243면.

책임을 지는지가 국철개혁법의 관계규정(23조)의 해석과 관련하여 문제가 된 적이 있는데, 이에 대해 중앙노동위원회는 국철은 신 회사 설립위원의 보조기관으로서 채용후보자 명부를 작성했다고 해석되므로 국철노동조합원의 차별적 미등재에 대해서는 설립위원에게 책임이 귀속되어야 한다고 판단했다.[15)]

그러나 동 사건의 행정소송에서는 노조법 제7조의 '사용자'란 기본적으로 근로조건에 대한 고용주와 '동일시할 수 있을 정도로 현실적이고 구체적으로 지배 · 결정할 수 있는 지위에 있는 자'라고 하는바, 국철개혁법상 채용후보자의 명부등재는 오로지 국철의 권한과 책임 하에서 이루어진 것으로, 설립위원은 국철의 권한에 규제나 지휘 · 감독을 미칠 권한이 없었다고 하여, 설립위원 · JR 각 사에 대한 귀책(그 사용자성)이 부정되었다.[16)] 그리고 최고재판소도 국철의 분할민영화에서는 국철이 그 직원을 새로운 회사와 청산사업단과 나누는(신 회사는 국철에 의해 나눠진 직원을 채용한다) 시스템으로 되어있기 때문에, 국철에 의한 차별적 분할에 대해서는 국철(그 책임을 승계하는 청산사업단)만이 책임을 져야 하고, 신 회사는 '사용자'로서의 책임을 져야 하는 입장이 아니라고 판단했다.[17)]

(가) 먼저 가까운 과거의 근로계약관계의 존재나 가까운 장래의 근로계약관계의 가능성(근로계약에 인접한 관계)이 부당노동행위의 '사용자'성의 기초가 될 수 있다. 예를 들어 사용자는 피해고자가 속하는 노동조합과의 해고철회와 퇴직조건에 관한 단체교섭을 원칙적으로 거부할 수 없다. 또 어느 기업에 여러 차례 고용되었던 계절근로자의 재채용에 대해서는 동 기업은 그 근로자와의 관계에서 '사용자'로서의 부당노동행위금지 규정의 규제를 받을 수 있다.[18)] 게다가 회사합병(내지 영업양도)의 과정에서 흡수회사(양수회사)가 피흡수회사(양도회사)의 종업원이 소속하는 노동조합에 대해 지배개입을 한 경우에는 흡수회사(양수회사)도 '사용자'로 간주해야 한다.[19)] 국철 JR 각 사에 대한 분할 · 재편성과정에서의 채용차별에 관한 JR 각

15) JR北海道採用事件―中勞委 平5. 12. 15, 勞判 641호, 14면 등. 中嶋士元也, 「國勞組合員のJR北海道地區不採用事件 · 中勞委命令について」, 勞判 641호, 5면 참조.

16) JR北海道 · 日本貨物鐵道[國勞不採用]事件―東京高判 平12. 12. 4, 勞判 801호, 37면. 거의 같은 취지로서 JR東日本 · 日本貨物鐵道 · JR東海[不採用]事件―東京高判 平12. 11. 8, 勞判 801호, 49면.

17) JR東日本 · 日本貨物鐵道 · JR東海[國勞本州不採用]事件―最一小判 平15. 12. 22, 勞判 864호, 5면―중노위의 판단을 지지하는 소수의견이 첨부되어 있다.

18) 万座硫黃事件―中勞委 昭27. 10. 15, 命令集 7집, 181면.

19) 회사합병 사안에 대해 日産自動車事件―東京地勞委 昭41. 7. 26, 命令集 34 · 35집, 365면 참조[결론은 기각].

사의 '사용자'성은 이 유형에 대한 문제이다.[20)]

(나) 피해고자가 속하는 노동조합이 해고철회와 퇴직조건에 관한 단체교섭을 신청한 경우에는 해고를 한 기업은 교섭에 응해야 할 지위(사용자로서의 지위)에 서는 것이 원칙이며, 이것은 피해고자가 해당조합에 해고된 후에 가입한 경우에도 마찬가지다. 그러나 해고가 교섭대상이 되지 않은 채 오랜 기간이 경과되어버린 경우에는 해고를 한 기업은 피해고자에 대해 이미 '사용자'로서의 지위를 상실하였다고 판단하게 된다.[21)] 한편 해고된 후 수년이 경과된 단체교섭의 요청이라도 사용자로서 교섭에 응해야 한다고 판정한 경우도 있다.[22)]

(다) 다음으로 근로계약상 사용자는 아니나, 실제상 이에 근사한 지위에 있는 기업도 부당노동행위가 금지되는 '사용자'로 인정되는 경우가 있다. 이 유형에는 다음과 같은 사례가 속한다.[23)]

첫째, 어떤 두 개의 기업이 모자회사 관계에 있고 모회사가 자회사의 업무운영 및 근로자의 대우에 대해 지배력을 가지고 있는 경우, 모회사가 자회사의 종업원에 대해 '사용자'(노조법 제7조) 지위에 있다고 보는 사례(모회사의 사례)이다[그림 1]. 즉 모회사가 주식소유, 임원파견, 하청관계 등에 의해 자회사의 경영을 그의 지배하에 두고 그 종업원의 근로조건에 대해 현실적이면서 구체적인 지배력을 가지고 있는 경우에는, 모회사는 자회사 종업원의 근로조건에 대하여 자회사와 함께 단체교섭상의 사용자로서의 지위에 있다(단체교섭과 지배개입금지를 명할 수 있다). 단 모회사에 대해 자회사 종업원에 대한 고용관계상의 사용자성도 인정할 수 있기(자기 종업원으로서의 취급을 명하기)위해서는 그러한 지배관계에 동반하여 자회사가 거의 모회사의 한 사업부문으로 간주할 수 있는 상태에 있고, 그 결과 자회사 종업원의 노무제공과 이들에 대한 임금지불관계가 거의 이들과 모회사 사이에 성립되어 있다고 인정할 수 있는 점이 필요하다.

---

20) 下井隆史, 「JR不採用事件について」, 山口浩一郎 編, 救濟命令の司法審査, 98면. 앞의 JR北海道 · 日本貨物鐵道[全動勞不採用]事件—東京高判 平14. 10. 24, 勞判 841호, 29면은 문제를 이처럼 정확하게 해석하고 있지만, JR北海道 · 日本貨物[不採用]事件—東京高判 平12. 11. 8은 문제를 아래의 (나)의 유형과 혼동하고 있다. 앞의 最一小判 平15. 12. 22는 (나)의 유형과의 혼동은 피하고 있다.

21) 東洋鋼板事件—中勞委 昭53. 11. 15, 命令集 64집, 777면; 三菱電機事件—東京地判 昭63. 12. 22, 勞民 39권 6호, 703면; 日立메디코(メディコ)事件—中勞委 昭60. 11. 13, 命令集 78집 43면.

22) 日本鋼管事件—最三小判 昭61. 7. 15, 勞判 484호, 21면.

23) 상세한 것은 岸井, 앞의 책, 218면 이하.

또한 주식을 소유한 회사와 사업회사와의 관계에 대해서도 위와 동일한 문제가 발생할 수 있으나, 위와 동일한 법리에 의해 처리되게 된다.24)

둘째, 어떤 기업이 다른 기업에 대해 일정 업무를 도급하거나 자기 피용자를 해당 다른 기업(인수기업)에 제공하고 있는 경우, 인수기업이 제공된 근로자(사외 근로자)에 대해 '사용자'(노조법 제7조)의 지위에 있다고 보는 사례(사외 근로자 인수의 사례)이다[그림 2]. 즉 인수기업이 사외 근로자의 근로조건 그 밖의 대우에 대해 현실적이면서 구체적인 지배력을 가지고 있는 경우에 인수기업은 사외 근로자에 대해 단체교섭상의 사용자로서의 지위에 있다.25) 게다가 제공기업이 기본적 근로조건(급여 · 일시금 등)을 지배 · 결정하고 인수기업이 취업을 둘러싼 근로조건을 지배 · 결정하고 있다고 하는 경우, '사용자'의 지위는 이러한 지배력의 분유에 따라 분담되어야 하는 것이 된다.26) 그러나 인수기업에 대해 사외 근로자에 대한 고용관계상의 사용자성을 인정하기 위해서는 인수기업이 사외근로자를 실질적으로 자기 종업원처럼 취급하여 양자간에 거의 노무제공과 임금지불관계가 성립하고 있다고 인정할 수 있는 상황이 필요하다.27) 또한 출향 근로자가 속하는 노동조합과 사용기업과의 관계에 대해서도 동일하게 판단해도 좋다.28)

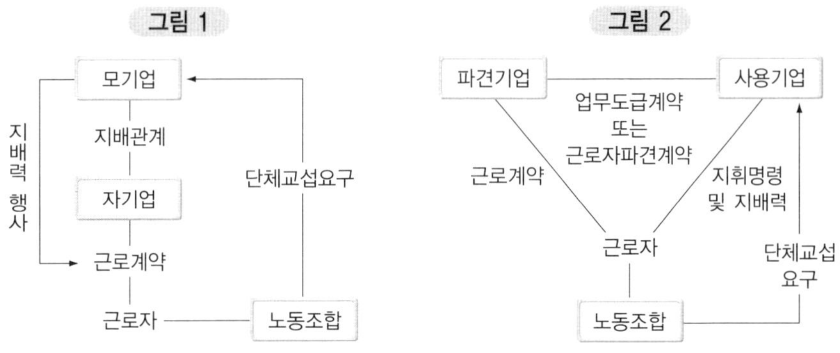

24) 土田道夫, 「純粹持株會社と勞働法上の諸問題」, 日本勞働研究雜誌 451호, 5면 이하.

25) 阪神觀光事件—最一小判 昭62. 2. 26, 勞判 492호, 6면—카바레의 밴드마스터와의 계약에 근거하여 사용하고 있던 밴드맨에 대한 단체교섭상의 사용자성을 긍정.

26) 朝日放送事件—最三小判 平7. 2. 28, 勞判 668호, 11면은 파견근로자의 사용기업이 파견근로자의 근무시간의 분담, 노무제공의 양상, 작업환경 등을 지배 · 결정하고 있는 사안에 대해 사용기업의 부분적 사용자성을 인정했다. 상세하게는 菅野, [判批], ジュリ 1027호, 31면을 참조.

27) 油研工業事件—最一小判 昭51. 5. 6, 民集 30권 4호, 409면—사외 근로자의 직접 고용주가 법인격만으로 존재하고, 실제로는 존재하지 않는 사안.

28) 판례로서는 네슬(ネッスル) · 日高乳業事件—札幌高判 平4. 2. 24, 勞判 621호, 72면.

이상의 모자회사, 파견 · 사용의 유형이 아닌 경우에도 어떤 기업이 융자나 거래관계를 통해 다른 회사 근로자의 고용 및 근로조건에 대하여 현실적이고 구체적인 지배력을 발휘하는 경우에는 그 기업이 당해 타 기업 근로자에 대해 '사용자'가 될 수 있다.[29]

(라) 더구나 노동조합을 소멸시키기 위해 회사를 일단 해산하면서 실질상 동일 사업을 계속하는 '위장해산'의 경우에는 그 실질상의 동일기업은 부당노동행위법상 해산기업의 사용자로서의 지위(책임)를 승계하게 된다.

Ⅱ. 불이익취급

여기에서는 불이익취급의 성립요건에 대하여 설명하고 아울러 이에 유사한 황견계약 및 보복적 불이익 취급의 부당노동행위 성립요건에 대해서도 설명한다.[30]

1. '노동조합'

학설상으로는 불이익 취급금지(노조법 제7조 1호)의 보호를 받는 '노동조합'이란 그 기본적 정의(노조법 제2조 본문)를 충족하면 된다는 해석이 우세하다. 그러나 부당노동행위 구제제도가 노조법상의 독자적 제도로서 창설된 것이라는 점에서 본다면, '노동조합'이란 노조법의 정의(제2조)에 합치하는 것이라는 점, 즉 그 기본적 정의뿐만 아니라 자주성을 위한 특별요건(제2조 단서 1호 · 2호)도 충족할 것을 요한다고 해석된다.[31] 단 자주성을 위한 특별요건을 충족하지 않는 노동조합의 조합원이 그 노동조합을 특별 요건에 합치시키기 위해 활동한 경우에는 부당노동행위 구제제도의 기본취지에서 예외적으로 '노동조합'의 행위로서 보호받는다고 해석해야 한다.[32]

다음으로 '노동조합'에는 쟁의단 등 근로자의 일시적인 단결체(노동조합 조직을

29) 모자회사 및 파견을 받아들이는 이외의 기업관계에서는 실제로는 그러한 지배력은 발생하기 어렵다고 생각된다. 증권거래소의 중립회원기업 근로자에 대한 사용자성을 부정한 大阪證券取引所事件—東京地判 平16. 5. 17, 勞判 876호, 5면 참조.

30) 기본문헌으로서 道幸哲也, 不當勞働行爲法理の基本構造, 22면 이하.

31) 같은 취지: 石川, 299면.

32) 石川, 301면.

정비하고 있지 않은 것)가 포함된다고 하는 것이 유력설인데,[33] 문리면에서도 또한 부당노동행위 구제제도는 근로자가 노동조합을 결성하여 단결활동을 하는 것, 특히 그로 인하여 단체교섭을 실시하는 것을 옹호하고 조성하려고 하는 제도라는 점에서도(노조법 제1조 1항 참조) 찬성할 수 없다. 이 제도 하에서는 미조직 근로자의 단결활동은 '노동조합에 가입하거나 이를 결성하려고 한 것'이라는 측면에서 불이익 취급의 보호를 받는다(결성준비행위 등을 평온하게 해결해야 하는 것은 (3)에서 후술).

2. 노동조합의 '조합원이라는 것'

불이익 취급은 우선 노동조합의 '조합원이라는 점'을 이유로 하는 경우에 대해서 성립한다. 이 문언에 대해서는 조합원 중 특정 종류의 조합원이라는 점이 이에 해당하는지가 문제로 된다. 예를 들어 '노동조합의 간부'라는 것을 이유로 한 불이익 취급은 사용자에 대해 노동조합을 단체교섭의 상대로서 승인하고 존중하게 한다는 불이익 취급 금지의 기본취지에 반하며, 당연히 조합원(그 일종)이라는 이유로 인한 불이익 취급으로서 구제되어야 하는 것이다. 노동조합의 운동방침에 대해 기본적 견해를 달리 하는 복수의 노동조합원 집단 중의 하나(전형적으로는 집행부 비판파)에 속한다는 이유로 인한 불이익 취급도 동일하게 취급해야 한다고 생각된다.[34]

3. 노동조합에 '가입'하려 했거나 또는 이를 '결성'하려고 한 것

불이익 취급이라는 부당노동행위는 노동조합에 가입하려고 한 것, 또는 이를 결성하려고 한 것을 이유로 하는 경우에도 성립한다. 가입하려고 했다는 것이란 기존의 노동조합에 가입하고 싶다는 희망을 나타내거나 가입을 위한 상담과 준비 등을 하는 것이다(노동조합에 가입했다는 점을 이유로 한 불이익 취급은 '조합원이라는 점'을 이유로 하는 불이익 취급이 된다). 또 노동조합을 '결성하려고 한 것'이란 노동조합결성을 희망했거나 또는 노동조합결성 준비활동을 한 것을 말한다. 미조직 근로자가 근로조건상의 문제에 당면하여 단결활동을 하는 경우에는, 이러한 노동조

33) 石川, 459면; 外尾, 234면.
34) 같은 취지: 北辰電機製作所事件—東京地判 昭56. 10. 22, 判時 1030호, 99면.

합결성을 희망하거나 이를 위한 준비에 열중하였다고 볼 수 있는 경우가 많을 것이다.[35]

4. '노동조합의 정당한 행위'

불이익 취급의 부당노동행위는 나아가 '노동조합의 정당한 행위'를 했다는 것을 이유로 하는 경우에 대해서도 성립한다. 이 문언에 대해서는 문제가 많다.

(1) 개인적 행위인가 노동조합의 행위인가?

첫 번째 문제는 조합원이 하는 여러 종류의 행위 중 어떠한 행위가 그 조합원의 개인적 행위가 아니라 노동조합의 행위로서 보호되는가이다. 이에 대해서는 노동조합 소정기관의 결정에 근거하는 행위, 조합간부의 조합대리인으로서의 행위, 노동조합 소정기관의 사전적 명시나 혹은 묵시적 수권에 근거한 행위 등은 문제없이 노동조합 행위로서 보호를 받는다. 또 조합원이 노동조합 내의 결정과 명시적 수권이 없는 채 노동조합의 방침에 각별히 반대되지 않는 단결활동(예를 들어 노동조합가입의 권고, 단결강화 서클활동)을 하는 경우에도 통상은 노동조합의 묵시적 수권이나 혹은 승인이 있다고 인정되므로 '노동조합의 행위'로서 보호해도 된다. 문제는 노동조합 내의 소수파의 독자적 활동인데, 이것도 임원선거에 있어 독자적 활동과 노동조합의 방침결정과정에서의 의견표명활동인 이상은 '노동조합의 행위'에 포함된다. 그러나 노동조합의 조직상 또는 운동상의 결정과 방침에 반하여 일부 조합원이 독자적 행동을 한 경우에는 원칙적으로 해당 근로자의 독자적 행동으로 보지 않을 수 없다.

(2) 활동 종류

이상과 같은 '노동조합의 행위'(활동)에도 단체교섭, 쟁의행위, 선전활동 등 여러 경우가 있을 수 있는데, 다음 문제는 이러한 행위(활동) 중 어떠한 것이 '노동조합의 정당한 행위'가 될 수 있는가이다.

학설상은 부당노동행위 구제제도가 원활한 단체교섭의 실현을 목적으로 하는 것이라는 점에서 보면 불이익 취급 금지에 있어서 '노동조합의 행위'도 단체교섭에

35) 상세한 것은 岸井貞男, 團結活動と不當勞働行爲, 65면.

관련하는 것에 한정되며, 서클활동이나 사회운동, 정치운동 등은 이에 포함되지 않는다는 견해도 있다.[36)]

그러나 다수설은 정치활동, 사회운동 등을 포함하여 노동조합 활동범위 내에 있다고 해석되는 활동이라면 불이익 취급의 부당노동행위를 성립하게 할 수 있다고 한다. 부당노동행위 구제제도는 근로자가 단체교섭을 하는 것, 이를 위해 노동조합을 조직하고 · 단결하는 것을 조성하고 옹호하는 것을 주요한 목적으로 하는데, 옹호해야 하는 노동조합의 활동내용으로서는 '그 밖의 단체행동'도 이 범주에 들어간다(노조법 제1조 제1항).

따라서 개인적으로는 양설의 중간설로서 조합활동권 범위의 경우와 동일하게 '단체교섭 또는 그 밖의 근로자의 상호부조 내지 상호보호'가 '노동조합 행위'의 범위를 긋는 기준으로서 적절하다고 생각한다.[37)]

(3) 정당성

'노동조합의 행위'가 불이익 취급금지에 의해 보호되기 위해서는 '정당한' 행위라는 점을 필요로 한다. 이 정당성 판단기준에 대해서는 '단체행동의 정당성'에 대한 검토가 거의 타당하나, 부당노동행위에서의 정당성 판단은 장래를 위해 원활한 단체교섭 관계를 수립한다는 과제를 위해 과거의 노동조합의 행위를 어떻게 평가하는가를 검토하는 것으로, 권리의무의 체계를 바탕으로 한 후, 건전한 노사관계의 양상(노사관계의 조리)을 기본으로 삼은 판단이 된다.

5. '이유로서'

불이익 취급의 그 다음 성립요건은 노동조합의 조합원이라는 점, 노동조합에 가입하거나 또는 이를 결성하려고 했다는 점 또는 노동조합의 정당한 행위를 했다는 점을 '이유로 하여' 불이익 취급을 하는 것이다(보복적 불이익 취급에서는 '이유로서'라고 표현하고 있다).

36) 石川, 302면. 이들은 지배개입금지에 의해 구제되어야 한다고 한다.
37) 또한 澤の町모터풀(モータープール)事件—最一小判 昭37. 5. 24, 公務月報 제8권 5호, 926면은 노동조합임원의 지방의회 입후보를 위한 휴가신청을 사용자가 인정하지 않은 것에 대하여 항의하는 노동조합뉴스의 배포를 '노동조합 행위' 범위 밖의 정치활동으로 판단하고 있는데, 이는 적절하지 않다.

(1) 부당노동행위의 의사

통설은 '이유로 하여'(제4호의 '이유로서')의 문언을 '부당노동행위의 의사'를 요건으로 한 것이라고 해석하고 있다.[38] 그리고 '부당노동행위의 의사'란 반조합적 의도 내지 동기로 본다.[39] 단 이 설은 이러한 반조합적 의도 내지 동기는 간접사실(제 사정)에서 인정되는 '추정의사'라도 된다고 한다.[40] 이에 비해 '부당노동행위의 의사'를 필요로 하지 않고 조합원이라는 점 또는 정당한 조합활동을 했다는 점과 불이익 취급과의 사이에 객관적인 관계(인과관계)가 인정되면 된다고 보는 설(객관적 인과관계설)도 유력하다. 이 설은 부당노동행위제도는 사용자의 행위를 악으로서 엄중 처벌하고 그 책임을 추급하는 제도가 아니라 원활한 단체교섭의 실현을 위한 제도라는 점을 강조한다.[41] 단 이 설도 사용자의 내심의 의도를 탐구해서는 안 된다고 주장하는 것이 아니라, 만약 사용자가 조합가입과 조합활동을 혐오하여, 이에 보복을 할 의도를 가지고 있었다는 점이 인정되면 그것을 고려대상으로 삼아 판단하는 것은 말할 필요도 없다.[42]

불이익 취급의 부당노동행위는 사람의 의사에 의한 행위인 이상, 이에는 객관적인 원인 · 결과의 인과관계 등은 개입할 수 없고,[43] 해당 불이익 취급을 만들어 낸 사용자의 의사를 문제로 하지 않을 수 없다. 그러나 이 의사에 관한 성립요건을 반조합적 의도 내지 동기라고 표현하는 것만으로는 너무 막연한데, 예를 들어 노동조합을 싫어하는 사용자가 하는 '불이익 취급'은 모두 부당노동행위가 된다는 등의 오해를 초래할지 모른다.

결국 불이익 취급의 부당노동행위는 그 구성요건(제7조 제1호)에 입각하여 생각하면, 사용자가 ① '근로자가 노동조합의 조합원이라는 점, 노동조합에 가입하거나 또는 이것을 결성하려고 했던 점 혹은 노동조합의 정당한 행위를 했던 점'이라는 사실을 인식('법적 평가'가 아니다. 따라서 정당성 유무에 관한 판단착오는 문제가 되지 않는다.)하고, ② 그 사실로 인해(그 노동조합에 가입해 있거나 또는 조합활동을 했으

38) 岸井, 앞의 책, 134면 이하.
39) 外尾, 222면은 '의사', '의도', '동기'를 정밀하게 구별하고, 여기서 문제가 되는 것은 '동기'라고 본다.
40) 石井, 462면.
41) 石川, 297면.
42) 최근에도 의사가 필요하지 않다는 설에 가까운 견해를 주장하는 것으로서 道幸哲也, 不當勞働行爲の行政救濟法理, 80면 이하; 小宮文人, 「不當勞働行爲の認定基準」, 講座21世紀 8, 87면 이하.
43) 山口, 106면.

므로 등) 그 근로자에게 '불이익 취급'을 하려는 의욕을 가지고, ③ 그 의욕을 실현한다는 행위이다.

이러한 인식 및 의욕이 불이익 취급의 주관적 성립요건(부당노동행위 의사)이 되는 것인데, 이들은 사용자 내심의 상태에 관한 사항이므로 노동위원회는 노사관계의 경험칙을 이용하여 간접사실에서 종합적으로 판정하지 않을 수 없다.

이 판정에 있어서는 사용자의 평상시 노동조합에 대한 대응으로 보아 사용자가 해당 노동조합의 존재와 해당 조합원의 조합활동을 혐오하고 있었다고 인정되고 해당 불이익 취급이 노동조합의 조직과 활동에 효과적으로 타격을 주고 있다면, 해당 노동조합의 조합원이라는 점 내지는 조합활동을 했다는 점을 이유로 해당 불이익 취급을 하려고 했다는 사용자의 의욕이 추인되기 쉽다. 그리고 이 추인은 불이익 취급의 정당화 이유가 인정되지 않거나 혹은 불충분한 경우에 완전한 것이 되므로 반대로 정당성 이유가 충분히 인정되는 경우에는 뒤집히게 된다.[44]

(2) 이유의 경합

학설에서는 부당노동행위 의사의 존재도 인정되는데, 다른 한편에서는 사용자가 주장하는 처분의 정당화 이유도 충분히 성립되는 경우, 불이익취급의 부당노동행위는 성립하는가 하는 문제가 '처분이유의 경합'으로서 논의될 수 있다.

예를 들어 노동조합의 중심인물인 조합임원이 중대한 비위행위(예를 들어 경리상의 부정)를 하여 해고되어, 비위행위는 해고이유로서 충분히 성립하지만 다른 한편에서는 회사가 그 조합임원을 어떻게 해서든 배제하고 싶다고 생각하고 있었다는 점도 인정되는 케이스에 대해서이다.

그리고 이러한 처분이유의 경합문제에 대해서는 조합소속 혹은 조합활동과 정당화 이유 중 어느 것이 불이익 취급의 결정적(우월적) 이유였는가를 묻는 설('결정적 원인(이유)설')과 조합소속 혹은 조합활동이 만약 없었다면 해고되지 않았을 것이라고 인정된다면 불이익 취급이 성립한다고 보는 설(상당인과관계설)이 주창되고 있다(학설에 대한 상세한 것은 道幸哲也, 不當勞働行爲の行政救濟法理, 80면 이하).

이러한 케이스에서도 기본 정식은 조합활동가이기 때문에 해고하려는 의욕을 사용자가 가지고, 또한 그것을 실현했다고 추인할 수 있는지의 여부인데, 예를 들어

---

44) 보다 상세한 것은 直井春夫=成川美惠子, 勞委制度ノート, 257면 이하.

해당기업의 그때까지의 전례 등에 비추어 보면 그 자가 조합활동가가 아니라 통상 근로자라면 해고되지 않았을 것이라고 인정된다면 그러한 추인은 가능하게 된다.

(3) 제3자의 강요에 의한 불이익 취급

사용자의 거래처 내지 출자회사인 제3자가 해당 사용자의 종업원의 정당한 조합활동을 혐오하여 거래계약의 해제와 융자중단 등의 경제적 압박을 가하여 사용자에게 해당 종업원의 해고를 요구하고, 사용자가 그 요구를 받아들이지 않으면 자기 영업의 속행이 곤란하게 된다는 판단 하에 부득이 그 자를 해고한 경우, 당해 해고는 부당노동행위에 해당될 것인가?

이 문제에 관한 주요한 논점은 제3자의 강요에 의해 이루어진 해고는 노조활동의 '이유로서' 이루어진다고 할 수 있는가, 즉 사용자에게 부당노동행위의 의사가 있다고 할 수 있는가이다.

이에 대해서는 노동조합활동가의 해고는 제3자의 압력을 결정적 원인으로 하여 이루어진 것이므로 부당노동행위 의사가 있다고는 할 수 없다는 견해도 존재했지만, 학설 · 판례는 스스로 해고를 결의한 경우이든 제3자의 압력에 의해 부득이 이것을 결의한 경우이든 노조활동을 이유로 해고한 것이라는 점에는 변함이 없다고 해석해 왔다.[45] 그리고 판례도 노동조합활동가를 배제하려는 제3자의 의도는 사용자가 제3자의 의도를 알면서 그 요구에 응했다는 점에서 사용자의 의사와 직결되며 사용자의 의사내용을 형성한다고 판시한 바 있다.[46]

(4) 유니언 숍 해고와 '이유로 하여'

사용자가 유니언 숍 협정의 이행으로서 체결조합의 요구에 따라 피제명자 또는 탈퇴자인 근로자에 대해 행한 해고도 사용자가 해당근로자의 체결조합 내에서의 정당한 노동조합 활동(정당한 집행부 비판활동)과 별도로 노동조합의 결성 내지는 그에 대한 가입을 혐오하고 그로 인해 유니언 숍 협정을 이용하여 해당 근로자를 기업에서 배제하려고 한 것이라고 인정되면 불이익 취급의 부당노동행위로 인정할 수 있다.[47]

---

45) 石井, 463면 등.
46) 山惠木材事件—最三小判 昭46. 6. 15, 民集 25권 4호, 516면.
47) 사례로서 日本鋼管事件—東京地判 昭63. 6. 30, 勞判 521호, 12면.

이에 대해 사용자에게는 그러한 집행부 비판활동 내지 별도의 노동조합결성 등에 대한 불이익 취급의 의도 없이 단순히 체결조합 요구에 따라 유니언 숍 협정을 이행한 데 지나지 않는다고 할 경우에는, '이유로 하여'의 요건은 충족되지 않고 부당노동행위는 성립할 수 없다.

6. 불이익 취급

불이익 취급의 마지막 성립요건이 '그 근로자를 해고하거나, 기타 이에 대해 불이익한 취급을 하는 것'이다. '불이익한 취급'으로 되는 것에는 여러 종류 · 행태가 있다.[48)]

첫째로는 종업원 지위의 취득 · 상실에 관한 불이익 취급이 있다. 해고, 퇴직원의 제출강요, 근로계약의 갱신거부, 본채용의 거부, 징계해고, 휴직 등이 이에 속한다. 채용거부에 대해서, 다수설은 채용거부도 '불이익 취급'이 된다고 하는데,[49)] 최근의 JR사건 최고재판소 판결[50)]은 부당노동행위는 사용자와 근로자의 근로계약관계가 성립한 후의 사용자의 행위를 규제하는 것으로, 사용자의 채용 자유까지 개입하는 것은 아니라는 소수설[51)] 쪽을 채택했다. 실제로 문제가 되는 것은 계절근로자의 재채용 거부,[52)] 정년 후의 재채용 거부, 영업양도 시의 양수회사에 의한 채용 거부(국철 분할민영화 과정에서의 국철노동조합원에 대한 차별적 채용거부는 기본적으로 이 유형에 속한다.) 등이며, 이들은 해고 · 고용 중지와 유사하다는 관점에서도 불이익 취급이 될 수 있다.[53)] 위의 최고재판소 판결도 「앞의 계약관계에서의 불이익 취급과 다름없다고 하여 부당노동행위의 성립을 긍정할 수 있는 경우」는 다르다고 판시하고 있다.

둘째로는 인사상의 불이익 취급으로 근로자에 대한 불이익한 배치전환, 출향, 전적, 장기출장 등의 명령을 먼저 언급할 수 있다. 불이익인지의 여부는 지위, 직종, 임금 그 밖의 대우, 통근사정, 가정사정 등에 비추어 판단된다.[54)] 더구나 출근정지,

48) 상세한 것은 塚本重瀨, 不當勞働行爲の認定基準, 88면 이하를 참조.
49) 石川, 330면; 山口, 88면; 西谷, 155면 등.
50) JR北海道 · 日本貨物鐵道(北海道 · 國勞)事件—最一小判 平15. 12. 22, 勞判 1847호, 8면.
51) 石井, 465면.
52) 万座硫黃事件—中勞委 昭27. 10. 15, 命令集 7집, 181면.
53) 영업양도에 있어서 양수기업에 의한 채용거부를 부당노동행위로 한 최근 명령으로서는 靑山會事件—東京高判 平14. 2. 27, 勞判 824호, 17면.

견책 등의 징계처분도 여기에 속한다. 노조법 제2조의 사용자의 이익 대표자에 해당하는 관리직에 조합원이라는 이유로 승진시키지 않는 것도 물론 불이익 취급의 부당노동행위가 된다.[55] 단 구제방법에서 승진명령은 원칙적으로 무리일 것이다.

셋째 종류는 경제적 대우상의 불이익 취급이다. 기본급, 여러 수당, 일시금, 퇴직금, 복리후생급여 등에서의 불이익 취급이 여기에 속한다. 승급 · 임금인상과 일시금에 있어서 사정 차별은 이 전형적인 예이다. 잔업을 시키지 않는 것도 이 종류의 불이익 취급이다.

그 외의 불이익 취급은 기업에 의한 종업원의 처우(취급)의 여러 측면에 걸쳐 성립할 수 있다. 예를 들어 정신상 · 생활상의 불이익 취급으로서 일을 주지 않거나, 잡일을 시킨다거나, 망년회나 운동회 등의 회사행사에 참가시키지 않는 등의 예를 들 수 있다. 노동조합활동가를 영전시켜 전근을 시킴으로써, 그 자의 노동조합활동을 곤란하게 하는 것도 조합활동상의 불이익한 취급으로서 불이익 취급(제7조 1호)이 성립할 수 있다고 보는 것이 통설 및 실무이다.[56]

7. 황견계약

황견계약의 부당노동행위(노조법 제7조 제1호)는 '근로자가 노동조합에 가입하지 않거나 또는 노동조합에서 탈퇴하는 것을 고용조건으로 하는 것' 그 자체로 성립된다. 즉 사용자가 근로자에 대해 그러한 고용조건을 제시하거나 또는 그렇게 규정함으로서 성립한다. 노동조합에 가입하더라도 적극적인 노조활동을 하지 않는다는 약정도 이에 해당한다고 해석된다.[57]

8. 채용차별과 부당노동행위

일본의 부당노동행위 구제제도의 모법인 미국의 전국노동관계법(National Labor Relations Act)은 불이익취급 금지규정(동법 제8조(a)(3). 일본의 노조법 제7조 제

54) 부당노동행위를 긍정한 판례로 朝日火災海上保険事件—東京地判 平13. 8. 30, 勞判 816호, 27면; 芝信用金庫事件—東京高判 平12. 4. 19, 勞判 783호, 36면.

55) 이것과 반대 논지의 放送映畵製作所事—東京地判 平6. 10. 27, 勞判 662호, 14면에는 찬성할 수 없다.

56) 山口, 89면 참조.

57) 石川, 335면; 山口, 90면.

1호에 대응한다.) 중에 '채용'에 대한 차별적 취급 금지를 명시하고 있다. 그리고 노동위원회는 채용에 있어서 차별적 취급에 대해서는 채용명령을 발할 수 있는데 오랜 기간 동안 판례가 되어 오고 있다.[58] 이렇게 노동조합이 직업별 내지 산업별 노동조합으로서 기업 외에 존재하는(기업과의 고용관계 이전에 노동조합 가입이 이루어진다.) 산업사회에서 조합조직과 단체교섭을 부당노동행위 구제제도에 의해 옹호하려고 하는 경우에는 채용거부도 불이익 취급이 된다는 것은 필연적인 귀결이다.

일본에서는 불이익 취급 금지규정(노조법 제7조 1호)에는 '해고'의 예시가 있을 뿐 '채용차별'의 예시는 없으며, 또 조합조직으로서도 기업별 조합이 지배적이기 때문에 채용차별의 불이익 취급도 재고용과 영업양도의 경우에 있어서의 차별 등을 제외하면 상정하기 힘들다.

그러나 일본에서도 직업별 조합, 산업별 조합, 일반조합 등의 기업 외 노동조합은 상당히 많이 존재하며, 고용의 유연화가 진전되는 이후에는 증가가 예상된다. 그래서 기업 외 노동조합의 조합원 또는 활동가라는 이유로 채용에서 차별당하는 사례도 당연히 발생할 수 있다.

이에 대해서는 근로자가 '노동조합을 조직하고 단결하는 것을 옹호하는 것' 및 '단체교섭 … 을 조성하는 것'을 목적으로 하는 노동조합법(제1조 참조)이 부당노동행위 금지규정(제7조 제1호 및 제3호)에 있어서 기업 외 노동조합을 보호대상으로 두었다고는 도저히 생각하기 힘들다.

그러한 규정은 조합원 내지 노동조합활동가라는 이유의 채용거부를 대상으로 하고 있다고 해석해야 한다. 사용자의 '채용의 자유'와의 관계에서 말하자면 노조법 제7조는 그에 대한 '법률 그 외에 의한 특별 제한'[59]이 된다.

9. 보복적 불이익 취급

보복적 불이익 취급의 부당노동행위(노조법 제7조 4호)는 근로자가 노동위원회에 대해 부당노동행위의 신청을 한 것, 재심사 신청을 한 것, 또는 노동위원회에서 부당노동행위의 심사절차(조사 · 심문 · 화해) 내지는 노동쟁의 조정절차에서 증거를 제시하거나 혹은 발언을 했다는 것을 이유로 하여 불이익 취급을 함으로써 성립한다.

58) Phelps Dodge, Corp. v. NLRB 313 U.S. 177 (1941).
59) 三菱樹脂事件—最大判 昭48. 12. 12, 民集 27권 11호, 1536면.

부당노동행위의 신청인 · 보좌인 · 증인에 대한 임금취급은 취업규칙 등의 규정에 의해 일률적으로 이루어지는 한 불이익 취급은 아니지만, 해당조합의 보좌인 · 증인과 신청인에 대해서만 다른 경우와 구별하여 무급취급으로 한다는 것은 이 불이익 취급에 해당할 수 있다. 조사와 심문의 방청자에 대한 불이익 취급은 이 규정에는 해당하지 않고 불이익 취급(제1호)이나 지배개입(제3조)의 문제가 될 수 있는데 지나지 않는다.

Ⅲ. 단체교섭거부

1. 서 설

'단체교섭거부'의 부당노동행위 성립요건은 「사용자가 고용하는 근로자의 대표자와 단체교섭을 하는 것을 정당한 이유 없이 거부하는 것」(노조법 제7조 제1호)이다. 여기에는 단체교섭을 당초부터 정당한 이유 없이 거부할 뿐만 아니라, 도중에 정당한 이유 없이 거부하는 것도 당연히 포함되며, 또 단체교섭에 형식적으로는 응하면서 불성실한 태도를 취하는 것도 포함된다. 즉 원활한 단체교섭관계의 수립이라는 위 규정의 목적에서 생각하면 사용자가 '성실한 교섭을 하지 않는 것'은 실질적인 '단체교섭거부'로서 규제를 받는 것이다.

이러한 성립요건 중 먼저 분명하게 하지 않으면 안 되는 것이 '사용자'와 '근로자 대표자'의 의미이다. 전자의 '사용자'에 대해서는 기업은 자기가 고용하는 근로자에 대해서만 '사용자'로서 단체교섭의무를 진다는 것이 원칙이지만, 반복하여 채용하고 있는 계절근로자, 자기가 해고한 근로자, 자기가 현실적이면서 구체적으로 근로조건을 결정하고 있는 자회사 종업원과 사외근로자 등에 대해서는 '사용자'로서 단체교섭이 강제되는 경우가 있다. 또 '근로자의 대표자'는 노조법의 정의규정(제2조)상의 요건을 충족한 노동조합으로 해석해야 한다.

2. '단체교섭거부'의 개관

'정당한 이유 없는 단체교섭의 거부'나 또는 '성실교섭의무 위반'이 어떠한 경우에 성립하는가는 '제2장 단체교섭'에서 상술한 대로인데, 이에 대해 요약하면 다음과 같다.

'정당한 이유 없는 단체교섭거부'로서는 이유를 전혀 언급하지 않고 하는 노동조합 부인적인 교섭거부를 필두로 하여, 교섭당사자나 담당자에 관한 각종 정당하지 않은 이유를 대는 교섭거부('사용자'인 자가 그렇지 않다고 주장하여 실시하는 교섭거부, 유일교섭단체조항의 주장, 상부단체의 교섭권 부정, 회사 밖의 자를 교섭담당자로 하고 있다는 것을 이유로 하는 교섭거부 등), 의무적 단체교섭사항을 그렇지 않다고 주장하는 교섭거부, 교섭일시, 장소, 시간, 인원수 등에 관한 정당하지 않은 이유를 주장하여 교섭을 거부하는 것 등이 있을 수 있다.

반대로 말하자면 단체교섭을 거부할 수 있는 정당한 이유는 '사용자'가 아닌 점, 사용자 측 또는 노동조합 측에 체제가 정비되어 있지 않음에도 불구하고 통일교섭, 공동교섭, 집단교섭 등을 요구할 때, 단위조합의 단체교섭권과 상부단체의 단체교섭권의 조정이 이루어지지 않았기 때문에 이중교섭의 우려가 있을 때, 교섭담당자에게 교섭권한이 없을 때, 의무적 단체교섭사항이 아닌 사항에 대해 교섭을 요구할 때, 교섭의 일시, 장소, 시간, 인원수 등 교섭 원칙에 관한 정당한 이유 등이다.

다음으로 '성실한 교섭을 하지 않는 것'(성실교섭의무 위반)은 불성실한 교섭태도의 계속과 교섭결렬 이전의 교섭중단 등이다. 역으로 말하면 사용자는 성실한 태도를 계속 취하는 한 양보나 합의를 하지 않아도 성실교섭의무위반은 되지 않는다. 또 노동조합 측의 교섭체제가 정비되어 있지 않은 경우(예를 들어 다수의 교섭위원 간에 통일교섭을 위한 통제가 존재하지 않는 경우, 타결 혹은 협약체결 단계임에도 노동조합 교섭담당자에게 타결권한과 협약체결권한이 존재하지 않는 경우), 교섭사항이 의무적 교섭사항이 아닌 경우, 노동조합 측의 교섭상의 태도와 대응에 현저한 무례함이 있는 경우, 교섭이 육체적, 정신적 한도를 넘어 장시간에 걸친 경우, 교섭이 결렬된 경우 등은 사용자의 입장에서 교섭을 일시적 혹은 종국적으로 중지할 정당한 이유가 될 수 있다.

'정당한 이유 없는 교섭거부' 또는 '성실하지 않은 교섭'으로 판정된 경우에는, 사용자가 정당한 이유가 있다고 믿었거나 혹은 성실한 교섭을 하고 있다고 믿었던 것이 부득이 했다고 인정되는 경우에도 단체교섭거부의 부당노동행위가 성립하여 시정의 대상이 된다.

Ⅳ. 지배개입

1. 제 설

'지배개입' 및 '경비원조'의 부당노동행위는 노동조합이 단체교섭의 주체이기 때문에 자주성(독립성) 및 조직력을 사용자의 행위에 의해 잃지 않도록 사용자의 조합결성 · 운영에 대한 간섭행위와 조합약체화 행위를 금지한 것이다. 이 점에서 노동조합도 그 정의규정(노조법 제2조)의 요건을 충족할 필요가 있다. 단 경비원조를 받고 있는 것(노조법 제2조 단서 제2호)은 확실히 경비원조 금지규정(제7조 제3호)이 시정하려고 하는 것이므로 그 시정을 요구한 후에 방해는 되지 않는다.

2. 지배개입행위의 사용자에 대한 귀책

부당노동행위에 대해서는 그 책임주체로서의 '사용자'와 '실질적 행위자'와는 반드시 일치하지 않고, 부당노동행위가 사용자 이외의 자에 의해 이루어진 경우에는 현실적 행위를 사용자에게 귀책할 수 있는지의 문제가 발생한다. 이 문제는 부당노동행위가 해고, 배치전환 등의 법률행위뿐만 아니라 다양한 사실행위에 의해서도 이루어지는 '지배개입'에서 전형적으로 발생한다.

결국 지배개입에 해당하는 다양한 행위는 경영자 자신에 의해서뿐만 아니라 관리감독자, 일반종업원, 다른 조합원 그리고 기업 외 제3자에 의해서도 이루어지며, 해당 현실 행위자에 대한 '사용자'(법인의 경우에는 그 대표자)의 관여에도 지시, 공모, 용인, 묵시 등의 모든 종류의 양상이 존재할 수 있다(또 전혀 관여하지 않는 경우도 있을 수 있다.). 바꿔 말하면 지배개입에 해당하는 행위는 사용자인 사업주의 행위로 간주할 수 있는 경우뿐만 아니라, 경쟁관계에 있는 다른 노동조합의 행위로 간주해야 할 경우, 해당행위자의 독자(개인적)적 행위로 간주해야 할 경우 등이 있다.

그래서 어떠한 경우에 사용자의 행위로 간주해야 하는지(사용자에게 귀책될 수 있는가)가 실무상 곤란한 문제가 되는 것이다. 그 판단기준으로서는 사용자(회사 상층부)의 관여의 유무, 사용자의 조합에 대한 평상시 태도, 행위자의 회사조직 내에서의 지위 등등이 사안의 내용에 따라 이용될 수 있다.

사용자에 대한 귀책의 판단기준으로는 첫째, 해당 지배개입행위에 대한 사용자(회사 상층부)의 직접 관여(지시, 공모, 시사, 용인)가 인정되는지의 여부인데, 인정되면 당연히 사용자의 행위가 된다. 곤란한 문제는 그러한 직접 관여를 명확하게 인정할 수 없는 경우인데, 이 경우에는 해당 행위가 사용자의 뜻에 따른 행위라고 할 수 있는지가 검토된다.

이에 대해서는 노동조합에 대한 사용자의 그 때까지의 태도가 적대적인가, 중립적인가, 우호적인가(사용자가 해당 노동조합의 약체화를 의도하고 있었는가)가 먼저 고찰된다. 또 해당행위가 그 양상에 있어서 단독의 일회적 행위인가 동종의 다수 행위의 일부인가도 행위자에 의한 독자적 행위인가 아니면 회사에 의한 조직적 책동으로 볼 수 있는가의 관점에서 중요한 판단재료이다. 여기에서는 경쟁적 별도 조합이 있어 그것이 조직확대 행동을 취하고 있었는지, 행위자가 상대방에 대해 조언 · 충고 등을 하는 개인적 관계에 있었는지 등이 관련되게 된다.

그리고 다른 중요한 판단재료는 행위자의 회사조직 내의 지위이다. 즉 ① 회사의 '이익대표자'로서의 비조합원 취급을 받고 있는 상급관리자(지배인, 지점장, 공장장, 부과장 등)와 인사노무스태프 등의 행위는 원칙적으로 사용자의 뜻을 반영한 행위라고 추정할 수 있다. ② 이에 대해 조합원자격을 가지는 하급직제(계장, 주임, 반장 등) 행위에 대해서는 일반적으로 말하자면 사용자(회사 상층부)로부터 지배개입 의도를 받아 이루어졌다고 할 수 있는 적극적 재료가 있는 경우에는 '사용자의 행위'로 볼 수 있다.[60)]

그 외에 행위자의 해당행위가 회사와는 구별하여(구체적으로는 근무시간 외에 사업장 외의 장소에서 단독으로) 이루어지고 있다면 그것도 하나의 유력한 재료이며, 사용자가 해당지배개입행위에 대해 사전 또는 사후에 이것을 명확히 부인하는 조치(예를 들어 근무시간 중에 이루어진 경우의 징계적 조치)를 취하고 있다면 그것은 회사와의 관계를 부정하게 하는 유력한 사실이 된다.

또한 사용자가 기업 외의 제3자(노무 컨설턴트, 변호사, 인사노무 수탁기업 등)에게

60) 노동조합 대의원 선거 과정에서 노사협조적 입장에 선 조합원들이 투쟁적 입장에 선 조합원들의 행동을 비판하는 언동이 회사의 뜻을 같이하여 실시된 지배개입행위로 인정되었던 판례로 朝日火災海上保險事件— 東京地判 平13. 8. 30, 勞判 816호, 27면이 있다.

노사관계처리를 위탁하여, 해당 제3자에 의해 부당노동행위에 해당하는 행위가 이루어진 경우에는 사용자는 현실 관여 유무를 불문하고 부당노동행위 책임을 면할 수 없다고 해석하지 않을 수 없다. 바꿔 말하면 이 경우에는 사용자는 위탁한 노사관계 처리에 대해 부당노동행위가 이루어지지 않도록 감독할 의무가 있다.

3. 지배개입의 의사

지배개입에 대한 부당노동행위의 성립에는 사용자의 지배개입의 의사가 필요한지도 문제로 된다. 지배개입에 대한 부당노동행위의 의사가 필요한지의 여부인데 학설상으로는 의사를 필요로 하는지의 유무, 필요로 하는 경우에는 그 의사내용을 어떻게 정립할 것인가에 대해 아직 혼란스런 상태에 있다.[61] 이것은 먼저 지배개입의 구성요건(노조법 제7조 제3호)이 광범위하고 불명확하며, 게다가 여기에 해당할 수 있는 행위도 다종다양하다는 것에 기인한다.

또 이 문제에 대해서는 예를 들어 조합결성이 비밀리에 진행되고 있는 것을 사용자가 정말 모르고 그 중심인물을 전근시킨 사례를 상정한 경우에는, 사용자의 인식결여로 인해 지배개입을 부정해야 한다고 생각할 수 있는 반면,[62] '객관적으로 노동조합활동에 대한 비난과 노동조합활동을 이유로 하는 불이익취급의 암시를 포함하는 것이라고 인정되는 발언에 의해 조합운영에 대해 영향을 미친 사실이 있는 이상, 아무리 발언자에게 이 점에 대해 주관적 인식 내지 목적이 없었다고 하더라도, 또한 … 조합운영에 대한 개입이 있었다라고[63]'도 해석해야 한다는 복잡함도 존재하는 것이다.

생각건대 '지배개입'에 해당하는지의 여부는 노동위원회가 해야 할 법적 판단이므로 '지배개입'이라고 평가되는 행위를 하려는 의사(인식 · 의욕)는 성립요건이 되어야 하는 것은 아니다.[64] 그러나 '지배개입'을 구성하는 사용자의 행위는 어떤 구체적인 양상으로 노동조합의 결성을 저지 내지 방해하려고 하거나 노동조합을 회유(어용화)하고 약체화하려고 하거나 조합의 운영 · 활동을 방해하려고 하거나

61) 학설에 대해서는 東大勞研, 注釋勞組法(上), 448면.
62) 岸井貞男, 團結活動と不當勞働行爲, 141면.
63) 山岡內燃機事件—最二小判 昭29. 5. 28, 民集 8권 5호, 990면.
64) 위의 山岡內燃機事件의 판지는 이 취지로도 이해할 수 있다.

노동조합의 자주적 결정에 간섭하려고 하는 행위라고 평가되는 행위이며 이들은 일정한 구체적 의사를 가진 행위이다.

지배개입에 대해서는 사용자의 이러한 구체적인 반조합적 행위 의사가 성립요건이 되는 경우라고 해석할 수 있다. 그리고 사용자의 이러한 의사 유무는 불이익 취급의 의사 판정과 동일하게 노동위원회가 전문적 능력에 근거하여 각종 간접사실을 종합하여 판정할 수 있는 것이며 또 그렇게 하지 않을 수 없는 것이다.[65]

4. 지배개입의 양상

(1) 개 설

'지배개입'의 부당노동행위를 성립할 수 있게 하는 사용자의 행위로서는 다종다양한 경우가 있다.[66] 이에 대한 극히 일부만을 예시한다면 첫째, 노동조합의 결성에 대한 지배개입으로서는 노동조합결성에 대한 노골적인 비난, 노동조합결성의 중심인물의 해고 또는 배치전환, 종업원에 대한 탈퇴와 불가입 권유 내지 공작, 선수를 치거나 노조결성과 때를 같이하여 친목단체를 결성하게 하는 것 등이다.

둘째, 노동조합의 운영에 대한 지배개입으로서는, 마찬가지로 조합활동가의 해고 · 배치전환, 정당한 노동조합활동에 대한 방해 행위, 조합간부를 회유하기 위한 매수 · 공모, 노동조합 모임의 감시 · 스파이 행위, 평상시 또는 쟁의행위 중 노동조합 와해공작(탈퇴권유, 비판파에 대한 격려 · 원조), 임원선거 그 밖의 노동조합 내부운영에 대한 개입, 별도의 노동조합의 결성 지원, 별도 노동조합의 우대 등을 들 수 있다. 노동조합 내의 대립집단 일방에 대한 지원과 불이익 취급도 노동조합 운영에 대한 개입으로 인정할 수 있다.

불이익 취급(제7조 제1호)과 단체교섭거부(동 제2호)에 해당하는 행위도 노동조합에 대한 사용자의 약체화 공작이라고 인정되면, 이는 지배개입에 해당할 수 있다. 예를 들어 임금인상, 일시금, 승급, 승격 등에 대한 조합원 전반에 대한 차별행위 등은 불이익 취급과 지배개입에 동시에 해당한다. 또 다수조합과는 임금인상과 일시금 협정을 연계하면서 소수조합과는 이에 관한 단체교섭을 정당한 이유 없이

---

65) 西谷, 182면은 사견을 비판적으로 검토하여 보다 정밀한 견해를 내고 있다.
66) 상세한 것은 塚本重賴, 不當勞働行爲の認定基準, 253면 이하.

거부하는 행위도 소수조합에 대한 약체화공작으로서 지배개입행위라고 인정할 수 있다.

(2) 사용자의 의견표명과 지배개입

지배개입의 성립여부에 관한 어려운 문제 중의 하나로 노동조합의 양상과 활동에 관한 사용자의 의견표명이 어떠한 경우에 지배개입이 되는가(사용자의 언론의 자유는 지배개입의 부당노동행위법리에 의해 어느 정도 제한되는가) 하는 문제가 있다.

이 문제에 대해서는 학설상 지배개입의 성립을 넓게 인정하는 견해와 사용자의 언론의 자유를 가능한 존중하려는 견해의 대립을 볼 수 있었다. 즉 전자는 사용자의 반조합적 발언은 일반적인 것이든 구체적인 것이든 노동조합의 결성 · 운영에 영향을 줄 가능성이 있는 것이라면 지배개입이 될 수 있다고 본다. 이에 대해 후자는 사용자의 발언은 일반적인 노사관계의 양상에 관한 것이든 노동조합의 구체적 방침을 비판하는 것이든 원칙적으로 지배개입이 되지 않고 단지 보복, 폭력의 위협 혹은 이익의 공여를 시사하고 있는 경우에만 지배개입이 된다고 주장한다.[67]

그러나 오늘날에는 실무에서는 두 학설의 중간적인 입장에 서면서 발언의 내용, 그것이 이루어진 상황, 그것이 노동조합의 운영과 활동에 준 영향, 추인되는 사용자의 의도 등을 종합하여 지배개입 성립여부를 구체적으로 판정하는 방식이 확립되고 있다.

(3) 사용자의 의견표명에 관한 판단

대표적인 사례를 약간 언급하면, 먼저 사장이 공장종업원과 그 부형(父兄)의 집회에서 공장노조가 기업연맹에 가입했다는 것을 비난하고 거기에서 탈퇴하지 않으면 인원정리도 있을 수 있다고 언급한 것은 조합운영에 대한 명백한 개입행위로 보고 있다.[68] 이렇게 노동조합의 자주성을 존중해야 하는 내부운영상의 방침에 대해 구체적인 공작을 하는 것은 그 자체로 지배개입으로 보기 쉬우며, 특히 이 사례와 같이 위협, 불이익의 시사, 이익 유도 등을 동반하여 이루어지는 경우에는 명백한 개입행위로 본다.

---

67) 山口, 103면은 여기에 가깝다.
68) 山岡內燃機事件—最二小判 昭29. 5. 28, 民集 8권 5호, 990면.

이에 대해 회사가 경영위기에 직면하여 그 타개책을 종업원에게 호소하는 가운데 '파업을 하면 회사는 망한다'고 발언하면서 파업의 자숙을 호소한 것은 온당치 못한 부분은 있으나 전체적으로 회사의 솔직한 의견표명의 영역에 그친다고 보고 있다.[69] 이렇게 사용자 측에도 사업의 운영에 관한 자기의 견해·방침을 표명하고 협력을 구하는 자유가 존재하는 것이고, 그 행위는 그러한 표명·협력 요청의 영역을 넘어 조합(원)을 위협하거나 동요시키는 양상으로 이루어진 것이 아니라면 지배개입이 되지 않는다.

단체교섭이 결렬되어 노동조합이 파업에 들어가려고 할 때에는 사용자가 자기 입장을 설명하고 자숙을 요청하는 것도 동일하게 사용자의 기본적 자유에 속하지만, 그것이 노동조합을 위협하거나 조합원간의 어려운 문제를 발생시키기 위해 이루어졌다고 인정되는 경우에는 지배개입으로 볼 수 있다. 예를 들어 단체교섭 결렬 후 사장명의의 성명을 게재하고 파업에 대한 '회사의 중대한 결의'를 표명한바, 파업 반대파의 움직임이 확산되어 어쩔 수 없이 파업을 중단하게 된 사건에서 사장성명은 집행부 비판파에게 용기를 주어 파업 좌절을 노린 지배개입행위로 비판받고 있다.[70]

또한 노동조합이 상부단체의 지령으로 파업에 들어가기 직전에 관리자가 조합원에 대해 파업을 하면 경쟁회사에 고객을 빼앗긴다고 호소하자, 노동조합이 파업불참을 결정했다는 사건에서는 그 호소의 위협적·위축적 효과가 중시되어, 의견표명의 자유를 넘어선 지배개입행위라고 보고 있다.[71]

상급관리자나 직제가 개인적으로 종업원과 좌담하는 가운데 노동조합의 양상을 비판하고 노동조합 탈퇴나 별개 노동조합 가입을 권유하는 것도 미묘한 문제가 된다. 판례에서는 우편국장이 자택에서 직원들과 환담하는 가운데 노동조합의 투쟁주의를 비판하고 동석한 과장보좌도 당시 결성준비 중의 별개 노동조합으로의 가입을 권고한 케이스에 대해, 분명 그 공정함은 의문스럽지만 사용자에게도 기본적으로 언론의 자유가 있으므로 지배개입에 해당한다고까지는 할 수 없다고 판시한 것이다.[72]

---

69) 日本液體運輸事件—中勞委 昭57. 6. 2, 命令集 71집, 636면.
70) 프리마햄(プリマハム)事件—最二小判 昭57. 9. 10, 勞經速 1134호, 5면.
71) 北日本倉庫港運事件—札幌地判 昭56. 5. 8, 勞判 372호, 58면.
72) 新宿郵便局事件—最三小判 昭58. 12. 20, 判時 1102호, 140면.

(4) 시설관리권의 행사와 지배개입

지배개입의 성립여부에 관한 주요한 문제 중의 또 하나는 노동조합의 집회를 위한 회사시설사용을 허가하지 않는 것, 허가를 얻지 않고 이루어진 노동조합의 시설사용(집회)에 대해 퇴거명령과 경고문을 내는 것 등, 사용자의 시설관리권행사가 어떠한 경우에 지배개입의 부당노동행위를 성립시키는가이다.

이에 대해서 노동위원회는 노동조합집회를 한 시간 · 장소 · 양상, 집회의 필요성, 집회가 기업의 시설이용과 업무운영에 초래한 지장의 유무 · 정도 등을 고려하여 사용자의 조치에 대한 부당노동행위성을 구체적으로 판단하는 태도를 취해 왔다. 그리고 무허가 노동조합집회가 노동조합활동상 긴요한 필요성에 근거하여 이루어지고 업무상 지장도 최소한 부득이한 정도의 것이라고 인정되며, 사용자의 해산명령 등의 조치가 노동조합활동에 대한 지나친 방해라고 인정되는 경우에는 이것을 지배개입이라고 판단해 왔다. 그러나 판례는 앞의 「國鐵札幌運轉區事件」[73]의 판결에 따라 시설사용을 허가하지 않는 것이 사용자의 시설관리권 남용이라고 인정되는 특단의 사정이 없는 한 중지명령, 집회방해, 경고서 교부 등의 조치는 지배개입에 해당되지 않는다는 입장을 취하고 있다.[74] 판례는 당초에는 노사관계상 구체적 사정 여하에 관계없이 특단의 사정의 존재를 인정하지 않는 태도를 취하고 있었지만(위의 「濟生會中央病院事件判決」), 최근에는 구체적 사정을 (노동조합 측에 엄격하게) 검토하는 태도를 보이고 있다.[75]

권리의무관계로서는 분명 사용자에게는 판례가 말하는 시설관리권이 귀속하는데, 단체교섭을 기축으로 한 대등한 노사관계 조성을 제도 목적으로 하는 부당노동행위(지배개입) 성립 여부에 있어서는 이에 더해 노사관계상의 몇몇 구체적 사정을 고려해야 한다. 거기에서는 해당시설의 이용에 대한 노동조합 이용의 필요성과 시설관리상의 실질적 지장의 유무 · 정도, 그리고 사용자가 취한 조치의 상당성을 고려하지 않을 수 없다. 또 원래 노동조합의 기업시설 이용은 본래 노사간의 합의

73) 最三小判 昭54. 10. 30, 民集 33권 6호, 647면.

74) 新宿郵便局事件—最三小判 昭58. 12. 20, 判時 1102호, 140면; 池上通信機事件—最三小判 昭63. 7. 19, 判時 1293호, 173면; 日本치바가이기(チバガイギー)事件—最一小判 平元 1. 19, 勞判 533호, 7면; 濟生會中央病院事件—最二小判 平元 12. 11, 民集 43권 12호, 1786면; 오리엔탈모터(オリエンタルモーター)事件—最二小判 平7. 9. 8, 勞判 679호, 11면.

75) 위의 오리엔탈모터事件判決. 또한 전단배포에 관한 倉田學園事件—最三小判 平6. 12. 20, 民集 48권 8호, 1496면을 참조.

로 설정된 자주적 준칙(룰)에 따라 이루어지는 것이 바람직하므로, 노동조합 및 사용자가 관련 준칙정립에 대해 어떠한 태도를 취했는가도 중요한 고려사항이 된다. 재판소는 이들을 '특단의 사정' 속에서 고려해야 한다.[76]

(5) 노동조합기(旗) · 선전물의 철거와 지배개입

사용자가 노동조합이 설치 내지 부착한 노종조합기나 선전물을 철거하는 것에 대해서는 중노위는 아무리 노동조합기 게양과 선전물 부착이 정당한 것이라도, 노동조합에는 본래 게양과 부착의 권한이 없는 이상 그것을 철거하는 것은 상당한 절차(충분한 기간을 둔 철거 청구 · 예고)와 방법에 의하는 한 지배개입이 아니라고 판단하고 있다.[77] 중노위는 선전물 부착 등의 정당성에 대해서는 위법성 조각설과 동일한 견해에 입각하면서, 철거와 지배개입의 문제에 대해서는 지배개입이라는 부당노동행위의 내용에 입각한 독자적 판단기준을 도출한 것이라고 이해할 수 있다.

5. 경비원조

이상의 '지배개입'에 부속되는 부당노동행위는 '노동조합의 운영을 위한 경비 지불에 대해 경리상의 원조를 주는 것'이다. 단 '근로자가 근로시간 중에 시간 또는 임금을 상실하는 일 없이 사용자와 협의하거나 또는 교섭하는 것', 노동조합의 후생자금이나 또는 복리기금에 대한 사용자의 기부 및 최소한의 공간인 사무소 공여는 제외한다고 되어 있다(노조법 제7조 제3호).

'경비원조'에 해당하는 것으로서는 예를 들어 재적 종업원의 급여, 조합용무 출장경비, 통신비 등에 대한 회사부담을 생각할 수 있다. 그러나 이 부당노동행위에 대해서는 형식적으로는 이에 해당하는 것처럼 보여도 실질적으로 노동조합의 자주성을 저해하지 않는 것은 여기에 해당하지 않는다고 주장하는 학설이 많다.[78] 경비원조는 사용자와 노동조합의 의도 여하에 상관없이 교섭당사자로서의 노동조합의 자주성과 독립성을 침식한다는 것이 이를 금지한 입법취지이므로,[79] 실제로

76) 위의 오리엔탈모터(オリエンタルモーター)事件의 결정은 이들을 고려하여 판단하고 있고, 이 사건에서의 河合재판관의 반대의견은 사견보다 가까운 판단을 제시하고 있다.
77) 앞의 木村 논문 참조. 대표적인 것으로서 商大自動車教習所事件—中勞委 昭50. 6. 18, 命令集 55집, 693면.
78) 예를 들어 外尾, 290면; 岸井貞男, 團結活動と不當勞働行爲, 117면; 西谷, 189면.
79) 같은 취지: 石井, 475면; 山口, 100면.

어용화하지 않으면 어떠한 원조를 받아도 괜찮다고는 할 수 없으나, 노동조합활동의 편의를 지나치게 잃지 않도록 금지하는 원칙을 좁게 해석할 필요는 있다. 예를 들어 조합사무소의 광열비 부담과 유급 · 무급의 조합휴가(허위 노조전입자로 되지 않는 정도의 것) 등은 명문상 예외로 되어 있는 근무시간 중의 교섭과 조합사무소의 대여와 같은 성질의 것으로서 허용되어야 한다(또 무급 재적 전임자와 체크오프는 원래 '경리상의 원조'라고는 할 수 없다.).

V. 공통적 부당노동행위

실제로 부당노동행위는 복수의 유형에 걸쳐 실시되거나 복수 유형에 공통적 문제로서 나타나는 경우가 많다. 여기서는 이러한 형태로 노동위원회에 등장하는 몇 개의 전형적 부당노동행위를 거론하고 그 성립요건을 검토한다.

1. 대량 사정차별

불이익 취급 및 지배개입에 대한 근래의 전형적인 사건으로서 임금인상, 일시금, 승격 등에 관한 인사고과(사정) 후에 소수노동조합의 조합원을 모두 차별했다고 제기된 사건이 있다. 이 종류의 사건에 있어서는 다수의 신청인이 장기간에 걸친 임금인상, 일시금 혹은 승격에 관한 차별을 다투는 것 그리고 차별의 근원이 인사고과라는 기업 내부의 미묘한 판정절차이며 기업이 이에 대해 인사비밀을 이유로 기록과 자료의 제출을 꺼리는 것 등으로부터 차별 성립여부에 관한 입증이 곤란해지고 또한 심리가 장기화되는 경향이 발생했다. 그래서 노동위원회는 이 곤란한 사건의 심리를 용이하게 하기 위해 '대량 관찰방식'이라고 칭하는 심리방식을 채택하기에 이르렀다.[80]

즉 어떤 노동조합의 조합원 전반에 대한 인사고과상의 대량차별에 대해 이의를 제기하면, 노동위원회는 먼저 이의를 제기한 노동조합의 조합원의 승급, 일시급, 승격 등에 관해 사정이 다른 노동조합의 조합원이나 또는 종업원에 비해 전체

80) 상세한 것은 高田正昭, 「賃金差別」, 現代講座 8, 200면; 直井春夫=成川美恵子, 「査定差別」, 講座21世紀の勞働法(8), 103면 이하.

적으로 낮은 수준에 있는지의 여부를 주로 이를 제기한 자가 제출한 자료에 의해 검토한다(이를 제기한 조합원들과 그 밖의 자와의 비교는 동기 · 같은 학력 · 같은 직종 그룹마다 이루어진다.). 그리고 이 전체적 낮은 수준의 입증과 함께 노동위원회는 이의를 제기한 노동조합에 대한 낮은 평가는 사용자가 이의를 제기한 노동조합에 대한 약화 의도나 해당조합원에 대한 차별적 의도에 의한 것임을 일단 입증한다. 여기서는 사용자가 과거에 이의를 제기한 노동조합을 혐오하고 약화에 주력해온 점, 이의제기 조합원에 대한 사정이 이의제기 노동조합의 전투화 후, 이의제기 노동조합의 가입 후나 또는 협조적인 다른 노동조합의 결성 후에 전체적으로 평가가 낮아졌다는 점 등을 입증한다.

이상이 이의제기 조합원과 그 이외의 종업원간의 사정상의 일반적 격차가 신청조합의 조합원이라는 이유로서 이루어진 것이라고 일단 입증('차별의 외형적 입증')하는 것이고, 입증이 되면 노동위원회는 불이익 취급의 부당노동행위가 성립한다고 일단 추정한다.

결국 사용자는 이러한 외형적 입증에 의한 격차가 이의를 제기한 조합원들의 근무성적 · 태도에 근거한 합리적인 이유가 있음을 입증해야 할 필요가 있으며, 이러한 입증에 의해 추정을 뒤집지 않으면 부당노동행위의 성립이 인정된다.

이 입증은 이의제기 조합원(이의제기인들)의 한 사람 한 사람에 대해 사정의 공정함을 입증하게 되므로 개별입증이라고 한다. 사용자는 직제 등을 증인으로 하여 개별입증에 노력하지만, 이의제기 노동조합의 조합원의 사정이 전체적으로 낮다는 점, 그리고 사용자가 해당 노동조합에 대해 와해공작, 단체교섭거부, 불이익 취급 등의 약화 책동을 해왔다는 점이 인정되는 케이스에서는 노동위원회는 부당노동행의 성립의 추정을 용이하게 뒤집지 못하는 경향이 있다.[81)]

2. 개별적 사정차별과 입증

대량관찰방식은 차별받은(차별받았다고 주장하는) 조합원집단과 그 이외의 종업원 집단이 근무성적에서 전체적으로 동질 집단이라는 점을 전제로 한 양적인 추인수법이므로, 본래는 어떤 노동조합의 조합원 전체와 조합 내의 특정 조합원 집단

81) 대량관찰방법에 의한 부당노동행위의사의 추인이 가능한 전형적인 사례로는 紅屋商事事件—最二小判 昭61. 1. 24, 判時 1213호, 73면.

전체에 대해 사정차별이 주장되는 사건(전체적 사정차별 사건)에서만 타당한 것이고, 그러한 규모가 없는 노동조합과 조합원 집단 전체에 대하여, 또는 노동조합과 조합원 집단의 일부의 자에 대해서 사정차별이 주장되는 사건(소규모 내지 부분적 사정차별)에서는 이용될 수 있는 것은 아니다.[82)]

소규모(부분적) 사정차별사건에서는 노동위원회는 당해 조합원 집단에 대한 사정의 저위성과 사용자의 지금까지의 조합약화 책동과 더불어, 당해 집단 내지 개개인의 근무성적의 동등성을 신청인에게 입수 가능한 자료로 입증하게 한 후, 사정의 정당성에 대하여 사용자(피신청인)에게 반증시키게 된다.[83)]

3. 쟁의행위를 이유로 하는 임금삭감과 부당노동행위

파업, 태업, 부분적 작업거부에 대한 임금삭감의 범위와 정도에 관한 사법상의(임금청구권의 유무의) 문제는 전술했다. 여기에서의 문제는 그러한 임금삭감이 어떠한 경우에 불이익 취급 및 지배개입으로 부당노동행위가 성립되는 지인데, 결과적으로는 사법상 명확하게 적법한 삭감은 부당노동행위의 의사가 인정되지 않아 그 성립이 부정되는데 비해, 사법상 명확하게 위법한 삭감은 그 의사가 긍정(추인)되게 된다.

그러나 이 문제는 부당노동행위 성립요건(제7조 제1호, 제3호)에 입각하여 독자적으로 검토할 필요가 있는 것이며, 사법상의 관점에서만 검토해야 하는 것은 아니라 오히려 사용자에게 보복과 약화 의도가 인정되는지의 여부가 핵심이 된다. 예를 들어 합리적 이유 없이 종래의 관행으로 돌아가 보다 불리한 삭감을 하거나 통상 결근에 비해 파업에 의한 결근을 보다 불리하게 취급하는 경우 등에는 그러한 의도가 인정되기 쉽다.

4. 파업 참가자에 대한 일시금 삭감과 부당노동행위

파업 참가자에 대해 정당한 파업 참가를 이유로 일시금 사정을 낮게 하는 것은 불이익 취급 규정(제7조 제1호)에 해당하는 부당노동행위이다. 이에 비해 어려운 문

---

82) 北辰電機製作所事件—東京地判 昭56. 10. 22, 判時 1030호, 99면; 최근에도 芝信用金庫事件—東京高判 平12. 4. 19, 勞判 783호, 36면.
83) 오리엔탈모터(オリエンタルモーター)事件—東京地判 平14. 4. 24, 勞判 868호, 20면.

제는 일시금의 계산에서 출근율의 산정상 파업 참가일을 결근으로 취급하는 것이다. 이에 대해서는 기계적 계산이며 통상 결근과 동일하게 취급한 것이라면 결근을 이유로 하는 불이익 취급에 지나지 않으며 원칙적으로 부당노동행위가 되지 않는다고 생각해야 할 것이다.

그러나 그것이 예를 들어 노동조합이 병존하는 상황 속에서 해당조합에 대한 약화 책동이라고 인정되는 등 사용자 측에게 정당한 파업에 대한 보복과 노동조합 약화 의도가 인정되는 특별한 사정이 있는 경우에는 불이익 취급 내지 지배개입이 성립한다.[84] 또 출근율 계산이 기계적이지 않고 사정의 일종이라고 인정되거나 파업에 의한 결근이 통상 결근에 비해 보다 불이익하게 취급되고 있다면 불이익 취급 내지 지배개입이 성립하기 쉽다.

5. 회사해산에 의한 전원 해고와 부당노동행위

경영자가 자기 회사 노동조합의 존재나 또는 노동운동을 혐오하여 노동조합을 궤멸 또는 사업의욕을 잃게 하기 위해 회사를 해산하고 조합원 전원을 해고하는 경우에는 이 해산이나 해고는 불이익 취급과 지배개입에 해당하는 것일까?

이러한 해산에도 회사해산에 의해 사업을 정말로 폐지해버리는 진정한 해산과 해산 후에도 사업을 사실상 계속하거나 새로운 회사의 설립으로 사업을 재개하는 위장해산이 있다. 이들에 대해서는 부당노동행위의 금지가 사업폐지의 자유까지 제한하고 있는 것은 아니므로, 사업이 해산결의 그 밖의 사유로 인해 실제로 폐지되어버리면 아무리 그것이 노동조합을 혐오한 것과 그 궤멸을 의도한 것에서 발생한 것이라고 해도 사업의 재개명령은 할 수 없으며, 노동위원회로서는 기껏해야 청산절차 중에 원직복귀와 임금지불을 명령할 수 있는 데 지나지 않는다.[85]

이에 비해 사업폐지의 표명과 해산결의가 있더라도 실제로는 동일한 사업자본과 경영자에 의해 계속되고 있는 경우에는 노동위원회는 그 실제상의 동일 기업에 대해 종업원으로서의 취급과 백 페이(back pay)를 명령할 수 있다.[86]

84) 西日本重機事件—最一小判 昭58. 2. 24, 判時 1071호, 139면. 菅野, [判批], ジュリ 818호, 103면 참조.
85) 石川, 332면; 外尾, 263면. 최근의 판례로서 仲立證券事件—大阪地判 平14. 2. 27, 勞判 826호, 44면—해산에 대하여 부당노동행위 목적은 인정되지 않는다고 판단.
86) 佐藤香, 「救濟命令の內容の限界」, 外尾健一 編, 不當勞働行爲の法理, 461면.

6. 노동조합궤멸을 위한 회사해산의 사법상의 문제

회사해산결의는 노동조합궤멸을 노리고 시행되었다고 해도, 그 동기에 있어서 공서(헌법 제28조의 취지를 담은 공서)위반에 의해 무효가 되는 것은 아니라고 생각되어,[87] 따라서 해산=사업폐지를 이유로 하는 해고도 유효하게 된다(위의 「大森陸軍事件」).

그러나 그 해산이 위장해산으로 사업이 실제로 계속되는 경우에는 해고는 사업폐지라는 실질적인 이유가 결여된 것으로서 무효로 되지 않는지, 그리고 후속기업이 피해고자의 근로계약상의 사용자로서의 지위를 승계하지 않는지가 문제가 될 것이다.[88]

7. 단체협약과 부당노동행위

사용자에 의한 단체협약 위반은 당연히 부당노동행위가 되는 것이 아니라, 위반의 내용 · 양상, 실제적 의의 등에 비추어 그것이 부당노동행위 중 어떤 유형에 해당하는지를 독자적으로 검토할 필요가 있다.[89]

또한 사용자는 기간의 설정이 없는 단체협약을 90일 전에 예고함으로써 해약할 수 있지만(노조법 제15조 제3항 · 4항), 이 해약도 그 사법상의 효과와는 별도로 부당노동행위에 해당하지 않는지의 여부가 문제로 될 수 있다(예를 들어 노사관계의 원칙과 편의제공에 관한 단체협약의 해약에 대해서는 노사관행 파기의 경우와 동일한 문제가 발생할 수 있다.).[90]

그리고 다수 노동조합과의 단체협약 확장적용(노조법 제17조)은 소수조합원과의 관계에서는 인정되지 않는바, 소수조합원에 불이익이 되는 협약을 동 노동조합과의 단체교섭을 거치는 경우 없이 확장하여 적용하는 것은 노조법 제7조 제1호 · 3호의 부당노동행위가 될 수 있다.[91]

---

87) 石井, 465항; 注釋會社法(4), 232면[小島孝]; 三協紙器製作所事件—東京高決 昭37. 12. 4, 勞民 13권 6호, 1172면; 大森陸軍事件—神戸地判 平15. 3. 26, 勞判 857호, 77면.

88) 石井, 466면 참조.

89) 같은 취지: 石川, 318면.

90) 종전 단체협정의 해약을 부당노동행위로 본 판례로서 駿河銀行事件—東京高判 平2. 12. 26, 勞判 583호, 25면.

91) 상여의 공제기준을 포함한 상여협정의 확장적용에 대해, 中勞委(네슬레(ネスレ)日本)事件—東京地判 平12. 12. 20, 勞判 810호, 67면.

8. 노사관행의 파기와 부당노동행위

노동조합과 사용자 간에는 노사관계상의 여러 사항(단체교섭절차 · 조건, 노동조합활동의 취급, 편의제공 등)에 대해 일정한 취급이 쌍방의 사실상의 이해 아래 장기간 반복되고 있는 경우가 많다.

이러한 노사관행은 극히 일반적으로는 노사자치 및 노사관계 안정이라는 관점에서 노사간의 일종의 자주적 원칙으로서 존중되어야 하는 것이며, 당사자가 이것을 파기하기 위해서는 상대방에 대해 그 이유를 제시하여 원칙 변경을 위한 교섭을 하는 것이 요청되는 경우를 말한다.

따라서 사용자가 이러한 절차를 밟지 않고 관행을 파기하는 경우에는 그 양상에 따라 지배개입 등의 부당노동행위로 될 가능성이 있다.[92)]

9. 병존 노동조합과의 단체교섭과 부당노동행위

사용자는 사업장에 공존하는 복수 노동조합을 각각 독자적 교섭상대로서 승인 · 존중하고 단체교섭과 그 밖의 노사관계 국면에서 각 노동조합에 대해 중립적인 태도를 취해야 한다. 바꿔 말하면 사용자는 각 노동조합을 그 성격과 운동방침의 차이에 의해 합리적 이유 없이 차별하거나 일방 노동조합에 대한 약화를 꾀해서는 안 된다.[93)]

따라서 예를 들어 사용자가 일방 노동조합에게 제공한 근로조건과 편의제공을 합리적인 이유 없이 다른 쪽 노동조합에게 제공하지 않는 것은 다른 노동조합을 약화시키는 행위로서 지배개입으로 될 수 있다.[94)]

한편 병존 노동조합의 조직인원에 압도적인 차이가 있는 경우에는, 사용자가 사업장의 통일적 근로조건의 형성을 위해 병존 노동조합과의 노사관계를 다수 노동조합과의 단체교섭 및 합의를 중심으로 하여 운영하는 것은 자연의 이치이다. 따라서 사용자가 병존 노동조합에 대해 거의 동일시기에 동일한 근로조건을 제시

92) 상세한 것은 堺鑛二郎, 「便宜供與慣行の破棄」, 現代講座(8), 150면; 高橋貞夫, 「專從慣行 · 組合活動をめぐる慣行の破棄」, 現代講座(8), 176면.

93) 日産自動車事件―最三小判 昭60. 4. 23, 民集 39권 3호, 730면.

94) 병존 노동조합의 한쪽에 대한 조합사무소 등의 편의제공의 중단을 이러한 관점에서 지배개입으로 판단한 판례로서 日産自動車事件―最一小判 昭62. 5. 8, 判時 1247호, 131면. 최근의 사례로서는 東洋시트(シート)事件―最一小判 平9. 4. 24, 勞判 737호, 23면.

하여 각각 교섭한 결과, 다수 노동조합과는 합의에 도달하고 소수 노동조합과는 주장의 대립이 더욱 큰 경우에는 사용자가 다수 노동조합과의 합의내용으로 소수 노동조합과 타결하기 위해 이에 고집하는 것은 교섭에서 충분한 설명과 협의를 하는 한 비난받아야 할 태도는 아니다. 또 사용자의 그러한 태도에 대해 소수 노동조합 쪽도 자신의 주장을 고집한 결과 합의가 달성되지 않아 동 노동조합(그 조합원)에 불이익이 발생했다고 해도 그것만으로 사용자를 비난할 수는 없다.[95)]

그러나 위와 같은 소수조합과의 합의실패와 이에 따른 소수 노동조합(그 조합원)의 불이익초래라는 사태가 사용자가 해당 노동조합의 약화를 꾀하기 위해 병존 노동조합과의 단체교섭을 조작하여 이를 초래했다고 인정되는 특별한 경우에는 소수 노동조합에 대한 지배개입과 그 조합원에 대한 불이익 취급으로 부당노동행위가 성립한다.[96)]

이러한 부당노동행위의 대표적 타입은 사용자가 각각의 병존 노동조합과의 임금인상과 일시금 교섭에 있어서 다수 노동조합은 저항 없이 받아들이지만, 소수 노동조합은 그 운동노선상 강하게 반대할 것 같은 전제조건을 의도적으로 언급하고, 이 조건을 받아들인 다수 노동조합에게는 임금인상 내지는 일시금 지급을 실시하면서, 전제조건에 계속 반대하는 소수 노동조합에 대해서는 같은 조건을 고집하여 교섭을 타결하지 못하고 임금인상 내지 일시금 지급을 하지 않는 행위이다.

단 사용자가 각각의 병존 노동조합과 어떠한 내용의 근로조건을 형성하는가는 해당 노사의 자유로운 단체교섭에 위임되어 있으며, 교섭이 타결되지 않는 것은 전제조건을 받아들이지 않은 소수 노동조합의 자주적 선택이라고도 할 수 있는 것, 게다가 사용자는 병존 노동조합의 쌍방에 대해 동일한 내용의 전제조건을 제시하고 있고 두 노동조합의 차별적 취급은 표면상 인정될 수 없다는 점에서 보면 이러한 종류의 케이스에서는 사용자가 두 조합의 운동방침의 차이를 이용하여 그러한 결과의 초래를 초래했다는 등, 사용자에게 소수 노동조합에 대한 약화의 의도가 인정되는 경우에만 부당노동행위의 성립을 긍정할 수 있다. 그래서 이러한 부당노동행위의 의사를 파악하기 위해 노사관계 전체의 흐름 속에서 사용자의 교

95) 앞의 日産自動車事件—最三小判 昭60. 4. 23, 高知縣觀光事件—最二小判 平7. 4. 14, 判時 1530호, 132면은 소수노동조합과의 시간외 근로에 대해 합의가 이루어지지 않자 소수조합원에 대해 시간외 근로를 배제한 사안.

96) 반대설로서 山口, 114면.

섭상의 태도의 합리성 여부를 검토하게 된다.

10. 병존조합과의 단체교섭을 조작한 부당노동행위의 구체적 예

소수 노동조합이 강하게 반대할 것 같은 전제조건을 의도적으로 언급하는 단체교섭 조작의 전형적인 예로서 사용자가 병존 노동조합과의 연말 일시금 단체교섭에서 '생산성 향상에 협력한다'는 항목을 전제조건으로 언급하자, 다수 노동조합은 이를 수용하여 타결했지만 소수 노동조합이 계속해서 반대하고 사용자도 동 조건을 고집하여 타결하지 못한 사례가 있다.[97)]

상고심은 '생산성 향상에 협력한다'는 전제조건이 당시 사회적 상황 속에서 노동조합에게 문제가 있는 것이었음에도 불구하고 사용자가 그 의미 내용의 구체적 설명을 충분하게 하지 않은 점에서 소수 노동조합이 수락을 거부하는 태도를 취했던 것은 이유가 있으며, 사용자의 전제조건에 대한 고집은 합리성이 없다고 판단하여 이러한 점에서 사용자의 전제조건의 제시와 그 조건에 대한 고집에 대해 소수 노동조합 약화의 의도를 가지고 있었다고 평가해도 어쩔 수 없다고 판시했다.

이러한 유형에 속하는 다른 전형적 예로서는 임금인상교섭에 있어서 '타결 월내 실시'라는 전제조건에 대한 고집과 그에 따른 임금인상의 미실시가 해당조합에 대한 약화 의사에 근거하는 부당노동행위가 된 사례가 있다.[98)]

병존 노동조합과의 단체교섭을 조작한 지배개입으로서 판례상 인정된 또 하나의 유형에는 잔업배당 문제에 관한 소수 노동조합과의 교섭을 성실히 하지 않음으로써, 그 조합원에게 잔업이 배당되지 않게 된 부당노동행위가 있다.[99)]

위 사건에서는 회사가 다수 노동조합과의 협의에 의해 2교대제 및 계획 잔업의 근무체제를 도입하는 데 있어, 소수 노동조합의 강제잔업반대 · 야근반대라는 공식견해를 역이용하여 동 조합과 어떤 협의도 하지 않은 채 그 노동조합에게 잔업을 일절 주지 않기로 한 것, 그 후 소수 노동조합의 요구에 의해 이루어진 잔업배당 문제에 대한 교섭에서도 위의 근무체제의 타당성 · 필요성에 대해 충분한 설명

---

97) 日本오리엔탈모터(メール · オーダー)事件—最三小判 昭59. 5. 29, 民集 38권 7호, 802면.

98) 濟生會中央病院事件—東京高判 昭61. 3. 27, 勞民 37권 4 · 5호, 307면. 이를 부정한 판례로서는 名古屋放送事件—名古屋高判 昭55. 5. 28, 勞判 343호, 32면; 日本치바가이기(チバガイギー)事件—最一小判 平元 1. 19, 勞判 533호, 7면.

99) 日産自動車事件—最三小判 昭60. 4. 23, 民集 39권 3호, 730면.

을 하지 않고 성의 있는 교섭태도를 취하지 않았다는 점에서 회사는 소수 노동조합을 약화할 의도를 가지고 동 조합원에게 잔업을 명령하지 않는 조치를 취한 후, 이 기정사실을 유지하기 위해 형식적으로 단체교섭을 했다고 판단하고 있다.[100]

100) 이상의 문제에 대한 문헌으로서 高橋貞夫, 「組合竝存下の前提條件の諾否と差別」, 季勞 161호, 79면 이하; 道幸哲也, 不當勞働行爲の行政救濟法理, 145면 이하.

제3장 부당노동행위의 사법상의 구제

Ⅰ. 부당노동행위 금지규정의 사법상의 효력

1. 학설 · 판례의 개황

노조법상의 부당노동행위 금지규정에 위반하는 행위가 이루어진 경우에, 부당노동행위를 당한 근로자 또는 노동조합은 노동위원회에 행정적인 구제를 요구하는 것이 아니라, 직접 재판소에 소송을 제기하여 위반한 법률행위의 무효확인, 손해배상, 작위 · 부작위명령 등을 청구할 수 있는 것일까. 이는 주로 부당노동행위 금지규정의 사법상 효과에 의존하는 문제이다.

일본에서 부당노동행위 구제제도의 모델로 삼은 미국의 불공정노동행위(unfair labor practice) 구제제도에서는 이 행위의 구제는 전문적 행정기관인 NLRB(전국 노동관계위원회)의 전속적 임무라는 것이 명확화되어 있어, 재판소에 의한 구제는 이루어지지 않는다.

이에 대해 일본에서는 부당노동행위 구제제도가 1945년 구 노조법의 불이익 취급의 벌칙이 있는 금지에서 출발하여, 그러한 구법 시대에서 동 규정 위반의 해고가 강행법규 위반으로 무효가 되는 것이 재판실무상 빠르게 확립되었다. 그리고 이 제도가 1949년의 노조법의 전면개정으로 행정구제제도로 재편된 후에도, 불이익 취급에 해당하는 해고의 무효성이 판례에서 특별한 의심의 여지없이 승계되었다. 또한 판례도 1968년에 불이익 취급 금지규정(노조법 제7조 제1호)에 위반되는 해고는 당연히 무효라고 판시하고, 이 규정이 사법상의 강행규정이기도 하다는 것을 판례로 확립했다.[101)]

이러한 재판실무의 흐름도 있고, 학설에서는 부당노동행위 금지규정을 노동위원회에 의한 행정구제의 근거규정이 아니라, 사법상의 강행규정이고 권리규정이라고 해석하는 견해가 다수설이라고 할 수 있는 상황이 되었다.[102] 다만, 이에 대해서는 미국의 제도와 마찬가지로 동 규정은 어디까지나 노동위원회에 의한 행정구제제도를 위한 규정으로, 사법규정과는 관계가 없는 것이라는 유력설도 주장되고 있어,[103] 대립해 왔다.

그 후, 최근의 판례에서는 단체교섭거부 금지규정(노조법 제7조 제2호)을 근거로 하여, 단체교섭을 요구하는 지위확인청구를 인정하는 판례[104]가 확립되고 또 불이익 취급 · 단체교섭거부 · 지배개입의 금지를 통하여 이러한 위반행위에 대한 손해배상청구를 인정한 판례가 축적되고 있다.

이리하여 오늘날에는 부당노동행위 금지규정은 판례상 불이익 취급 조치의 무효, 단체교섭을 요구하는 지위의 확인, 부당노동행위 금지위반 전반에 대한 손해배상(불법행위)이라는 한도에서는 사법상의 효과를 부여받고 있다.

또한 부당노동행위 금지규정을 오로지 행정구제를 위한 규정으로 해석하는 유력설에서도 다른 한편으로는 헌법 제28조의 단결권 등이 '공서'의 내용이 되기 때문에, 불이익 취급에 해당되는 해고는 공서위반으로 무효가 되고, 단결권 등을 침해하는 행위는 공서위반으로서 불법행위의 위법성을 갖추게 한다고 주장했기 때문에,[105] 위반행위의 무효 · 손해배상의 한도에서는 결론적으로는 비슷한 효과를 승인하고 있다.

2. 부당노동행위금지 규정의 독자성과 복합성

현행 부당노동행위 구제제도는 노조법의 1949년 개정 시에 근본적으로 확충 · 개조된 것으로, 사용자의 노동조합결성 · 운영에 대한 방해 · 간섭과 단체교섭거부에 대해 종래의 사법체계 가운데에서는 시행할 수 없는 적극적이면서 유연한 구제를 전문적 행정기관에 의한 시정조치에 의해 실현하고, 노조법의 기본이념(노조법

101) 醫療法人新光會事件—最三小判 昭43. 4. 9, 民集 22권 4호, 845면.
102) 예를 들어 外尾, 295면 이하; 久保, 101면; 西谷, 140면.
103) 石川, 15면.
104) 國鐵事件—東京高判 昭62. 1. 27, 勞判 505호, 92면; 同事件—最三小判 平3. 4. 23, 勞判 589호, 6면.
105) 石川, 15면.

제1조 제1항)에 입각하여 노사관계의 정상화를 꾀하려고 하는 제도이다.

따라서 그 제도 중의 금지규정은 노동조합(근로자)과 사용자 간의 사법상의 권리의무를 설정한 것이 아니라, 대등한 노사관계 형성을 위한 노사관계상의 원칙을 설정한 것이다. 다만, 이러한 원칙은 노동위원회의 행정구제에 의해 실현이 도모되게 된다고 하나, 사법상(사법구제상)의 의미를 가지지 않는 것은 아니다.

첫째, 앞에서 서술한 대로 불이익 취급 금지규정(제7조 제1호)은 구 노조법 시대에 사법상의 강행규정으로서의 효력을 재판실무에서 확립하고, 1949년 개정 후에도 그 효력을 당연한 법리로 유지했다. 이러한 연혁 속에서는 이 규정은 강행법규로서의 성격도 계승하고, 행정구제의 근거규정으로서의 성격과 그러한 사법규정으로서의 성격을 함께 보유하고 있다고 보지 않을 수 없다.

둘째는 부당노동행위금지의 각각의 원칙(불이익 취급 · 단체교섭거부 · 지배개입 등의 금지)은 현행 노사관계법상의 기본 원칙인 만큼, 금지위반의 행위에 대해서는 불법행위의 성립요건의 하나인 '위법성'도 갖추게 된다고 해석된다.

그러나 부당노동행위 금지규정의 복합적인 사법상의 의의는 이러한 한도에서 그 이상의 것은 아니다. 불이익 취급 · 단체교섭거부 · 지배개입금지의 여러 규정은 노동위원회에서는 모든 종류의 재량적인 작위 · 부작위 명령에 의해 집행이 도모되는 것이나, 재판소에서는 그러한 적극적인 구제는 행할 수 없다. 즉, 이러한 규정은 재판소에 의한 작위 · 부작위 명령을 기초로 한 청구권의 근거규정으로는 도저히 해석할 수 없다.

이러한 점에서 부당노동행위 금지규정은 주로 노동위원회에 의한 행정구제를 염두에 둔 노사관계의 원칙이라고 할 수 있다.[106] 판례도 지금까지는 이 점을 전제로 이 규정의 사법상의 효력을 검토해 왔다고 할 수 있다. 판례에 의한 위의 단체교섭을 요구할 수 있는 법적 지위의 승인은 단체교섭거부의 금지규정(제7조 제2호)이 청구권 규정이 아니라는 점을 전제로 하면서, 이에 법적 지위설정 한도에서의 효력을 인정한 것이다.

그러나 단체교섭을 요구할 수 있는 법적 지위는 단체교섭거부의 금지규정에서 발생하는 것이 아니라, 헌법 제28조의 요청에 따라 단체교섭의 기초적인 법적 지

106) 사법구제의 독자성에 관하 상세한 고찰로는 道幸哲也, 不當勞働行爲の行政救濟法理, 106~111면.

위를 설정하고 있는 노조법의 일련의 규정(제1조, 제6조, 제16조, 제17조)에서 발생한다고 해석하는 것이 그러한 한정적인 내용과 효력을 잘 이해하고 설명할 수 있다.

이 외, 유력설이 주장하듯이 헌법 제28조의 단결권 등의 보장이 '공서'를 형성하고 있는 것도 긍정할 수 있기 때문에, 단결권 등의 침해행위는 이 '공서'의 위반으로 무효로 여겨지거나 위법(불법) 행위로 여겨질 수 있다.

Ⅱ. 사법상의 구제(사법구제)의 내용

현재 부당노동행위에 대하여 재판실무에서 주어진 사법상의 구제(사법구제)는 보다 구체적으로는 다음과 같다. 이러한 것은 또 노동위원회에 의한 행정 구제와는 다음과 같이 다른 법적 구제이다.

1. 법률행위의 효력

예를 들어, 노동조합의 조합원 내지 지도자라는 것을 이유로 하는 해고, 징계처분, 불이익 배치전환, 출향, 휴직 등의 인사상의 불이익 조치로 법적 효력을 동반하는 것(법률행위)은 강행규정으로서의 불이익 취급 금지규정(제7조 제1호)에 위반하는 것으로 무효가 되기 때문에, 당해 조치의 대상자(근로자)는 재판소에 그 효력의 무효 확인을 요구할 수 있다.

근로자가 노동조합의 정당한 단체행동에 종사했던 것을 이유로 하는 해고, 징계처분에 대해서도 마찬가지이다. 실제로는 이러한 구제를 부여하는 판례는 너무 많아 일일이 셀 수 없다.

다만, 해고가 불이익 취급 금지규정에 위반하는 것으로 무효로 여겨지는 경우에도, 근로자에게는 취업청구권이 존재하기 않기 때문에 사법구제에서는 피해고자에 대해 종업원인 지위의 확인(본안소송) 내지 보전(가처분)이 이뤄지는 데 불과하고, 직장복귀의 강제는 이루어지지 않는다.

이러한 규정에 위반하는 해고를 노동위원회가 구제하는 경우에는 원직복귀 그 자체가 명령되고 강제된다. 또 해고기간 중의 임금에 대하여 재판소가 사법(민법 제536조 제2항)상 지불을 명한 경우에는 그 기간 중의 중간수입이 평균 임금의 6할을 넘는 소급임금 부분에서 공제된다.

이에 대해 노동위원회에 의한 백 페이(back pay) 명령의 경우에는 중간수입을 공제하는가의 여부는 일정한 기준에 따른 노동위원회의 재량에 위임된다.

2. 손해배상

예를 들어, 노동조합의 결성, 이 노동조합으로의 가입, 정당한 활동을 한 자에 대한 차별대우는 불이익 취급 금지 내지 지배개입 금지에 반하는 위법행위로, 불법행위가 될 수 있다(이 성립요건의 한 가지인 '위법성'을 갖춘다.). 그래서 당해 근로자 및 노동조합은 사용자에 대해 그에 따른 재산적 · 정신적 손해배상을 청구할 수 있다.

또한 사용자에 의한 조합와해 등의 약화 책동은 지배개입금지(제7조 제3호) 위반으로서, 마찬가지로 조합에 대한 손해배상책임을 발생시킨다.[107] 결성된 노동조합을 인정하지 않고, 이와의 단체교섭을 거부한 행위와 소수 노동조합과의 교섭을 거부한 행위도, 단체교섭거부 금지규정에 반하는 불법행위로 여겨진다.

다만, 재판소에서는 '위법성' 뿐만 아니라, 불법행위의 다른 요건도 음미되므로 예를 들어 사용자가 단체교섭거부의 정당한 이유가 있다고 잘못 확신한 경우에 대하여 부득이한 사정이 인정되는 경우에는 노동위원회에서는 단체교섭 명령을 내리는 데 비해, 재판소에서는 '고의 또는 과실'의 요건을 구비하지 않았다고 하여 불법행위의 성립을 부정하는 경우가 있을 수 있다.

한편, 사용자인 기업의 모기업과 거래처에 의한 근로자의 단결권 등의 침해에 대해서는 이러한 것이 노동위원회의 구제명령의 대상이 되는 '사용자'가 아니라도 단결권 등의 '공서'위반의 불법행위에 의한 손해배상청구의 대상이 될 가능성이 있다.

사용자의 부당노동행위(내지 단결권 등의 침해행위)에 대해 노동조합 또는 근로자의 손해배상청구를 인정한 판례는 최근 증가하는 경향이 있다.[108]

---

107) 사례로서 위의 日産自動車事件—東京地判 平2. 5. 16, 勞民 41권 3호, 408면; 大榮交通事件—横浜地判 昭49. 3. 29, 勞判 200호, 39면; 横浜稅關事件—最一小判 平13. 10. 25, 勞判 1770호, 145면; 渡島信用金庫事件—札幌高判 平14. 3. 15, 勞判 826호, 5면; 山本隆一, 「不當勞働行爲の司法救濟」 百選[7版], 268면 참조.

108) 사정차별의 사례로서 門司信用金庫事件—福岡地小倉支判 昭53. 12. 7, 判時 931호, 122면; 배차 차별의 사례로서는 산덴(サンデン)交通事件—最三小判 平9. 6. 10, 勞判 718호, 15면; 잔업차별의 사례로서는 앞의 日産自動車事件; 배치전환차별의 사례로서 朝日火災海上保險事件—最二小判 平5. 2. 12, 勞判 623호, 9면; 일시금 교섭을 통한 일시금 차별에 대하여 明石運輸事件—神戸地判 平14. 10. 25, 勞判 834호, 39면.

손해배상은 사법상의 구제에서 독특한 것으로, 노동위원회에서는 할 수 없는 구제이다. 한편으로 이것은 어디까지나 손해배상법리의 시스템에서 이뤄지는 것으로, 예를 들어 임금인상에서의 사정차별 사례에서는 재판소는 과거의 차별금액을 전보할 수 있는 데 지나지 않고, 장래를 위한 임금액의 시정은 이루어지지 않는다.

이에 대해 노동위원회는 이러한 시정을 포함하여 부당노동행위를 사실상 시정하고 향후의 노동관계를 정상화시키기 위해, 각종 작위 · 부작위 명령을 사안 내용에 따라 내릴 수 있다.

3. 단체교섭을 요구할 수 있는 지위의 확인 내지 가처분

이 근거규정을 부당노동행위 금지규정 가운데 단체교섭거부의 금지(제7조 제2호)에서 요구하는지의 여부를 불문하고, 노동조합은 사용자 또는 사용자단체에 의해 단체교섭을 요구할 수 있는 법적 지위가 부정된 경우에는 당해 사용자 또는 사용자단체에 대해 그 지위의 확인청구 내지는 그러한 지위를 가정한 가처분 신청을 할 수 있다.

다만, 단체교섭을 요구할 수 있는 법적 지위에 근거하여 확인청구를 할 수 있는 것은 사용자 또는 사용자단체에 의하여 일반적으로 또는 특정한 사항에 대하여 그 지위가 부인된 경우에 한정된다.

바꾸어 말하면, 이것은 단체교섭의 당사자, 단체교섭의 개최조건, 단체교섭의 성실성 등이 유동적 · 조정적 성격의 단체교섭거부 분쟁에까지 영향을 미쳐, 구제를 부여할 수 있는 법적 지위는 아니라고 해석해야 한다. 한편, 사용자단체에 대한 청구[109]는 부당노동행위의 금지규정으로는 부여받을 수 없는 구제이다.

---

109) 日本프로페셔널(プロフェッショナル)野球組織事件—東京高決 平16. 9. 8, 勞判 879호, 90면은 사용자단체에 대한 단체교섭을 요구할 수 있는 지위를 피보전 권리로서 인정하고 있다(보전의 필요성을 부정).

제4장 원 · 하청관계에서의 부당노동행위

Ⅰ. 판례의 동향

1. 개　관

부당노동행위문제는 사용자와 직접적인 근로관계를 맺고 있는 근로자 및 그들로 구성된 노동조합 사이에 발생하는 것이 일반적이다. 그러나 고용형태가 다양화되면서 원 · 하청관계에서 전형적으로 나타나듯이 직접적인 근로관계를 체결하고 있지 않는 하청업체의 근로자나 노동조합이 원청회사를 상대로 부당노동행위를 주장하여 법적으로 다투어지는 경우도 종종 있다.

일본의 노동조합법 제7조는 전술한 바와 같이 제1~4호에 걸쳐 부당노동행위의 유형을 정한 다음, 「사용자는 다음 각 호에 해당하는 행위를 해서는 아니 된다」라고 하고 있으나, 동법은 이러한 부당노동행위의 주체인 '사용자'에 대해서는 아무런 규정을 두고 있지 않기 때문에, 사용자 개념의 해석(확장)을 둘러싸고 종종 해석상 다툼이 있어 왔다.

우선 사외노동자와 관련하여 사용자 개념이 문제된 사안으로는 1995년의 「아사히방송사건」(朝日放送事件—最三小判 平7. 2. 28, 労判 668号, 11頁)을 들 수 있다. 동 사건은 아사히(朝日)방송사에서 프로그램 제작에 종사하는 사내하청업체의 근로자들로 구성된 노동조합이 원청회사를 상대로 단체교섭거부 및 지배개입을 주장한 사안인데, 이에 대해 일본의 최고재판소는 「근로자의 기본적인 근로조건 등에 대해 부분적이라고는 하지만 고용주와 동일시할 정도로 현실적이고 구체적으로 지배 · 결정할 수 있는 지위에 있다고 할 수 있기 때문에 그 범위 내에서 노동조합법 제7조에서 말하는 사용자에 해당한다고 해석하는 것이 상당하다」라고 하여, 매우 한정적이기는 하지만 원청회사인 아사히방송사에 대해 사내하청 노조에 대한 부당노동행위 주체로서의 사용자성을 인정한 바 있다.

위의 아사히방송사건 이전에도 부당노동행위와 관련하여 하청기업 노조에 대한 원청회사의 사용자성이 문제가 된 사례도 있는데, 그 대표적인 사례가 石油工業事件(最一小判 昭51. 5. 6, 民集 30巻 4号, 409頁), 中部日本放送事件(最一小判 昭51. 5. 6, 民集 30巻 4号, 37頁), 阪神觀光事件(最一小判 昭62. 2. 26, 勞判 492号, 6頁)의 3판결인데(이하, 「리딩케이스 3판결」이라 함), 이들 사건에서 일본의 최고재판소는 원청회사에 대한 사용자성을 인정하면서도 그러한 결론에 도달하게 된 이론적 논거 및 노동조합법 제7조에서 말하는 '사용자'의 개념에 대해서는 언급하지 않았다.

이에 비해, 위의 아사히방송사건에서는 일본의 최고재판소가 처음으로 사용자의 개념을 제시하면서 제한적이기는 하지만 '사용자성'을 인정한 점, 사용자성에 대한 판단기준 내지 요소에 종래의 실무적인 대응을 적절하게 받아 들여 나름대로 명확하게 한 점, 하급심에 미친 영향이 적지 않다는 점 등에서 주목할 만하다.

2. 리딩케이스 3판결의 견해

고용주 이외의 사업주가 노동조합법 제7조의 사용자에 해당하는 경우가 있을 수 있다는 점에 대해서는 학설 · 판례 모두 이를 인정하고 있지만, 어떠한 경우에 사용자성을 인정할 것인지에 대해서는 「근로계약기준설」과 「지배설」로 견해가 갈라지고 있다.

위에서 언급한 리딩케이스 3판결은 모두 고용주 이외의 사업주에 대해 사용자성을 인정한 판결로서, 근로계약상의 당사자를 기준으로 생각하는 「근로계약기준설」[110)]의 입장에 있다고 판단된다.

(1) 石油工業事件

石油工業事件에서 일본의 최고재판소는 「위와 같은 사실관계 하에서는 가령

110) 「근로계약 기준설」이라 함은 노동조합법 제7조의 '사용자'에 대해 근로계약 일방 당사자인 고용주에 해당하는지의 여부를 기준으로 하면서, 동 규정의 취지 · 목적에 비추어 이를 어디까지 확장할 수 있는지의 관점에서 문제를 고찰하는 학설을 말한다.

피상고인 3인에 대하여 참가인 회사의 취업규칙이 적용되지 않는다 하더라도, 양자 사이에는 노동조합법이 적용될 고용관계가 성립되어 있는 있으며, 참가인 회사는 피상고인 3명과의 관계에서 동법 제7조에서 말하는 사용자에 해당한다고 해석하는 것이 상당하다」고 하여, 노동조합법이 적용될 「고용관계가 성립되어 있다」고 설시한 다음, 원판결이 '지배력설[111]의 선상'에서 판단한 것을 그대로 시인하지 않고, 「이와 같은 취지의 결론을 취한 원판결에 소론(所論)의 위법은 없다」라고 판시하였다.

(2) 中部日本放送事件

이 판결에서 일본의 최고재판소는 사업주와 악단원(樂團員) 사이에는 자유출연계약이 존재하고 있었기 때문에, 「위에 언급한 바와 같이 회사가 필요할 경우에 수시로 일방적인 지정으로 악단원의 출연을 요구할 수 있으며, 악단원은 원칙적으로 이에 따라야할 기본적인 관계가 성립하고 있는 이상, 가령 회사의 사정으로 인하여 현실적인 출연시간이 아무리 감소한다 하더라도 악단원의 연주노동력의 처분에 대해 회사가 지휘명령의 권능을 가지고 있지 않다고는 할 수는 없다」, 「자유출연계약에 기초하여 악단원에게 지불되는 출연보수 중, 악단원이 출연하지 않으므로 인하여 계약금이 감액되지 않는 것은 전술한 바와 같으나, 악단원의 경우에는 소위 유명한 예술가와는 달리 출연에 대해 어떠한 재량도 없으므로, 이러한 출연보수는 연주에 의하여 예술적 가치가 평가된다기보다는 오히려 연주라는 노무의 제공 그 자체를 대가로 보는 것이 상당하다」라고 하여, 「악단원은 자유출연계약 하에서도 회사에 대한 관계에서는 노동조합법의 적용을 받는 근로자에 해당한다」라는 판단을 설시하고 있지만, 그 내용에 비추어 이 판결 역시 소위 근로계약적 요소를 수용함으로써 비로소 사업주의 '사용자성'을 긍정한 것으로 볼 수 있다.

(3) 阪神觀光事件

이 사건에서 일본의 최고재판소는 「악단원은 대가를 받아 그 연주노동력을 피상고인의 처분에 맡기고, 피상고인은 이러한 연주노동력에 대한 일반적인 지휘명

111) 「지배력설」이라 함은 노동조합법상의 '사용자'의 개념을 근로계약의 존재 여부에 구애되지 않고 오로지 노동관계상의 여러 가지 이익에 대한 실질적인 지배력을 미칠 수 있는 자에 해당하는지의 여부에 따라 사용자의 개념을 포괄적으로 결정하려는 학설을 말한다.

령의 권한을 가지고 있었다고 할 수 있다」고 하여, 일반적으로 근로계약의 표준이 되는 요소를 언급한 다음, 피상고인의 '사용자성'을 인정하는 결론에 이르고 있다.

3. 아사히방송(朝日放送)사건

(1) 사건개요

위 사건에서는 방송프로그램 제작현장에서 실질적으로 파견근로관계에 종사하고 있던 하청근로자가 원청회사인 아사히방송국을 상대로 단체교섭을 요구하여 거절당하자 노동위원회에 부당노동행위 구제신청을 한 사안인데, 이에 대해 일본의 최고재판소는 「아사히방송(국)은 노동계약상의 고용주는 아니지만, ① 파견된 근로자가 종사해야 할 업무 전반에 대해 편성일정표, 대본 및 제작진행표 작성을 통하여 작업일시, 작업시간, 작업 장소, 작업내용 등 세세한 것에 이르기까지 결정해온 사실, ② 하청업체는 단순히 이미 정해져 있는 종업원들 중에서 누구를 프로그램 제작 업무에 종사시킬 것인가를 결정하는 것에 지나지 않았다는 점, ③ 하청업체 근로자는 아사히방송(국)으로부터 지급 내지 대여되는 기재 등을 이용하고, 그 작업질서에 편입되어 정사원과 함께 프로그램 제작 업무에 종사해온 점, ④ 작업의 진행은 모두 아사히방송(국)의 종업원인 디렉터(director)의 지휘감독 하에 있었던 점 등을 종합하여 볼 때, 아사히방송(국)은 실질적으로 보아 하청업체 3사로부터 부분적이라고는 하지만 동시할 정도로 현실적 고용주 이외의 사업주라 해도 고용주로부터 근로자를 받아들여 자기업무에 종사시키고, 근로자의 기본적인 근로조건 등에 대해 부분적이라고는 하지만 고용주와 동일시할 정도로 현실적이고 구체적으로 지배·결정할 수 있는 지위에 있다고 할 수 있기 때문에 그 범위 내에서는 노동조합법 제7조에서 말하는 사용자에 해당한다고 해석하는 것이 상당하다.」고 하여, 원청회사인 아사히방송(국)에 대해 하청업체 근로자로 조직된 노동조합에 대한 부당노동행위 주체로서의 사용자성을 인정한 바 있다.

위의 아사히방송사건은 하청업체의 근로자들로 구성된 노동조합에 대해 원청회사의 사용자성을 인정하였다는 점에서 매우 주목할 만한 사안이긴 하지만, 이에 대해서는 일본국내에서도 비록 부당노동행위의 사용주체로서의 사용자에 대한 판단이긴 하지만 하청업체 노동조합에 대한 사용자성 판단을 너무 넓게 해석하였다는 비판이 있다.

(2) 사용자성의 판단기준

이 사건에서도 일본의 최고재판소는 전술한 종전의 3판결(리딩케이스)과 마찬가지로 '근로계약기준설'의 입장을 명확하게 취하고 있다.

다시 말해서, 본 판결에서는 노동조합법 제7조의 '사용자'의 의의에 대해「일반적으로 사용자라 함은 근로계약상의 고용주를 말하는 것이지만, 동조가 단결권의 침해에 해당하는 일정한 행위를 부당노동행위로 간주하여 이를 배제 · 시정함으로써 정상적인 노동관계를 회복시키는 것을 목적으로 하고 있는 점에 비추어 볼 때, 고용주 이외의 사업주라 하더라도 고용주로부터 근로자 파견을 받아 자기 업무에 종사시키고 그 근로자의 기본적인 근로조건 등에 대해 부분적이라고는 하지만 고용주와 동시할 수 있는 정도로 현실적 · 구체적으로 지배 · 결정할 수 있는 지위에 있는 경우에는, 그 범위 내에서 사업주는 동조의 '사용자'에 해당한다고 해석하는 것이 상당하다」라는 판단기준을 제시하였다.

위에서 살펴보았듯이, 일본의 최고재판소는 노동조합법 제7조의 '사용자'의 의미를 지금까지는 '근로계약기준설'의 입장에서 파악하고 있다고 해도 과언이 아니다. 다시 말해서, 위의 사건에서 일본의 최고재판소는「일반적으로 사용자라 함은 근로계약상의 고용주를 말한다」고 전제한 다음,「부분적이라고는 하더라도 고용주와 동시할 수 있을 정도로 그 근로자의 기본적인 근로조건 등을 현실적 · 구체적으로 지배 · 결정할 수 있는 지위에 있는 경우에는, 그 범위 내에서 고용주로부터 근로자 파견을 받아 자기의 업무에 종사시키고 있는 사업주도 동조의 '사용자'에 해당한다」고 설시하여, 사용자의 개념을 근로계약으로부터 도출하고 있다.

이에 대해 구체적으로 상술하면, 일본의 최고재판소는 위의 朝日放送事件에서 고용주 이외의 사업주라 하더라도 ① 고용주로부터 근로자파견을 받아 자기업무에 종사키기는 경우, ② 당해 근로자의 기본적인 근로조건에 대하여, ③ 고용주와 부분적이라고는 하지만 동일시할 정도로 현실적 · 구체적으로 지배 · 결정할 수 있는 지위에 있는 경우에는, ④ 그 범위 내에서 사용자성이 인정된다고 하는 판단기준을 제시하였다.

위의 판결에서도 알 수 있듯이, 고용주 이외의 사업주에 의한 근로자의 기본적인 근로조건 등에 대해 지배·결정이 고용주와 동시할 수 있을 정도인지의 여부를 판단함에 있어, 근로계약의 일방 당사자인 사업주인지의 여부를 중심적인 기준으로 하면서도, 사용자의 개념을 어디까지 확장할 것인가라는 관점에서 '사용자성'을 고찰하는 '근로계약기준설'의 입장이 선명하게 나타나고 있다.

Ⅱ. 도급과 파견의 구별 및 단체교섭의무

1. 도급과 파견의 구별

(1) 위장도급문제

'위장도급'이라 함은 업무위탁(하청)의 형태를 띠지만, 실제로는 근로자파견에 해당하는 것을 말한다. 근로자파견의 경우, 사용기업은 지휘명령관계에 있기 때문에 여러 가지 의무를 부담하고(파견법 제39조 이하), 「지침」(1999. 11. 17. 勞働省告示 第138号) 등을 준수하여야 한다. 그러나 업무위탁의 경우에는 수탁자(하청업체)가 사용자이므로, 위탁자('사용기업'에 해당함)는 지휘감독을 할 수 없으며 사용자로서 책임 또한 지지 않는다.

이처럼 '위장도급'이라는 것은 '근로자파견'과 '업무위탁'이라는 두 가지 형식 중에서 어느 쪽을 이용할 것인가라는 선택의 문제에 지나지 않지만, 업무위탁에는 그 나름대로 어려운 요소가 있으며, 이러한 형식을 취했다는 이유로 곧바로 위법한 것으로 되는 것은 아니다.

이러한 문제는 제조업파견에서 전형적으로 나타난다. 제조업의 경우, 종래에는 근로자파견이 금지되어 있었기 때문에 많은 제조업체가 업무위탁을 이용해 왔는데, 제조현장의 특수성으로 인하여 작업공정의 일부에서 위탁자인 제조업체의 직원과 하청업체 근로자가 함께 작업에 종사하거나, 또는 제조업체의 직원이 하청업체의 근로자를 지도하는 경우가 많았다. 이런 형태는 근로자파견에서는 가능하지만, 지휘명령권이 없는 업무위탁에서는 허용되지 않는 위법한 것이었다.

이러한 문제점을 해결하고자 2003년에는 근로자파견법을 개정하여 제조업에 대한 파견이 허용하게 되었다. 이를 계기로 많은 제조업체들이 파견근로를 이용하게 되었고, 행정당국도 당시에는 제조업체가 파견근로를 잘 활용할 수 있도록 행정지도를 하였다.

근로자파견의 경우에는 파견기간에 대한 제한을 설정해 두고 있는데, 사용사업주가 이 기간을 초과하여 파견근로자를 반복·계속하여 사용하는 것은 허용되지 않으며, 이 기간을 도과하는 경우에는 사용사업주가 파견근로자에 대한 직접 고용신청의무를 지게 된다(파견법 제40조의2~제40조의5).

하지만 그 후 사용기업이 이러한 기간도과에 대해 어떻게 대응할지 여부가 문제로 등장하면서, 파견 대상 업무에 대한 제한이 풀린 이래 처음으로 파견제한 기간이 도래한 2009년에는 산업현장에 상당한 긴장감이 감돌았다. 그 결과, 직접 고용한 경우와는 별도로 업무위탁으로 다시 회귀한 경우에는 그 실태에 있어 변화가 거의 없었으므로, 결과적으로 근로자파견법의 의무를 회피하게 되어 위장도급문제가 다시 불거지게 되었다.

(2) 업무위탁의 요건

업무위탁은 도급의 일종으로 간주되고 있기 때문에 근로자공급을 금지하고 있는 현행법(직업안정법 제44조)과의 관계상 양자를 구별하는 기준을 정하고 있다. 다시 말해서, 업무위탁으로 인정되기 위해서는 수탁자(하도급인)가 ① 작업의 완성에 대해 사업주로서의 재정상·법률상의 모든 책임을 질 것, ② 작업에 종사하는 근로자를 지휘·감독할 것, ③ 작업에 종사하는 근로자에 대해 사용자로서 법률에서 규정한 모든 의무를 부담할 것, ④ 자신이 제공하는 기계, 설비, 기재(업무상 필요한 간이도구는 제외함) 또는 그 작업에 필요한 재료, 자재를 사용하거나 혹은 전문적인 기술이나 전문적인 경험을 필요로 하는 작업을 수행하는 것으로, 단순히 육체적인 노동력을 제공하는 것이 아닐 것(직업안전법규칙 제4조 제1항) 등의 요건을 충족하여야만 하는데, 이러한 요건을 모두 충족하기란 그리 쉽지가 않다.

근로자파견은 근로자공급의 한 형태이지만, 양자를 구분하기 위하여 「노동자파견사업과 도급에 의하여 이루어지는 사업과의 구분에 관한 기준을 정한 고시」(이하, 「구분고시」라 함)[112]를 정한 다음, 이에 대한 운용을 위하여 「노동자파견사업 관계 업무 취급 요령」[113]을 상세하게 규정하였다. 이러한 규정에 따라 위탁자(발주

112) 이는 후생노동성이 1986. 4. 17. 파견과 도급을 구분하기 위하여 제정한 고시(勞働省告示第37号)로, 정식 명칭은 「勞働者派遣事業と請負により行われる事業と区分に関する基準を定める告示」이다.

자)는 지휘, 명령, 지시, 감독은 물론 일의 분담이나 배치, 스케줄 등을 관리할 수 없게 되었으며, 수탁자(하도급인)의 종업원과의 혼재하여 작업을 하거나 지도 등을 할 수 없게 되었다.

이리하여 업무위탁의 요건은 매우 상세하고 구체적인 사항에 이르기까지 엄격하게 되었다.

(3) 운용의 완화

후생노동성은 최근 비정규직(특히 파견근로자)에 대한 급격한 고용조정에 직면하게 되자, 「『노동자파견사업과 도급에 의해 이루어지는 사업과의 구별에 관한 기준』(37호 고시)에 관한 질의 · 응답집」을 공표하였다(2009. 3. 31).[114] 그 내용을 보면, 종업원의 혼재에서 작업 스페이스의 독립 · 구분, 설명 및 기술지도 등과 같이 중요한 점에 이르기까지 위탁자(발주자) 측 종업원의 관여 및 개입을 인정하고 있는데, 이는 실질적으로 「구분고시」의 운용을 완화하는 것이었다.

그러나 이러한 후생노동성의 조치는 임시방편에 지나지 않으며, 근본적인 문제 해결책이라고 보기 어렵다는 지적이 있는데, 구체적으로는 근로자공급과 업무위탁(도급)의 구분을 정한 「직업안정법시행규칙」의 기준(제4조 제1항)은 주로 건설업을 상정한 오래전의 것으로, 규정이라고는 하지만 요건과 효과가 혼재하고 있으며, 이를 그대로 전개한 것을 「구분고시」 및 「업무취급요령」으로 하게 되면, 업무위탁의 현실과 괴리가 생기지 않을 수 없다는 것이다.[115]

2. 사용기업의 단체교섭의무

외부노동력을 사용하는 경우 또 하나 문제가 되는 것은 외부노동자에 대한 사용기업의 단체교섭의무를 인정할 것인지, 또한 인정하는 경우 어디까지 인정할 것인지를 둘러싸고 분쟁이 발생할 수 있다.

---

113) 이는 후생노동성이 2009. 11. 17. 근로자파견과 관련하여 상세한 가이드라인을 제시한 것(女発第325, 職発第824号)으로, 일종의 업무 매뉴얼 같은 성격의 것이다.

114) 정식명칭은 「『労働者派遣事業と請負により行われる事業との区分に関する基準』(37号告示)に関する質疑応答集」이다.

115) 山口浩一朗, 「労働者派遣の見直しと今後の派遣労働」, 労働法令通信, no. 2202(2010. 8. 18), 3頁.

(1) 단체교섭 당사자로서의 사용자

일본의 경우, 이미 위에서도 언급한 바와 같이 사용자가 정당한 이유 없이 노동조합과의 단체교섭을 거부하는 경우에는 부당노동행위가 성립하게 된다(노조법 제7조).

하지만 파견근로의 경우와 같이 고용관계(근로계약관계)와 취업관계(지휘명령관계)가 분리되어, 전자는 파견기업과 파견근로자 사이에 성립하고 후자는 사용기업과 파견근로자 사이에 성립하는 경우에, 단체교섭의 당사자를 누구로 보아야 할 것인지가 문제로 된다.

이 문제는 파견근로의 해지문제뿐만 아니라 일상적인 취업조건이나 직장환경을 유지 · 개선하기 위하여 매우 중요한 사안임에도 불구하고, 이에 대한 확고한 판례가 없어 그다지 논의되지 않았으며, 학설 또한 아직까지 명확하지 않다.

일본에서 파견근로자가 노동조합을 결성하거나 이에 가입이 가능한 경우로는, ① 파견기업 노동조합에 가입하는 경우, ② 사용기업 노동조합에 가입하는 경우, ③ 지역의 합동노조에 가입하는 경우로 대략 3가지가 있을 수 있다. 그러나 파견기업 노동조합이 존재하는 경우는 매우 드물며, 사용기업의 노동조합은 파견근로자의 가입을 통상적으로 허용하지 않으므로, 파견근로자의 경우 지역의 합동노조에 가입하는 것이 일반적이라 할 수 있다.

이에, 이하에서는 지역의 합동노조를 전제로 파견근로자('위장도급'에 해당하는 경우 포함)에 대한 단체교섭 당사자 및 단체교섭의 대상사항에 대해 검토하고자 한다.

(2) 근로조건

'근로조건'이라는 표현은 다양한 의미로 사용되고 있는데, 그 핵심은 임금(월급, 상여, 기본급, 수당, 임금체계 등)과 근로시간(소정근로시간, 시간외근로, 휴식, 휴일, 연차유급휴가 등)으로, 주로 근로자의 대우에 관한 기간이 되는 부분이다. 근로조건은 '취업조건(terms of employment)'이라고도 불리기 때문에 본래는 계약조건으로 근로계약에서 정해야 할 것이기도 하다. 따라서 「근로조건에 대해 교섭의무를 지는 사용자」라 함은 근로계약상의 당사자로서 사용자를 말하며, 파견근로의 경우에는 파견기업이 여기에 해당한다.

이 점에 대해, 1995년 파견법 제정 시에 국회심의 답변을 보면, 「현행 노동조합법상의 사용자라 함은 근로조건 결정을 둘러싼 당사자이며, 고용관계법상 사용자를 의미하는 것으로, 그 근로조건 결정의 당사자인 고용관계상의 사용자만이 단체교섭권을 가지고 있다고 생각한다. 사용기업의 근로자에 대해 고용관계를 가지고, 이로부터 파견근로자의 근로조건을 결정하는 것은 법적으로는 어디까지나 파견기업의 사업주이다. 따라서 근로조건을 결정하기 위한 단체교섭은 파견기업의 사업주와 파견근로자 사이에 이루어지고, 이를 통하여 근로조건의 유지개선을 꾀하여야 한다고 생각한다.」고 하여, 파견근로자에 대한 단체교섭의 당사자는 어디까지나 파견기업의 사용자임을 분명하게 밝히고 있다.

(3) 안전위생 및 재해보상

안전위생도 근로조건의 하나이긴 하지만, 파견근로의 경우에는 취업 장소가 사용기업의 사업장이므로 통상적인 근로관계와 같이 취급해도 되는지가 문제로 된다.

위에서 언급한 국회심의에서도 안전위생에 대해서는 별도로 지적하고 있지 않고 있으므로, 파견법의 입법취지(ratio legis)는 역시 파견기업이 파견근로자에 대해 단체교섭의무를 져야 한다고 해석되지만, 학설 중에는「사용기업은 당해 파견취업의 실태 중에서 파견근로자의 근로조건에 대해 실질적 지배력(결정력)을 가지고 있는 경우에는 그러한 근로조건에 대해 파견근로자에 대해 단체교섭의무를 져야 한다」는 견해도 있다.[116)]

노동자파견법은 노동기준법 및 노동안정위생법과 관련하여 파견기업과 사용기업에 적용될 규정을 각각 구분하고 있지만(파견법 제44조, 제45조), 안전위생에 관해서는 사용기업을 적용기업으로 하는 경우가 많다. 예를 들어 근로자를 위험으로부터 방지하고 건강을 보호하기 위한 조치(안전위생법 제20조~제27조)나 유해업무에 대한 건강진단(동법 제66조 제2항, 제3항, 제66조의3) 등이 이에 해당하며, 이러한 경우 파견 중의 근로자는 당해 파견기업에 사용되고 있지 않은 것으로 간주하고 있다(파견법 제45조 제3항, 제5항).

이러한 관계가「파견 중의 근로자는 근로계약관계에 있는 파견기업의 사업과는 근로계약관계에 있지 않은 것으로 간주되고, 근로계약관계에 있지 않는 사용기

116) 菅野和夫,『勞働法(第8版)』, 弘文堂, 207頁.

업의 사업과 근로계약관계에 있는 것으로 간주되는 것」이라고 정리되어 있는 것을 보면(1986. 6. 6 基發第333호), 안전위생 등과 같이 적어도 사용기업에게 책임이 있는 사항에 대해서는 사용기업이 단체교섭의 의무를 부담하는 것이 옳다고 생각된다.[117]

이에 대해, 산업재해에 관해서는 이러한 특별한 규정이 없으므로 재해보상에 대해서는 파견기업이 원칙적으로 단체교섭의무를 진다고 보아야 한다.

(4) 직접고용청구 및 고충처리

파견법은 일정한 요건을 충족하는 경우에 사용기업으로 하여금 파견근로자에 대한 직접고용의무를 규정하고 있는데(예를 들어 파견법 제40조의5), 이와 관련하여 노동조합이 단체교섭을 요구하는 경우가 있다. 이에 대해서는 고용관계의 창설은 채용에 해당하며 또한 채용은 근로조건에 해당하지 않으므로, 사용기업이 단체교섭에 응해야 한다는 견해에 대해서는 부정적으로 보는 경향이 있다.[118]

문제는 고충처리인데, 파견근로자가 취업과 관련하여 고충을 신청하는 경우에 사용기업은 이를 적절히 처리해야 할 의무가 있다(파견법 제40조 제1항). 선례가 많지는 않지만, 이러한 고충처리를 위해 노동조합이 단체교섭을 청구하는 경우 사용기업은 어떻게 대응해야 할지가 문제가 될 수도 있다. 사용기업이 고충을 적절히 처리해야 할 의무는 어디까지나 파견근로자 개인에 대한 것이므로, 노동조합이 단체교섭을 요구한다고 해도 이는 어디까지나 근로자 개인의 위임에 의한 대리인 자격으로 요구하는 것이므로 노동조합을 당사자로 하는 단체교섭은 아니다. 따라서 사용기업이 노동조합과의 단체교섭을 거부하는 경우에도 부당노동행위로서의 단체교섭거부에는 해당하지 않는다고 본다.[119]

---

117) 같은 취지; 山口浩一朗, 「労働者派遣の見直しと今後の派遣労働」, 労働法令通信, no. 2202(2010. 8. 18), 3頁.

118) 같은 취지; 山口浩一朗, 「労働者派遣の見直しと今後の派遣労働」, 労働法令通信, no. 2202(2010. 8. 18), 3頁.

119) 山口浩一朗, 「労働者派遣の見直しと今後の派遣労働」, 労働法令通信, no. 2202(2010. 8. 18), 3頁.

참고문헌

제1편 한국의 부당노동행위제도

강성태, 다면적 근로관계와 사업주책임, 노동법연구 제7호(서울대노동법연구회), 1998.

강성태, 사내하도급 삼부작 판결의 의의, 노동법학 제35호, 2010.

권두섭, "현대미포조선 사건", (사내하청 대법원 판결 3부작 – 그 의미와 과제) 토론회, 2010.4.28.

김성동, 위법한 사내하도급에 대한 법적 판단의 경향, 월간노동법률 제172호, 2005.9.

김영문, 외부노동력 이용과 노동법, 법문사, 2010.

김영문, 사내하도급 근로자와 원청기업의 노동력 제공관계, 월간 노동법률 2010년 9월 특집호.

김영문, '외부 인력활용과 법률적 과제', 사내하도급, 어떻게 볼 것인가? (경총 정책토론회), 2010.10.18.

김영문, 사내하도급의 노동법적 문제 – 사내하도급기업 근로자에 대한 원기업의 부당노동행위를 중심으로, 기업법연구(기업법학회지), 2009년 봄호.

김영문, 사내하도급 근로자들의 원청기업에 대한 단체교섭 가부, 노동법학 제36호, 2010.12.

김유성, 노동법, 법문사, 2005.

김형동, 사내하도급 문제의 경과와 향후 대책, 월간 노동리뷰 2010.9.

김형배, 노동법, 박영사, 2009.

김형배, 근로기준법의 근로자와 사용자의 개념, 노동법연구, 1991.

문무기 · 이승렬 · 강성태, 간접고용(파견 · 도급 · 용역근로)에 대한 합리적 규율 방안 연구, 노동부, 2004.

박수근, 간접고용 근로자의 집단적 노동분쟁과 쟁점의 검토, 노동법연구 제24호, 2008 상반기.

박제성 외, 사내하도급과 노동법, 한국노동연구원, 2009.

박종희, 사내하도급의 불법파견에 대한 법적 문제, 고려법학 제47호, 2006.

박종희, 비정규 · 간접고용 근로자의 노동단체권 행사에 관한 연구, 노동부, 2005.

박지순 · 조준모 · 권현지, 합리저인 외주화(사내하청, 용역)제도 정립방안에 관한 연구, 노동부, 2008.
배동희, 고용과 사용이 분리된 근로관계와 근로자파견의 판단기준에 관한 고찰, 노 동법포럼(노동법이론실무학회), 2009.
변양규, 사내하도급 직접고용간주가 고용에 미치는 영향, 노동법률 2011.2.
이병태, 최신 노동법, 중앙경제사, 2005.
이영면 · 박지순 · 권혁, 원하청관계에서의 노동법적 쟁점 및 과제, 노동부, 2007.
이재용, 간접고용의 법적 규율에 관한 연구: 파견근로자보호등에관한법률의 문제점과 개선방안을 중심으로, 연세대학교박사학위논문, 2003.
이정, '사내하도급 실태와 국가경쟁력 제고' 정책토론회(2010.10.21) 토론문.
이준형, 수급인의 하자담보책임에 있어 하자의 개념, 『민사법학』 제25호, 2004.
이철수, 아웃소싱의 법리, 『기업의 구조조정과 노동법적 과제』, 한국노동연구원, 1998.
윤애림, 다면적 근로관계에서 사용자의 책임, 서울대 박사학위논문, 2003.
임종률, 노동법, 법문사, 2008.
전형배, 대법원 판례의 위장도급 유형 판단기준, 노동법학 제36호, 2010.12.
조경배, 공공부문의 간접고용실태와 외주화에 대한 정책방향, 노동리뷰 제21호, 2006.
조경배, 간접고용의 문제점과 해결방안, 민주법학 제21호, 2002.
조경배, 사내하도급에 있어서 원청의 사용자성 – 현대중공업 부당노동행위 사건을 중심으로, 노동법연구 제25호, 2008 하반기.
조성재 · 박지순, 사내하도급 활요실태 및 개선방안, 노동부, 2007.
조성혜, 사내하청 근로자에 대한 직접고용간주 규정의 적용, 월간 노동법률 2010년 10월호.
조성혜, 사내하도급과 근로관계, 노동법학 제39호(한국노동법학회), 2011.
조임영, 위장도급과 법적 규제, 민주법학 제19호, 2001.
채호일, 파견근로와 파견유사근로의 구분기준에 관한 연구, 노동부, 2005.
최홍엽, 위장도급에 대한 노동관계법의 적용, 민주법학 제25호, 2004.
하갑래, 집단적 노동관계법, 중앙경제, 2010.
하경효 외, 사내하도급과 노동법, 신조사, 2007.

菅野和夫, 勞働法 第8版, 弘文堂, 2008.
菅野和夫, 新雇用社會の法, 有斐閣, 2006.
鎌田耕一, 契約勞働の硏究, 多賀出版, 2001.
道幸哲也, 不當勞働行爲の成立要件, 新山社, 2007.

道幸哲也, 不當勞働行爲法理の基本構造, 北海道大學圖書館行會, 2002.

西谷敏, 勞働法, 日本評論社, 2009.

荒木尙志, 勞働法, 有斐閣, 2009.

山口浩一郎, 事業場內下請における派遣勞働者と派遣先企業との雇用關係の存否, 判例評論 273号(判例時報 1013号).

馬渡淳一郎, 勞働者派遣法と三者間勞務供給契約, 季刊勞働法 157号, 1990.

砂山克彦, 派遣勞働の實態と二重の勞働契約論, 勞働保護法の硏究(外尾健一先生古稀記念論文集), 有斐閣, 1993.

菅野和夫,『勞働法』(第7版), 弘文堂, 2005.

白井邦彦, 過剩雇傭と流動化政策, 季 勞働總硏クォータリー 37号, 2000.

藤本眞, 請負企業の經營と人事勞務管理, 人材ビジネス 217号, 2004.

藤本眞, 製造現場における業務請負活用の實態と課題, Business Labor Trend 2005. 2.

國武輝久, 勞働者派遣法と勞働法上の使用者槪念, 季刊勞働法 137号, 1986.

脇田 滋, 韓國と日本の勞働者派遣法・日本の側からの比較, 季刊勞働法 188号, 1999.

濱口桂一郎, 勞働者派遣と請負の間 – 建設業務と製造業務 –, 季刊勞働法 209号, 2005.

浜村 彰, 改正勞働者派遣法の検討, 勞働法律旬報 第1554号, 2003.

Bauschke, Die so genannte Fremdfirmenproblematik, NZA 2000, 1201.

Beck, Leiarbeit, Werkverträge, illegale Arbeitnehmerüberlassung – Handlungsmöglichkeiten für Betriebsräte, BetrR 1989, 173.

Becker, Abgrenzung der Arbeitnehmerüberlassung gegenüber Werk- und Dienstverträgen, DB 1988, 2561 ff.

Becker, Die Einordnung der gewersmäßigen Arbeitnehmerüberlassung in das deutsche Sozialrecht, BlStSozArbR 1981, 241.

Becker, Die Risiken der Beschäftigungsunternehmen bei dem Einsatz von Arbeitnehmern auf der Basis von Arbeitnehmerüberlassungs-, Werk- und Dienstverträgen, ZIP 1981, 699.

Becker, Zur Abgrenzung des Arbeitnehmerüberlassungsvertrage gegenüber anderen Vertragstypen mit drittbezogenem Personaleinsatz, ZfA 1978, 139.

Becker/Wulfgramm, Kommtar zum Arbeitnehmerüberlassungsgesetz, 3.Aufl., 1985.

Behrend, Neues zum Scheinwerkvertrag: Die vermutete Arbeitsvermittlung im AÜG, BB 2001, 2641

Boemke, Arbeitnehmerüberlassungsgesetz, 2002.

Boemke/Föhr, Arbeitsformen der Zukunft, 2000.

Brors/Schüren, Konzerninterne Arbeitnehmerüberlassung zur Kostensenkung, BB 2004, 2745.

Buhl, Arbeitnehmerüberlassung – Aspeckte aus der sozialgerichtlichen Praxis, ZSR 1983, 539.

Busche, in: Münchener Kommentar zum BGB, 4. Aufl. (2005), § 631, § 649.

Dauner-Lieb, Der innerbetrieblichen Fremdfirmeneinsatz auf Dienst- oder Werkvertragsbasis im Spannungsfeld zwischen AÜG und BetrVG, NZA 1992, 817.

Dauner-Lieb, Verbraucherschutz durch Ausbildung eines Sonderprivatrechts für Verbraucher, Berlin 1983.

Dewende, Betriebsfremde Arbeitnehmer in der Betriebsverfassung unter besonderer Berücksichtigung der unechten Leiharbeitnehmer, 2004.

Eckardt, Einführung in das Recht der Arbeitnehmerüberlassung, JA 1989, 393.

Eichenhofer, Arbeitsrechtliche Folgen der Arbeit ohne Arbeitserlaubnis, NZA 1987.

Göbel, Arbeitnehmerüberlassung, Werkvertrag und vorgeschobene Arbeitgeberrisiken(II), BLStSozAfbR 1973, 324.

Haman, Die Grenze zwischen illegaler Arbeitnehmerüberlassung und erlaubtem Fremdpersonaleinsatz im Rahmen von Dienst- und Werkverträge, WiVerW 1996, 212.

Haman, Erkennungsmerkmale der illegalen Arbeitnehmerüberlassung in Form von Scheindienst- und Scheinwerkverträgen, Diss.(Münster), 1994.

Haman, Fremdpersonal im Unternehmen – Alternativen zum Arbeitsvertrag, 2. Aufl., 2003.

Hamann, Betriebsverfassungsrechtliche Auswirkungen der Reform der Arbeitnehmerüberlassung, NZA 2003, 526.

Hamann, Erkennungsmerkmale der illegalen Arbeitnehmerüberlassung in Form von Scheindienst- und Scheinwerkverträgen, Berlin 1995.

Hempel, Das Spannungsverhältnis zwischen dem sozialen Schutz der Arbeitnehmer und den wirtschaftlichen Interessen der Verleiher und der Entleiher bei der Arbeitnehmerüberlassung, Berlin, 1985.

Hönn, Kompensation gestörter Vertragsparität, München 1982.

Hunold, Subunternehmer und freie Mitarbeiter, Personaleinsatz ohne Arbeitgeberpflichten, 2.Aufl., 1993.

Ismail, Recht und Praxis bei der Bekämpfung illegaler Arbeitnehmerüberlassung, 1991, 88.

Kadel/Koppert, Der Einsatz von Leiharbeitnehmern unter rechtlichen und personalpolitischen Gesichtspunkten, BB 1990, 2331.

Kania, Überlassung von Maschinen mit Bedienungspersonal, NZA 1994, 871.

Kock, Die austauschbare Belegschaft, Flexibilisierung durch Fremdfirmen und Leiharbeit, Köln, 1990.

Kokemoor, Arbeitnehmerüberlassung im Arbeitnehmerinteresse – Zur Zulässigkeit der Arbeitnehmerüberlassung durch Personalvorhaltegesellschaften nach dem AÜG, NZA 2000, 1077.

Köndgen, Selbstbindung ohne Vertrag – zur Haftung aus geschäftsbezogenem Handeln, Tübingen 1981.

Konzen, Arbeitsrechtliche Drittbeziehungen, ZfA 1982, 259.

Krüger, Leiharbeit – Zur Entwicklung eines personalpolitischen Flexibilisierungsinstruments, WSI–Mitteilungen 1987, 423.

Leitner, Abgrenzung zwischen Werkvertrag und Arbeitnehmerüberlassung, NZA 1991, 293 ff.

Leitner, Abgrenzung zwischen Werkvertrag und Arbeitnehmerüberlassung, NZA 1991, 293.

Leßmann, Die Grenzen des arbeitgeberseitigen Direktionsrechts, DB 1992, 1137.

Loof, Die Beteiligungsrechte des Betriebsrates bei der Beschäftigung von Leiharbeitnehmern nach neuem Recht, Diss.(Berlin), 2004.

Marschall, Bekämpfung illegaler Beschäftigung, 2.Aufl., 1994, 13.

Marschall, Gelöste und ungelöste Fragen der Arbeitnehmerüberlassung, RdA 1983, 18.

Marschall, Zur Abgrenzung zwischen Werkvertrag und Arbeitnehmerüberlassung, NZA 1984, 150.

Mayer, Rechtsprobleme der Personalpolitik mit Selbständigen, AuR 1990, 213.

Mayer/Krüger, Leiharbeit in der betrieblichen Praxis, BetrR 1986, 218.

Melms/Lipinski, Absenkung des Tarifniveaus durch die Gründung von AÜG–Gesellschaften als alternative oder flankierende Maßnahme zum Personalabbau, BB 2004, 2409.

Münchener Kommentar zum Bürgerlichen Gesetzbuch, Band 2a, §§ 241–432, 4. Aufl., München 2003.

Nicklisch, Risikoverteilung im Werkvertragsrecht bei Anweisung des Bestellers, Festschrift für F.W. Bosch (1976), S. 739 (745).

Oechsler, Gerechtigkeit im modernen Austauschvertrag – die theoretischen Grundlagen der Vertragsgerechtigkeit und ihr praktischer Einfluss auf Auslegung, Ergänzung und Inhaltskontrolle des Vertrages, Tübingen 1997.

Otto, Einführung in das Arbeitsrecht, 3. Aufl., 2003.

Papier, Arbeitsmarkt und Verfassung, in: RdA 2000, 1 ff.
Schaller, Arbeitnehmerüberlassung: Begriff, Voraussetzung und besondere Rechtsprobleme, DStR 1996, 469.
Schaub, Arbeitsrechtshandbuch, 7. Aufl.
Schüren, Arbeitnehmerüberlassungsgesetz Kommentar, 2. Aufl., München 2003.
Streicher, Rechtsformzwang und mittelbares Arbeitsverhältnis, Frankfurt a.M. 1995.
Teichmann, in: Soergel-Kommentar zum BGB, Bd. 4/1, 12. Aufl. (1997), § 635.
Ulber, Rechtliche Grenzen des Einsatzes von betriebsfremden Arbeitnehmern und Mitbestimmungsrechte des Betriebsrats, AuR 1982, 5.
Urban-Crell/Schulz, Arbeitnehmerüberlassung und Arbeitsvermittlung, 2003.
v. Hoyningen-Huene, Grundlagen und Auswirkungen einer Versetzung, NZA 1993, 145.
v. Hoyningen-Huene, Subunternehmervertrag oder illegale Arbeitnehmerüberlassung?, BB 1985, 1669.
Vial/Walzel, Ilegale Beschäftigung, Unerlaubte Arbeitnehmerüberlassung, unerlaubte Ausländerbeschäftigung, Leistungsmi ß brauch, 1989,
Waas, Das sogenannte "mittelbare Arbeitsverhältnis", RdA 1993, 153.
Walle, Der Einsatz von Fremdpersonal auf Werkvertragsbasis, 1998, 114.
Walter v. Siebert & N. Dawn Webber, Joint employer, single employer, and alter EGO, 3 Lab. law. 873, Fall 1987.
Wank, Erfurterkommentar zum Arbeitsrecht, 5. Aufl. 2005.
Weber, Das aufgespaltene Arbeitsverhältnis, 1992.
Zöllner, Die Privatrechtsgesellschaft im Gesetzes- und Richterstaat, Köln 1996.
Zöllner, Sind im Interesse einer gerechteren Verteilung der Arbeitsplätze Begründung und Beendigung der Arbeitsverhältnisse neu zu regeln?, Gutachten D zum 52. Deutschen Juristentag, München 1978.
Zöllner/Loritz, Arbeitsrecht, 4. Aufl., 1992.

제2편 미국의 부당노동행위구제제도

곽윤직, 『민법총칙』, 박영사, 2010.
권영성, 『헌법학원론』, 법문사, 2010.
김상용, 『민법총칙』, 화산미디어, 2009.
김철수, 『헌법학신론』, 박영사, 2010.
김치선, 『노동법』, 법문사, 2010.

김형배, 『노동법』, 박영사, 2009.
백태승, 『민법총칙』, 법문사, 2009.
이상윤, 『노동법』, 박영사, 2010.
전영석, "부당노동행위에 관한 주요국의 입법례", 입법조사월보, 1993.
허 영, 『한국헌법론』, 박영사, 2010.

David P. Towney, Labor & Employment Law, West 2001.
The Developing Labor Law(4th Edition), Vol 1, The Bureau of National Affairs, Inc, Washington D. C., 2001.

제3편 일본의 부당노동행위제도

【판례집 · 잡지】

民集　最高裁判所民事判例集
刑集　最高裁判所刑事判例集
裁判集　最高裁判所裁判集(民事)
勞民　勞働關係民事裁判例集
命令集　不當勞働事件命令集(中央勞働委員會)
勞告　(厚生)勞働大臣告示
季勞　季刊勞働法(總合勞働研究社)
ジュリ　ジュリスト(有斐閣)
中勞時　中央勞働時報(中委協會)
判時　判例時報(判例時報社)
判タ　判例タイムズ(判例タイムズ社)
曹時　法曹時報(法曹會)
法時　法律時報(日本評論社)
勞經速　勞働經濟判例速報(日本經營者團體連盟)
勞判　勞働判例(産勞總合研究所)
勞働法　日本勞働法學會誌 · 勞働法(日本勞働法學會)
勞旬　勞働法律旬報(勞働旬報社)
日勞研　日本勞働研究雜誌(日本勞働研究機構)

【교과서 · 시리즈 · 주석집 외】

石井　石井照久, 新版勞働法(제3판), [弘文堂 · 1973년]

有泉　有泉亨, 勞働基準法, [有斐閣 · 1963년]

安枝=西村　安枝英神=西村健一郎, 勞働基準法(勞働法Ⅱ), [靑林書院 · 1996년]

下井　下井隆史, 勞働基準法(제3판), [有斐閣 · 2001년]

勞基局　勞働省勞働基準局 編著, 改訂新版勞働基準法(上 · 下), [勞務行政硏究所 · 2000년]

石川　石川吉右衛門, 勞働組合法, [有斐閣 · 1978년]

下井　下井隆史, 勞使關係法, [有斐閣 · 1995년]

盛　盛誠吾, 勞働法總論 · 勞使關係法, [新世社 · 2000년]

外尾　外尾健一, 勞働團體法, [筑摩書房 · 1975년]

西谷　西谷敏, 勞働組合法, [有斐閣 · 1998년]

山口　山口浩一郎, 勞働組合法(제2판), [有斐閣 · 1996년]

塚本　塚本重頼, 勞働委員會, [日本勞働協會 · 1977년]

土田　土田道夫, 勞働法槪說 I 雇用關係法, [弘文堂 · 2004년]

講座　日本勞働法學會 編, 勞働法講座(1권~7권), [有斐閣 · 1956년~1959년]

新講座　日本勞働法學會 編, 新勞働法講座(1권~8권), [有斐閣 · 1966년~1967년]

現代講座　日本勞働法學會 編, 現代勞働法講座(1권~15권), [總合勞働硏究所 · 1980년~1985년]

講座21　日本勞働法學會 編, 講座21世紀の勞働法(1권~8권), [有斐閣 · 2000年]

大系　石井照久=有泉亨 編, 勞働法大系(1권~5권), [有斐閣 · 1963년]

實務民訴講座　鈴木忠一=三ケ月章 監修, 實務民事訴訟講座(9권), [日本評論社 · 1970년]

新實務民訴講座　鈴木忠一=三ケ月章 監修, 新實務民事訴訟講座(11권), [日本評論社 · 1982년]

東大勞硏　東京大學勞働法硏究會 編, 注釋勞働組合法上下, [有斐閣 · 1980년~1982년, 2003년]

注釋勞基法　東京大學勞働法硏究會 編, 注釋勞働基準法上下, [有斐閣 · 2003년]

勞働省勞働法規課勞働組合法 · 勞働關係調整法　勞働省勞政局勞働法規課 編, 勞働法コメンタール① 勞働組合法 · 勞働關係調整法, [勞務行政硏究所 · 新訂版 · 1978年]

今井ほか　今井功ほか, 救濟命令等の取消訴訟の處理に關する硏究, [司法硏究報告書 제38집 제1호 · 1987년]

爭点　勞働法の爭点(제3판), [有斐閣 · 2004年]

저자 약력

■ **김영문**

- 고려대학교 법과대학 졸업
- 독일 Freiburg 대학교 법학박사
- 전북대학교 법학전문대학원 교수(현)
- 전북지방노동위원회 공익위원(현)

■ **이상윤**

- 서울대학교 법과대학 졸업
- 행정고등고시 합격(26회)
- 미국 Wisconsin 대학교 법학박사
- 미국 변호사 시험 합격(1991)
- 연세대학교 법학전문대학원 교수(현)

■ **이정**

- 일본 동경대학교 법학박사
- 일본 큐우슈우(九州)국립대학 법학부 교수
- 한국외국어대학교 법학전문대학원 교수(현)
- 중앙노동위원회 공익위원(현)

부당노동행위제도와 원하청관계

2012년 11월 5일 초판 인쇄
2012년 11월 10일 초판1쇄 발행

저 자 김영문 · 이상윤 · 이정
발행인 배 효 선
발행처 도서출판 法 文 社

413-756 경기도 파주시 문발동 526-3
등 록 1957. 12. 12 / 제2-76호 (윤)
TEL 031) 955-6500~6 FAX 031) 955-6525
e-mail (영업): bms@bobmunsa.co.kr
(편집): edit66@bobmunsa.co.kr
홈페이지 http://www.bobmunsa.co.kr
조 판 법 문 사 전 산 실

정가 32,000원 ISBN 978-89-18-08926-3